SUR LES BORDS DE LA GARTEMPE

RÉGINE DEFORGES

SUR LES BORDS DE LA GARTEMPE

Romans

Blanche et Lucie
Le cahier volé
Les enfants de Blanche

FRANCE LOISIRS
123, boulevard de Grenelle, Paris

Édition du Club France Loisirs, Paris,
avec l'autorisation des éditions Fayard

ISBN : 2-7242-2500-7

Malheur à l'homme par qui le scandale arrive.

MATTHIEU, 18,7.

BLANCHE ET LUCIE

A la mémoire
de mes deux grand-mères.

Blanche et Lucie, mes deux grand-mères, étaient très jolies.

Blanche avait des cheveux châtains, des yeux bleus très pâles. Sa mère l'avait abandonnée, quand elle avait trois ans, pour suivre l'homme qu'elle aimait. De ce temps, Blanche a gardé le souvenir d'un grand froid. Du froid de la glace qu'il fallait casser pour se laver, dans le sinistre pensionnat d'une petite ville de l'Est.

Blanche ne s'est jamais consolée d'avoir été abandonnée par sa mère. Plus tard, bien plus tard, sa mère est revenue. Mais toute sa tendresse ne put venir à bout de la froideur de Blanche.

Lucie est une paysanne. Elle est rousse. Sa peau est blanche sans taches de rousseur. Elle a un grand rire. Ses yeux sont bleus, bleus comme le ciel du Poitou un jour d'été, de bel été. Lucie, c'est la vie. Lucie, c'est la terre. Lucie, c'est le désir. Son appétit des choses et des gens la rend invulnérable.

Blanche, de par son milieu, est une petite bourgeoise, un peu guindée, qui se tient très droite dans son corset, la tête haute, le regard fier. Sa bouche est cependant sensuelle. Son regard émeut par l'inquiétude qu'on y lit. Blanche fait partie de celles dont on ne parle pas, bien qu'elle soit belle.

Son maintien est modeste et altier à la fois, mais elle reste en deçà de son apparence, en deçà d'elle-même.

Lucie éclate. Blanche retient.

J'ai de ces deux grand-mères beaucoup de points communs. Comme elles, je suis jolie. Comme Lucie, je suis rousse et j'ai la peau très claire, sans taches de rousseur. Comme Blanche, j'ai cette inquiétude dans le regard. De Lucie, j'ai la familiarité, le rire insolent, les gestes larges, ouverts. De Blanche, j'ai une certaine retenue, comme si j'avais peur que l'on ne me prenne plus que ce que je veux donner. C'est d'ailleurs presque toujours le cas.

Je dois à Lucie ma passion des livres. Lucie avait toujours un livre dans la poche de son tablier. Et, quand elle allait aux champs garder les vaches, accompagnée de son grand chien noir, elle s'asseyait au pied d'une haie, à l'écart souvent des autres femmes. Elle sortait de sa poche une de ces petites publications mal imprimées, à vingt centimes, à la couverture illustrée, et se perdait dans sa lecture. Ces petits livres avaient été lus et relus. Ils étaient sales, déchirés, usés. Dans les greniers à grains de la ferme, il y avait des « maies », de grands coffres pleins de livres d'où sortait une forte odeur de moisi quand on en soulevait le couvercle. Leur découverte a été pour moi un des moments les plus extraordinaires de mon enfance. Toute la littérature était là : la pire et la meilleure. Victor Hugo et Paul Féval, Lamartine et Zévaco, Balzac et Georges Ohnet, Jules Verne et Xavier de Montépin, George Sand et Delly, Voltaire et Léo Taxil, Zola, Daudet, Gautier, Gaston Leroux, Maurice Leblanc, Gyp, Rachilde, Dumas... J'ai lu par dizaines des romans d'amour larmoyants, de rocambolesques romans d'aventures. Lucie les avait tous lus, tous dévorés. Bien sûr elle ne lisait pas autant qu'elle le voulait, la vie de la terre était dure en ce temps-là. Il fallait s'occuper des bêtes et des hommes. Les bêtes passaient toujours avant les hommes. Les femmes venaient bien après. Lucie ne s'en plaignait pas. Mais, de temps en temps, elle explosait. Elle errait seule à travers champs des heures durant, ou elle partait toujours seule à la ville. Elle mettait son chapeau, elle prenait le car. Elle ne disait pas où elle allait. Moi, je sais qu'elle n'allait nulle part. Je sais qu'elle n'allait pas rejoindre un homme, si fort pouvait être son désir d'être caressée et consolée de la peine à vivre une dure vie. Mais elle aimait Alexandre, son mari. Elle l'aimait follement, ne songeant pas qu'elle aurait pu aimer ailleurs. La vie de tous les jours la limitait : son homme, ses enfants, ses vaches, ses poules, ses cochons, son jardin, son âne. Tout ça était par moments bien lourd pour la jolie rousse qui avait envie de bals, de rires et de temps pour lire et rêver. Le travail de la ferme interdisait le rêve.

Blanche, sagement, le dimanche, se promenait avec son frère sur les bords du Cher ou le long du canal. Le long du canal... ce canal où Louise, sa mère, par désespoir d'amour, se jeta un jour. J'ai pour cette aïeule, morte d'amour, une immense tendresse, une tendre pitié. Je lui ressemble aussi quelque peu. Comme elle, pour l'homme que j'aimais, j'aurais pu tout quitter et mourir.

Mais Blanche, la jolie Blanche, à petits pas le long du canal, les yeux baissés, frissonnait en regardant son reflet dans l'eau. Longue silhouette vêtue de noir, mince, si mince.

Blanche ne lisait pas. Elle allait à la messe, aux vêpres. Elle priait pour sa mère, pour le péché de sa mère. Pour que Dieu absolve ce crime qui ne peut être absous.

Elle s'asseyait sur un banc, au bord de l'eau, les mains gantées sagement posées sur ses genoux, le regard lointain. Elle pensait à ses noces. A Léon qu'il avait fallu attendre si longtemps. A cette nuit où, sa mère voulant l'aider à dégrafer son corset, elle avait dit, rougissant :

« Laissez, maman, ce sera Léon qui le fera. »

Je ne connais pas de manifestation plus grande de sensualité que cette simple phrase d'une jeune mariée d'autrefois. Quelle connaissance inconsciente de l'amour ! Du désir de l'homme ! De son propre désir !

J'ai souvent rêvé autour de cette phrase. On dit que les enfants ne supportent pas d'évoquer la sexualité de leurs parents. C'était mon cas, sauf en ce qui concernait mes grand-mères. J'aurais tout voulu savoir d'elles. Comment elles faisaient l'amour, comment elles aimaient être caressées. Leurs bouches s'égaraient-elles sur le corps de leurs maris-amants ? Criaient-elles dans le plaisir ? Ou gémissaient-elles ? Ou se taisaient-elles ? Lucie devait crier. J'entends ses cris. Blanche devait serrer les lèvres très fort pour empêcher ses gémissements de sortir. Mais je suis sûre que l'une, comme l'autre, connut le plaisir. Il y a des gestes, des regards, des paroles qui ne trompent pas chez une femme devenue vieille. Une langueur, une douceur, une mollesse qui prouvent que ces femmes ont été aimées et bien aimées. Oh ! pas autant qu'elles l'auraient désiré. Tout l'amour que l'on peut nous donner n'est rien en comparaison de celui auquel nous aspirons. Notre corps est vaste comme la mer. Notre désir infini comme le ciel. Pourquoi les hommes, tout le long d'une longue vie, ne nous comblent-ils pas de leurs caresses. Leur désir est-il moins fort que le nôtre ? Leurs rêves plus vite déçus ?

Je n'ai pas souvenir d'avoir vu Blanche rire aux éclats ou cajoler un enfant. Je revois sa longue silhouette noire, ses cheveux coiffés en bandeaux, ses mains fines et sèches, son ruban noir ou blanc autour de son cou. Pourquoi était-elle toujours vêtue de noir ? De qui portait-elle le deuil ? De quoi ? De sa mère doublement pécheresse ? De son enfance vide d'affection ? Bien sûr, Léon et les huit enfants nés de ce mariage d'amour ont réchauffé son cœur et son corps. Mais pourquoi frissonnait-elle parfois, le regard noyé, les lèvres serrées comme pour retenir un cri ?

Je n'ai aimé Blanche que morte. J'ai aimé Lucie dès que je l'ai connue. Sous sa rudesse paysanne, elle cachait les élans d'un cœur généreux. Comme Blanche, elle était avare de caresses, mais son corps donnait envie de se blottir contre lui. Toute petite, quand par chance je dormais à la ferme, dans son grand lit, j'ai connu la volupté de l'enfoncement dans le chaud et le mou. Je devais, pour atteindre ce haut lieu, me hisser sur une chaise et me laisser basculer sur les matelas de plume. Alors là, enfoncée entre ces murs moelleux et blancs, qui me dissimulaient toute et cachaient la lumière, sous le gros édredon de satinette rouge, j'entreprenais de fabuleux voyages, bercée par les voix de plus en plus lointaines, le choc assourdi du tisonnier sur la pierre de l'âtre et le crépitement joyeux du feu dans la cheminée.

De ce mol navire, j'ai vu le monde. Monde des fées, des galipotes, des diables et des jeteurs de sorts. Combien de fois ai-je été enlevée par des bohémiens et emmenée dans des pays lointains dont je devenais la reine, ou bien, sauvée par un jeune homme très beau qui m'aimait et m'épousait ; ou alors, c'était un monstre que ma beauté mettait à ma merci et qui devenait mon esclave. Quelquefois, l'été, l'excitation de la journée retardait le sommeil. Je m'asseyais alors et, le nez au ras du mur de plume, je regardais la salle éclairée par le feu et la médiocre lumière de la suspension. Lucie faisait cliqueter ses aiguilles d'acier en tricotant ses bas pour l'hiver dans la rude laine du pays à l'odeur forte, qu'elle avait filée elle-même avec un fuseau semblable, du moins je le crois, à celui de la Belle au Bois dormant. J'ai appris d'elle, à filer la laine et à tricoter, avec cinq aiguilles, des chaussettes.

Qui n'aurait compris ma brutale émotion, quand, l'année dernière, me promenant avec des amis dans un petit village grec, au détour d'une ruelle, j'ai vu trois vieilles femmes vêtues de noir, la masse de laine brute sous le bras, faire tourner avec dextérité le fuseau sur lequel s'enroulait le fil régulier. Je possède un fuseau.

Les hommes, autour de Lucie, parlaient des travaux en cours, de l'orage qui menaçait, en buvant l'épais vin rouge de LA vigne et en fumant de ce tabac qui tachait si fort les doigts quand on enfilait les grandes et belles feuilles vertes sur des fils de fer pour les faire sécher. Tant que le tabac restait pendu dans le grenier, Lucie me défendait d'y monter, disant que l'odeur me tournerait la tête et que je pourrais tomber de l'échelle. J'y grimpais en cachette tant j'aimais le vertige que me donnait ce parfum âcre et fort. Lucienne, la fille de Lucie, triait les haricots blancs que nous mangerions le lendemain, cuits avec le lard du dernier cochon tué, les belles tomates du potager, l'ail et le bouquet d'herbes, sans lesquels il n'est pas de bons haricots. Rien que de les voir, polis, dodus et si blancs, la salive me venait à la bouche à l'évocation du plaisir du lendemain quand, dans une grande assiette creuse, avec un filet de vinaigre de vin, je mangerais ce plat pourtant bien simple, mijoté dans la cheminée à petit feu dès six heures le matin, et qui aurait ce goût jamais retrouvé de la fumée des sarments et des souvenirs de l'enfance.

Lucie s'apercevait très vite que je ne dormais pas. Elle se levait, me recouchait en disant :

« Il faut dormir, petite.

— Viens, toi aussi. »

Elle riait alors et selon son humeur me prenait dans ses bras, m'asseyait sur ses genoux et me racontait une histoire qui immanquablement m'endormait. Ou bien l'heure étant venue, elle renvoyait Lucienne et les hommes, éteignait la lumière et, éclairée seulement par le feu mourant de la cheminée, elle se déshabillait lentement, posant ses vêtements pliés sur une chaise. Elle mettait une longue chemise de coton blanc au col et aux poignets ornés d'une rude dentelle, grimpait sur le marchepied et se glissait dans le lit. Sous son poids, les matelas se creusaient encore davantage. Elle faisait un signe de croix, me donnait un baiser sur le front et s'endormait très vite. Je n'osais pas bouger tant j'avais peur de rompre le charme. Je me blottissai peu à peu contre elle. J'aimais son odeur, mélange de linge fraîchement lavé et repassé, de lilas (Lucie aimait les parfums de fleurs) et surtout de blé. Cette rousse sentait le blé, le bon pain. Cela donnait envie de la pétrir, de la manger. Je sais que de nombreux hommes ont eu cette envie-là quand ils la rencontraient au lavoir, levant et abaissant ses beaux bras blancs, la nuque baissée sur la planche à laver, couronnée de l'or de ses cheveux relevés. Ou, quand aux repas de moissons ou de vendanges, elle passait parmi les tables, accorte et rieuse, versant à boire aux hommes en sueur, rendus plus rouges encore par son parfum et le sillon luisant de sa poitrine qu'ils apercevaient quand elle se penchait pour les servir.

Blanche me donnait la main pour traverser la Grand-rue et monter l'escalier qui menait à l'église. La messe était toujours commencée quand nous arrivions. Elle se mettait dans la travée de droite sous le vitrail représentant saint Michel terrassant le dragon. J'ai fait, là aussi, de beaux voyages et j'ai accompli de grands exploits : j'aidais l'archange dans son combat avec le démon ; je baignais de larmes les pieds de Jésus, lui offrant ma vie en échange du bonheur des hommes ; j'allais de par le monde soigner les lépreux, évangéliser les sauvages qui me faisaient prisonnière et menaçaient de me tuer. Au dernier moment, mon ange gardien m'enlevait à mes bourreaux et je me retrouvais dans les bras du divin époux qui me baisait les lèvres en me disant :

« Tu es à MOI. »

Arrivée à cette partie du voyage, j'étais envahie d'une grande langueur, mes genoux tremblaient et mon corps s'affaissait. Blanche a toujours cru que l'odeur de l'encens me tournait la tête. Pouvais-je lui dire que le désir de Dieu me faisait au creux du ventre une sensation humide et voluptueuse et que j'aimais particulièrement cet épisode sur lequel je revenais complaisamment et qui me procurait toujours ce plaisir innommé que je croyais être la manifestation de l'amour de Dieu ? C'est sans doute pour cela que j'ai toujours parlé à Dieu comme je parle à mes amants, avec abandon et familiarité.

En sortant de la messe, Blanche m'emmenait à la pâtisserie, où je mangeais un énorme chou à la crème. Blanche parlait de choses et d'autres avec la pâtissière, ou avec une personne de connaissance, des événements de la ville. C'était le mariage de la fille de La-Marie-Nue-Tête avec le Chaboisseau ou la dernière fredaine de La-Belle-En-Cuisse avec le gros G. Elles faisaient le tour de toutes les petites misères, de tous les petits bonheurs de ma ville natale. C'était le seul jour où Blanche s'attardait à bavarder. On la disait fière, peu « causeuse », mais quelle allure !

Quelquefois, quand le temps était beau, l'après-midi, nous allions sur les bords de la Gartempe, dans le pré du père Duché. En ce temps-là, le pré était très beau, bordé du côté de la route par de grands platanes et sur le bord de la rivière de toutes sortes d'arbres et d'arbustes aux branches desquels je me pendais avant de sauter dans l'eau peu profonde. J'aimais particulièrement un gros rocher au milieu de la rivière, que des générations d'enfants avaient poli de leurs jambes nues, lui donnant la forme douce d'un sein de géante. Assise, les bras entourant mes jambes pliées, je restais de longs moments à me laisser engourdir par le bruit et l'odeur de l'eau.

Parfois, me voyant si immobile, une libellule bleue, verte ou dorée se posait sur mon genou. Je retenais mon souffle, émue par tant de fragile beauté. La voix de Blanche me rappelait aux réalités :

« Viens faire quatre-heures, petite. »

C'était rare que Blanche eût à me rappeler une seconde fois. J'accourais dans un grand jaillissement d'eau et me laissais tomber sur l'herbe. Elle sortait de son sac noir un pochon de papier brun qu'elle me tendait. J'en retirais deux tartines beurrées, collées l'une à l'autre pour empêcher le chocolat grossièrement râpé de tomber. J'adorais ce goûter presque autant que celui que me préparait Lucie : une graissée de fromage blanc de chèvre, frottée à l'ail.

J'ai toujours attaché une énorme importance aux nourritures, à la préparation des aliments. J'y vois une forme de savoir-vivre, de savoir-aimer. Les repas sont pour moi des moments privilégiés de la journée. Une mauvaise cuisine me plonge dans une tristesse sans doute excessive, mais bien réelle.

De mon enfance, mi-paysanne, mi-bourgeoise, j'ai gardé le goût des plats simples, longuement mijotés, dont le parfum envahit lentement la maison : le classique pot-au-feu, le solide petit salé aux choux, les civets, les soupes, les ragoûts, les champignons parfumés, tout ce que Blanche et Lucie préparaient pour leur nombreuse maisonnée.

Blanche avait deux coiffures. Une de jour et une de nuit. Quand j'étais chez elle, je couchais dans son lit et j'aimais la regarder défaire ses bandeaux, brosser longuement ses cheveux, les natter et les fixer par une épingle sur le sommet de sa tête. Comme Lucie, elle portait une longue chemise blanche, mais de fine batiste. Elle m'impressionnait beaucoup ainsi. Elle ressemblait à une fée de mes livres. Cette longue robe blanche la rajeunissait tout en la rendant irréelle.

« Pourquoi tes robes sont-elles toujours noires ? »

Elle me souriait sans répondre ou me disait :

« C'est comme ça. »

Lucie aussi était toujours vêtue de noir. Mais, sur elle, ce noir n'était pas aussi noir. Comme elles, je suis souvent habillée de noir. Non comme elles, par souci d'économie (c'était ça la vérité en fait, plus que les mœurs du temps), mais pour l'éclat que ces sombres vêtements donnent à ma peau et à mes cheveux, et pour la distance qu'inconsciemment ils imposent aux autres. Le noir me protège, m'exalte et m'oblige à une rigueur de comportement. On n'est pas la même, vêtue de blanc, de rose, de vert ou de bleu. On devrait aider les femmes à trouver « leur » couleur, celle qu'elles habiteront bien, qui les rendra harmonieuses. Le noir est ma couleur.

Lucie ne vit le médecin que pour mourir, n'ayant eu affaire, du moins pour elle, qu'au rebouteux et à la sage-femme. Sagesse ? Peut-être. Lucie connaissait les simples. Elle m'emmenait quelquefois avec elle, en été, tôt le matin dans les bois, près de la source, au fond tapissé de pièces de monnaie, appelée la Font de Miracle, au lieu-dit les Breuias. Là, elle commençait sa récolte de racines, de fleurs sans nom, d'herbe velue. Elle disait, se parlant à elle-même :

« Ah, celle-là, c'est bon pour les reins. Voilà pour Lucienne qui a toujours mal au ventre et pour André qui n'arrête pas de tousser. Avec celle-là je ferai une pommade contre les coups. »

Je lui tendais aussi ma cueillette qu'elle rejetait presque entièrement sauf deux ou trois brins qui lui faisaient dire :

« Aurait-elle le don, cette petite ? »

On revenait en chantant : *C'était Anne de Bretagne* ou *Le gentil coquelicot* ou *A la claire fontaine* ou les chansons à la mode de son jeune temps comme *Frou-frou* ou *Le temps des cerises.*

Nous riions sous nos grands chapeaux de paille. Car le soleil montait vite et cognait dur. Nous étions parties au petit matin, dans la rosée, l'air piquant un peu, nous revenions en compagnie du jeune et chaud soleil.

La grande cour de la ferme était déjà pleine d'activité. Les deux grands bœufs roux déjà attelés, les vaches avaient donné leur lait, les chèvres aussi ; on entendait grincer la chaîne du puits, les poules, les coqs, l'âne, les gens faisaient un charivari plein de joie.

Nous avions juste le temps d'avaler soit un bol de lait chaud dans lequel on émiettait du pain ou une assiette du reste de soupe de la veille.

On me hissait dans la charrette, et là, sur une rude couverture ou des sacs de jute, je m'endormais malgré les cahots du chemin plein d'ornières. Arrivés au lieu de travail : fenaison, moisson, vendanges, Lucie me réveillait, me soulevait bien haut dans ses bras, comme pour me lancer dans le ciel en disant :

« Au travail, paresseuse. »

Encore endormie, je m'asseyais, cherchant des sauterelles, des trèfles à quatre feuilles. Mais très vite je rejoignais les autres. On parlait peu durant le travail des champs. Chacun accomplissait sa tâche rapidement et en silence. Vers dix heures, l'on s'arrêtait pour une petite collation et l'on s'asseyait à l'ombre, sous l'arbre le plus proche. Lucie apportait un lourd panier d'où elle sortait, enveloppé d'un linge blanc, des morceaux de poulet ou de lapin froids et ces petits fromages de chèvre très secs qu'elle faisait elle-même et que je mangeais avec gourmandise. Plus jamais je n'en ai mangé d'aussi bons. Chacun sortait de sa poche son couteau, l'ouvrait et coupait, à la miche de pain, un morceau à la mesure de son appétit, le tout accompagné d'une piquette bien fraîche.

J'aimais ce court instant de repos. Mais très vite, leur couteau essuyé à la jambe de leur pantalon, les hommes reprenaient le travail.

C'était l'heure où Lucienne venait nous chercher, Lucie et moi, avec la carriole à âne, car Lucie devait rentrer pour préparer le dîner des travailleurs.

Cela, c'était lors des travaux courants. Mais pour les grands travaux de la campagne : moissons et vendanges, les femmes de la ferme s'affairaient depuis la veille dans la préparation des repas où se retrouvaient tous les « bras » du hameau. Il fallait nourrir durant tout le temps des moissons ou des vendanges une vingtaine de garçons et presque autant de filles.

Dès trois heures du matin, la salle de la ferme ressemblait à la place d'un marché encombrée et piaillante.

Du grand lit, car tant de bruit me réveillait, j'observais ce qui me semblait être les préparatifs du repas de l'Ogre.

C'était des poulets par dizaines, des lapins, des canards, des pintades, des mètres de saucisses sèches, des monceaux de viande saignante, des paniers débordants de prunes, d'abricots, de tomates, de pommes de terre roulant sous le lit, et il fallait chasser les chats, devenus fous par tant de bonnes odeurs. Pour ces circonstances, on allumait la grande cuisinière de fonte. Rapidement, il faisait une chaleur insupportable. Le ton des voix montait et je savais par expérience que je devais me faire oublier sous peine de recevoir quelque taloche ou coup de serviette sur les jambes. J'attendais donc, écœurée par les odeurs diverses qui emplissaient peu à peu la pièce. Je me rendormais.

Quand je me réveillais, il n'y avait plus que Lucie et deux ou trois femmes venues des fermes voisines pour aider, tout comme Lucie irait aider quand ce serait au tour des autres fermes de moisonner ou de vendanger.

Ces matins-là, j'étais trop nourrie d'odeurs pour pouvoir avaler quoi que ce soit. Lucie m'apportait une cuvette d'eau froide dont j'étais censée me servir pour faire ma toilette. J'enfilais une culotte, une petite robe de toile rose ou bleue, mes vieilles sandales. Lucie me brossait les cheveux, grognant après ces « frisettes » qu'elle n'arrivait pas à démêler. Après quelques cris et parfois quelques larmes, elle me libérait. Je me précipitais dehors. Le soleil était déjà haut.

Les premières charrettes chargées de bottes de blé arrivaient. Dans l'aire la batteuse se mettait en marche.

J'aimais beaucoup regarder les hommes enfourner dans

l'énorme gueule de la machine les belles gerbes de blé. Le plus beau et le plus fort était Marcel, au torse puissant et bronzé, qui enlevait sans effort apparent les gerbes, faisant saillir les muscles de son dos et de ses bras. Il riait fort et haut, montrant l'éclat de ses dents blanches. Ses cheveux blonds recouverts peu à peu de la poussière du blé, buvant de grands coups aux bouteilles de piquette que lui tendaient les filles. Plus d'une avait l'œil brillant en le regardant. Il le savait, le bougre, qui ne ménageait pas ses œillades aux plus accortes de mes cousines. J'enrageais d'être si petite. J'étais sûre qu'il m'aurait préférée à toutes et que c'est avec moi qu'il aurait fait la sieste.

Dans ses moments de pause, quand il était remplacé par un autre, je me glissais près de lui. Il me prenait dans ses bras, me faisait sauter en l'air ou m'asseyait sur ses genoux. Je mettais alors mes bras autour de son cou, je le mordillais, je le léchais. J'aimais le goût salé de sa sueur. Je tortillais entre mes doigts les poils de sa poitrine, irrésistiblement attirée par la bosse sur le devant de son pantalon. Je me faisais lourde contre elle, il me semblait qu'elle changeait de forme ou de place. Marcel devenait alors plus sérieux, comme gêné, et avec un drôle de rire me posait par terre. Déçue, je m'accrochais à lui, mais il me repoussait et rejoignait le groupe des filles avec lesquelles il échangeait des plaisanteries et des bourrades.

L'heure tant attendue du dîner approchait. Les hommes allaient s'asperger d'eau la poitrine et les bras à la grande auge de pierre.

Les femmes commençaient la procession des plats.

Je me mettais aux tables des hommes qui se poussaient pour me faire une petite place. Soucieux des convenances, ils avaient remis leurs chemises et retiré leurs casquettes, bérets ou chapeaux. Ils avaient presque tous le haut de la tête plus clair que le visage. Ils étaient comme scalpés.

J'aimais ces rudes présences masculines, ces grandes mains calleuses, ces épais pantalons de velours. J'aurais voulu qu'ils me prennent dans leurs bras à tour de rôle, qu'ils me chatouillent le corps avec leurs moustaches brunes ou blondes, qu'ils me pétrissent de leurs mains rêches, qu'ils sucent mes seins inexistants et entrouvent mon sexe imberbe. Je connaissais l'émotion qui se cachait là, mais j'aurais aimé que ce soit un autre doigt que le mien, une autre langue que celle du chien de Lucie qui me la procure.

J'étais très provocante avec ces hommes. Toujours dans leurs jambes, comme disait Lucie que mon manège amusait et agaçait un peu. J'étais au comble du bonheur quand l'un d'eux me prenait sur ses genoux, me laissait manger dans son assiette et boire dans son verre. Si de sa grande main rugueuse il me tenait par la nuque, je me laissais aller, alanguie, les yeux mi-clos, toute au délice qui m'envahissait.

Ce simple geste est un de ceux que j'espère et redoute le plus car il me soumet presque immanquablement au désir de l'homme. La gorge sèche, le cœur battant, les mains ballantes, les jambes molles, le ventre taraudé du désir d'être comblé, envahi par le sexe de l'homme, cette main me transmet des ordres auxquels je ne peux qu'obéir.

Le repas se poursuivait avec lenteur. Les jeunes filles posaient sur les longues tables de bois recouvertes de draps bien blancs de grands paniers remplis de saucissons, d'andouilles, de boudins, des terrines de canards, de lapins, de rillettes circulaient. Chacun se servait copieusement. Au début on n'entendait que le bruit des mâchoires et celui des goulots de bouteille cognant contre les verres. A l'arrivée des premières viandes, rôtis de bœuf, de porc, des volailles, les conversations s'animaient. Après les légumes, la salade, les fromages et les tartes, on ne s'entendait plus. De temps en temps, le rire aigu d'une fille perçait le brouhaha.

Comment pouvait-on avaler de telles quantités de nourriture ? Il est vrai que c'étaient les seuls repas vraiment copieux que ces hommes et ces femmes, rudes travailleurs, avaient l'occasion de faire en dehors des repas de noces ou d'enterrements.

Après le dîner, le dernier verre d'alcool de prune avalé, les hommes sortaient d'un pas lourd et, ensemble, allaient derrière le mur de la grange, pisser d'abondance. Certains s'allongeaient en rond, autour du vieux chêne ou sous le tilleul devant la maison, la casquette ou le béret roulé sous la nuque ou abaissé sur le visage. Très vite leurs ronflements montaient.

Les plus jeunes tentaient d'entraîner les filles dans le foin ou dans les chemins creux. Quand les couples s'étaient constitués, j'en choisissais un et je le suivais. Je suivais presque toujours celui qui allait dans la grange à foin, au-dessus de l'étable, car les cachettes y étaient nombreuses et j'aimais l'odeur du foin. Là, cachée dans la masse odorante, j'observais, attentive, les gestes du garçon.

Il défaisait un à un les six ou sept boutons du sarreau à petits carreaux ou à fleurs de la fille, soulevait la combinaison en toile de parachute, enlevait la culotte de coton blanc ou rose.

Quand je voyais apparaître l'épaisse toison de la fille, mon ventre se creusait. J'aurais voulu fouiller dans cette masse, mettre mes doigts, ma main, mon bras, entrer toute dans la fente luisante et entrouverte.

Le garçon semblait avoir le même désir. Sous ses doigts, la fille poussait de petits cris, riait de ce rire chatouillé, exaspérant et tellement excitant. Mais, très vite, il détachait la boucle de son ceinturon, déboutonnait sa braguette et sortait ce que je nommais une queue, de son pantalon. Il se mettait sur la fille et je voyais ses fesses blanches s'agiter de plus en plus vite, ce qui me donnait envie de rire.

J'aurais tant aimé que ce soit à moi qu'il fasse cette « chose »-là. J'étais prête. Tout mon corps d'enfant réclamait les soins que l'on prodiguait aux plus grandes. Combien de temps faudrait-il encore attendre pour avoir une queue, moi aussi ?

D'autant qu'une fois, il avait fallu peu de chose pour que je connusse ce qui rendait le regard des filles si vague.

Je m'étais endormie dans cette même grange, un livre à

la main. Quand un chatouillement agaçant et incessant me réveilla. Allongé près de moi, appuyé sur un coude, Jean, un ouvrier agricole, nouvellement arrivé, me chatouillait avec un brin de paille. Je l'aimais bien, car il me taillait des sifflets et m'avait donné un petit coffre de bois avec une clef, qui faisait ma joie et dans lequel j'enfermais mes secrets.

Il était très brun de peau et le soleil l'ayant aussi fortement bruni, on remarquait immédiatement ses yeux très bleus et ses dents luisantes et blanches. Sa poitrine était couverte d'une abondante toison dans laquelle j'aimais enfouir mon visage. C'est ce que je fis en frottant ma tête sur son torse comme font les chevreaux au front agacé par leurs cornes naissantes.

Il me serra contre lui, me mordilla le cou, les oreilles ; je riais en me trémoussant. Mes fesses, qu'il pétrissait et écartait, tenaient toutes dans sa main. Je ne riais plus. Mon corps s'était fait attentif. Il écarta la culotte et son doigt essaya d'ouvrir la petite fente. J'écartais les cuisses pour mieux lui en faciliter l'accès, comme j'avais vu faire les filles. Il se pencha alors et insinua sa langue au creux de mon ventre. Je poussai un cri tant le plaisir ressenti était aigu. Il me fit signe avec le doigt d'être silencieuse. J'acquiesçai d'un signe de tête. Et de la main poussait sa tête vers mon ventre. Cela le fit rire doucement et murmurer :

« Sacrée petite garce. »

Il revint à mon ventre et me lécha en poussant des grognements. Je crus mourir de bonheur en sentant la douceur de sa moustache qu'il portait longue, à la gauloise, et le râpeux de sa barbe naissante à l'intérieur de mes cuisses.

Quand il se redressa, il était très rouge sous son hâle avec un drôle de regard qui me fit un peu peur. Il entreprit de défaire son pantalon. J'avais très envie de l'aider tant j'avais hâte de voir enfin une queue de près, mais je n'osais pas. Elle jaillit, superbe. Qu'elle était belle cette première queue, longue, noire et dure, si dure ! Je tendis mes mains, comme un enfant vers un cadeau ardemment désiré et enfin offert. Mes deux mains n'en faisaient pas le tour.

Je n'ai jamais oublié cette queue dressée pour moi.

J'approchai mes lèvres et je connus la douceur merveilleuse du gland. Ma langue, à petits coups, léchait ce bâton de chair, j'avalais avec délice la goutte de liqueur qui s'échappait du petit trou. Je fourrais mon nez dans la toison rêche, faisant rouler sous lui ces deux boules qui m'intriguaient tant chez les chats et les chiens.

Un de ses doigts s'était insinué dans mon derrière et l'autre caressait ma fente que je sentais tout humide. J'aurais voulu que cela ne s'arrête jamais.

Ce fut la voix de Lucie qui rompit le charme.

Jean arracha sa queue de ma bouche, la remit précipitamment dans son pantalon, et se sauva par une petite porte. Lucie entra dans la grange. J'avais eu le temps de rabattre ma robe. Je devais être très rouge et avoir un air bizarre, car elle regarda autour d'elle d'un air inquiet.

« Tu étais seule, petite ? Que fais-tu là ? »

Je montrai mon livre. Rassurée, elle sourit.

« Allez, viens vite, il est temps d'aller aux champs. »

C'est avec Blanche que je pris pour la première fois le train.

Elle m'avait fait lever très tôt, car il fallait changer de train à Limoges. C'est donc à moitié endormie qu'elle me hissa dans le compartiment. Engourdie par le sommeil et le froid du petit matin, je somnolai jusqu'à Limoges.

Blanche m'emmena au buffet de la gare boire un chocolat, là je m'éveillai complètement et écarquillai les yeux.

Tout m'étonnait et m'émerveillait. Le bruit, le mouvement, les gens à l'air inquiet ou affairé, l'étalage du marchand de journaux aux couleurs clinquantes. Je courais d'un endroit à l'autre malgré les gronderies de Blanche. Ayant réussi à m'agripper la main, elle m'entraîna vers la sortie.

« Encore une heure à attendre avant la correspondance », murmura-t-elle en me regardant, me sembla-t-il, découragée.

Il faisait très beau, le soleil éclairait les parterres fleuris des jardins du Champ de Juillet vers lesquels nous nous dirigeâmes. Blanche s'assit sur un banc, s'appuya au dossier, ferma les yeux, sous la douceur du soleil.

Elle était bien jolie ainsi, la douce Blanche. Rêvait-elle aux promenades faites dans cette ville avec Léon quand il réussissait à l'entraîner loin de sa maison et de ses enfants ? Il lui prenait la taille comme un jeune amoureux pour l'aider à monter la raide rue du Clocher où elle aimait flâner à cause des boutiques. Il se laissait emmener en riant à l'église Saint-Michel en haut de la côte. Là, agenouillée, la tête entre ses mains, près du cierge que Léon venait de lui allumer, elle priait.

Croyait-elle vraiment en Dieu ? Curieusement, malgré tous les signes extérieurs de piété qu'elle donnait, je ne l'ai jamais cru. Non qu'elle agît par hypocrisie, mais plutôt par habitude, par souci des convenances provinciales. Ou alors, ce qui serait assez dans sa façon, pour être tranquille, pour s'isoler ou se retrouver.

Je jouais à jeter des cailloux sur les poissons rouges du bassin et je tapais du pied en constatant que je n'en atteignais aucun. Je traçai une marelle. Mais ce n'était pas drôle de jouer toute seule. Heureusement, j'avais dans ma petite valise *Les Deux Nigauds* que j'avais lu et relu, mais qui m'amusait toujours autant. Blanche regarda la grosse horloge de la gare et se leva.

Je contemplais cette gare avec ravissement et un certain effroi. Je n'avais jamais rien vu de plus beau. Le vert tendre des toits en coupole, l'éclat des vitraux, les sculptures de la façade et cette situation imposante, sur une hauteur. J'imaginais que c'était un monstre aux énormes gueules — les portes — qui engloutissaient les voyageurs dans un bruit de machine effrayant. Jamais gare n'a ressemblé autant à l'entrée de l'enfer.

Arrivées sur le quai, notre train entrant en gare, le contenu de ma petite valise se répand sur le sol. Mon cri arrête Blanche qui se penche pour m'aider à rassembler mes trésors : glands desséchés, images pieuses, tricotin, livres divers, deux petites poupées, une tapisserie commencée depuis longtemps, bouts de ruban, crayons, bonbons, bref, tout ce qu'une petite fille emporte en voyage. Nous n'arrivons pas à fermer la valise que Blanche prend sous son bras en me grondant. J'ai les larmes aux yeux. Je me sens incomprise. Personne ne m'aime.

Installées dans le compartiment de deuxième classe, les troisièmes n'étant pas dignes de nous et les premières au-dessus de notre condition, Blanche entreprend de fermer ma valise. Et le voyage commence.

Je regarde défiler de plus en plus vite les dernières maisons des faubourgs en essayant de voir ce qui se passe à l'intérieur. Scènes arrachées, un instant, à leur banalité. Puis viennent les champs de blé aux ondoiements chatoyants, les bois sombres, les ruisseaux, les rivières. Je me rejette en arrière quand un autre train nous croise dans un grand bruit. J'agite les mains à l'intention des gardes-barrières qui répondent gentiment à mon signe. Le train ralentit, puis s'arrête. Je prends ma valise, prête à descendre.

« Nous ne sommes pas encore arrivées », dit Blanche en souriant.

Je reprends ma place devant la vitre mais très vite je m'ennuie, c'est toujours la même chose. Je prends un illustré, le *Lisette* acheté à Limoges. Mais je n'ai pas envie de lire. Je regarde les gens autour de moi : une sœur de Saint-Vincent-de-Paul dont la grande cornette dodeline aux mouvements du train ; une dame très raide, au regard sévère, tenant un panier sur ses genoux, et un vieux monsieur avec un ruban rouge à la boutonnière. Je trouve le ruban trop petit, ce serait bien plus gai s'il était plus gros. Mais personne n'a l'air bien gai dans ce compartiment et je bâille en me trémoussant.

Blanche me fait signe de sortir et m'emmène aux toilettes. J'ai un peu peur en voyant les traverses défiler sous la cuvette.

Je reste debout dans le couloir, appuyant mon nez, ma langue ou mes dents à la vitre tremblotante.

Je me retourne, Blanche s'est assoupie. Je parcours le train dans un sens et dans l'autre. Dans le dernier wagon, surplombant la voie de quelques marches, je me hisse sur une plate-forme où il y a un volant et des manettes. Le vent entre de chaque côté de la cabine.

Je pilote le train. Que c'est amusant. Le train passe entre deux haies d'arbres, frôlant certaines branches. Je tends le bras pour essayer de les attraper. Aïe, je retire précipitamment ma main durement cinglée par une branche épineuse. Des petites gouttes de sang apparaissent que je lèche doucement.

Je me sens brutalement soulevée par de fortes mains. C'est le contrôleur qui m'arrache du banc de pilotage. Derrière lui, Blanche, très pâle, me saisit et me serre convulsivement contre elle. Elle me repousse et me donne une grande paire de claques.

« Vilaine enfant, quelle peur tu m'as faite ! »

Je ne lui en veux pas trop pour les gifles, je m'y attendais. Chaque fois que je fais quelque chose de vraiment amusant, ça se termine toujours de cette manière.

Nous regagnons le compartiment. Blanche me donne des petits gâteaux secs, une orange. Je m'endors.

Je suis allongée sur des fourrures blanches, j'ai des colliers de perles, de diamants, de rubis autour du cou, j'ai des bagues à tous les doigts de mes mains, de lourds bracelets aux poignets et aux chevilles. Dans un coin, un brasero donne une douce chaleur et éclaire doucement ma couche. Je suis enveloppée d'étoffes brodées d'or et d'argent, un long voile couvre ma longue chevelure rousse. De voluptueux parfums montent de lourds brûle-parfum ciselés. Je suis sous une tente mouvante. Je me soulève et écarte un pan de la tente. Je suis dans un immense traîneau, tiré par de gigantesques chevaux noirs. Je me rejette en arrière, le cœur battant. Enlevée, je suis enlevée. Je me blottis sur les coussins de brocart, sous les chaudes fourrures. Quelques larmes coulent le long de mes joues.

La course folle s'arrête. Les panneaux de la tente s'écartent, un homme grand, à la longue moustache noire pleine de givre, au regard perçant, couvert de fourrures, entre et, me regardant longuement d'un air cruel et menaçant, me dit en ricanant :

« Tu es à moi. »

Il avance la main vers moi, arrache les fourrures. Je pousse un cri.

« Réveille-toi, petite, nous sommes arrivées. »

C'est la fin d'un beau voyage. Le quai est plein d'hommes en uniforme vert portant des mitraillettes. Nous sommes à Vierzon.

A Vierzon, Blanche n'était pas la même, elle semblait rajeunie. Etait-ce de se retrouver dans la ville de son adolescence, de retrouver Emilia, l'opulente et si belle femme de son frère René, les bords mélancoliques du Cher et du canal, cette rue des Ponts interminable et inquiétante ? Ou bien se sentait-elle un peu en vacances loin de sa maison et de ses enfants ?

Elle m'emmenait rendre visite à de très vieilles dames qui l'embrassaient en l'appelant « ma petite enfant » ou « ma bonne Blanche », et lui offraient, selon l'heure, du thé ou du vin d'orange.

« Que veut cette belle enfant ? », disaient-elles en me pinçant la joue ou en me caressant les cheveux.

« Quels beaux cheveux ! »

Je demandais toujours un livre, car je savais par expérience que la visite pouvait se prolonger et que je ne devais pas bouger sous peine de me faire gronder.

Après un moment d'hésitation, on sortait du bas d'une armoire ou d'une bibliothèque d'énormes volumes reliés de *L'Illustration* ou du *Petit Parisien*. Je dois à ces journaux de la fin du siècle dernier mes plus beaux cauchemars d'enfant. Les couvertures violemment coloriées n'étaient que scènes d'horreurs, de tueries ou de catastrophes.

Je me réveillais en sursaut devant les têtes fraîchement

coupées d'Annamites rebelles, ou les flammes qui enveloppaient les premières communiantes se propageaient à moi, ou un anthropophage me tendait un bras saignant à manger, ou l'explosion détruisant le navire me projetait à la mer, ou le tueur de la rue Monge levait sur moi son couteau dégouttant du sang de ses précédentes victimes, ou j'étais broyée par les anneaux d'un serpent géant, attachée sur une fourmilière et dévorée vivante.

Jamais la complaisance et le mauvais goût de la presse n'ont été aussi grands, tant au niveau de l'image que du texte, flattant chez le lecteur les instincts les plus mesquins, les plus cocardiers, les plus racistes et les plus vulgaires, qu'en cette période précédant la guerre de 14.

Même maintenant, l'évocation de ces images provoque chez moi un sursaut de dégoût. De visite en visite, j'ai fait le tour de la presse fin de siècle, tant politique qu'humoristique, féminine et enfantine.

Quand la visite s'éternisait, l'on me donnait de vieux magazines et une paire de ciseaux, quelquefois des crayons de couleur. Je découpais presque toujours les images représentant des femmes ou des petites filles, rarement des hommes et jamais des animaux.

J'empilais ces découpages qui seraient collés dans un cahier réservé à cet usage.

Blanche savait qu'elle pouvait être tranquille, je ne bougerais pas avant plusieurs heures.

Quelquefois, bercée par le murmure des conversations, je m'endormais sur mes découpages, réveillée de temps en temps par l'éclat d'un rire, ou la sonnerie de la porte d'entrée annonçant une autre visite. Si c'était le cas, Blanche en profitait pour prendre congé. Le soir, elle faisait le récit à Emilia de sa journée et des bavardages de ses vieilles amies. Emilia se moquait d'elle en lui disant que c'était bien fait et qu'elle n'avait pas besoin de faire toutes ces visites et d'y traîner cette pauvre enfant (moi). Blanche se récriait, rougissant, disant qu'elle ne pouvait pas se dispenser de ces visites de courtoisie, qu'elle ne venait pas souvent, que les vieilles dames seraient bientôt mortes, etc. Emilia riait de plus en plus fort devant tant de fausses raisons. Blanche se mettait en colère, traîtant Emilia de « sans cœur », de « mauvaise sœur ». Emilia se levait alors et embrassait sa belle-sœur :

« Quelle soupe au lait ! Je te taquine, grande sotte. » Blanche rendait le baiser et riait à son tour.

Pas loin de la maison d'Emilia, il y avait la ligne de démarcation qu'il fallait traverser pour aller « au ravitaillement ». A chaque fois, le cœur me battait violemment, tant j'avais peur que les « Boches » ne fouillent les sacs d'Emilia ou de mes cousines, les jumelles, Françoise et Jacqueline, dans lesquels elles avaient caché des lettres ou des papiers pour des gens demeurant en zone libre.

Mais Françoise et Jacqueline étaient si belles, si apparemment « tête en l'air », que l'officier allemand, après quelques plaisanteries, les laissait passer. Au retour, il soulevait d'un air narquois les sacs alourdis de victuailles. Un jour, lui ou un autre fit un geste qui me choqua profondément, il prit dans le sac une prune et la mangea. Aujourd'hui encore, je ne sais pas pourquoi ce geste anodin me remplit de honte et de fureur.

Blanche repartit, me laissant pour quelques jours à la garde d'Emilia, de Marguerite, dite Gogo, et des jumelles.

Gogo, qui ne s'était jamais mariée, avait, pour ses nombreux neveux et nièces, une tendresse ronchonne mais attentive.

C'est chez elle que je fis la première lecture qui me troubla vraiment : *Candide* de Voltaire. J'avais pour le cul de Cunégonde les gourmandises du grand vizir. Le mot CUL fut mon premier « gros mot ». Je le répétais à voix basse avec délices. Ce fut grâce à elle aussi que je connus le plaisir de la marche dans les grandes forêts de Sologne, les goûters qui nous tenaient lieu de dîners dans les maisons forestières amies.

Nous rentrions souvent à la nuit tombée et nous traversions Vierzon à la lueur de nos lampes électriques. La ville noire semblait abandonnée, envahie par un silence profond. Nous fûmes quelquefois arrêtées par les patrouilles allemandes. Gogo leur montrait son laissez-passer et nous continuions notre route, butant sur les pavés mal joints.

Est-ce à cause de ces randonnées nocturnes, de ce bruit de bottes, de la présence allemande, que je garde à cette ville une profonde antipathie ?

Le ravitaillement fut un des grands sujets de conversation de mon enfance. Pas une réunion d'amies de ma mère où il ne fût question de la manière d'accommoder les tristes nourritures trouvées, au prix d'attentes éprouvantes, aux portes souvent closes des commerçants.

Ma mère prenait le train deux fois par mois pour aller chercher chez Lucie quelques œufs, poulets, lapins et beurre qu'elle mettait de côté pour nous.

A chacun de ces voyages, c'était un peu la fête, car Lucie ne manquait jamais d'ajouter au ravitaillement une gourmandise : du miel ou des confitures pour les enfants. A chacun des hivers de la guerre, elle ajoutait au colis des chaussettes, des écharpes tricotées, au cours des veillées, en laine du pays. Malgré cela, j'eus, tout au long de ces hivers, de douloureuses engelures.

J'aimais beaucoup aller avec Lucie aux gros marchés de la région. Elle se levait tôt le matin pour se préparer. Elle mettait sa meilleure robe sur laquelle elle attachait un long tablier noir à grandes poches et, selon la saison, un chapeau de paille noir ou un de ces bizarres chapeaux de feutre noir que portent encore aujourd'hui les vieilles femmes de province, son gros manteau de drap, son grand parapluie, son sac, son cabas, tout cela noir évidemment.

Avec son teint clair, ses cheveux mousseux, tout ce noir lui donnait une grande allure.

Nous allions sur la route attendre le car qui nous conduirait soit à Chauvigny, soit à Saint-Savin ou à Montmorillon. Il arrivait enfin, auréolé de la fine poussière blanche de la route, et s'arrêtait en cahotant. Après les salutations d'usage, le chauffeur lui tendait les billets.

« Bonjour, madame Lucie, comment va la santé ?

— Bien, Justin, bien. Et les enfants, ils doivent être grands maintenant ? »

Patiemment, les occupants du car attendaient. Il en serait de même à chaque arrêt, pour chacun des voyageurs. Tout le monde se connaissait et avait plus ou moins des liens de parenté. On arrivait sur le lieu du marché vers neuf heures.

Il y avait toujours sur la place où s'arrêtait le car un café tenu par une amie ou une connaissance de Lucie. A Chauvigny, c'était la Rose, énorme matrone moustachue au bon rire et qui me gavait de sucreries ; à Saint-Savin, la Jeanne dont on disait que le cœur était aussi sec que le corps ; à Montmorillon, Mlle Crotte (surnom donné à son père le vidangeur et qui lui était resté. Enfants, sa sœur et elle étaient appelées les petites Crottes).

Lucie s'asseyait pour boire le café, échangeant les nouvelles. Mais très vite, Rose, Jeanne ou Mlle Crotte nous quittaient, appelées par leurs pratiques. J'aimais le va-et-vient bruyant de ces petites salles de café, sentant la sciure fraîche, le vin rouge et le tabac.

Les rares femmes autour de nous étaient presque toutes vêtues de noir, sauf les plus jeunes qui portaient des blouses à carreaux ou à fleurs. On appelait blouse toute robe de coton se boutonnant devant.

J'ai gardé de mon enfance paysanne un goût profond pour cette forme de vêtement. C'est ma tenue favorite et, pour moi, le vêtement érotique par excellence. Je suis troublée par la facilité avec laquelle cette blouse, qui révèle les cuisses de celle qui la porte quand elle marche ou s'accroupit, peut être enlevée. Je lorgnais avidement les cuisses blanches de mes cousines quand elles s'accroupissaient pour traire les vaches. La blouse remontait, s'ouvrant sur les cuisses écartées, accusant la forme épanouie des fesses. Je m'appuyais contre la vache dont j'aimais la chaleur qui m'engourdissait peu à peu. Le giclement du lait contre les parois du seau, les pis à la forme émouvante entre les mains de ma cousine Pauline, le mouvement qui la faisait se balancer un peu sur l'escabeau, l'odeur de l'étable, tout cela me troublait beaucoup, mais apparemment pas ma cousine qui me chassait quand je me penchais pour l'embrasser dans le cou…

Lucie et moi, nous allions à travers les allées encombrées, au milieu des marchandes assises sur de petits pliants ou des caisses en bois devant leur éventaire, proposant quelques œufs, des fromages de chèvre, un poulet ou un lapin fraîchement tué, des champignons (cèpes, rosés, giroles ou trompettes de la mort), des cerises bien noires, excellentes pour le clafoutis, de petites prunes jaunes à la chair fine et serrée, quelques poignées de mogettes, des têtes d'ail bien rondes ; le tout joliment présenté sur des feuilles de vigne ou de châtaignier.

Lucie ne s'arrêtait pas, sauf pour échanger quelques mots avec une payse. Elle ne venait pas là pour bavarder, mais pour faire les achats indispensables à la marche de la ferme et à l'entretien de la maison.

Nous sentions de loin que nous approchions du marchand d'épices. Lucie, comme moi, nous raffolions de ces parfums qui nous transportaient dans des Orients de rêve. Je crois que là étaient ses seules dépenses un peu folles. Elle tendait au marchand de noirs et brillants bâtons de vanille et de réglisse, des écorces de cannelle, une poignée de noix de muscade, des sachets de clous de girofles, de poivre blanc et gris, de poudres ocres ou rouges ou jaunes ou brunes, que sais-je encore, qu'il mettait dans de petits pochons blancs puis, le tout, dans un plus grand. Le dernier achat était un grand bâton d'angélique que nous partagions avec un regard complice et gourmand.

C'étaient des arrêts chez la mercière, la marchande de tissus, le marchand de souliers. Là, je trouvais que Lucie manquait un peu d'imagination : elle achetait toujours le même genre de chaussures en épais cuir noir à lacets pour l'hiver et une espèce de sandale ajourée, noire également, pour l'été. Pour les sabots, c'était un autre marchand.

Après être passées chez le grainetier et le quincailler, notre halte la plus longue était chez le libraire. Nous aimions plus particulièrement celui de Montmorillon qui me connaissait bien, Tabac jaune. Je n'ai jamais su d'où lui venait ce surnom. Il connaissait nos goûts et montrait à Lucie ses nouveautés. Nous les feuilletions lentement avant de faire notre choix, influencées souvent par l'illustration de la couverture ou le titre prometteur. Mon goût allait vers les récits d'énigmes tels *Le Mystère de la chambre jaune* ou *Le Parfum de la Dame en noir* de Gaston Leroux. Lucie était plus attirée par les romans d'amour où l'héroïne, toujours pure, est en butte aux méchants qui veulent lui ravir sa vertu. De toute façon, nous échangions nos livres. Nous sortions de la librairie avec une dizaine de volumes.

Vers midi, nos achats terminés, après un rapide repas composé le plus souvent d'omelette et de fromage pris sur le coin d'une table d'un café, entourées de bruyants buveurs, nous rejoignions le car, et c'est épuisées que nous arrivions à la ferme où, pour tout dîner, nous aurions un bol de lait chaud car Lucie, tout au désir de lire, dira que c'est bien suffisant.

Ce que je préférais, quand j'étais chez Blanche et que nous étions seules, c'était regarder les photos. Il y avait trois grandes boîtes pleines de photos jaunies. J'aimais surtout celle de Blanche : enfant, jeune fille, jeune femme entourée d'enfants, un bébé sur les genoux. Les photos de communiantes ou de mariés me plaisaient aussi beaucoup. Je n'arrêtais pas de poser des questions :

« Qui est cette grosse dame ? Et ce jeune homme habillé en marin ? C'est le mariage de qui ? Qui est cette petite fille avec une jolie robe blanche ? Celle-là, je la reconnais, c'est Emilia. Celle-là, c'est la tante Marie. Regarde Léon comme il est beau. »

Blanche me prenait la photo des mains et contemplait,

émue, les traits de son compagnon. Je voyais ses épaules s'affaisser un peu plus, comme sous le poids d'une solitude devenue trop grande, trop lourde. Ses belles mains, que le temps avait tordues, tachées, tremblaient comme sa bouche aux lèvres minces. Sa poitrine se soulevait rapidement. Je la regardais, cherchant à comprendre la peine dont elle était secouée, si longtemps après la mort de cet époux tendrement aimé.

« Ah, l'absence, la mort de l'être aimé ! Ce vide laissé par cette mort. Ne plus le voir, ne plus le toucher. Quelle horreur ! » me dira plus tard une autre femme que j'aime tendrement : Pauline Réage.

Mais, en ce temps-là, j'étais seulement émue par sa peine. Je m'empressais, pour l'en distraire, de lui montrer des photos de fêtes : baptêmes, communions, remises de prix, mariages, etc. Pourquoi fallait-il que tant de gens présents sur ces photos soient également disparus ? Ces soirs-là, sous la lampe de la grande salle à manger, Blanche faisait l'appel de ses morts : Louise, sa mère, la suicidée, la plus aimée, la plus haïe ; René, son frère, si fort, si bon, si beau ; le petit Jean-Pierre, mort au berceau ; Marthe, la cousine bien-aimée, la confidente ; Paul, cet amoureux éconduit, tué à la guerre. Tous ces visages oubliés, saisis dans un instant de joie ou de bonheur, qu'elle ne verrait plus mais qui semblaient l'appeler de toute la puissance de leurs regards jaunis.

Les enfants aiment et redoutent l'évocation de la mort. Je n'étais pas sans complaisance face à elle. On me voyait souvent assise sur les tombes de pierre ou mélancoliquement appuyée aux croix du vieux cimetière, jouant avec les perles tombées des couronnes mortuaires, rêvant de fantômes, de feux follets, et de résurrection des morts dans les fracas de la fin du monde, quand Dieu vient chercher les siens et rejeter dans la fournaise ceux qui n'ont pas compris. Je me repaissais d'images d'horreur religieuse : les tombeaux s'ouvraient sous un ciel de feu, laissant passer des cohortes de morts enveloppés de suaires, des squelettes ricanants ou d'informes pourritures ambulantes ; des créatures horribles sillonnaient le ciel armées de faux, de tridents, poursuivant ces pauvres morts ; des anges, à la beauté froide et rayonnante, prenaient par la main les élus et, les élevant vers Dieu, leur redonnaient vie. Bientôt le ciel était envahi d'une multitude vêtue de blanc, des palmes à la main, chantant la gloire de Dieu pendant que du haut de leurs certitudes ils contemplaient la terre en flammes où souffriraient les damnés jusqu'à la fin des temps. Je rentrais de ces promenades épuisée.

Blanche me faisait lire la Bible dans les deux grands livres rouges, illustrés par Gustave Doré. J'ai aimé ce livre plus que bien d'autres, plus que l'*Iliade* et l'*Odyssée,* plus que l'*Enéide,* plus que les vingt livres de la comtesse de Ségur qui furent les livres lus et relus de mon enfance.

Dans le grenier de Blanche, il y avait des caisses pleines de prix : gros volumes en percaline rouge à tranches dorées, et la merveilleuse Bibliothèque rose. Je me souviens encore du nom des auteurs : Mlles Julie Gouraud, Zénaïde Fleuriot, Mmes Cazin, Chéron de la Bruyère, de Stolz, de Pitray, du Planty, et de celui de prestigieux dessinateurs comme Bertail et Castelli ; les Hetzel, les Jules Verne dont la belle couverture polychrome fait la joie des collectionneurs.

Les jours de pluie étaient des jours heureux chez Blanche. Je montais au grenier, je fouillais dans les grandes malles et je me déguisais avec de vieilles chemises de nuit aux cols de dentelle déchirée, je m'enveloppais dans des boas perdant leurs plumes, j'enfilais de hautes bottines à boutons. Et là, allongée, à plat ventre sur le matelas déchiré d'un vieux lit-cage, je lisais durant de longues heures, seulement tirée de ma lecture par Blanche qui montait à goûter pour nous deux. Nous faisions la dînette. Elle sortait alors d'un grand carton, tout enveloppée de papiers de soie, « sa » poupée. Je n'aimais pas cette grande bringue à tête de porcelaine, aux yeux bleus stupides, aux molles anglaises, aux bras et aux jambes grotesquement articulés, à la robe de tulle brodée qu'il ne fallait pas toucher. Blanche ne devait pas l'aimer beaucoup non plus, mais une fierté enfantine faisait qu'elle aimait me la montrer. Je n'en étais pas jalouse car j'avais un gros poupon, François, qui suffisait à mes manifestations de tendresse maternelle.

Après le goûter, je me replongeais dans ma lecture jusqu'à l'heure du dîner.

Lucie dansait comme une reine. Pas une de ses amies ne valsait aussi longtemps ni aussi vite. Il est vrai que Alexandre était un fier danseur qui savait l'enlever haut quand la figure de la danse le demandait.

Elle avait rencontré le bel Alexandre à Saint-Savin, à la noce d'une lointaine cousine. Elle ne manquait pas de cavaliers et de soupirants, la belle Lucie. Plus d'un s'était déclaré et, bien qu'émue, elle secouait la tête en riant. Cette fille de la campagne était non seulement belle, mais elle était aussi instruite. N'avait-elle pas eu son brevet et ne venait-elle pas de réussir son examen de demoiselle des Postes ! Elle pouvait prétendre à un beau parti, c'était sûr ! Tout cela intimidait un peu les jeunes gars. Mais le plaisir de danser avec la plus belle fille de la noce l'emportant, ils furent plusieurs ce jour-là à se précipiter pour l'inviter. Ce fut Alexandre qu'elle choisit et le seul avec qui elle dansa. Elle accepta son bras pour marcher sous les arbres de la promenade, le long de la Gartempe. Ils entrèrent dans l'église où, sous les admirables fresques, elle s'agenouilla. Lui, ayant enlevé son chapeau de feutre noir à larges bords, resta debout près d'elle.

Quand ils sortirent, la lumière de leurs regards fit dire aux commères assises sur les bancs de la place :

« En voilà deux qui viennent de faire leurs accordailles. »

Elles ne se trompaient point. Cinq mois après, les vendanges faites, Lucie et Alexandre se marièrent dans la vieille et charmante église romane d'Antigny.

Jamais on ne vit, dit-on, mariée plus belle, ni marié plus rayonnant.

Alexandre l'emmena dans leur nouvelle maison. Un feu clair flambait dans la haute cheminée, « la rôtie » de rigueur, le vin chaud, fumait dans les grands bols de porcelaine blanche à liséré rouge, cadeau de la tante Jeanne. Le lit était ouvert sur la blancheur des draps : un grand crucifix, offert par une cousine religieuse à Poitiers, le dominait, comme une approbation.

Lucie retira sa couronne de fleurs d'oranger et les quelques épingles qui retenaient ses cheveux. La splendide chevelure éclaboussa d'or la robe blanche et donna à Lucie l'air d'une vierge folle prête pour les bacchanales.

Dehors, les garçons et filles de la noce s'évertuèrent, en vain, par leurs chants et leurs cris, à les faire sortir de leur chaud repaire.

Leur premier fils, Adrien, naquit un an plus tard.

Alexandre mourut des suites de la guerre de 14, laissant à Lucie la charge d'une grosse ferme et de quatre enfants heureusement déjà grands. Elle fut vaillante, mais ses beaux cheveux roux devinrent blancs très vite.

Je lui disais souvent :

« Raconte-moi Alexandre. »

Elle souriait de ses lèvres devenues minces et, le regard lumineux, elle racontait toutes ces années de bonheur, de dur labeur, éclairées par son amour, le froid des longs hivers, le dernier loup tué par l'oncle Émilien, son beau-frère, l'année où toutes les récoltes furent anéanties par la grêle, la pluie incessante. Même les châtaignes pourrissaient, les bêtes mouraient dans de grandes souffrances d'une maladie inconnue. On avait souvent eu faim cette année-là dans la campagne poitevine ; bien des vieux et des petits enfants moururent durant l'hiver, et ceux qui naquirent au printemps étaient tout chétifs. Elle racontait son séjour à Paris quand elle avait été voir Alexandre, blessé, au Val-de-Grâce, leurs promenades durant sa convalescence le long des quais de la Seine, son bonheur devant les bouquinistes qui riaient de l'émerveillement de cette jolie fille devant tant de livres ; leurs dîners d'amoureux dans les petits bistrots pas chers de la montagne Sainte-Geneviève, les bals où ils retrouvaient, au son de l'accordéon, l'émotion de leur première danse, et cet hôtel aux escaliers si raides où ils avaient loué au dernier étage, sous les combles, une chambre mansardée, mais si claire, si gaie avec son papier à fleurs, d'où ils voyaient tout Paris.

Ces deux mois passés à Paris, en 1917, furent leurs seules vacances.

Elle se souvenait aussi, avec émotion, de trois jours passés chez une parente au Mont-Saint-Michel avec ses deux aînés : Adrien et Lucienne. Elle riait au souvenir de la peur des deux enfants devant la mer et les vagues. A vrai dire, elle n'était pas trop rassurée non plus mais Alexandre était là. Elle racontait la beauté de l'endroit, l'impressionnante grandeur de ce roc battu par la mer. On y sentait la présence du Bon Dieu, disait-elle.

Lucie ne pratiquait pas. Elle allait à l'église la nuit de Noël et le jour de Pâques et naturellement aux mariages, baptêmes et enterrements. Je suis sûre que, contrairement à Blanche, elle croyait en Dieu et lui parlait dans le secret de son cœur.

Le retour d'Alexandre, après la guerre, lui apporta encore quelques années de joie et un nouvel enfant : André. Et puis, Alexandre s'en était allé. Un irréparable malheur : la mort d'Adrien, tué avec sa moto. Quelques bonheurs : la naissance de petits-enfants dont moi, la curieuse, la mangeuse de livres, la roussotte la plus semblable à elle.

« Alexandre… c'était un homme bon, fort et honnête. C'est un homme comme ça qu'il te faudra, petite. »

Elle écrasait une larme de ses doigts tremblants. Et mécontente, sans doute, d'être si émue, me chassait d'un geste las de la main.

Le soir, dans le grand lit, comprenait-elle tout ce qu'il y avait de tendresse dans mon baiser de bonne nuit ?

Je soupçonne Lucie d'avoir, au début de son mariage, tenu son journal, car, quand je lui demandais : « C'était comment dans ton temps ? » elle allait vers l'armoire, en ressortait un gros et vieux cachier noir d'où s'échappaient des recettes de cuisine ou des modèles de tricots découpés dans les journaux.

Elle s'asseyait sous la lampe et, avec un sérieux enfantin, le feuilletait.

« Ah, oui, c'était l'année où la Mange-Tout a failli mourir d'une indigestion de cerises. »

Elle me racontait les longues veillées d'hiver où chacun apportait son ouvrage. Tricot ou crochet pour les femmes, sculptures sur bois pour quelques hommes. Les enfants, autorisés à veiller, s'occupaient des châtaignes cuisant dans la cheminée. Lucie se souvenait s'être souvent brûlé les doigts. Chacun s'installait de son mieux pour écouter la « diseuse » ou le « raconteux ».

A l'abri des murs épais, éclairés par les lueurs dansantes du feu et des lampes à pétrole, protégés du vent, de la nuit, du froid, ces hommes et ces femmes, en repos pour quelques heures, écoutaient, émerveillés comme de petits enfants, les histoires venues des temps anciens. Les paysans poitevins y étaient à l'honneur, protégeant les faibles, aidant plus pauvres qu'eux, se déjouant des brigands de grands chemins, fidèles à leur seigneur (Lucie me montrait souvent le chêne gigantesque et creux qui avait servi d'abri durant la Révolution au châtelain de Pindray). Après les histoires, c'étaient les chansons où chacun reprenait le refrain en chœur. Puis venait l'heure du coucher, où l'on se quittait, heureux, réchauffé par la présence, l'amitié des autres qui faisaient paraître la nuit moins noire et la perspective du lendemain moins dure.

Parmi les occasions de fête du temps de Lucie, il y avait la « bugée ». La bugée, c'était la grande lessive, celle que l'on faisait trois ou quatre fois l'an avec le concours de toutes les femmes du hameau. Dans d'énormes lessiveuses, on entassait le linge et de la fine cendre de bois, on recouvrait le tout d'eau et le lendemain matin, deux femmes parmi les plus fortes, les soulevaient pour les poser sur de petits poêles bas à trois pieds où brûlait du bois. Ensuite, les lessiveuses étaient chargées sur des brouettes et, riant et chantant, les femmes allaient au lavoir. Là, les draps, les serviettes, les torchons, les chemises étaient frottés, battus, tordus par les mains vigoureuses. Puis, la lessive étendue sur le pré, les femmes allaient d'une ferme à l'autre boire le café, manger des crêpes ou des beignets aux pommes. Certaines prenaient la « goutte », ce qui rendait leurs propos plus gaillards et leur démarche quelque peu cahotante.

Les hommes ne se mêlaient pas à ces agapes, c'était le domaine des femmes, comme les naissances. Ils redoutaient les coups de langue des femmes entre elles. Il est vrai qu'elles ne les ménageaient guère. C'était au lavoir que se colportaient les nouvelles un peu louches, celles que l'on n'osait pas annoncer à la table familiale comme si, inconsciemment, on les savait mensongères, cruelles ou « sales ».

C'est aussi au lavoir que se faisait ou défaisait la réputation au lit d'un homme.

« Il n'est plus bon à grand-chose, mon homme.

— Ça m'étonne pas, ma pauvre, c'est comme le mien,

c'est sûr qu'il va porter le meilleur de lui-même aux mauvaises femmes de la ville.

— On dit que le père Martin il fait ça avec sa chèvre et, qu'à la foire, il a dit que c'était bien meilleur qu'avec ces sacrées femelles qui vous emmerdent l'existence.

— Le salaud, c'est pas étonnant si son fils le Popaul y soit demeuré et qu'il se tripote toujours dans sa culotte. Même qu'il la montre aux filles. C'est-y pas malheureux des misères comme ça !

— La petite Jeanne est encore grosse. On sait pas si c'est le père ou le frère cette fois. Même que M. le Curé a dit que cette fois il ne baptiserait pas le petit. »

Les jeunes fiancées ou les nouvelles mariées étaient des cibles de choix et leurs rougeurs mettaient en joie les laveuses.

Si un homme imprudent ou trop sûr de lui s'aventurait près du lavoir, très vite il s'enfuyait sous les quolibets salaces de ces femmes largement décolletées, aux jupes troussées et aux bras rougis par l'eau.

Quand il pleuvait, à la ferme, chez Lucie, les femmes s'asseyaient en demi-cercle devant la cheminée, les pieds chaussés de feutre noir, tendus vers les flammes, les sabots boueux restés à la porte. Les grosses chaussures ferrées des hommes raclaient le sol de pierre. La conversation, au début, était languissante, chacun plongé dans ses pensées, ou lisant le journal régional, ou un vieil almanach, ou un des livres de Lucie.

« De ces histoires tout juste bonnes à tourner la tête des filles », grommelait Antonine, l'amie et la plus proche voisine de Lucie. Cette remarque faisait sourire l'assemblée, car l'Antonine, « il ne fallait pas lui en promettre ».

Lucie servait dans de gros verres le vin chaud parfumé à la cannelle. Très vite, le bien-être s'installait et, la chaleur aidant, chacun et chacune y allait de son histoire.

Grosses histoires pour les hommes qui se tapaient sur les cuisses en riant bien fort, sous les regards faussement choqués des femmes. Histoires de « miracles », de sorcier, de diable (certaines femmes faisaient rapidement un bref signe de croix), récentes ou du temps des « nobles » et du grand malheur des pauvres gens.

J'aimais bien voir Lucie et Blanche ensemble, mais c'était très rare.

Toutes les deux vêtues de noir, la taille haute et droite — Blanche était un peu plus grande que Lucie —, elles se mesuraient du regard, se jaugeant, la bourgeoise et la paysanne, trop intelligentes pour s'arrêter à leur condition sociale, mais désirant chacune plier l'autre à sa volonté, comme si elles se reconnaissaient adversaires de choix. Elles se faisaient du charme, étalaient leurs connaissances, leurs possessions. Comparant leurs enfants, les professions de ceux-ci, le caractère de ceux-là. Se complimentant sur leurs bonnes mines, sur leurs robes. A chacune de leurs rencontres, immanquablement, l'une envoyait une pique à l'autre. Ces deux femmes s'estimaient mais ne s'aimaient pas. Mon attirance pour Lucie n'arrangeait pas les choses. Elles ne manquaient pas de se critiquer mutuellement par rapport à moi.

« Vous donnez trop de romans d'amour à lire à cette enfant, cela va lui tourner la tête, lui donner des idées.

— Vos histoires de Bon Dieu et de saints en feront une bigote, une bonne sœur. »

Elles se redressaient, l'œil assombri. Si ces disputes avaient lieu en ma présence, je les cajolais si bien, si tendrement, qu'elles se quittaient en souriant et en se promettant de se revoir bientôt. Il se passait, parfois, plusieurs années avant que leur promesse se réalise.

J'aurais aimé les avoir toutes les deux ! Vivre avec elles. La sensualité de Lucie alliée à la sensibilité de Blanche ; la connaissance de la terre de l'une et du divin de l'autre. Nous aurions dormi toutes les trois dans le grand lit de Lucie, bien au chaud sous la belle couette rouge ! moi entre elles deux, nous endormant doucement, bercées par les lueurs mourantes du feu.

Un jour que je faisais part à Blanche de ce désir, elle me tapota la joue en souriant, rêveuse.

« Chacun doit vivre chez soi. »

Je lui faisais remarquer que c'était sot de vivre seules et que comme ça je les verrais chacune davantage, qu'elles feraient des économies, qu'elles pourraient faire des parties de crapette ou de jacquet ensemble. Jeux dont je les savais friandes l'une et l'autre, mais faute de partenaire, elles n'y jouaient jamais, me trouvant trop petite pour m'apprendre. Avec Blanche, je jouais au nain jaune et aux petits chevaux. Avec Lucie, mais c'était rare, au loto et au jeu de l'oie.

J'ai vu souvent des paysans se baisser, prendre une poignée de terre, l'égrener et la laisser filer entre leurs doigts. Par ce geste, ils en appréciaient la consistance, la qualité. Comme eux, je faisais souvent ce geste en y ajoutant bien des variantes. J'aimais particulièrement malaxer la glaise, la pétrir longuement, voluptueusement, j'en aimais le goût et la consistance. Cette terre glisse bien sous la langue, lisse et dense. Avec la glaise, je modelais des maisons, des personnages, des animaux, que je faisais sécher au soleil. Je les cachais dans le creux des arbres, pensant que, la nuit, un génie viendrait les animer et qu'ils partiraient. Mais, au matin, ils étaient toujours là. Quand j'étais particulièrement satisfaite d'un sujet, je l'apportais à Lucie qui le mettait sur le dessus de la cheminée, au milieu des photos de famille et des souvenirs de Paris et du Mont-

Saint-Michel. J'en étais très fière, mais très vite, à mon grand désespoir, il tombait en poussière. Ma plus belle création fut une crèche qui dura plus longtemps, car je l'humectais souvent avec un pinceau.

Avec la terre poudreuse et blanche des petites routes, je jouais à la meunière, mettant ma farine dans de petits sacs que j'avais fabriqués avec des morceaux de vieilles chemises de Lucie.

A la saison des labours, je suivais mon oncle André. J'admirais que, maintenant la charrue derrière les deux grands bœufs roux, redressant leur marche d'un coup de son aiguillon, s'ils s'écartaient du chemin à suivre, il fît des sillons aussi droits.

J'éprouvais une grande jouissance à voir le soc luisant s'enfoncer dans la terre et l'écarter. Je prenais dans mes mains cette terre chaude et brillante, je la respirais avec délices, je l'écrasais contre moi. J'aurais voulu m'allonger nue dans le creux d'un sillon et ramener sur moi cette terre vivante, me fondre en elle, devenir terre à mon tour sur laquelle pousseraient les semailles des hommes. Rien ne m'émeut plus, encore maintenant, que la vue d'un champ fraîchement labouré, fumant sous le soleil du matin. J'éprouve, à cette contemplation, une paix ineffable, un bonheur apaisé et les larmes qui coulent sur mes joues sont le tribut payé à la beauté et à son créateur. Seule la mer me procure une sensation analogue, bien que moins forte. Je suis fille de la terre.

L'automne est aussi la saison de la chasse. Longtemps avant l'ouverture, les hommes remplissaient leurs cartouches aux belles couleurs rouges, vertes ou bleues. Suivant le gibier, ils mettaient dans les tubes des plombs de grosseur différente.

Le matin du grand jour, après un copieux petit déjeuner, préparé par Lucie, les hommes, vêtus de vieux et confortables vêtements couleur de terre ou de broussaille, attachaient autour de leur taille leurs cartouchières, suspendaient à leur épaule fusil et besace, et partaient dans le petit matin piquant, l'haleine fumante, sous un soleil verdelet. J'enrageais de ne pouvoir les suivre. Lucie ne voulait rien savoir, disant que c'était trop dangereux, que j'irais, un matin, quand André chasserait seul. Cette promesse me faisait attendre sans trop d'impatience le retour des chasseurs.

Ils rentraient à la nuit, fourbus et crottés, les gibecières débordant de faisans, de perdreaux, de lièvres et de lapins de garenne. Je fourrais mes doigts dans cette douceur morte, froide ou encore tiède. J'éprouvais une étrange langueur à mon tripotage comme si la mort brutale de ces animaux m'apportait la certitude de la puissance de ma vie en même temps que de sa précarité.

Ce n'est qu'après la soupe et deux ou trois verres de vin que les hommes commençaient à parler. Ils ne parlaient bien sûr que de leurs exploits de la journée et, là, je me surprenais à les haïr. Tuer ces douces perdrix, ces faisans somptueux, ces lièvres magnifiques, cela ne me gênait pas puisque nous les mangerions, améliorant considérablement notre ordinaire, et que la vie à la ferme m'apprenait à ne pas m'attendrir sur le sort des animaux, mais ce déploiement de vantardises, cette satisfaction facile du coup réussi, cette grasse complicité d'hommes entre eux, cette absence de pitié, me rendaient ces hommes que j'aimais odieux, et gâchaient, l'automne durant, mon plaisir de gourmande.

Lucie n'avait pas sa pareille dans tout le hameau pour accommoder le gibier. Jamais je n'ai mangé de perdrix aux choux aussi parfumée, de civet de lièvre aussi onctueux, de perdreaux, de garennes aussi exactement cuits à point.

Lucie faisait sécher les peaux de lapins en les retournant et en les emplissant de paille. Une ou deux fois l'an, le ramasseur de peaux de lapins venait les acheter. On l'entendait venir de loin à cause de son cri :

« Peaux de lapinnnnnnnn, peaux, peaux de lapinnnnnn, chiffonnnnnn, ferrailleeeeeee. »

Outre les peaux de lapins, il ramassait aussi les guenilles, les vieilles casseroles, les outils cassés.

J'avais très peur de cet homme. Ne disait-on pas qu'il emmenait les enfants méchants et qu'il les vendait à des saltimbanques.

Enfin, Lucie tenait sa promesse et, un matin, j'accompagnais l'oncle André à la chasse. Lucie m'habillait chaudement, me donnait un bâton et une vieille musette, dans laquelle elle glissait de grandes tartines — des graissées comme elle disait — de rillettes ou de pâté de lièvre. Je trottinais derrière André ou je le précédais en sautillant d'un pied sur l'autre. Il marchait d'un pas rapide, ne s'arrêtant que pour rouler une cigarette. Arrivé à l'endroit choisi, il me faisait signe de me taire et de me mettre derrière lui. La chasse commençait.

La chasse, cela veut dire de grandes marches à travers les labours, les brandes, les vignes et les bois. L'esprit attentif au moindre bruit, l'on voit mieux bêtes et choses. C'est en fouillant du regard les taillis, les champs de maïs que j'ai fait sur la nature mes plus grandes observations.

Je cueillais des champignons, je mangeais les dernières mûres, occupations qui me laissaient loin derrière mon oncle. Je préférais. Car après son passage, les lapins me jugeant, sans doute avec raison, peu dangereuse, sortaient de leurs cachettes, et se livraient à des cabrioles qui me semblaient narguer le chasseur. Quelquefois, le silence de la matinée était troublé par un ou deux coups de feu. J'étais très partagée. D'une part, je souhaitais que l'oncle André eût tué le perdreau ou le lièvre visé et, d'autre part, j'espérais ardemment que l'animal ait pu s'enfuir.

Ne me voyant plus, André s'arrêtait pour m'attendre. Nous nous asseyions sur une grosse pierre ou sur une souche pour manger les « graissées » de Lucie, puis nous repartions.

Au bout d'un moment, la fatigue aidant, j'avais l'impression de planer au-dessus des champs et d'avoir la tête remplie de bourdonnements.

Je ne me souvenais jamais du retour que je faisais, endormie, accrochée au dos de l'oncle André.

Lucie me déshabillait, grondeuse et rieuse, et me couchait dans le grand lit. Je ne me réveillais que le lendemain matin.

Lucie n'aimait pas la période des vendanges qui, disait-elle, se terminait toujours par des saouleries et des bagarres. Je n'étais pas du même avis.

Dès le matin, vers la fin septembre ou début octobre, le jour à peine levé, l'air piquant un peu, on chargeait les charrettes de gros tonneaux, de paniers de bois, et la troupe des vendangeurs et des vendangeuses se mettait en route. En arrivant à la vigne, chacun prenait un panier et s'attelait à la tâche.

J'avais, comme les autres, une paire de gros ciseaux pour couper les grappes. Je prenais mon travail très au sérieux, voulant vite remplir mon panier. A chaque grappe, j'arrachais avec les dents ma part de grains rouges ou dorés. Lucie me surveillait, car à ce rythme, j'aurais eu vite mal au ventre. Mon panier à demi plein, je le portais vers la charrette la plus proche où l'on vidait ma cueillette dans les tonneaux où les grappes étaient écrasées par André ou Marcel avec une sorte de gros pilon. Je grimpais sur la charrette pour surveiller l'opération. Bien qu'écœurée par l'odeur et la couleur, je goûtais la mixture. Cela n'avait plus du tout le goût du raisin. En bas de chaque tonneau, il y avait un robinet et sous le robinet un seau qui s'emplissait peu à peu d'un liquide épais et d'un beau rose foncé. J'y goûtais, c'était bon ! Je n'étais pas la seule à l'aimer car les vendangeurs venaient souvent en boire.

Des sillons de la vigne montaient des rires de plus en plus hauts, de petis cris agacés de femmes. L'une entonnait une chanson dont le refrain était repris en chœur. Une grande gaieté se dégageait, emplissant l'air de son euphorie.

Il y avait longtemps que je m'étais assoupie dans un coin quand Lucie annonçait qu'il était l'heure de déjeuner.

Chacun s'arrêtait, essuyant ses mains à son pantalon ou à sa blouse. On s'asseyait en rond autour d'une grande nappe blanche sur laquelle Lucie avait déposé le repas, terrines diverses, jambon entier, œufs durs, petits fromages secs, tartes aux pommes et aux prunes et bouteilles de piquette.

Les nez et les joues étaient rouges, les yeux anormalement brillants, les mains baladeuses et les propos lestes. Quant aux enfants, ils étaient tellement barbouillés de jus de raisin et de terre qu'on hésitait, sous ce masque, à reconnaître tel ou telle. Après le repas, le vin nouveau et la fatigue aidant, les vendangeurs s'endormaient pour un court instant, bien sagement.

Au réveil, la tête un peu lourde, ils reprenaient le travail jusqu'au soir.

Au retour, enfants et grandes personnes étaient saouls de fatigue, de vin nouveau et de vapeurs d'alcool. C'était le moment redouté par Lucie où une bourrade trop forte, un mot de trop, la présence des filles excitées, leurs rires agaçants, faisaient se dresser les mâles les uns contre les autres. Mais, en général, cela se passait plutôt bien.

Arrivées à la ferme, les femmes allaient dans les chambres se laver le visage et les bras, se brosser les cheveux. Certaines, les plus coquettes, changeaient de blouse, se mettaient quelques gouttes d'eau de Cologne ou de lavande derrière les oreilles. De leur côté, les hommes s'aspergeaient en riant comme des gamins en se lavant à l'abreuvoir. Quand tout le monde était propre, on se rendait vers la grange où avait lieu le repas.

La nuit tombait. On avait allumé des lampes à pétrole

accrochées aux poutres. La lumière douce et jaune adoucissait les traits rudes des hommes et affinait le visage des femmes. Lucie était la plus belle. La lumière, jouant avec ses cheveux roux, lui faisait comme une auréole d'or.

Le souper commençait par une soupe à l'oseille ou au lard, suivie de viandes rouges, de volailles, de gibier, des derniers haricots verts du jardin, des premiers cèpes frais cueillis, d'une salade magnifiquement assaisonnée à l'huile de noix, de fromages de chèvre frais et secs, des inévitables et délicieuses tartes, et d'un café à la chaussette qui embaumait la grange. On buvait du « vin de marchand ».

Le repas, commencé dans un relatif silence, s'épanouissait dans un brouhaha immense à la mesure du travail partagé, du bonheur d'être ensemble devant un fastueux repas.

Les femmes ayant débarrassé la table et l'ayant repoussée le long du mur, Lucien le violoneux et Clovis le vielleux, dit le Lincrou, tous les deux du Berri, prenaient leurs instruments et sautaient sur la table. Ils faisaient le tour de tous les lieux de vendanges, et pour quelques pièces, quelques bonnes bouteilles, le repas de fête et un cigare, ils faisaient danser la compagnie.

Les filles tapaient du pied en cadence, attendant avec impatience qu'un gars vienne les inviter. Elles bondissaient au premier signe et dansaient jusqu'à l'épuisement : bourrée, polka, mazurka. Regrettant — celles qui fréquentaient les bals — que les musiciens ne sachent pas jouer de danses plus modernes. Mais l'essentiel était de danser. Elles s'en donnaient à cœur joie. Lucie n'avait pas sa pareille pour la polka. C'est elle qui m'a appris à la danser.

Les musiciens s'arrêtaient de temps en temps pour boire et se reposer. Les couples en profitaient pour aller prendre l'air, se lutiner dans les coins. Selon mon habitude, je les suivais en cachette.

Intriguée, un jour, par le manège d'Aline, une fille d'un village voisin, qui venait de quitter la grange en compagnie de deux garçons, je les suivis sans bruit. Ils allaient titubant le long du chemin, chacun entourant la taille de la fille qui riait. Ils l'embrassaient dans le cou, ce qui rendait son rire plus aigu. Ils poussèrent la porte d'une remise à foin. Une petite lampe à huile pendait dans un coin, ils l'allumèrent. La lumière courte et jaune donna à l'endroit un aspect irréel. La pierre des murs s'estompa, les toiles d'araignées se firent lumineuses, le foin prit des tons de velours mordorés. Ils fermèrent la porte en poussant la fille dans le foin.

Je connaissais l'endroit ; je contournai la bâtisse et, montée sur une pierre devant la lucarne, je regardai...

La fille fut promptement dévêtue par quatre mains impatientes. Son corps blanc brillait. Pendant qu'un des garçons se déshabillait, l'autre l'embrassait, la caressait, lui mordillait les seins. Il céda sa place au garçon nu qui s'allongea sur la fille et la prit sans ménagement. L'autre les rejoignit très vite. Sa queue était raide et rouge. Mon cœur battait très fort. Machinalement, ma main se logea au creux de mes cuisses.

Il promena son sexe sur le visage de la fille, elle ouvrit la bouche et le suça goulûment.

J'étais troublée par la beauté de ce groupe nu et agité. Celui qui baisait la fille se retira en poussant quelques grognements qui m'atteignirent au ventre. L'autre la reprit, grogna à son tour et ainsi de suite à plusieurs reprises ; tous les trois, enfin, restèrent sans mouvement, anéantis, les cuisses et le ventre mouillés.

Je contemplais la nudité heureuse de ces trois gisants, leurs corps me semblaient éclairés de l'intérieur. La fille se ressaisit la première. Elle se redressa, ses cheveux emmêlés étaient pleins de brins de paille. Elle ressemblait ainsi, nue, ses seins lourds dressés, ses mains relevant ses cheveux, à la fée de l'été.

La voix de Lucie m'arracha à ma contemplation. Que c'était long de grandir !

Blanche, l'année de mes trois ans, m'emmena à l'école des sœurs : l'Institution Saint-M., où ma mère et mes tantes avaient été en classe. Elle m'avait acheté un joli cartable rouge dans lequel elle avait mis un vieux plumier noir avec des fleurs peintes sur le couvercle qui lui avait appartenu quand elle était petite, un cahier tout neuf avec une Jeanne d'Arc sur la couverture, une grande ardoise et son crayon, une petite éponge, un chiffon bleu et un abécédaire un peu défraîchi.

Je regardais avec appréhension cette grande cour où couraient tant d'enfants, criant et se bousculant, ces religieuses avec une cornette qui me faisait penser à celle de Bécassine, ces bancs et ces pupitres, le tableau noir, le bureau de la maîtresse sur son estrade, le grand crucifix, la statue de Notre-Dame de Lourdes, celle du Sacré-Cœur, de sainte Thérèse de l'Enfant-Jésus. Celle-là je l'aimais bien. Blanche m'avait lu son histoire et montré des photos la représentant avec sa mère, son père et ses sœurs. Toujours vêtue de blanc, ses beaux cheveux blonds bouclés sur les épaules, il me semblait normal qu'une aussi jolie petite fille soit devenue une sainte qui faisait « tomber sur la terre une pluie de pétales de roses ». J'avais très envie d'être une sainte quand je serais devenue grande. En attendant, il fallait apprendre à lire et à écrire, à faire ses prières sans penser à autre chose, à ne pas commettre de péché (?), à ne pas faire pipi en classe, à ne pas se trémousser d'un pied sur l'autre, à faire la révérence devant les religieuses et les grandes personnes de l'Institution, à ne pas être insolente, à ne pas dire de vilains mots (?), à ne pas avoir de mauvaises pensées (?).

Ce fut sœur Sainte-Jeanne qui me prit par la main et m'entraîna loin de Blanche, immobile et noire. Je la regardais comme si je devais ne plus jamais la revoir. Elle me fit un petit signe de la main et s'en alla sans se retourner.

Je me mis à trembler. Le monde était devenu froid. Sœur Sainte-Jeanne le comprit sans doute, car elle me cajola si bien, m'appelant « son Jésus », « son ange », en me donnant un livre d'images que mon cœur se réchauffa. Une cloche sonna. Une religieuse frappa dans ses mains :

« En rang, mesdemoiselles, en rang. »

Sœur Sainte-Jeanne nous fit mettre les unes derrière les autres, devant une grotte qui abritait une statue de la Vierge. Comme nous étions les plus petites, nous étions à une extrémité. Les classes se succédaient, les unes après les autres, jusqu'aux plus grandes, formant un éventail ouvert devant la grotte. La sœur supérieure frappa dans ses mains et commença la prière du matin reprise par tous les enfants. Après le dernier « Amen », elle frappa à nouveau dans ses mains, nous fîmes la révérence, elle refrappa, nous nous retournâmes, elle refrappa une autre fois, nous nous dirigeâmes vers nos classes respectives. Bien sûr, je ne sus pas faire tout cela dès le premier jour. Je m'embrouillais dans les révérences, dans les prières. Ce n'était pas grave. Le premier mois, les religieuses faisaient preuve d'indulgence, surtout envers les petites.

Une fois en classe, avant de s'asseoir, on refaisait une prière. Plus tard, quand je fus plus grande, dans le silence angoissé des compositions, je sursauterais quand la voix chaude de Mlle D. s'écrierait :

« Cœur Sacré de Jésus ! »

Et la classe répondrait en chœur :

« J'ai confiance en Vous, ou : Ayez pitié de nous ! »

(Je ne sais pas si Dieu entendait nos prières, mais j'en profitais pour envoyer un S.O.S. à ma voisine qui, elle, comprenait les méandres des mathématiques. Mais la garce restait insensible à ma demande et je récoltais invariablement un zéro.)

Si les méthodes d'éducation de ces religieuses se sont révélées pour moi catastrophiques, je leur dois d'avoir appris à lire en six mois à l'âge de trois ans et de cela je leur garde une certaine reconnaissance. C'est d'ailleurs tout ce qu'elles ont réussi à m'apprendre.

Tant que je ne sus pas lire, j'allai à l'école sans trop rechigner. Il n'en fut pas de même par la suite. Apprendre à écrire fut pour moi un calvaire. Passe encore sur une ardoise ou au crayon, mais avec une plume, de l'encre, quelle horreur !

Je rentrais chez Blanche, le visage, la langue (je suçais ma plume Sergent-major), les mains couverts d'encre violette. Heureusement que mon tablier était noir, Blanche ne voyait pas que j'y avais essuyé mes doigts et mon porte-plume. Elle me frottait la figure à m'en arracher la peau.

Rien ne put améliorer mon écriture. Ni le cahier dans le dos pendant la récréation (j'avais plus de treize ans la dernière fois que j'ai parcouru la cour sous les quolibets des élèves), ni les punitions : lignes, retenues, gronderies. Blanche était désespérée, elle qui avait une si belle écriture !

Je n'aimais pas jouer avec les autres enfants, sauf si j'étais le chef, la maîtresse ou la mère. Autrement, je restais seule dans un coin, jouant à la balle au mur ou à la marelle. Plus tard, je jouai aux osselets, je devins assez forte.

Lucie et Blanche, quand je fis ma communion privée à Limoges, me donnèrent l'une un missel de cuir fauve, l'autre un beau chapelet de nacre dans son étui de cuir blanc.

Elles vinrent toutes les deux pour la cérémonie, mises sur leur trente et un.

Malgré les restrictions, j'étais ravissamment habillée. Maman m'avait fait faire une jolie robe de soie blanche dans une de ses robes de bal. Comme le temps était frais pour un mois de mai et que je venais d'être assez gravement malade, j'avais un manteau de drap blanc bordé de ganses de soie. Avec ma couronne de petites roses sur mes cheveux roux et bouclés, j'avais l'air de l'ange de mes images pieuses.

J'arrivai à l'église, encadrée par les deux noires silhouettes de Blanche et de Lucie, très émue, n'ayant retenu qu'une chose ; j'allais recevoir Jésus dans mon cœur. Etais-je digne de cette venue ? Non, me répondait la voix de ma conscience. Je n'avais pas osé avouer, en confession, que j'avais volé quelques pièces dans le porte-monnaie de Blanche et que j'avais menti à Lucie en disant que c'était le chat qui avait cassé la boule à neige du Mont-Saint-Michel. J'étais terrifiée. Sûrement qu'au moment de la communion, la voix de mon ange gardien s'élèverait pour dénoncer mon iniquité ou que de l'hostie jaillirait le sang de Jésus, marquant par là mon ignominie. Je sentais mes jambes fléchir sous moi, la tête me tournait. Je me retrouvai entre les bras de Blanche et de Lucie dans la cour de l'église.

« Comment peut-on laisser ces enfants à jeun », grommelait Lucie. Pour une fois, Blanche ne la contredisait pas.

Je me jetai à leur cou et leur avouai mes fautes. Elles me pardonnèrent et me firent promettre de ne plus recommencer. Je promis. Rassurée, je pus rejoindre mes petites camarades.

Durant la procession que les communiantes firent autour de l'église, je lançais à Blanche et à Lucie des regards reconnaissants et radieux. J'étais touchée par les regards émus qu'elles posaient sur moi.

Nous rentrâmes à la maison sous la pluie. Je dus changer de chaussettes et de souliers, ce qui me contraria fort, car je n'avais que mes chaussures de tous les jours à mettre et elles n'étaient pas blanches, ce qui jurait avec l'ensemble de ma toilette. Le bon repas préparé par maman, les cadeaux des uns et des autres me rendirent ma bonne humeur.

Après les vêpres, le soleil ayant fait son apparition, nous allâmes nous promener et faire des photos au jardin d'Orsay. Je rentrai très lasse et très triste, ne désirant qu'une chose, être seule dans mon lit avec la dernière poupée en chiffon fabriquée par mes soins.

Je faisais assez souvent de ces poupées. Certaines étaient très sommaires, une tête aux yeux et à la bouche brodés ou dessinés et un tronc — celles-là me servaient d'oreiller ou à me caler le dos quand je lisais —, les autres, plus élaborées, avaient des bras, des jambes et des cheveux de laine.

Maman me tricotait pour elles de petits vêtements. J'aimais ces « guenilles », comme disait Blanche, c'est à elles que je racontais mes peines et c'est à l'une d'elles que je dois de n'être pas devenue folle au moment de l'affaire Petiot.

Les cloches de Pâques ne s'étaient-elles pas avisées de nous envoyer, à ma sœur et à moi, de menus cadeaux enveloppés dans des feuilles de journaux relatant l'affaire en des termes et avec des photos dont l'horreur me fait encore frémir ?

Pendant plusieurs nuits, j'eus des cauchemars, je me réveillais en criant, croyant voir Petiot ricanant au-dessus de moi, un couteau sanglant à la main.

La poupée avait encore plus peur que moi, aussi en tentant de l'apaiser, je me calmais moi-même.

Je quittai Blanche, vers cinq ans ou six ans, pour rejoindre mes parents qui étaient alors dans le Lot. Ils avaient loué à une vieille aristocrate un appartement dans la maison qu'elle habitait. Je trouvais cette maison extraordinaire, pleine d'ombres et de lumières, de recoins, de longs et étroits couloirs dallés de tommettes cassées par endroits et sur lesquelles je trébuchais tout le temps, des salons sombres remplis de meubles recouverts de housses blanches qui me faisaient penser à des fantômes, des miroirs embrumés de poussière, des greniers tellement remplis de vieilles malles, de mannequins en osier, de meubles cassés que j'avais du mal à m'y faufiler pour fouiller dans les caisses à la recherche de livres ou de jouets.

La vieille demoiselle, qui avait bien précisé à mes parents « que les enfants ne devaient pas courir dans la maison », avait pour moi une indulgence que son fils qualifiait de coupable.

Quand j'avais fait quelques bêtises telles que casser un vase, déchirer une dentelle pour habiller mes poupées, arracher les fraisiers pour cueillir plus vite les fraises, laisser échapper les lapins, poursuivre les poules à grands cris, je montais vite chez elle, ramassant son ouvrage, remontant ses coussins, lui lisant son iournal, bref, je la cajolais si bien que quand son fils ou la vieille servante arrivaient pour raconter mon nouveau méfait, elle haussait les épaules en disant :

« Ce n'est pas grave, il faut bien que cette petite s'amuse. »

Et elle me donnait une pastille Valda.

C'est dans ce village du Lot, à Peyrac, que je fis l'apprentissage de la séduction. J'avais deux amis vieux (ils devaient avoir treize ou quatorze ans), les jumeaux Claude et Georges, les fils de la directrice de l'école, qui s'étaient pris pour moi de passion. Ils m'emmenaient dans toutes leurs promenades dans les collines alentour. Ils savaient dénicher les nids, débusquer les renards de leurs terriers, prendre des lapins au collet, trouver les coins à fraises sauvages ou à champignons, chaparder les fruits dans les jardins. Nous faisions mille sottises plus amusantes les unes que les autres. C'était à celui qui m'apporterait les fraises les plus mûres, les pêches les plus grosses, les framboises les plus rouges, les fleurs les plus belles. Ils me contemplaient pendant que je mangeais les fruits ou plongeais mon visage dans les bouquets. Ils attendaient patiemment que je leur dise un mot qui prouve mon plaisir, que je leur donne un baiser qui récompense le cadeau. Coquette déjà, je les faisais languir. Quand j'étais dans un bon jour, je les embrassais tous les deux, mais si, pour une raison quelconque, j'étais de méchante humeur, je n'en embrassais qu'un. L'ignoré se détournait alors en disant que j'étais une garce et que, d'ailleurs, j'étais bien trop petite. Je riais en me blottissant très fort contre l'élu du jour.

Ils n'avaient qu'un vélo pour deux et une de mes grandes joies était de me promener assise en amazone sur le cadre, les bras de Claude ou de Georges formant une barrière protectrice.

Claude était le plus amoureux des deux. Un de mes plaisirs, quand j'étais sur le vélo avec Georges, était de m'appuyer contre sa poitrine, les yeux mi-clos, un sourire heureux aux lèvres, et de faire celle qui ignorait Claude. Ça marchait à chaque fois. Il détournait les yeux, l'air soudain vieux et accablé. J'aimais lui faire de la peine et en même temps je le regrettais. Il ne devait pas comprendre, quand la promenade avec Georges était terminée, pourquoi je me précipitais dans ses bras en l'appelant « mon chéri ». Il me souriait tristement. Il redevenait tout à fait content quand je lui disais que j'aimais mieux faire du vélo avec lui car je n'avais pas peur. Il se redressait, prenait un air satisfait et condescendant en me hissant sur le cadre pour une nouvelle promenade.

Mes parents voyaient ma camaraderie avec les jumeaux avec satisfaction, ignorant nos bêtises, rassurés de me savoir avec des « grands » et heureux de m'éloigner de la maison où mes jeux et mes cris commençaient à lasser un peu la vieille demoiselle.

Je garde, de ce court temps passé dans le Lot, un souvenir émerveillé. La beauté, la lumière de cette région me charmèrent dès le premier jour. Ma turbulence se calmait quand, assise sur le mur du potager, je regardais au loin ces bois, ces collines, ces villages, ces plaines resplendissant sous ce ciel exceptionnel.

Blanche n'oubliait jamais de souhaiter une fête ou un anniversaire. A chacun de ces événements importants, je recevais par la poste un cadeau, le plus souvent un livre, puisqu'elle savait que rien ne pouvait me faire plus plaisir, accompagné d'une carte aux couleurs criardes. Quand elle était à paillettes, j'étais au comble du bonheur. Une des grandes joies de Blanche était de réunir tous ses enfants et petits-enfants. A chaque fête familiale, mariage, baptême, communion, Pâques, Nouvel An, elle aimait avoir le plus de monde possible auprès d'elle. Là, elle m'oubliait un peu et cela me rendait triste et jalouse et plus turbulente que jamais.

C'est à l'occasion d'une fête de Noël qu'elle me fit la plus grosse peine de ma petite enfance. J'avais été durant des mois, il est vrai, odieuse. Pinçant ma petite sœur, tirant la langue aux gens dans la rue, donnant des coups de pied au chat quand il ne voulait pas que je lui mette le bonnet ou le manteau de ma poupée, découpant les images des livres, volant le sucre et le chocolat, me précipitant main levée sur tous ceux qui me contrariaient, sautant, criant, abîmant tout ce qui me tombait sous la main. Un amour d'enfant.

Blanche m'avait promis que si je ne devenais pas plus sage, le père Fouettard m'apporterait pour Noël des verges ou un martinet. Je haussais les épaules, disant que ce n'était pas vrai et que le père Noël m'apporterait plein de jouets et empêcherait le père Fouettard de venir.

Le père Fouettard vint quand même.

La veille, j'avais été à peu près sage car j'étais tout de même un peu inquiète. Je sentais bien que le père Noël aurait du mal à dissuader le père Fouettard. J'avais été me coucher de bonne heure après avoir mis, devant la cheminée de la chambre de Blanche, mes souliers.

Le lendemain, tôt réveillées, ma sœur et moi attendions avec impatience que l'on vienne nous chercher. N'y tenant plus, j'allais me lever quand la porte s'ouvrit sur Blanche, enveloppée de sa longue robe de chambre en douce laine gris pâle qui nous dit :

« Je crois bien que le père Noël est passé. »

Quels cris, quelle cavalcade dans l'escalier ! Je bousculai ma sœur pour passer la première. La chambre de Blanche était illuminée par les bougies du sapin, les guirlandes, les boules, les anges étincelaient. Je m'arrêtai, le cœur battant. Qu'allais-je découvrir. Serait-ce les meubles de poupée, la cuisinière, le jeu de construction, les livres demandés au père Noël dans ma lettre ? Je sentais sur moi tous les regards de la famille. Maman semblait triste et inquiète. J'allai vers la cheminée qui disparaissait sous les paquets multicolores. Je cherchai ce qui pouvait être à moi. Je m'immobilisai. A la place des jouets tant attendus se dressaient dans ma chaussure les verges tant redoutées. Un grand froid m'envahit. J'étais abandonnée, trahie, puisque ni Blanche ni maman ne m'avaient suffisamment aimée pour empêcher ça.

Je me retournai et les regardai tous, lentement. Ils riaient (tous ? Ah ! je ne sais plus) comme à une bonne plaisanterie.

« Tu vois ce qui arrive aux enfants méchants.

— Cela t'apprendra, la prochaine fois, tu feras attention.

— Et si cela ne suffit pas, le père Fouettard viendra te chercher.

— Regarde tous les cadeaux de Chantal. Elle est mignonne, elle. »

Une brusque chaleur m'envahit, je poussai un hurlement de rage et me précipitai sur les verges. J'essayai de les briser. N'y parvenant pas, je me jetai sur Blanche, sur ma sœur et je les frappai de toutes mes forces. Mon père me les arracha des mains et me donna une fessée. Ma mère s'interposa et me transporta hurlante hors de la pièce. Elle tenta de me calmer, me disant que c'était pour rire, que le père Noël avait quand même pensé à moi. Rien n'y fit. Je ne pensais qu'à l'affreuse humiliation. Quand Blanche m'apporta le fameux cadeau, les meubles de poupée dont j'avais tellement envie, verts, comme j'en rêvais, je les jetai à terre et je les piétinai.

Les jours qui suivirent furent des jours sombres. Je passais mes journées accroupie dans un coin du grenier, berçant machinalement ma poupée, essayant de lire ou de dessiner, pleurant le plus souvent. Je ne parlais pas et je mangeais à peine.

« Ça lui passera », disait mon père.

Cela passa en effet. Mais plus jamais je ne pus faire confiance à un adulte. Je me coupai de la famille, ne parlant plus que de choses sans importance. Toutes les peines et les joies de mon enfance ne furent désormais connues que de moi. Jamais plus je ne fis de confidences à Blanche ou à maman. Quand j'avais un problème à l'école ou avec mes petites camarades, j'essayais de le résoudre seule. Je n'y parvenais pas toujours, mais je serais plutôt morte que d'en parler à la maison. Par la suite, cela donna des catastrophes.

Blanche accomplissait deux fois par an un rite important. L'un au printemps, l'autre à l'automne : rendre visite à sa couturière. Elle procédait en deux temps. D'abord, le choix des étoffes sur des carnets d'échantillons. Ensuite, le tissu étant arrivé, le choix du modèle et la vérification des mesures. Cela durait parfois longtemps. Car Blanche, vouée au noir et au gris, avait beau choisir presque toujours la même forme de robe ou de manteau, elle ne négligeait pas le détail qui fait nouveau et élégant. Tout était donc dans le décolleté, le monté de la manche, du poignet, les boutons. Une année, pour Pâques, cédant à mes instances, elle s'était fait faire une robe imprimée gris pâle et blanc. Elle était ravissante dans cette toilette qui la rajeunissait. Et, bien que tout le monde lui en fît compliment, elle l'a mise très peu, la trouvant « trop jeune ». J'aimais l'accompagner aux essayages, voir le vêtement se construire sur elle. De plus, Mme Denis me donnait toujours des bouts de tissus avec lesquels je faisais des robes pour mes poupées. Quelquefois, une cliente était là avant nous. Presque toujours, Blanche et elle se connaissaient. Là, comme le dimanche matin chez la pâtissière, les ragots allaient leur train, d'autant que la couturière, de par sa profession, était au courant de tout. Elle baissait parfois le ton à cause de ma présence, mais pas assez souvent cependant pour que je n'aie pas une image précise de la société de notre petite ville. Blanche disait ne pas aimer les racontars, mais elle ne faisait rien pour les empêcher.

Un hiver sur deux, Blanche commandait un nouveau manteau. Comme c'était un gros investissement, le choix du tissu, de la doublure, de la forme était minutieux. Ce manteau devenait le manteau du dimanche et des jours de fête, le précédent devenait celui de tous les jours. Les vieux vêtements étaient donnés aux Petites Sœurs des Pauvres.

Une année, Blanche nous fit faire, à ma sœur et à moi, des jupes plissées bleu marine et des chemisiers de laine rouge. Cela nous allait très bien et nous donnait l'air de pensionnaires sages. Le choix du chapeau était aussi important. Mais chez la petite modiste de la place du Marché, il n'y avait pas grand choix. Aussi, Blanche prenait-elle la forme la plus simple, quitte à l'agrémenter d'un joli ruban ou d'une fleur du même ton.

Blanche portait un ruban autour du cou. C'était un simple ruban blanc, assez rigide pour ne pas se plier. Les jours de fêtes, elle y accrochait un bijou. Cela lui allait très bien et faisait remarquer davantage son port de tête.

Tous les autres travaux de couture étaient effectués à la maison par une femme qui venait deux fois par mois, à la journée.

Blanche ouvrait la machine à coudre à pédale, préparait les vieux draps dont on ferait des torchons, les vêtements à repriser, la fine toile dans laquelle on taillait les chemises de jour ou de nuit que Blanche broderait ensuite, les petites robes d'été pour les enfants...

J'étais très sage les jours de couture. Comme si ces travaux calmes m'apaisaient.

Blanche me donnait un travail, le plus souvent un ourlet. Je m'appliquais, mais je n'étais pas très douée. De même pour les reprises, surjets et autres coutures anglaises. Par contre, je me révélais très habile pour la broderie et la tapisserie. Elle me taillait des robes pour mes poupées, que je devais coudre. Ça, j'aimais bien. Elle m'apprit aussi à tricoter et, très vite, je fus capable de faire des chaussons ou des brassières à ma grande poupée. Elle me donnait la boîte à laine et je faisais mon choix parmi les pelotons de toutes les couleurs.

Lucie, elle, ne venait que tous les deux ans à la ville pour se faire faire des vêtements. Comme Blanche, elle m'emmenait avec elle. Elle n'avait pas la même couturière, celle de Blanche étant considérée comme la plus élégante de l'endroit. Mme Renaud, la couturière de Lucie, était une bien brave femme, âgée déjà, mais si vive, si douce que j'avais un grand plaisir à la voir. Comme Mme Denis, elle aussi me donnait des chutes de tissus.

Le choix de Lucie était vite fait. Une étoffe noire, solide pour le manteau, noire et plus légère pour la robe. Elle n'acceptait qu'un seul essayage, n'ayant pas de temps, disait-elle, à perdre en frivolités. Chère Lucie, comme le temps avait rendu raisonnable la jolie rousse coquette qui passait des heures à Paris à choisir un bout de dentelle ou une fleur pour son corsage. J'aurais voulu la couvrir de soie et de mousseline, enfiler ses pauvres mains tellement abîmées par les travaux de la terre dans de fins gants de chevreau gris, voir ses pieds chaussés d'escarpins légers, sa jambe moulée dans un bas de soie gris fumé, qu'elle ait des dessous de soie pâle comme les putains et les reines. Au lieu de ça, ses chemises étaient de grosse toile, ses bas de rude laine, ses chaussures épaisses et laides, ses gants... en avait-elle seulement ? ses robes, des housses de serge noire.

Lucie, ma douce, ma belle, ma rêveuse enfermée, mon livre ouvert sur les bois et les champs, toi qui m'as appris les odeurs des matins d'automne et celles fortes et lourdes des soirs d'été, toi qui affrontais l'orage, le visage levé, éclatant, comme pour provoquer le ciel, toi dont les hanches attiraient la main des hommes, toi qui aimais rire et danser, toi que j'aurais aimé caresser, embrasser, dont le corps était bon et accueillant autant que le cœur, toi la silencieuse qui ne parlais qu'aux arbres et aux pierres du chemin, toi dont je sens la présence en moi, ma rousse, ma rebelle, mon affamée, mon enfant, grand-mère... tu me manques.

La seule présence de Lucie faisait exister la maison. Comme si toute la force, tout le désir de vivre de la communauté s'étaient réfugiés chez cette femme. Quand elle était absente, tout allait mal. Les bêtes tombaient malades, les poules ne pondaient plus, les fromages étaient ratés, les habitants de la ferme se disputaient et ceux du hameau semblaient si tristes que c'en était pitié. Je pense qu'elle avait le don de « manger le mal », car, quand quelqu'un de sa parenté ou un ami — mais elle n'avait que des amis — était souffrant ou malade, elle lui prenait la main et, la serrant, restait un long moment immobile.

« Ah, ça va mieux », disait le patient.

Elle ne disait rien ou recommandait une tisane quelconque et s'en allait en souriant. Mais ces soirs-là, elle était plus lasse que d'habitude et ses yeux étaient violemment cernés. Elle se couchait, n'ayant bu qu'un bol de lait. Elle tremblait.

« Comment fais-tu ? »

Elle tapotait la joue.

« Il suffit d'aimer, petite. »

Et ça, elle savait.

Blanche me regardait souvent, pensive. Je ne crois pas qu'elle ait regardé ainsi aucun de ses enfants. Il y avait dans son regard comme une interrogation. Pensait-elle à sa propre enfance si vide de tendresse et de jeux ? J'avais l'impression que, par moments, elle m'en voulait. Ma joie de vivre lui était-elle si pénible ? Ma turbulence lui faisait-elle regretter sa sagesse ? Mes cheveux étaient-ils trop roux, trop ébouriffés ? Mes mains trop souvent sales et mes vêtements trop souvent déchirés ? Mon amour des livres l'irritait particulièrement, bien qu'elle m'en offrît souvent. Avec quel mépris apparent elle disait :

« Petite bonne à rien, toujours plongée dans tes livres. Tu feras mieux d'apprendre tes leçons. Tu vas t'abîmer les yeux. »

Je ne répondais rien. Je prenais mon livre et j'allais me réfugier au grenier. L'importance des greniers, dans mon enfance, est considérable. D'abord, c'est la pièce la plus haute de la maison, on se rapproche du ciel, et quand on escalade l'étroite fenêtre, c'est assez haut pour être sûr de se tuer si l'on se jette en bas.

Souvent, des voisins affolés venaient prévenir Blanche que j'étais assise, les jambes pendant dans le vide.

Quelquefois, perdue dans ma rêverie morbide, je ne l'entendais pas monter. Elle me saisissait à bras le corps et me serrait convulsivement contre elle et me donnait ensuite invariablement une gifle. Excédée à la fin, elle fit condamner la fenêtre.

Mais la plupart du temps, bien que pensant souvent à la mort, je me contentais de me pelotonner dans un coin sur de vieux coussins et de lire.

Une de mes grandes joies était de me déguiser. Pour ce jeu, nous avions toute l'indulgence de Blanche et de maman qui s'amusaient autant que nous. Cela se passait surtout les jours de pluie, quand toute promenade était interdite. Blanche sortait des malles, des armoires, de vieilles robes de bal en satin jauni ou en organdi, des éventails cassés, de longs gants à petits boutons, des chapeaux incroyables, des voiles de mariée déchirés, des culottes fendues qui nous faisaient rire.

Je décidais d'un thème de jeu et de déguisement. J'aimais bien jouer aux bohémiens, aux mille et une nuits, à la poursuite cosaque, à la reine, un peu au mariage que Chantal, ma petite sœur, adorait. Bien entendu, je me réservais le meilleur rôle sans que cela rencontrât la moindre opposition de la part de Blanche, de maman ou des autres enfants, cousins ou amis. Il était admis une fois pour toutes que j'étais le chef et que je dirigeais le jeu. Je n'aurais pas supporté qu'il en soit autrement. Je me retrouvais donc déguisée en reine des gitans, en Shéhérazade ou en sultan racontant d'interminables histoires mimées aux enfants qui m'écoutaient bouche bée, ou bien alors en redoutable bandit cosaque. Pourquoi cosaque ? A cause des steppes, des loups auxquels il fallait échapper, des ours, des traîneaux, des chevaux que figurait très bien un vieux polochon entouré d'une ficelle, de la neige, du froid. De vieux renards en guise de pelisses ou de toques complétaient l'illusion. Nous faisions des chevauchées fantastiques, sautant sur les lits, emportés par le galop des chevaux emballés. Nous sortions de ce jeu, rouges et épuisés. Pour jouer à la reine, j'étais ou la reine ou le roi avec une nette préférence pour ce dernier rôle malgré les robes de cour. J'avais un faible pour François Ier et Louis XIV. Jouer au mariage m'embêtait bien, mais je cédais pour le plaisir de mettre un habit miniature ayant appartenu à mon oncle Jean quand il était petit. On lui avait fait faire ce déguisement à l'occasion d'un bal costumé pour enfants. Maman me dessinait des moustaches au charbon de bois, me tendait le haut-de-forme, et, donnant le bras à ma sœur, enveloppée de tulle blanc, je faisais le tour de la maison avec le plus grand sérieux. Quelquefois, nous allions nous faire admirer chez les voisins.

Quand arrivaient le Mardi gras ou la mi-carême, nous étions toujours les plus inventifs dans nos déguisements. Nous avions une longue pratique.

Cela agaçait Lucie, mon goût pour le déguisement. Elle ne comprenait pas « ces bêtises » et m'accordait rarement le droit de fouiller dans ses malles. Il est vrai qu'il y avait bien peu de chose propre au déguisement dans ces pauvres malles. Quelques longues chemises de nuit usées jusqu'à la trame, de vieilles jupes noires devenues verdâtres, d'anciens bonnets brodés avec de longs rubans de velours noir. Un vêtement cependant me ravissait, me permettant d'être tour à tour conspirateur, contrebandier, belle s'enfuyant rejoindre un amoureux : une immense cape noire à bavolets et capuchon dans laquelle je m'enveloppais. Je parcourais ainsi les chemins du hameau, me sentant entourée de mystère et de danger. Est-ce à cause du souvenir de ce jeu que je garde pour les grandes capes noires une particulière prédilection ?

Lucie et Blanche avaient une grande horreur de l'eau. Je ne les ai jamais vues se baigner. Même quand les chaleurs de l'été poussaient enfants et grandes personnes au bord de l'eau.

Pendant les vacances, nous allions souvent passer la journée sur les bords de la Gartempe, à quelques kilomètres de Montmorillon.

A cet endroit, la calme Gartempe prenait des allures de torrent de montagne. Nous nous laissions entraîner par le courant, nous accrochant aux rochers. Blanche n'aimait pas nous voir jouer dans l'eau bouillonnante. Elle nous rappelait à grands cris. Nous ne l'écoutions pas, nous moquant d'elle, car nous étions bien sûrs qu'elle ne viendrait pas nous chercher. J'entraînais les cousins et cousines vers l'autre berge, là où l'eau était calme et où les rochers étaient faciles à escalader. Nous étions des explorateurs venus à la conquête de nouveaux pays. Nous étions environnés de grands dangers : sauvages embusqués dans les arbres, armés de flèches empoisonnées, ou cachés dans l'eau, respirant à l'aide de roseau ; serpents géants, plantes carnivores, pièges profonds tapissés de pointes acérées. Nous étions tellement pris par notre jeu que nous en arrivions à avoir réellement peur. Le moindre frôlement nous faisait sursauter et très vite nous décidions de cesser.

C'était la même chose quand on jouait à la guerre ; bientôt, nous croyions apercevoir un Allemand avec sa mitraillette ou une grenade toute prête à la main. La moindre silhouette inconnue, le moindre craquement nous procuraient une peur délicieuse. La faim nous arrachait à nos jeux et c'est en poussant de grands cris que nous rejoignions les grandes personnes. Je restais le plus souvent en arrière, goûtant le silence retrouvé, le murmure de l'eau, les jeux des libellules, l'odeur de la rivière. Il m'arrivait de m'assoupir sur un rocher, bercée par le bruit de l'eau. Les appels de Blanche me rappelaient à la réalité. Que j'avais faim ces jours-là ! Je dévorais à belles dents cuisses de poulet, omelettes froides, tartes et fruits. A l'heure de la sieste, je m'éloignais du groupe avec un livre.

Blanche n'aimait pas se mêler à la foule. Je devais user de ruses pour qu'elle accepte de m'emmener à la fête foraine ou au cirque. A Montmorillon, les forains s'installaient sur la place du Marché deux fois par an. Ils restaient une semaine, je crois. Comme la plupart des enfants, j'aimais cette ambiance, ces musiques, la foule animée, les militaires goguenards, les filles au rire pointu, les guimauves multicolores, le train fantôme et surtout le dragon. Ce dragon me semblait la chose la plus extraordinaire du monde. Quand, ayant bien supplié Blanche, j'avais obtenu la permission de monter sur le manège et rabattu la barre de protection sur mes genoux, je fermais les yeux, prête au plaisir. Le dragon démarrait lentement, montant et descendant, puis allait de plus en plus vite. Je me cramponnais à la barre, la tête rejetée en arrière, craignant à chaque instant d'être éjectée de l'engin. La bâche imprimée d'écailles grossièrement peintes se refermait lentement. Une appréhension délicieuse durcissait mon ventre, une vague nausée m'envahissait, les cris des filles m'excitaient, je hurlais à mon tour. La bête ralentissait, la bâche se relevait lentement sur des couples rouges aux vêtements en désordre. Je descendais du manège en titubant.

Bien que n'aimant pas les attractions de la fête, Blanche faisait une exception pour les monstres. Je n'avais pas besoin de lui demander de m'emmener voir la femme à barbe, ni la femme la plus grosse du monde, ni les nains, ni les animaux à deux têtes ou à trois pattes. Elle se dirigeait vers l'entrée des tentes ou des baraques avec dignité, peut-être un peu plus raide. Une fois entrée, elle regardait longuement le monstre, les lèvres pâlies, les narines pincées, fascinée. Je devais la tirer plusieurs fois par le bras pour l'arracher à sa contemplation. Elle sortait de là comme étourdie, tapotant ses cheveux, son manteau, comme une fille qu'on aurait un peu lutinée. Pour nous remettre, nous allions manger des gaufres et de la barbe à papa.

Elle me trouvait trop petite pour monter dans les autos tamponneuses.

Pour le cirque, c'était plus facile, Blanche ne se faisait pas trop prier. Pour ne pas avoir à faire la queue, elle avait pris les places dans l'après-midi. Nous arrivions toujours avec un quart d'heure d'avance sur le début de la représentation. Quelquefois, nous avions des places dans une loge, c'était un grand jour. Mais la plupart du temps, nous étions mêlées à la foule. L'orchestre jouait à grand bruit, des clowns gambadant faisaient patienter le public par leurs grimaces et leurs cabrioles. Un roulement de tambour et le spectacle commençait.

Je n'ai aimé le cirque que très peu de temps. Seuls les trapézistes et les lions m'amusaient.

Parmi les fêtes de mon enfance, il y avait des kermesses de l'Institution Saint-M. auxquelles les enfants participaient activement. Nous étions mobilisés au moins deux mois à l'avance par les répétitions des différents exercices que nous avions longuement répétés. Nos mères et nos grand-mères effectuaient divers travaux d'aiguilles qui seraient vendus dans les stands tenus par les élèves les plus grandes et les plus méritantes. Les plus petites préparaient dessins, guirlandes et danses.

Durant tous ces préparatifs et les répétitions, la discipline se relâchait et une animation joyeuse et inaccoutumée régnait dans les classes. Je profitais de ce relâchement pour me sauver dans le jardin, rêver sous les charmilles et manger toutes les groseilles à maquereau dont j'étais très friande, à la grande colère du vieux jardinier, le père Lucien.

Comme j'étais une des plus jolies enfants de l'école et que mes cheveux frisés étaient plus courts que ceux de mes camarades, je jouais souvent le rôle du Prince charmant, dans les pièces composées pour ces occasions par les religieuses, pièces d'une niaiserie à pleurer et qui étaient cependant fortement applaudies par les spectateurs.

Pour un de ces spectacles, Blanche et maman m'avaient confectionné un costume dont je n'étais pas peu fière. Elles avaient teint en jaune vif un caleçon long, m'avaient fabriqué une tunique de taffetas grenat et des poulaines de feutre de même couleur. Tunique et poulaines étaient bordées de guirlandes empruntées à l'arbre de Noël. Pour compléter le costume, une de mes tantes m'avait prêté une petite cape de bal de paillettes argentées. J'étais un délicieux petit page. Mlle D. elle-même me regardait avec tendresse. J'ai oublié la pièce qui était certainement très mauvaise.

Une des corvées de la kermesse était le défilé rythmé que nous effectuions dans la cour, devant les parents et amis, toutes vêtues d'une jupe plissée bleu marine et d'un chemisier blanc, des fouets de rubans de papier multicolores aux mains, que nous devions agiter en cadence au son d'une musique bruyamment déversée par des haut-parleurs dissimulés dans les arbres. A chacun de ces défilés, j'étais morte de honte. Malgré tous mes efforts : pieds tordus, mal de ventre, etc., je n'y coupais pas.

« Cette petite travaille de plus en plus mal en classe et les sœurs disent qu'elle est insolente et impertinente. N'a-t-elle pas tenu tête à M. l'Archiprêtre pendant le cours d'instruction religieuse, en mettant en doute non seulement la bonté de Dieu, mais son existence. Sœur Saint-André, qui assiste M. l'Archiprêtre, a dû la mettre à la porte », disait Blanche à maman qui levait les bras en signe d'impuissance.

J'étais souvent mise à la porte des cours, qu'ils soient d'instruction religieuse, d'anglais ou de mathématiques. Cela m'ennuyait tellement que je faisais des pitreries pour me faire exclure de la classe. Pour l'instruction religieuse, c'était différent, c'était à cause de mon « mauvais esprit », comme disait la supérieure. En fait, c'était à cause de ma curiosité. Le sujet me passionnait et j'aimais Dieu. Je voulais le comprendre, aussi tout naturellement je posais des questions à ceux qui me semblaient le plus à même de pouvoir m'apporter une réponse : les prêtres et les religieuses. Je n'avais jamais de réponse satisfaisante. Ou bien c'était un « mystère » ou bien « j'étais « une dangereuse janséniste ». De toute façon, je n'avais pas la grâce et je serais damnée.

Je l'aimais bien pourtant, ce Dieu dont on nous parlait d'une manière niaise et convenue. A l'institution Saint-M., deux fois par an, nous faisions une retraite de trois jours. Je crois que peu d'enfants se préparaient à ces retraites avec plus de sérieux et de ferveur que moi. A chacune d'elles, j'attendais la révélation physique de la présence du Très-Haut. Dans mon orgueil enfantin, j'avais l'impression que si Dieu me connaissait mieux, il m'aimerait... Ne l'aimais-je pas, moi qui ne le connaissais qu'au travers de la Bible et des Evangiles, du débile catéchisme et de ses servants dont pas un n'était digne de parler de lui ? Que d'efforts pour essayer de me corriger de mes défauts : mensonge, gourmandise, paresse, coquetterie, insolence. Quelle peine devant mes péchés dont je m'exagérais la gravité. Entre les péchés véniels et les péchés mortels, je m'y perdais un peu. Heureusement, il y avait la redoutable confession. Il était recommandé de se confesser une fois par semaine. J'arrivais tremblante à l'église où l'archiprêtre officiait. Je laissais souvent passer mon tour, tant je redoutais cet instant. Quand je ne pouvais plus l'éviter, je m'agenouillais, le cœur battant à tout rompre. Je débitais mécaniquement mes pauvres péchés de petite fille, persuadée que l'archiprêtre voyait dans les moindres recoins de mon âme. Plus tard, quand j'ai omis d'avouer certaines fautes, son regard me poursuivait jusque dans mes rêves. Quand il me donnait l'absolution et comme pénitence dix *Pater* et dix *Ave,* un énorme soulagement m'envahissait. Les prières dites, je me précipitais hors de l'église et ma joie était telle de ne plus être en état de péché, qu'il n'était pas rare que, dans mon euphorie, je fasse aussitôt une bêtise. Dès qu'elle était faite, j'étais consternée.

Pendant les trois jours de la retraite, les non-pensionnaires devaient déjeuner à l'école, afin de n'être pas distraites par le monde. Ces jours-là, l'ordinaire de la cantine était des plus simples. La mortification s'étendait jusque dans nos assiettes. Le silence était de rigueur, le travail de classe était remplacé par des lectures pieuses, de longues stations à la chapelle. Le dernier jour, nous nous rendions en procession à la messe de clôture. Sur l'autel, dans un plateau d'argent, de petits papiers pliés sur lesquels était inscrit notre nom surmonté d'une croix. C'étaient nos bonnes résolutions, nos promesses à Dieu qui étaient bénies par le prêtre afin de nous aider à les tenir. A la fin de la messe, la supérieure prenait les papiers un à un, appelait l'enfant dont le nom était inscrit et le lui remettait en disant :

« Dieu vous garde, Geneviève ; Dieu vous garde, Catherine... »

Quand j'entendais mon nom, je me levais pleine de paix et de bonheur. J'avais l'impression que mes pieds ne touchaient plus terre tant je ressentais la présence de Dieu en moi. J'étais enveloppée par son immense bonté. Je marchais vers l'autel, accompagnée par le chant de l'harmonium dont jouait Mlle Estelle, le professeur de musique. Je tendais la main en souriant à la supérieure. Elle me donnait mon papier sans sourire et me disait la formule consacrée du bout des lèvres. Cela n'arrivait pas à tarir ma joie, mais mettait quand même une ombre de tristesse sur cette journée. Elle ne m'avait donc pas pardonné ?

Un jeudi après-midi de juin, ayant été une nouvelle fois punie pour avoir dessiné en classe au lieu de faire mes devoirs, Mlle D. m'avait mise en retenue. J'étais furieuse, d'autant qu'avec des camarades, nous devions aller explorer les grottes de la route de Saint-Savin et du château de Prunier. On avait préparé notre expédition depuis longtemps, n'oubliant ni les lampes électriques, ni les cordes, ni les bougies. Ce n'était vraiment pas de chance.

Les cours et les classes de l'institution étaient vides. Les pensionnaires étaient en promenade. Un silence inaccoutumé régnait sur les lieux. Je traversai la cour principale pour me rendre dans ma classe où je devais faire mes lignes. Quelqu'un, pas très loin, se mit à fredonner. Je m'arrêtai, un peu inquiète, tant ce silence insolite m'avait fait croire que j'étais seule. Je levai la tête vers les hautes fenêtres. Une longue chevelure noire pendait à une des fenêtres, brossée lentement par sa propriétaire. J'étais fascinée par l'élégance du geste, par le mouvement lent et voluptueux du bras. Je ne voyais pas quelle pensionnaire pouvait posséder des cheveux d'une telle beauté et d'une telle longueur. La tête qui portait cette chevelure la rejeta en arrière dans un mouvement d'une grâce et d'une coquetterie certaines. Je restai stupéfaite. Ces cheveux, cette grâce, cet air qui n'était pas d'un cantique appartenaient à la supérieure. Elle me vit. Son étonnement égalait le mien. Nous restâmes un long moment à nous dévisager. Moi éblouie par sa beauté, sa jeunesse que je n'avais pas remarquées sous la cornette. Elle, saisie, comme quand on est surpris commettant une mauvaise action.

« Que faites-vous ici, mademoiselle ? » me dit-elle d'une voix dure.

Je lui expliquai que j'étais punie et j'ajoutai :

« Que vous êtes belle, ma sœur ! »

Son beau visage fut déformé par la rage :

« Sortez, mademoiselle, sortez !

— Mais, mademoiselle D. ...

— Sortez, allez-vous-en, allez-vous-en ! »

Je me sauvai en courant, bouleversée par une telle colère.

J'allai, songeuse, rejoindre mes camarades. Ils étaient déjà partis. Je décidai de les rejoindre par la rivière. J'allai détacher ma périssoire qui était accrochée au mur du jardin des A. donnant sur la Gartempe. Je me déshabillai et pris sous le banc un vieux maillot de laine que je laissais toujours là. Je descendis la rivière, poussée par le faible courant, me contentant de diriger la légère embarcartion. Je n'étais pas pressée d'arriver. Je songeais à la scène de la fenêtre. Je la jugeais durement. N'avais-je pas non seulement surpris la coquetterie de la supérieure, mais son mensonge, ce qui était plus grave ? En effet, peu de temps auparavant, elle nous avait expliqué les règles de son ordre, notamment le sacrifice par les religieuses de leur chevelure et l'obligation d'avoir sous le bonnet les cheveux ras en guise d'humilité. Je redoutais de faire les frais d'une telle découverte. Hélas ! je ne me trompais pas.

Mais, peu à peu, je me laissais envahir par le bien-être d'être là, seule, sur l'eau, caressée par le soleil, accompagnée par le chant des oiseaux ; le parfum des prairies se mêlant à celui de l'eau me faisait sentir tout le bonheur d'exister et la joie de ce jour de vacances inespéré. Les pêcheurs à la ligne, qui me voyaient souvent sur la rivière, me faisaient un petit signe de la main auquel je répondais.

Ayant passé deux écluses, je retrouvai mes camarades devant le château de Prunier. En jouant dans ce château à demi ruiné et inhabité, nous avions découvert dans les caves ce que j'appelais pompeusement des oubliettes. Lectrice assidue d'Ann Radcliffe, de Walpole, de Maturin, de Walter Scott, du vicomte d'Arlincourt, bref, de tous les maîtres du roman noir, j'avais excité l'imagination de mes amis en leur parlant de squelettes enchaînés, de passages secrets, de souterrains et autres cachots.

Aujourd'hui, nous voulions vérifier une de mes hypothèses : un souterrain devait sûrement déboucher à la Gartempe ; c'est pourquoi certains d'entre nous étions venus en barque afin de mieux se rendre compte. Nous ne trouvâmes rien. Je suggérai de monter au château et d'explorer à nouveau la cave d'où partaient trois souterrains dont deux complètement obstrués par des éboulis de pierres et de sable. Tous les enfants furent d'accord. Je pris dans la périssoire un sac contenant une lampe électrique, des bougies, mon lance-pierres et mon couteau.

Une fois dans la cave, je me glissai à quatre pattes dans le souterrain qui semblait le plus dégagé. J'allais en avant car aucun des garçons ne voulait entrer le premier et l'autre fille du groupe pleurnichait en disant qu'elle avait peur des bêtes. Moi aussi, mais pour rien au monde je ne l'aurais avoué. J'avançai donc, le cœur battant. L'étroit tunnel allait en s'élargissant, bientôt je pus me redresser et je sortis dans une vaste grotte. J'apercevais assez loin une faible lueur de jour, j'avais donc raison, il y avait une sortie vers la rivière. Toute notre petite troupe était debout, un peu rassurée. Il y avait dans l'air comme un froissement de soie, nous nous regardions sans comprendre. Nous entendions par moments de petits cris, puis un grand bruit d'ailes. Francine se mit à pleurer. Je lui ordonnai brutalement de se taire. Grâce à mes lectures je venais de comprendre l'origine de ce doux bruit et de ces petits cris : les vampires. Ce n'était, bien sûr, que des chauves-souris, mais vampire faisait plus sérieux. Bien qu'effrayés, nous fîmes face courageusement au péril. Nous sortîmes nos lance-pierres, prêts à toute éventualité. Francis et Yves éclairèrent la voûte. Quelle horreur ! La pierre disparaissait. On ne voyait que les chauves-souris se balançant doucement, certaines commençaient à déplier leurs ailes. Une grande peur m'envahit. Je ramassai de petites pierres, j'ajustai mon lance-pierres et je visai les animaux. Je n'ai jamais oublié le bruit mat du caillou sur les corps tendres des chauves-souris et le choc sourd de leur corps tombant sur le sol. Une folie de peur et de meurtre m'envahissait. Les chauves-souris affolées volaient dans tous les sens, se heurtant aux parois de la grotte, frôlant nos cheveux. Combien de temps dura notre massacre, je n'en ai pas idée. Tous les enfants s'étaient enfuis. Il n'y avait plus que Yves et moi. Nous étions dans l'obscurité, ayant laissé tomber nos lampes. Il craqua une allumette. Quel carnage ! Une vingtaine de chauves-souris gisaient sur le sol. Les autres avaient disparu ou se terraient dans de sombres recoins. L'allumette s'éteignit, il en alluma une autre après plusieurs tentatives, tant ses mains tremblaient. Nous nous regardions avec effarement. Yves avait les cheveux couverts de toiles d'araignées et de salpêtre, des égratignures et des traînées noires sur le visage, la peau des mains arrachée ; j'étais dans le même état. L'allumette s'éteignit. Je me blottis contre lui. Il me serra fort. Sa bouche chercha la mienne. Je tremblais de peur, de désir, de dégoût mêlés. Un brutal plaisir me saisit des lèvres au ventre. J'avais envie de morsures et de baisers. Je jetai mes bras autour de son cou en me frottant contre lui. Son sexe bougea. Tout le corps me brûlait. Sa main maladroite pétrissait mes seins naissants. Je m'entendais gémir. Nous tombâmes assis dans la poussière. Ma main rencontra un petit corps d'une douceur hideuse. Je poussai un cri et me précipitai vers la lueur. C'est en rampant que j'arrivai au bout de l'étroit tunnel. Un buisson d'épines en fermait l'entrée. Yves et moi, à coups de pied, de pierres, avec nos mains nues, nous parvînmes à nous tirer de là. Nous n'étions pas beaux à voir, les mains et le visage arrachés.

« Tu vois que j'avais raison et qu'il y a bien une sortie du côté de la rivière », dis-je triomphante.

Il acquiesça et voulut me prendre dans ses bras. Je l'écartai brusquement sans bien savoir pourquoi. Il aurait fallu si peu de choses tout à l'heure pour que de petite fille, je devienne femme. Le temps n'était pas venu.

Nous rentrâmes à pied, trop fatigués pour remonter la rivière. Francine, Gérard, Michel, Francis, Jean-Claude nous suivaient, un peu honteux de nous avoir abandonnés. Blanche, en me voyant arriver dans cet état, fut partagée entre deux sentiments : la pitié devant mes écorchures et la colère. Elle me mit du mercurochrome, ce qui fit que, pendant plusieurs jours, je ressemblai à un Indien.

J'avais oublié la scène de la fenêtre. Je m'endormis, fourbue mais heureuse.

J'ai de la guerre des souvenirs mélangés et contradictoires. J'ai le souvenir d'étés radieux, pleins de joies et de jeux. De longs séjours heureux chez Lucie. Parallèlement, quand je pense à cette période, c'est le froid que je retrouve. Les hivers furent-ils si froids dans le Limousin et les étés si chauds dans le Quercy ? Pendant quelques mois, nous avions habité Paris. La guerre nous poussa, comme tant d'autres, sur les chemins de l'exode. Nous prîmes, maman, ma sœur et moi un des derniers trains quittant la gare d'Austerlitz pour aller nous installer chez Blanche. J'avais l'impression de revenir chez moi.

Je ressentais pour cette guerre une grande curiosité. J'étais triste de ne pouvoir y participer. Très vite, je choisis mon camp, ne faisant qu'imiter mon entourage qui se lança dans la lutte active ou passive contre l'occupant. Comme lui, je haïssais les Allemands, et comme lui, je jouais au maquis. Personne autour de moi n'accomplit d'actes de haute bravoure, mais quotidiennement, on manifestait sa résistance. Les uns faisaient passer à des gens traqués la ligne de démarcation, on aidait des juifs à se procurer de faux papiers, on se réunissait pour écouter Radio-Londres, essayant à travers les messages donnés de deviner l'heure et le jour du débarquement, d'autres allèrent dans les maquis.

Nous vivions dans le récit des horreurs vraies ou supposées commises par les Allemands dans le Poitou et le Limousin. Nous évitions, à Limoges, de passer dans une certaine rue, car là se tenaient les salles de tortures de la Gestapo où l'on entendait, paraît-il, les cris de supliciés. Cela me faisait tellement peur qu'à la vue d'un uniforme vert je m'enfuyais. De plus, je devais les attirer car plus d'un tenta de me parler ou de caresser mes cheveux. Je n'ai jamais oublié le regard malheureux que me lança un soldat qui avait ramassé le ballon avec lequel je jouais et fait signe de venir le chercher, lorsque je lui arrachai des mains en le traitant de sale Boche.

Par un beau matin d'été, il devait être près de six heures, nous allions prendre le train pour aller chez Lucie. En arrivant à la gare, nous vîmes place du Champ-de-Juillet de nombreux camions allemands recouverts de branchages. Mon père nous fit signe de nous arrêter en disant :

« Attention, ils préparent un mauvais coup. »

Nous attendîmes le départ des camions pour reprendre notre chemin.

Le mauvais coup fut accompli. Ce fut Oradour-sur-Glane.

Nous ne revînmes pas à Limoges cet été-là. Mon père nous laissa près de Lucie.

Le bel été que cet été 44! La nature semblait en fête. Il régnait dans les villes et les villages une atmosphère d'attente à laquelle j'étais extrêmement sensible. Je ne crois pas avoir été plus turbulente que cette année-là. Je courais de la ferme de Lucie à la maison où nous habitions, de l'étable aux champs, de chez la Sidonie à chez l'Antonine, du grenier au cellier. Sautant, riant, criant.

« Une vraie mouche bouine », disait Lucie.

Les nouvelles n'étaient pas bonnes. On fusillait ferme alentour. Lucie tremblait pour ses fils. Tous les hommes, jeunes et vieux, avaient quitté le hameau, il en était de même dans toute la région. Ils sortaient des bois la nuit pour venir manger et prendre des provisions. Par mesure de précaution, ils envoyaient d'abord un jeune garçon en éclaireur, puis, un à un, ils sortaient. Je trouvais ces jeux de grandes personnes bien excitants.

Par une belle fin de matinée, un petit groupe d'Allemands entra dans le hameau. Je ne compris, dans ce qu'ils disaient, que le mot « maquis ». Je pensai immédiatement à mon père, à mon oncle. Je me mis à sourire, et lentement j'allai vers la maison. Je dis à ma mère ce qui se passait.

« Prends ce pain et va vite chez Lucie la prévenir. André a couché à la ferme cette nuit. Si les Allemands t'arrêtent, dis que tu portes ce pain à ta grand-mère. »

Le cœur battant, toute gonflée d'orgueil devant l'importance de ma mission, je me dirige vers la ferme. Je souris à l'officier allemand qui me caresse les cheveux en disant : « Jolie petite fille. »

J'arrivai chez Lucie :

« Les Allemands cherchent les maquis. »

Je la vois devenir toute blanche et se précipiter dans la chambre voisine en criant :

« Sauve-toi, sauve-toi. »

J'entends une fenêtre s'ouvrir et une galopade effrénée. J'ai sauvé André.

Quand les Allemands arrivèrent, ils ne virent qu'une gentille petite fille et sa grand-mère, l'une lisant et l'autre tricotant.

Dans les champs, nous ramassions fréquemment des tracts lancés des avions. Certains étaient faits par les Allemands, d'autres par Londres. Nous recherchions des douilles d'obus en cuivre. Cela faisait, bien astiqués, de jolis petits vases pour mes autels du mois de Marie ou pour ma crèche.

Certaines nuits, il régnait, dans le hameau, une grande activité. Il devait y avoir un parachutage. Au matin, on apprenait qu'il y avait eu tant de mitraillettes, tant de grenades, tant d'explosifs.

Devant les mines réjouies des hommes et des femmes, je voyais bien que c'était très amusant de jouer à la guerre.

Nous dûmes, les femmes et les enfants, aller nous cacher une ou deux fois, nous aussi, dans les bois car il arriva que des avions, rasant le toit des maisons, passent en mitraillant tout ce qui bougeait. De notre groupe apeuré, montaient des prières. Lucie avait très peur que nous soyons repérés à cause de nos robes claires. Je n'aimais pas cette situation où je ressentais un mélange de peur et de honte qui me donnait le fou rire.

Ce fut cet été-là que je vis revenir mon père, un foulard rouge autour du cou, un béret sur la tête, en chemise à carreaux, chaussé de hautes bottes de cuir noir, une mitraillette en bandoulière, sale et non rasé, l'air exténué et radieux. On s'était battu à Limoges. Les Allemands avaient abandonné la place. C'étaient les bottes de l'un d'eux qu'il portait. J'étais partagée entre le dégoût et l'admiration.

Le lendemain, une centaine d'hommes de différents maquis prirent position de chaque côté de la route. Ils arrêtèrent des camions allemands, en firent descendre les occupants. Tous étaient très jeunes. Des plus âgés, aucun n'était allemand. On les attacha deux par deux aux pieds des arbres. Sauf un, un Russe, un Polonais, on ne savait pas, à qui on attacha les poignets et les pieds, et qu'on installa contre une meule de paille.

Celui-là m'intriguait fort. Je tournai autour de lui. Il devait être beau sous cette barbe broussailleuse d'un blond foncé qui lui mangeait la figure. Il avait dû être blessé car un bandeau sale et taché lui entourait la tête, ses lèvres étaient craquelées. Il était drôlement habillé, seule sa veste déchirée était de l'uniforme allemand. On lui avait retiré ses bottes dans lesquelles il était pieds nus. Il s'appuyait à la meule, les yeux fermés, l'air las. Je m'approchai de lui à le toucher. Sans doute sentit-il ma présence car il ouvrit les yeux. Je reçus ce regard tellement bleu droit au cœur. Je reculai, effrayée, fascinée. Il me sourit, me fit signe d'approcher. Je n'osais pas bouger. Mais je le regardais intensément. Il tendit les mains vers moi. Je m'enfuis.

Je revins dans la soirée. Il mangeait une assiette de soupe, entouré, à distance respectueuse, par les femmes et les filles qui avaient apporté de la nourriture aux prisonniers. Quand elles partirent, je m'approchai de lui, je m'assis en le regardant. Il se mit à me parler dans une langue que je trouvais belle, mais que, bien sûr, je ne comprenais pas. Devant mon silence, il se mit à fredonner un air. Romanesque comme je l'étais, je trouvais que toute la tristesse du monde s'était réfugiée là. Il me fit signe de m'approcher plus près. Il m'appuya contre lui et m'embrassa les yeux, le front, les lèvres. Un bonheur triste m'enveloppait. Il sortit maladroitement de sa poche une pièce de monnaie qu'il me tendit. En la prenant, je compris que c'était tout ce qu'il possédait. C'était une pièce étrangère. Je la serrai fort dans ma main. Je devais partir, j'entendais Lucie qui m'appelait. Je l'embrassai une dernière fois et je me sauvai, prise de peur à l'idée d'être surprise par Lucie. On nous avait interdit de nous approcher des prisonniers.

Cette nuit-là, je me levai, pris un couteau bien aiguisé, décidée à sauver mon prisonnier. Je courus jusqu'à la meule, j'en fis plusieurs fois le tour : il n'était plus là. On l'avait emmené avec les autres. Je m'allongeai à la place qu'il avait occupée, en sanglotant.

« Que fais-tu là, petite ? »

Marc, le chef des maquis, me regardait, m'éblouissant avec la lumière de sa lampe électrique. Je ne répondis pas. Il me fit lever, me prit dans ses bras et me porta jusque chez Lucie où, devant mes larmes, on remit au lendemain les questions que l'on voulait me poser.

Ce fut Lucie qui m'interrogea. A elle, j'acceptai de dire ce que j'avais voulu faire. Elle me caressa doucement. Elle, elle me comprenait. Je lui montrai, suprême confiance, la pièce qu'il m'avait donnée. Elle me dit de la cacher soigneusement et de n'en parler à personne. Ce secret partagé sécha mes larmes autant que la promesse qu'elle me fit qu'on ne lui ferait pas de mal.

En quelques mots, elle dit à Marc ce qu'il en était et demanda qu'on me laisse tranquille et qu'on ne me reparle plus de cette histoire.

J'ai longtemps gardé la pièce et puis, un jour, je l'ai perdue. Je n'ai jamais su de quel pays elle venait.

Blanche vivait la guerre avec dignité et mépris. Elle était sûre que ces gens-là ne resteraient pas longtemps chez nous.

Nous vîmes ensemble, par une belle journée, l'arrivée des Allemands dans le Périgord. Elle était venue me chercher à Peyrac pour soulager maman qui était fatiguée. Elle y passa quelques jours, séduite par la beauté de cette région.

Nous étions allées nous promener dans les petits chemins autour du village et nous revenions, les bras chargés de fleurs, par la Grand-route, celle qui vient de Limoges. Nous étions très gaies, Blanche souriait de mes propos. Elle s'arrêta, me faisant signe de me taire. Un grondement allant s'amplifiant nous assourdit.

En haut de la côte, nous vîmes apparaître une file, qui nous parut interminable, de camions, de blindés de toutes sortes hérissés de canons qui me semblaient gigantesques. Les Allemands entraient en zone libre.

Blanche me serra contre elle. Je sentais tout son corps trembler contre moi. Une grosse larme s'écrasa sur ma main. Nous restâmes immobiles, silencieuses, tout le temps que dura le passage du long convoi. Nous rentrâmes à la maison, la tête basse, le cœur lourd. Nos fleurs étaient restées sur le bord de la route.

C'est durant le séjour de Blanche dans le Lot que nous allâmes visiter le gouffre de Padirac. Je me faisais une joie de cette promenade et, pour que ma joie soit complète, j'avais demandé à un petit camarade un peu plus âgé que moi, réfugié comme moi, Clovis, de venir avec nous. Nous nous faisions une fête d'être ensemble. Au cour du déjeuner, j'annonçai, joyeuse, sa venue.

« Mais ce n'est pas possible, s'écria mon père, il n'y a pas assez de place ! Les enfants seront sur les genoux des grandes personnes. »

J'insistai, je pleurai, rien n'y fit.

Nous passâmes cependant chez la grand-mère de Clovis pour lui dire que nous ne pouvions pas l'emmener.

Il attendait sur le pas de la porte, en habit du dimanche, ses chaussettes blanches bien tirées, ses cheveux blonds bien coiffés. Il eut tout un élan du corps vers la voiture bondée…

Oh ! la tristesse de ce regard quand on lui dit qu'on ne pouvait pas l'emmener. Quelle honte j'éprouvais.

Je regardai longtemps la petite silhouette immobile, qu'un tournant de la route me cacha. Je ne l'ai jamais oublié.

Je n'ai pas revu Clovis. Il était juif.

Le temps passé à Limoges, à la fin de la guerre, n'évoque pas pour moi de souvenirs très heureux. Nous habitions un meublé rue des Arènes, dans une vieille maison sombre et sans confort. Je dormais recroquevillée dans un vieux lit-cage placé dans le cabinet de toilette, riche en odeurs diverses. J'insistais beaucoup cependant pour demeurer là, malgré le lit devenu trop petit, car j'avais l'impression d'avoir un endroit à moi : ma chambre. Un papier gris, sinistre, déchiré par endroits, couvrait les murs que j'avais essayé d'égayer par mes dessins. La fenêtre donnait sur une cour étroite où étaient les cabinets de l'immeuble et où le boucher, qui habitait en bas, tuait clandestinement des moutons ou des cochons. Je me bouchais les oreilles avec les mains et je m'enfonçais au fond de mon lit pour ne pas entendre les cris des animaux égorgés. Un jour, un voisin tua un canard en lui coupant le cou, et le corps sans tête se sauva dans le couloir, le sang giclant sur les murs. Mon père qui rentrait à ce moment-là et que la vue du sang rendait malade, manqua se trouver mal.

Le reste de l'appartement était composé d'une cuisine assez grande, d'une salle à manger très sombre et d'une grande pièce claire qui servait de salon et de chambre à coucher à mes parents et à ma sœur. Nous nous tenions surtout dans la salle à manger car c'était la seule pièce où il fît suffisamment chaud. Maman y recevait ses amies pour le thé, mon père les siens pour discuter politique et moi j'y faisais tant bien que mal mes devoirs. C'est dans cette pièce que se tenait également mon coin à poupée. Ma sœur et moi avions le droit d'entreposer nos jouets de chaque côté de la cheminée. C'était notre territoire, et malheur à Chantal si elle empiétait sur le mien. En fait, c'était plutôt l'inverse qui se produisait.

Le jeudi, les jours d'hiver, nos petits camarades venaient jouer à la maison, leurs parents étant encore plus misérablement logés que nous. Je montais de petites pièces de théâtre, adaptées le plus souvent de la comtesse de Ségur ou des contes de Perrault. Après maintes répétitions bruyantes et souvent tumultueuses, venait le jour de la représentation. Nous coupions le salon en deux avec des draps. D'un côté la scène, de l'autre la salle où prenaient place les spectateurs. J'avais réquisitionné toutes les chaises de l'immeuble sur lesquelles les voisines, les mères et quelques rares pères s'asseyaient. Je frappais les trois coups et le spectacle commençait.

Que c'était difficile d'être en même temps directeur, metteur en scène, costumier, décorateur et comédien ! Les enfants, morts de trac, oubliaient leur rôle, se prenaient les pieds dans leur robe, se bousculaient ou étaient pris de fous rires. Malgré cela, notre public semblait très content et ne me ménageait pas les félicitations. C'était très réconfortant.

Quelquefois, le dimanche en fin de matinée, durant l'occupation, mon père m'emmenait prendre l'apéritif au café Riche, place de la République. Quelle fête ! Il y avait un orchestre jouant les airs à la mode, les lumières étaient éblouissantes, les glaces étincelantes, les sièges de velours rouge somptueux, les clients élégants. Je serrais très fort la main de mon père, impressionnée par tous ces officiers allemands et ces femmes violemment maquillées aux coiffures compliquées, aux robes très courtes imprimées, les épaules enveloppées de renards gris ou noirs, juchées sur de hautes semelles compensées, fumant et riant trop haut.

On regardait beaucoup le bel homme qui tenait par la main une si ravissante enfant. Je le soupçonne de m'avoir emmenée dans cet endroit où je n'avais rien à faire, uniquement pour le plaisir de montrer combien nous étions beaux. Je l'aimais beaucoup à ce moment-là. J'étais très fière de lui.

Quand il faisait beau, maman nous emmenait au jardin public qui fort heureusement était proche de la maison.

Les mères se mettaient toujours au même endroit. Les premières arrivées louaient les chaises pour les autres. Elles sortaient de leur sac leur tricot, ou leur ouvrage de couture. Après les salutations d'usage, les bavardages commençaient. Ce n'était pas toujours joli-joli ce que se racontaient ces dames, la charité chrétienne y était souvent bafouée. Mais que dire, une fois qu'on avait parlé des enfants, des maris, des difficultés de ravitaillement et échangé des recettes ou des points de tricot ?

Mon jeu favori, était la guerre. Le jardin d'Orsay s'y prêtait admirablement. Grâce aux buissons touffus, aux escaliers, aux ruines des arènes et surtout aux abris creusés dans un coin du jardin. Il était interdit d'y aller, les risques d'éboulement étant réels. Mais dès que le gardien avait disparu au tournant d'une allée, nous nous précipitions dans ces boyaux de terre. C'est là que j'ai exploré pour la première fois le sexe d'une petite camarade.

Jenny avait deux ans de moins que moi, de longs cheveux châtains coiffés à l'anglaise, des yeux au regard doux et sot bordés de longs cils, toujours joliment vêtue de robes que lui faisait sa mère. Elle était totalement subjuguée par moi. Je lui faisais faire tout ce que je voulais et sa mère ne manquait pas de s'étonner des bêtises commises par une enfant habituellement aussi sage.

Je l'avais coincée contre une des parois de terre et je baissai sa culotte de coton blanc. J'étais fascinée par ce petit sexe dodu et fermé. Je tentai d'y introduire un doigt, mais Jenny pleurnichait disant que je lui faisais mal. Je la grondai, je la menaçai, je la battis même pour qu'elle accepte d'ouvrir ses cuisses. Quand j'y parvins, je ne fus guère plus avancée. La jolie coque rose resta obstinément fermée. J'étais très déçue.

Les hommes, eux, dans ce domaine, ne me décevaient pas, bien au contraire. Le jardin et surtout les cabinets publics, dissimulés derrière un rideau de troènes, étaient le lieu de prédilection des exhibitionnistes limougeauds. Ma mère m'avait mise en garde contre les « vilains messieurs qui s'intéressent aux petites filles », excitant par là ma curiosité. Ainsi quand m'étant rendue dans les cabinets pour un « petit besoin », je trouvai un homme dans les toilettes des dames, tenant à la main son sexe rougeâtre qu'il agitait dans ma direction, au lieu de me sauver, je suivis attentivement chacun de ses gestes et je m'étonnai que l'engin changeât de proportions.

« Tu veux toucher ? » me dit l'homme.

La gorge nouée, je fis signe que oui. Il s'approcha de moi et me mit son sexe dans la main. C'était dur et doux. Il souleva ma robe et me pétrit les fesses. Il me faisait mal et les grognements qu'il poussait me faisaient peur. Il me semblait que le sexe de l'homme devenait de plus en plus grand, de plus en plus rouge.

« Elle est belle ma bite, elle te plaît ma pine, petite salope ! »

Pine, bite, c'était donc aussi les noms de cette chose. Je me sentais pleine d'importance de connaître un pareil secret.

Etait-ce l'odeur forte de l'endroit, la main de l'homme qui essayait de s'insinuer entre mes fesses, cette chose lourde et tendue, je me sentais toute bizarre, la tête me tournait, j'avais vaguement mal au cœur, comme quand je mangeais en une seule fois la ration de chocolat à laquelle nous avions droit, et surtout j'avais mal au ventre ; une lourdeur étrange, douloureuse et cependant agréable, comme une forte envie de faire pipi.

L'homme sembla me deviner.

« Allez, pisse, petite pute. »

Je m'accroupis. Ma tête se trouva à la hauteur de son sexe. Il le promena dans mes cheveux, puis sur mes yeux, mon nez, enfin sur ma bouche qu'il tenta de forcer. Un brusque sursaut de dégoût me saisit et me relevant brutalement, j'ouvris la porte en remontant ma culotte, et je me sauvai, poursuivie par les injures de l'homme. Je me précipitai dans le coin des mères et je me blottis contre la mienne, tremblante.

« Allons, allons. Mais, elle va se trouver mal ! »

Je me retrouvai allongée sur un banc, la tête sur les genoux de maman.

« Ah, ça va mieux ? Ce n'est rien.

— Ce doit être l'âge », dit une des dames.

Par un beau jour d'été, doux et doré, la petite ville a été « libérée » non pas des Allemands, ils n'ont fait que passer à Montmorillon, mais de l'idée des Allemands. Des résistants sont entrés dans la ville, sales, barbus, rieurs et fourbus.

Les cloches des églises et des chapelles sonnent. M. connaît une animation ignorée jusque-là. Des filles passent se tenant par la taille, fredonnant des rengaines à la mode, court vêtues de robes claires, la coiffure à haute boucles, des chaussures à semelles de bois aux pieds. Elles rient sans retenue quand elles croisent des groupes de jeunes garçons qui ricanent en se dandinant. Certaines ont des bouquets de fleurs dans les bras. Même les vieilles femmes vêtues de noir participent à l'allégresse générale, riant et chantant. Les enfants se poursuivent jouant à la guerre. Les vieux qui ont participé à celle de 14 sont à l'honneur ; ils tournent leurs moustaches entre leurs doigts ; ils ont mis leur complet du dimanche ; ils bombent leur torse où s'accrochent des médailles ; ils tiennent contre eux des drapeaux enroulés. La fanfare s'est reconstituée, elle a répété une partie de la nuit et fourbi les instruments qui étincellent au soleil. Leur habillement est des plus hétéroclites, mais bah ! c'est la guerre. Mais maintenant qu'elle est finie, qu'on a gagné, on va voir ce qu'on va voir.

Toute la population se dirige vers le centre de la ville, vers la mairie pour accueillir ses « libérateurs ».

Je descends avec Blanche la Grand-rue. Elle a bien du mal à me tenir par la main tant cette atmosphère de fête m'excite. La foule grandit, envahit la place du Marché. Un grand mouvement nous pousse vers le boulevard. Là nous retrouvons maman, mes tantes, ma sœur, la mère C. qui nous a mis au monde maman et moi. Le bonheur est dans tous les cœurs et sur tous les visages. On entend au loin la musique qui joue du côté du monument aux morts. La foule est massée de chaque côté de la rue. Des gamins arrivent en courant :

« Les voilà, les voilà ! »

En effet, on aperçoit un groupe qui avance au milieu du boulevard. Des cris, des applaudissements partent de tous côtés, les chants éclatent. La *Marseillaise* envahit l'air, le cœur de chacun explose sous l'émotion, le chant guerrier fait se redresser les corps. Ah, quelle fierté d'être français ! La foule est comme une houle, mouvante, profonde, changeante.

Les chefs des maquis poitevins sont là. Au premier rang, je reconnais Marc, lui aussi me reconnaît, il me fait un signe de la main. Ses hommes sont derrière lui. Je pense immédiatement à une illustration d'un de mes livres, représentant une troupe de brigands déguenillés, pénétrant dans un village. Je connais certains d'entre eux et cependant aujourd'hui ils me font peur. Mon père est parmi eux, j'ai du mal à le reconnaître. Où est-il cet homme que je trouve si beau, si élégant, dont j'aimerais tant me sentir aimée. Ce n'est pas lui cet homme sale, hirsute, avec des grenades attachées à la ceinture, une mitraillette à l'épaule, un foulard rouge autour du cou et un béret crasseux sur la tête. Je baisse les yeux quand il passe devant moi, le cœur serré.

La troupe passe. Là-bas, la nature des cris a changé, ils se rapprochent : ce sont des injures. Ceux qui chantaient tout à l'heure, le visage rayonnant, ont maintenant les traits déformés par la haine. Je cherche la main de Blanche et je la serre très fort. Les cris se rapprochent, m'enveloppent. J'ai peur. Trois ou quatre femmes sont maintenant devant nous. Leurs cheveux sont tondus, on leur a collé des mèches de leurs propres cheveux sur le menton, sur les joues. Du sang coule de la bouche d'une des filles ; elles pleurent, essayant de se protéger des coups que certains leur donnent malgré les hommes qui les encadrent. Une seule marche la tête haute, les yeux secs. Le soleil brille, il fait si beau.

« Putains, salopes, chiennes, fusillez-les », hurle une voix près de moi. C'est la mère C. rendue hideuse par la haine, qui s'élance le poing tendu vers les malheureuses, elle crache à la figure de la plus fière. Je suis envahie de honte, j'ai envie de vomir, mon visage ruisselle de larmes. Je crie en m'agrippant à Blanche :

« Non, non. »

Elle semble soudain comprendre que ce n'est pas un spectacle pour une enfant, d'autant que la mère C. commence à frapper la fille, encouragée par la populace. Blanche nous reconduit à la maison, ma sœur et moi. Chantal me regarde sans comprendre, elle est trop petite. J'ai le corps secoué de sanglots.

Les mots et les caresses de Blanche ne servent à rien, je la repousse. Je monte au grenier et je me recroqueville sur le vieux lit-cage, rabattant sur moi une vieille couverture. Là, je prends conscience de ma solitude face aux grandes personnes, de ma petitesse. Depuis le Noël des verges, je me méfiais d'elles, je les savais méchantes, menteuses, quelquefois lâches, mais maintenant elles me font peur. La transformation, devant moi, de la foule heureuse et bon enfant en une populace hurlante et cruelle, me blesse d'une manière irrémédiable.

Plus jamais je ne pourrai faire partie d'un groupe, appartenir à un parti. Les masses populaires me font peur et me dégoûtent. Cette populace était cependant composée de gens gentils, paisibles, gais, généreux. Leur réunion a donné naissance à un monstre à mille têtes, hurlant, crachant, mordant, déchirant. Je crie dans la couverture, je ne veux pas devenir grande, je serais comme eux, je ne veux pas. Mais comment y échapper ? Je suis trop petite, pour imaginer que je puisse en grandissant être différente. Je crois que les grandes personnes sont toutes semblables. Mais la hideur de ce devenir me révolte. Comment ne pas grandir ? Je me tourne vers Dieu, je le supplie de me laisser enfant ou alors de m'emmener avec lui. Puisque dans son pays tout n'est qu'amour.

Mon père monte et veut m'embrasser. Je le repousse. J'ai bien vu qu'il était comme les autres, sinon, il n'aurait pas besoin de mitraillette, d'un béret sale et d'un foulard rouge. Je le hais.

Blanche réussit à me faire boire une infusion calmante et à me mettre au lit.

Pendant longtemps, j'ai rêvé que la mère C. me poursuivait pour m'arracher les cheveux en me traitant de putain. Pressentais-je déjà que, moi aussi, un jour, je serais prise à partie et battue par des mégères ?

Une des joies de mon enfance campagnarde aura été d'accompagner mes cousines et leurs amies au bal.

La veille, elles se lavaient les cheveux et se mettaient des bigoudis. Dès l'aurore, elles étaient sur pied pour se laver et repasser leur robe. Dans chaque ferme régnait un va-et-vient de filles énervées, en combinaisons roses ou à fleurettes, à la recherche d'un ruban ou d'un peigne en chantonnant.

Elles partaient vers trois heures de l'après-midi à vélo. Je grimpais sur le porte-bagages de l'une d'elles sur lequel Lucie avait attaché un coussin.

Elles s'élançaient sur la route dans une envolée de robes claires et fleuries, les jupes bien étalées pour ne pas les froisser.

Très vite, elles se mettaient à chanter à tue-tête, retrouvant aux carrefours d'autres groupes de filles.

Nous arrivions rapidement sur les lieux de « l'assemblée » où se tenait le bal, tant leur hâte leur avait donné la force de pédaler et de monter les côtes comme en se jouant.

Les vélos garés contre une haie, après une vérification dans leur petite glace de poche, de l'échafaudage de leur coiffure, elles avançaient vers le parquet, la tête haute, le regard lointain. A l'entrée, on leur mettait à l'intérieur du poignet un cachet prouvant qu'elles avaient payé.

Après la lumière éclatante du jour, on avait du mal à s'habituer à la semi-obscurité qui régnait sur le parquet. Quand l'œil s'était accoutumé, on distinguait, dans la salle encore à moitié pleine, quelques couples qui dansaient, surtout des filles entre elles. Les garçons se tenaient gauchement debout devant l'orchestre composé d'un accordéoniste, d'une batterie et d'un piano. Là, le tango et la marche régnaient en maître avec de temps en temps, pour être à la page, des danses à la mode comme la samba et le be-bop que ces campagnards ne savaient pas danser. Seuls quelques garçons et filles de la ville osaient s'essayer à ces danses. La valse restait à l'honneur, mais peu de garçons savaient la danser. On s'arrachait un bon valseur.

Les filles, assises sur les bancs autour de la piste, parlaient entre elles en attendant un cavalier.

Entre chaque danse, l'orchestre faisait une petite pause. Les filles et les garçons se séparaient et allaient rejoindre ceux de leur sexe, d'un côté les filles, de l'autre les garçons. Rares celles qui osaient rester près de leur cavalier, sauf si c'était leur fiancé.

Dès que l'orchestre attaquait une nouvelle danse, les garçons se précipitaient sur la fille de leur choix, se redressant fièrement si elle acceptait, ou s'en retournant l'air piteux si elle refusait.

La salle se remplissait peu à peu. Il régnait une chaleur de plus en plus grande, rendant les visages luisants et les aisselles des filles humides. Je me faufilais entre les couples. J'aurais aimé qu'un garçon me fasse danser, mais cela était exclu, j'étais trop petite. Pour me faire plaisir, une des filles avec qui j'étais venue me faisait faire un tour de piste, mais se lassait très vite. Dépitée, je sortais du bal et j'allais me promener dans les prés où étaient installées les baraques de l'assemblée, buvettes et stands de tir. Là, attablés devant de longues tables, des hommes buvaient du vin rouge ou de la bière en discutant de leurs affaires. Quelquefois l'un d'eux m'appelait en disant :

« Tiens, mais c'est la petite à la Lucie, viens donc boire une limonade. »

C'était souvent un ancien amoureux de Lucie qui m'interpellait ainsi. Il se mettait alors à parler d'elle et, comme tous ceux qui étaient là, la connaissait aussi et souvent l'aimait ou l'avait aimée, ils écoutaient en hochant la tête.

« La Lucie, ça c'était une belle fille et une bonne femme. L'Alexandre, il a eu de la chance, le bougre. Une femme pareille, c'est pas souvent, vingt dieux, qu'on en rencontre ! Intelligente en plus, elle lisait au moins un livre par jour, vous vous rendez compte. Mais, attention, son travail, il en souffrait pas, première levée, dernière couchée. Et au lit, une « sacrée femelle », sûrement. Ah, si elle avait voulu... mais son Alexandre, elle l'avait dans la peau. Le sacré veinard. »

Les autres renchérissaient. J'aimais bien les entendre parler ainsi de Lucie.

Plus tard, moi aussi, je suis venue danser sur les parquets. Mais j'étais devenue une petite sotte de la ville, me moquant des garçons rougeauds et maladroits et des filles que je trouvais niaises et mal habillées.

Plus tard, bien plus tard encore, je suis revenue danser sur les parquets. Beaucoup de choses avaient changé. D'abord l'orchestre. Il était loin le temps où deux ou trois pauvres musiciens, jouant souvent faux, s'évertuaient à faire danser les filles et les garçons. Aujourd'hui, une dizaine de musiciens aux instruments sophistiqués, à la sono éclatante, entraînent les danseurs dans un rythme effréné ou langoureux. Je préfère les danses langoureuses.

Au début, les garçons sont intimidés ; je ne suis pas d'ici. Enfin, un se décide et je me retrouve dans les bras d'un garçon sentant la savonnette et l'eau de Cologne bon marché. Il s'enhardit peu à peu et me serre contre lui. Ne sentant pas d'opposition, il accentue sa pression. Je me laisse aller, tout au plaisir de sentir un corps d'homme contre moi. Je sens son sexe se dresser. J'aime cet hommage. Je me frotte un peu contre lui. Les plus hardis de mes cavaliers m'embrassent dans le cou et cherchent très vite mes lèvres. Si le garçon me plaît, j'accepte le baiser, sinon, je le repousse en riant.

Nous sortons prendre un verre. Le garçon, pour bien montrer sa bonne fortune, me tient par la taille. Nous buvons en nous regardant. Je cherche à deviner s'il fait bien l'amour, si sa queue est telle que je les aime, longue, dure et forte. Je prends sa main d'homme des champs. Ce sont les mains que je préfère. J'aime leur rugosité sur mes seins et sur mes fesses. Nous retournons danser et s'il me plaît vraiment, s'il sait maintenir mon désir, je le suis dans les bois ou dans les champs.

J'aime faire l'amour les nuits chaudes d'été, dans la nature à la lueur des étoiles. Je m'allonge dans l'herbe ou sur la mousse, je tends les bras, j'ouvre mes jambes et je fais don au ciel de mon cri de plaisir.

Blanche me traitait volontiers de garçon manqué avec, semblait-il, un soupçon de fierté. Il est vrai que mon comportement ne ressemblait guère à celui des autres fillettes de mon âge. Certes, je jouais à la poupée, à la marchande et à la dînette avec plaisir, cependant mes jeux favoris étaient des jeux « de garçons » auxquels je me livrais avec une violence qui laissait ceux-ci loin derrière moi.

Durant tout le temps où nous vécûmes à Limoges, je fus le chef incontesté d'une petite bande surtout composée de garçons. Ils m'avaient acceptée pour mon audace à escalader les murs du jardin, à sauter de très haut, à aller loin dans les abris à moitié effondrés, pour mon culot avec les gardiens du jardin que je rendais véritablement enragés, pour la facilité avec laquelle je me battais et aussi, il faut le dire, pour mon charme. Après m'être battue comme un voyou, je redevenais avec les garçons de la bande douce, fragile, coquette. Aucun ne me résistait. Le plus vieux d'entre nous, François, qui avait bien treize ans, était mon amoureux déclaré et mon second. Sachant mon amour des livres, il en volait dans les librairies de la ville pour me les offrir. Il alla même jusqu'à me prêter ses « Signes de piste », ce qui était me reconnaître comme étant digne de lire des livres réservés aux garçons. Allongés à plat ventre de chaque côté d'un banc, nous nous plongions avec délices dans les aventures du prince Éric. Je rêvais de rencontrer ce prince, beau et généreux. Je lançais des regards de côté à François. Il ressemblait au héros de Serge Dallens. Si mon aptitude à me battre était très appréciée des gamins du jardin d'Orsay, il n'en était pas de même de Mlle Berthe, la directrice de l'école Sainte-Philomène où nous allions, ma sœur et moi.

Il y avait dans ma classe une grosse fille qui comme moi aimait les bagarres. Nous ne pouvions pas nous supporter et à chaque récréation, nous essayions de nous donner des coups de pied, de nous tirer les cheveux ou de nous pincer. Les institutrices, sachant cela, s'arrangeaient pour avoir constamment l'une de nous près d'elles. Malgré cela, elles n'évitaient pas toujours les heurts. Comme nous étions sans cesse punies à cause de ça, nous décidâmes un jour d'un commun accord que nous réglerions nos comptes en dehors de l'école. Ainsi fut fait. Pendant près d'une semaine, il n'y eut pas de jour où nous ne rentrâmes chez nous sans un tablier déchiré, une manche arrachée, le visage griffé, des cheveux emmêlés. Nos mères se plaignirent à la directrice. Mais que faire, sinon nous changer d'école. Il n'en était pas question. Nous fûmes avec nos mères convoquées dans le bureau de Mlle Berthe et, là, on nous ordonna de faire la paix sous peine de terribles sanctions pour l'amour de Jésus et de la Vierge Marie. Nous dûmes nous embrasser sous l'œil attentif et sévère de Mlle Berthe. Nous la redoutions tellement que nous tînmes notre promesse. Mais il fallut qu'elle fût scellée par le sang pour qu'elle devînt effective.

Un jeudi matin du mois de mai, dans les allées du jardin d'Orsay, je promenais ma poupée dans son landau. J'étais dans un de mes rares jours de douceur. Je parlais à mon bébé, je le prenais dans mes bras, lui donnant un biberon imaginaire. J'étais une petite maman parfaite. J'aperçus Geneviève, qui venait vers moi en sautant à cloche-pied. Forte de notre promesse, j'allais vers elle, poussant la voiture et tenant ma poupée dans mes bras, comme j'avais vu faire de vraies mères. Je lui souris. Elle se mit à ricaner en me regardant fixement avec ses yeux très noirs :

« Tu as l'air maligne de jouer encore à la poupée. »

Je haussai les épaules sans répondre en continuant à avancer.

« Oh ! qu'elle est bête. Oh ! qu'elle est bête. »

Je marchais très raide, les larmes aux yeux. Ah, si je n'avais pas fait cette promesse ! Je décidai de quitter le jardin, j'allai vers la sortie, elle me suivit et tout d'un coup, donna un coup de pied dans ma voiture. Je poussai un cri de rage, jetai ma poupée par terre et me précipitai sur elle. Je l'agrippai par les cheveux, lui bourrant les jambes de coups de pied, cherchant à lui mordre le nez. J'étais dans une telle colère que je ne sentais pas ses coups. Nous roulâmes sur une pelouse en pente. A travers les grilles, les passants nous observaient en riant. Je l'avais prise à la gorge et je lui cognais la tête sur le sol. Elle parvint à m'échapper, je la rattrapai devant l'escalier, je l'empoignai à nouveau par les cheveux. Maintenant elle pleurait, elle me demandait pardon, disant que j'avais gagné. Je n'entendais plus, je voulais la tuer. Pourquoi m'avait-elle attaquée, pourquoi n'avait-elle pas respecté sa promesse ? D'une brusque poussée, je la jetai dans l'escalier. Je la vis rebondir sur les marches de pierre en criant. Elle resta sur la dernière marche sans mouvement.

Sans le moindre regret, je me détournai. De l'autre côté de la grille, Mlle Jeanne me regardait avec horreur, je soutins son regard. Prenant ma poupée et mon landau, je partis sans un regard à la malheureuse Geneviève, que l'on relevait. Je rentrai à la maison comme si rien ne s'était passé. Je racontai n'importe quoi à maman pour expliquer l'état de mes vêtements. Blasée, elle n'essaya pas d'en savoir davantage.

Le lendemain, je fus à nouveau convoquée dans le bureau de Mlle Berthe. J'y allai sans peur, indifférente. Les parents de Geneviève étaient là. Son père fit un mouvement vers moi comme pour me gifler, sa femme le retint.

« Cette petite est un monstre, elle a failli tuer ma fille. Elle est au lit pour au moins quinze jours. Cette enfant mérite la maison de redressement. Et regardez-la, en plus elle sourit. »

Ce devait être vrai, tant j'étais contente à l'idée de ne plus voir cette sale fille. Pour une fois, Mlle Berthe me parla doucement pour me demander ce qui s'était passé. Je racontai les faits. Les parents ne voulaient pas me croire, mais Mlle Jeanne, qui nous regardait depuis un moment avant que n'éclatât la guerre, confirma mes dires. Je lui en fus très reconnaissante et de ce fait m'appliquai de mon mieux, par la suite, à la satisfaire par mon travail. Mlle Berthe me renvoya en classe. Les élèves étaient déjà au courant et me regardaient d'une manière craintive, disant que j'avais voulu tuer Geneviève. Aux récréations, personne ne voulut jouer à la marelle ou à la balle avec moi. Telle était la consigne : ne pas lui parler, ne pas jouer avec elle. J'éprouvai une grande peine. J'allai m'enfermer dans les cabinets où je pleurai tout le temps que dura la récréation. Les yeux rouges, je regagnai ma place dans les rangs.

Dans la classe, on me fit changer de pupitre. Je m'installai avec mes affaires, seule, au dernier rang. Je devais y rester jusqu'aux grandes vacances.

Quand Geneviève revint, elle fut très entourée par les enfants. Elle me lança un regard apeuré et plus jamais ne s'approcha de moi.

J'avais le cœur gros d'être ainsi exclue. Mlle Jeanne essaya d'adoucir ma punition mais n'osa pas trop me manifester de sympathie, de peur de s'attirer les reproches de Mlle Berthe.

Malgré mon affection pour elle, et mes efforts, je travaillai très mal cette année-là.

Ni les exhortations de Blanche ni les gronderies affectueuses de Lucie n'arrivaient à me corriger et à me faire ressembler à la petite fille de leurs rêves. Ni les punitions, ni les promesses de cadeaux si je « devenais plus gentille », ni les gifles ou les fessées, ne vinrent à bout de mon désir farouche d'indépendance et de liberté. Deux choses interdites aux petites filles, surtout à celles élevées par les servantes de Dieu, chez qui il n'était question que « d'abandon entre les mains du Seigneur », d'acceptation de Sa Volonté sans chercher à comprendre. Comment un enfant pouvait-il admettre qu'il fallait remercier Dieu en toutes circonstances, même et surtout si l'on était malheureux ? Partout où se portaient mes regards, mes pensées, je me heurtais à l'*obéissance*. OBÉIR était le mot clef de toute notre éducation. Je ne pouvais obéir sans comprendre. Je pense que si l'on avait fait appel à mon intelligence, si l'on avait tenté de m'expliquer le pourquoi de certaines règles sociales, sans doute en aurais-je observé volontiers quelques-unes. Mais vouloir par la force et l'autorité me faire admettre que l'on doit respecter ce que l'on méprise, ou aimer ce que l'on hait, c'était pour moi impossible.

Seule, Lucie arrivait à obtenir de moi certaines concessions, uniquement en faisant appel à mon bon sens, vertu dont nous n'étions dépourvues ni l'une ni l'autre. Mais, même à elle, je ne pouvais pas parler. Depuis le Noël des verges, j'étais empêchée de dire mes peines, mes doutes, mes peurs et mes joies aux adultes, comme aux enfants de mon âge d'ailleurs. Je gardais tout ça pour moi, vivant avec une impression d'étouffement, de solitude envahissante. Combien de fois ai-je voulu mourir étant enfant ? Je ne sais plus. Comprenait-elle, ma mère, les jours où elle m'arrachait de la fenêtre que j'enjambais au quatrième étage ? Quand elle m'appelait doucement, lors des promenades aux bords de lacs ou de rivières. Quand assise, sans mouvement, le regard fixé sur l'étendue liquide, j'avais comme un mouvement du corps pour m'y jeter ? Ou quand je revenais ruisselante de pluie, longtemps après l'heure où je devais rentrer à la maison ? Quand j'avais des crises de rire ou de larmes ? Que savait-elle de mon désespoir de me sentir si peu comprise, donc si peu aimée, qui me faisait me précipiter sous les troènes du jardin public, appelant la mort de toutes mes forces et avalant une herbe ressemblant à du cerfeuil que l'on m'avait dit être de la ciguë et qui ne me donnait même pas mal au ventre. Je me mourais du manque d'amour.

Ce fut la naissance de ma petite sœur qui brisa le fragile lien qui m'unissait à mes parents. Je détestai tout de suite ce bébé. N'avais-je pas vu maman pleurer tout le temps que son ventre était gros. Pourquoi ? Je n'en savais rien, mais je liais ces larmes à cette naissance. Au fur et à mesure que Chantal grandissait, je me mis à refuser les caresses de mes parents qui peu à peu cessèrent tout geste tendre envers moi, ce qui me désespéra et m'enferma plus profondément dans ma solitude. Jamais plus, ni eux ni moi ne pûmes retrouver les rapports tendres et confiants de la petite enfance.

L'amour ? C'est ce qui manque le plus aux enfants. Même les plus tendrement aimés ne le sont jamais assez. Une fois devenus grands ils chercheront, dans une interminable quête, à combler ce vide, sans jamais réussir à assouvir leur désir. D'où leur mal de vivre. Les grandes personnes peuvent composer, compenser, les enfants jamais. Tout ce qui leur arrive est immédiatement ressenti, même s'ils n'en montrent rien. Leur pouvoir de dissimulation concernant leurs émotions est immense et l'on découvre, quelquefois des années plus tard, la marque irrémédiable d'un geste, d'une parole. C'est trop tard, le mal est fait et rien ne peut l'effacer.

J'accumulais dans mon enfance de ces marques-là. J'en connais certaines, les autres, je les ai tellement bien enfouies que seule une psychanalyse pourrait les faire resurgir. A quoi bon ? Il faut vivre avec ses connaissances et ses ignorances. Tout le reste n'est que du temps perdu et une complaisance envers soi-même qui me fait horreur.

Je suis cependant souvent émue au souvenir de l'enfant que j'étais. Il aurait fallu si peu de chose pour éviter tant de souffrances intérieures. Mon avidité à vivre, à comprendre, à aimer, était telle que je vivais dans un état de vibration permanent. Je sentais que les hommes m'aimeraient mieux, qu'ils sauraient mieux comprendre ce besoin de caresses, d'amour. Que d'eux me viendraient des révélations. D'abord, ils jouaient avec leur sexe, je n'avais jamais vu de femme en faire autant ; ils me le montraient, ils me le faisaient toucher, et cela me plaisait bien et me faisait au ventre une crispation agréable. J'ai longtemps regretté que les lois, les morales, les mœurs, interdisent les rapports sexuels entre les petites filles et les hommes. Je suis sûre que l'enfance se passerait mieux, sans les angoisses liées à la puberté, si on faisait l'amour aux petites filles qui en ont manifestement le désir.

C'était mon cas. J'éprouvais tant de bonheur quand un homme me prenait sur ses genoux, oncle, cousin, ami ; j'aurais pu rester de longues heures ainsi, toute à l'attentif plaisir de sentir la chaleur de l'autre me pénétrer. Mais trop vite, l'oncle, le cousin ou l'ami, me posait à terre. J'essayais bien de m'accrocher à lui, mais il me repoussait en riant. J'ai observé que le chat Noiraud fait la même chose et que comme l'oncle, le cousin ou l'ami, nous le chassons. Peut-être, comme moi, a-t-il besoin de la chaleur de l'autre. Je ne chasserai plus le chat.

Malgré tout, mon besoin de contacts humains était tel que j'essayai à maintes reprises de m'intégrer à des groupements d'enfants, du patronage au scoutisme. Mais au bout de quelques mois ou de quelques jours j'abandonnais, déçue par le manque de rigueur morale (par exemple, si l'on me disait que le mensonge était considéré par le groupe comme une abomination, je me faisais un point d'honneur de ne pas mentir, et je ne comprenais pas que mes compagnes n'en fassent pas autant) et surtout, j'étais incapable de supporter une autorité, d'obéir à des personnes que je n'avais pas choisies et que je n'aimais pas. Si bien qu'au cours de promenades, de courts séjours au bord de la mer, je restais seule, jouant avec des galets, des coquillages, de la terre glaise ou des branches. Heureusement, il y avait les livres. Partout où j'allais, que ce soit pour une heure, un jour ou une semaine, je me cherchais une « maison ». Quelquefois, le creux d'un buisson faisait l'affaire, d'autres fois, le renfoncement d'un rocher. Si j'avais assez de temps, j'entreprenais la construction d'une cabane avec des branchages et de l'herbe. Quand j'avais trouvé l'endroit idéal, je me glissais dans mon refuge, bien cachée aux yeux des autres, et je passais de longues heures à lire ou à rêver. C'est chez Lucie que j'eus la « maison » la plus confortable et la mieux cachée.

Sous un très grand hangar où étaient entreposés de vieilles charrues, des charrettes, des tombereaux et différents outils nécessaires au travail des champs, j'avais découvert, derrière des tas de fagots, de longues et lisses planches de bois. Au prix d'énormes efforts, j'avais réussi à déplacer les fagots et à appuyer les planches les unes auprès des autres contre le mur, formant une sorte de toit. Une planche moins longue que les autres, posée sur deux pierres, faisait une table très convenable ; un escabeau à qui il manquait un pied, remplacé par une branche solide, un très bon siège ; de vieilles couvertures, dérobées au grenier, me servaient de lit et des sacs de pommes de terre de tapis, une vieille carpette de portière et une ou deux bougies étaient fichées dans des bouteilles posées sur ma table où s'alignaient mes livres préférés. Un vase ébréché contenant des fleurs des champs, ma poupée sur le lit, me faisaient là un foyer doux, et confortable. J'avais remplacé les fagots dissimulant ainsi ma construction à tous les regards. Même Lucie mit plusieurs mois à découvrir ma retraite. J'y passais de longues heures, lisant, jouant à la poupée ou pleurant. Les longs après-midi de pluie, je dessinais, à la lueur des bougies. Je ne rentrais que quand l'humidité m'ayant pénétrée, je tremblais trop et que mes doigts me refusaient tout service.

« Mais où était cette enfant », disait Lucie en me poussant vers la cheminée.

En dehors de la ferme de Lucie, cette maison était la seule où je me sentais chez moi. Aucun des appartements, meublés ou non, où j'ai passé mon enfance ne m'a donné l'impression de sécurité, que me donnaient ces quelques planches inclinées au-dessus de ma tête.

Lucie se contenta de rire et de hausser les épaules quand elle découvrit ma cabane ; ce n'était pas grave, je ris aussi. Mais elle en parla à Lucienne, à mes cousines, à mes parents. Et les visites qu'ils me rendirent en se moquant « de mon palais », non seulement me blessèrent, mais me firent éprouver le sentiment d'une intolérable violation.

Leurs regards avaient abîmé, sali ma « maison ». Sitôt leur départ, armée d'une hache, je détruisis tout. Le bruit des coups attira Lucie qui m'arracha brutalement l'instrument tranchant. Elle me prit dans ses bras, m'éloigna d'elle en me tenant par les épaules et me regarda, me semblait-il, comme si elle me voyait pour la première fois :

« Pourquoi, petite, pourquoi ? »

Une brusque bouffée de haine m'enveloppa. J'avais envie de la casser elle aussi avec la hache. Pourquoi avait-elle parlé ? Elle, elle pouvait savoir, elle pouvait venir me voir car je croyais qu'elle comprenait mieux que les autres puisqu'elle était la seule à lire des livres. Ce lien était donc faux. Même la complicité par les livres n'existait pas ! Ne cherchait-elle pas refuge, elle aussi, dans certains creux du rocher, sous le couvert d'un bois particulièrement touffu ? Jamais je ne l'avais dérangée, jamais je n'en avais parlé. Je trouvais normal qu'elle s'isole avec ou sans une lecture. Pourquoi ne m'avait-elle pas sentie comme elle ? Je me sauvais en larmes. Pour me consoler, le soir, au dîner, elle m'avait fait des beignets aux pommes dont j'étais particulièrement friande. Je refusai d'en manger.

« Jamais contente », bougonna Lucienne en agitant ses casseroles.

Lucie lui fit signe de se taire. Je grimpai dans le grand lit sans dire bonsoir. Très vite, Lucie me rejoignit. Malgré ma résistance, elle m'attira contre elle :

« Elle n'était pas très belle, ta maison, tu sais, petite ? Tu connais la vieille cabane à outils au fond du jardin, celle près du grand cerisier ? Eh bien, je vais te la faire arranger. J'y mettrai une vraie table, une chaise et je te prêterai une lampe à pétrole. Ça, c'est une vraie maison. »

Je n'eus pas le courage de lui dire que ma cabane détruite n'était peut-être pas une vraie maison, mais que c'était celle que j'avais choisie, construite et que déjà le souvenir l'embellissait. Je savais pourtant que ce qu'elle me proposait là était de sa part un important cadeau. Ni elle, ni aucun de ses enfants n'avaient possédé, étant petits, « leur » maison.

Aménager la cahute du jardin en maison de poupée, en quelque sorte, était tout à fait contraire à l'esprit qui régnait à la ferme où tout, des objets aux personnes, n'existait qu'en fonction de l'utilité ou du travail. Transformer une cabane à outils en salle de jeux ne pouvait être considéré par les gens de la campagne que comme une chose folle et ridicule.

Lucie tint bon ; elle m'aménagea ma maison, y ajoutant un très joli verre gravé à mon prénom. Ce cadeau m'enchanta.

Mais je n'arrivais pas à me sentir à l'aise dans ma nouvelle maison. Elle était trop en vue et suscitait trop de curiosité. Le village entier me rendit visite en me félicitant. Heureusement, la rentrée des classes approchait ; une nouvelle fois, mes parents déménageaient et nous serions trop éloignés pour rendre visite à Lucie aussi souvent qu'auparavant. C'était la première fois que j'étais heureuse de la quitter. Par la suite, nos rapports devinrent moins affectueux, plus critiques de ma part, plus durs de la sienne. J'abordais un âge qui n'était plus celui de l'enfance, pas encore vraiment celui de l'adolescence. Cette grande fillette, vêtue de robes claires, aux cheveux roux trop frisés, tour à tour trop silencieuse ou trop exubérante, se frottant comme une chatte en chaleur aux hommes et aux garçons, dévalisant le potager et le verger, jouant avec les lapereaux ou les poussins, ce qui faisait pousser à Lucienne de grands cris, rôdant des heures durant dans les chemins creux à la recherche d'on ne savait quel rêve, se baignant nue dans le lavoir, et nue toujours se couchant au soleil, tout cela l'irritait. Elle ne comprenait plus. Elle boudait comme une enfant, j'avais l'impression qu'elle était jalouse et qu'elle ne voulait plus jouer avec moi. Je grandissais trop vite. C'est l'enfant qu'elle aimait, pas la fille. Les livres restèrent notre seul lien. Plus tard, je lui en apportai. Cela lui faisait très plaisir, bien quelle regrettât les anciens romans, disant que ces écrivains « modernes » ne savaient plus écrire ni raconter des histoires. C'était sans doute vrai.

Nous ne nous parlions jamais de nos lectures autrement que par un « tu devrais lire ». Cela changeait du dirigisme des autres grandes personnes. J'aimais cette liberté, cette tolérance face aux livres que pendant longtemps je n'ai rencontrées que chez elle. Blanche, mes parents, les professeurs, aimaient et conseillaient les lectures « utilitaires », celles qui « servent à quelque chose » et ne faisaient pas « perdre du temps ». Lucie aimait le romanesque ; comme enfant elle avait aimé les contes de fées, ces livres érotiques des petits enfants que maintenant on leur conteste.

Je tiens de Lucie mon goût pour les longues marches sous la pluie. A quoi cherchait-elle à échapper quand s'enveloppant d'un long châle, sabots aux pieds et parapluie noir en main, elle partait par les chemins détrempés, coupant parfois à travers champs, escaladant un muret, s'asseyant quelques instants sous un gros arbre, presque cachée par le grand parapluie, les bras entourant ses genoux, le regard vague. Je l'ai suivie quelquefois. Se doutait-elle de ma présence ? En tout cas, elle n'en faisait rien paraître. Par quelle bizarre appréhension n'osais-je pas m'approcher d'elle, me mettre à l'abri sous le grand parapluie, lui tenir la main ? Assez vite, j'abandonnais ma poursuite, grelottante dans mes vêtements alourdis par l'eau, les boucles de mes cheveux raidies, les lèvres bleues et le bout des doigts fripés.

Lucienne m'accueillait à grands cris, me déshabillait, me frictionnait vigoureusement et me mettait, enveloppée dans une couverture, dans le fauteuil de paille, devant la cheminé. Elle me faisait boire du lait chaud parfumé de quelques gouttes de rhum. Quand, longtemps après, Lucie rentrait, Lucienne me désignait de la main en bougonnant. Je distinguais le mot « folle ». Qui était folle, Lucie ou moi ? Lucie s'approchait de moi, un sourire triste et las aux lèvres, elle me regardait pensivement. Ces jours-là, ses gestes étaient plus lents comme si la pluie qui ralentit toute chose l'avait atteinte dans ses mouvements. C'était comme l'image d'un film projeté au ralenti. Je voyais sa main grossir jusqu'à mon visage et disparaître le long de ma joue. La main était glacée. Je la prenais entre les miennes et tentais de la réchauffer. Elle s'asseyait alors à mes pieds, sa main restant dans la mienne, devant l'âtre, en fredonnant un air qui ressemblait à une berceuse. Lucienne qui manipulait toujours les instruments de cuisine avec bruit, faisait ces jours-là plus de bruit que jamais comme pour manifester sa réprobation. Elle tendait à Lucie un bol de lait au rhum. Lucie le buvait à petits coups, elle le lapait plutôt, tant sa manière de boire m'évoquait le chat Noiraud. Un peu de couleur revenait à ses joues pâles, elle retirait son châle qui commençait à fumer. La pièce était pleine de buée, le sol boueux. La nuit tombait. On n'entendait que les bruits de la pluie, du feu et des casseroles de Lucienne.

Ces soirs-là, je n'étais qu'attente. De quoi, je n'en sais rien. J'attendais, c'est tout.

Lucie se relevait en se tenant les reins, traversait la pièce et, ouvrant la porte de son armoire, prenait un des deux livres qui s'y trouvaient toujours en permanence : *Les Méditations* de Lamartine et *Les Contemplations* de Victor Hugo. Elle revenait s'asseoir près de moi et lisait les vers à haute voix. Les mots merveilleux apportaient la paix, une douceur étrange m'envahissait, tout faisait silence, même Lucienne.

La beauté de ce souvenir, si fort encore en moi, m'envahit de regrets : être encore auprès de Lucie près d'un feu de cheminée, la pluie et la nuit à la porte, la maison chaude et accueillante et cette voix, modulant les mots des poètes.

« O temps, suspends ton vol.

« Laisse-nous savourer les trop brèves délices des plus beaux de nos jours... »

Oh ! Lucie...

J'ai redécouvert Lamartine, l'année dernière, en me promenant sur les quais avec ma fille. C'était dans la même édition que celle de Lucie. Je l'ai achetée, émue, et, tout en marchant, je lisais des vers à Camille. Les mots, toujours les mots, m'envahissaient, me débordaient, l'enfant me tirait par mon manteau, me guidant parmi les passants, heureuse de ce nouveau jeu, l'accentuant même en me faisant tourner autour des platanes du quai. Je voulais lui communiquer mon émotion, c'est son rire qui me répondait.

Mon goût de la marche sous la pluie est un peu différent de celui de Lucie, mais uniquement parce qu'elle habitait la campagne et moi la ville. Il m'arrive, comme elle, de marcher des heures durant, abritée moi aussi par un grand parapluie noir. J'erre sans but, d'une rue à une place, d'un jardin à un cimetière, d'un pont sur la Seine à un pont sous le métro. Mes haltes sont de pauvres cafés où je demande des grogs ou du chocolat chaud. Je me détends sur les banquettes de moleskine, engourdie peu à peu par la chaleur et les bruits du café. La pluie ruisselle le long de la vitrine et crépite lourdement sur le trottoir. « Oh, le bruit de la pluie par terre et sur les toits ! » Même à Paris, on entend le bruit de la pluie. Des bribes de poèmes me reviennent à l'esprit, pas toujours les meilleurs, qu'importe. La poésie est là, dans ce café, dans le reflet d'un feu rouge dans une flaque d'eau. Je marche silhouette noire dans la nuit qui descend. La ville devient peu à peu silencieuse. La nuit, à Paris, quand il pleut, les rues sont presque désertes. Elles m'appartiennent. Et je me faufile sur les traces de Restif, de Gérard de Nerval, de Breton, d'Aragon, d'André Hardellet, de tous ces piétons de Paris, qui, comme tous les amoureux, recherchent l'ombre pour mieux communiquer avec la ville aimée.

Quand un de ces amoureux en rencontre un autre, ils s'évitent d'un commun accord. Leur passion est trop haute, pour supporter le moindre partage. En effet, partage-t-on un coucher de soleil sur la Seine quand le Louvre, devenu rose, rivalise de beauté avec la coupole de verre du Grand-Palais, ou que le Pont-Neuf n'est qu'une subtile harmonie de gris, ou que Saint-Eustache semble vouloir s'envoler au-dessus du trou des Halles ?

Dans ces déambulations solitaires, il m'arrive de croiser une silhouette qui m'évoque irrésistiblement celle de Lucie ou celle de Blanche. Leurs fantômes m'accompagnent, nous devisons du temps passé, je redeviens l'enfant à l'affût de leurs gestes, de leurs mots. Le fantôme de Blanche frissonne quand nous marchons le long du canal Saint-Martin, je sens sa main qui me retient, qui me tire loin de l'eau noire et attirante. Elle préfère m'entraîner vers la place. En regardant les enfants jouer, elle me parle des pauvres jeux de son enfance.

C'est le long des quais, dans les petites rues montantes de Montmartre, que je rencontre le plus souvent le fantôme de Lucie. Je le sens penché par-dessus mon épaule quand je fouille les boîtes des bouquinistes. Je sens son impatience si je m'attarde trop longtemps à une boîte qui ne l'intéresse pas.

Au petit bal de la place du Tertre, son pied bat la mesure près du mien et je vois passer le fantôme roux et léger emporté par une valse dans le tourbillon de sa robe noire.

Plus le temps passe, plus je sens Blanche et Lucie près de moi. On dit, dans mon Poitou, que quand on pense souvent à ceux qui sont morts c'est qu'ils vous appellent. Le temps serait-il venu de les retrouver ? Je ne le crois pas, trop de choses restent à connaître, trop de livres à lire, trop d'hommes à aimer, d'enfants à naître et à bercer.

La mort est tentante quand le cœur et le corps sont las. Mais la vie est si bonne. Lucie m'a donné son appétit de vivre avec ardeur et mélancolie, avec Blanche j'ai appris à regarder le temps couler sans impatience et sans regrets.

L'équilibre est maintenu entre le désir de vivre et celui de mourir.

Blanche, Lucie, mes belles, mes aimées, j'ai envie de vous revoir.

Nous attendrons encore un peu.

LE CAHIER VOLÉ

A mes parents,
à M...,
au temps qui passe.

« Tu verras cet été-là ne sera pas comme les autres. »

Qui disait cela tout à l'heure à la récréation ? La grosse Marie-Josèphe ou la petite Marie-Thé, les deux inséparables ? J'ai souri, car les étés dans ce coin du Poitou, quand on a quinze ans, se ressemblent tous : baignades, pique-niques, bals dans les assemblées sous le regard des parents ou des sœurs aînées, travaux des champs pour celles qui vivent à la campagne, le cinéma une fois par semaine où les films les plus récents ont cinq ou six ans. Même chose pour le programme d'actualités, ce qui provoque immanquablement les rires de la salle, qui découvre ainsi les incohérences de ceux qui nous gouvernent et la relativité des choses humaines, plus deux ou trois visites à la ville la plus proche, Poitiers ou Limoges, et, pour les plus favorisées, un séjour à la mer ou à la montagne.

Sœur Saint-André n'en finit pas de s'embrouiller dans son cours de morale chrétienne, mélangeant sans vergogne saint Augustin et la « petite Thérèse de Lisieux », le quiétisme et le jansénisme. Et allez-y pour les considérations creuses, sur l'amour de Dieu, celui du prochain, sur la soumission à la volonté divine ! La pauvre, elle me fait de la peine ; si j'étais plus en forme, je lui parlerais de l'idée de

Dieu et de ce qui en découle. A quoi bon. Encore une fois, je serais mise à la porte du cours pour insolence. Je préfère continuer à rêvasser, enveloppée par un rayon de soleil qui m'alanguit.

La poussière danse et scintille dans mon rayon de soleil, elle semble obéir à une musique imperceptible à nos oreilles humaines. Une mouche à son tour s'est mise à voleter dans le rayon ; elle semble devenue folle, montant, descendant, dans la raie lumineuse, comme entraînée par un rythme infernal. Une autre la rejoint. Elles se livrent à un ballet aux figures compliquées.

« Mademoiselle Léone, si cela ne vous intéresse pas, je peux passer à autre chose ! »

Je sursaute à la voix sèche de notre professeur. Je dois avoir l'air terriblement ailleurs car toute la classe se met à rire.

« Silence, mesdemoiselles. Si Mlle Léone est réveillée et si elle le permet, je reprends.

« Dieu est amour, les épreuves qu'il nous envoie sont une preuve de sa sollicitude… accepter… se soumettre… divine providence… Prions, mes enfants. »

Ouf ! c'est fini ! Je soulève le dessus de mon bureau pour ranger livres et cahiers.

« Il y a Jean-Claude qui te cherche », me souffle Joëlle, ma voisine, la tête enfouie sous son pupitre.

Je rougis de honte et de plaisir mêlés. Cela fait plusieurs jours que je l'évite. Pour deux raisons : j'ai peur que Mélie apprenne que je le vois, qu'elle me fasse une scène et se mette à pleurer. J'ai horreur de lui faire de la peine et les scènes me mettent en colère. L'autre raison, peut-être la plus réelle, mais on m'arracherait la langue plutôt que de le faire reconnaître, c'est quand Jean-Claude m'embrasse, j'ai envie d'être nue contre lui, d'être caressée et embrassée sur tout le corps. Il est tendre et maladroit, doux et brutal, timide et entreprenant. Il sait que je n'ai jamais fait l'amour avec un garçon, cela l'excite et lui fait peur. De plus, je lui ai dit que c'est de Mélie dont j'étais amoureuse et non de lui. Il n'a fait qu'en rire, disant que les amours de filles ce n'était pas sérieux, que je pouvais aimer Mélie tant que je le voudrais, du moment qu'il pouvait continuer à flirter avec moi.

« Imbécile, tu ne comprends pas ? Je l'A.I.M.E. »

Je l'ai haï pour son éclat de rire. Depuis, je ne l'ai pas revu.

Nous sortons dans la cour dans un brouhaha enfantin. L'approche des vacances rend les sœurs indulgentes. Elles frappent dans leurs mains, nous nous mettons en rang et sortons de l'école presque dignement.

Les rues de la petite ville s'animent d'un seul coup et deviennent, l'espace de quelques instants, l'univers des enfants et des adolescents. Les adultes ont disparu, comme niés par tant de jeunesse.

Joëlle s'accroche à moi, essayant d'avoir des renseignements sur mes amours, qu'elle pourra commenter avec Maguy, sa meilleure amie. Elle m'agace, je n'aime pas les questions, surtout sur ce sujet. Elle insiste, je vais la repousser brutalement quand elle m'arrête en me prenant le bras :

« Regarde, il est là sur le trottoir d'en face. Dis ! il est plutôt beau garçon. »

C'est vrai qu'il n'est pas mal, mais ce n'est pas une raison pour que je réponde à son signe de venir le rejoindre, sous l'œil goguenard de mes petites camarades.

« Mais vas-y, vas-y donc », insiste Joëlle.

Je lui donne un violent coup de pied, ce qui la fait taire et sautiller sur place en se frottant le tibia.

« Tu es complètement folle ! Vos histoires, je m'en fous, c'était pour te rendre service. »

Me rendre service… Elle me prend vraiment pour une gourde. Depuis quatre ans que je suis à l'institution Saint-M., je n'ai aucune amie, du moins pas une à qui je donne ce nom ; j'ai des camarades avec lesquelles j'échange fous rires et bêtises, devoirs ou images, mais des confidences, jamais. Cela m'a manqué quelquefois, mais n'en trouvant aucune digne de mes secrets, j'ai préféré continuer à les confier à mes poupées, aux arbres, à l'eau qui coule, au vent qui passe, à Dieu même, plutôt qu'à quelqu'un en qui je n'aurais pas confiance.

Bien sûr, il y a Mélie. A elle, je pourrais sans doute tout dire ; m'aimant, elle me comprendrait, consolerait mes peines et rirait de mes joies. Cependant, je ne parviens pas à lui dire ce que je ressens, ce que je pense vraiment. Je me méfie, comme redoutant la trahison. Et pourtant je l'aime, ça, j'en suis sûre, c'est même la seule certitude que j'ai. Elle m'aime aussi, nous devrions nous abandonner l'une à l'autre totalement. Pourtant, je n'y arrive pas.

Jean-Claude marche sur le trottoir opposé en me regardant d'un air triste et songeur, pour un peu, il m'attendrirait.

Devant le marchand de journaux, Joëlle et ses compagnes me quittent. Je continue pour aller chez Mélie. Me voyant seule, Jean-Claude a traversé. J'accélère le pas mais il me rattrape.

« Pourquoi te sauves-tu ? Je m'ennuie de toi. Samedi, il y a un bal à la Trimouille avec un bon orchestre, veux-tu venir avec moi ?

— Je ne peux pas, je vais danser au casino de La Roche-Posay. »

C'est un demi-mensonge. C'est le dimanche après-midi que nous y allons Mélie et moi avec ses parents. Pendant que ceux-ci jouent au baccara, nous dansons, mangeons des petits fours ou courons dans le parc comme des gamines que nous sommes. Il n'est pas rare que ce soit rouges, essoufflées, décoiffées, les robes tachées du vert de l'herbe où nous nous sommes roulées et quelquefois aimées, que les parents de Mélie nous retrouvent après nous avoir cherchées dans tout le casino que nous connaissons comme notre poche ou dans les coins les plus reculés du parc.

Nous nous faisons gronder pour la forme. Au retour,

nous nous endormons souvent l'une contre l'autre dans la grosse voiture qui nous berce.

« Laisse-moi, je te verrai ce soir après dîner, viens me chercher à la maison. »

Il s'en va en fredonnant, tout ragaillardi.

J'arrive en courant devant la maison de Mélie, elle bavarde avec un professeur, Mme B... Je n'ose pas l'embrasser devant elle. Mme B... passe la main dans mes cheveux, les ébouriffant comme on fait à la tête d'un gros chien poilu, pour lui dire qu'on l'aime bien. J'ai toujours su que Mme B... m'aimait bien, mais ma timidité, la sienne peut-être, nous ont empêchées de nous dire notre mutuelle attirance.

« Quels beaux cheveux tu as, Léone. Comment se termine ton année scolaire ? »

Devant ma moue, elle éclate d'un rire jeune et gai.

« C'est bien ce que je pensais. Mélie non plus, ce n'est guère brillant. Si vous vous voyiez moins, vous travailleriez sans doute mieux. »

Nous baissons la tête en rougissant, gênées, comme devant n'importe quel professeur. Elle a senti notre embarras et sa maladresse.

« Je plaisantais, c'est important à votre âge d'avoir une amie. Vous ferez mieux l'année prochaine. »

Elle nous quitte en nous faisant un petit signe de la main.

Je prends Mélie par l'épaule. Elle pousse la barrière blanche et rouge du jardin, pose son cartable sur les marches de la cuisine et m'entraîne dans sa chambre. Là nous nous étreignons de toutes nos forces, à nous faire mal, c'est à laquelle serrera l'autre le plus fort. C'est elle qui cède.

« Arrête, tu me fais mal. »

Je la lâche et nous roulons sur le lit en riant aux éclats. Nous restons quelques instants sans bouger. Mélie prend appui sur son coude et me regarde, ses minces yeux bleus deviennent de plus en plus brillants, presque durs. Je connais ce regard. Sous lui, je respire plus vite, mes bras et mes jambes me font presque mal, ma bouche se dessèche, mon ventre se durcit. J'attire son visage à moi et je le lèche à petits coups, d'abord les yeux, le nez, la bouche, je lui mordille les oreilles, le creux si tendre du cou. Elle déboutonne mon chemisier, remonte mon soutien-gorge et me tète les seins, allant de l'un à l'autre, avec une dextérité qui me fait gémir.

Nous devons cependant nous séparer car la demie de midi sonne au clocher de Notre-Dame. Je vais encore être en retard pour le déjeuner, ce qui me vaudra, de la part de maman ou de grand-mère, des reproches que je juge excessifs.

Nous nous quittons sur un dernier baiser mouillé.

J'ai couru tellement vite que je suis arrivée au moment où la famille allait passer à table.

Jean-Claude est à l'heure au rendez-vous. La soirée est si douce que je néglige de prendre un gilet comme me le conseille maman.

« Ne rentre pas trop tard », me dit-elle, avec un regard que je trouve complice, donc déplacé de sa part.

« Si nous allions dans les petits chemins, près de l'étang du père Néchaud ? »

Je hausse les épaules, cela m'est bien égal. Tout ce que je lui demande c'est de ne pas trop parler, de ne pas troubler le silence de la nuit qui vient, d'être attentif aux odeurs qui montent de la terre, au vol aigu des hirondelles et à celui soyeux et agaçant des premières chauves-souris. Il fait encore très clair, mais tout autour de nous s'apprête au sommeil et pour quelques-uns, les nocturnes, les nuiteux, les amoureux de l'ombre, ce sont les préparatifs d'un sabbat auquel nous sommes conviés mais où peu d'entre nous iront, faute d'imagination.

La nuit à la campagne demande à l'homme de s'intégrer totalement dans son mouvement qui est lent et profond, de respirer au rythme de la terre, de percevoir aux frémissements des feuilles des peupliers les murmures changeants du vent, de reconnaître le cri de l'engoulevent et celui de la chouette, le cri de peur et de mort du mulot enlevé par le hibou. Cette nuit n'est que soupirs, murmures, feulements, frôlements, petits cris d'effroi ou de plaisir, lourds battements d'ailes des oiseaux de nuit, de temps à autre, l'aboiement lointain d'un chien dérangé dans son sommeil. Une vie étouffant ses bruits comme pour ne pas être dérangée prend possession de la nature jusqu'au petit matin où elle laissera la place à une autre vie, plus bruyante, plus affirmée, plus vulgaire, saluée par le chant du coq, imbécile et triomphant.

L'odeur entêtante du chèvrefeuille me donne un début de migraine. Nous marchons lentement, main dans la main. Il parle peu, je le sens ému, comme à l'approche de quelque chose de grave ou d'important. Sa timidité me gagne, car je sais à quoi il pense. Il m'entraîne à l'écart du chemin. Je sens à l'odeur de vase et de menthe que nous sommes près de l'étang. Il s'assied sur la mousse et m'attire auprès de lui. Je m'allonge, savourant l'élasticité de notre couche. Les arbres forment un ciel de lit mouvant et murmurant. Quel bien-être ! Ne plus bouger, attendre là la fin des temps, se laisser emporter par le murmure de l'eau et du vent qui se lève.

Je sens le souffle chaud de Jean-Claude sur mon visage, ses lèvres cherchent les miennes, sa langue se faufile entre mes dents. Je tente de le repousser, mais un long frisson de plaisir me rejette contre lui, je lui rends son baiser avec fougue et maladresse, j'ai envie de le mordre. Il se dégage en riant.

« Tu me fais mal, grande brute. Tu mérites bien ton surnom. »

Je me frotte contre lui comme un petit animal en chaleur. Je sens contre mon ventre son sexe durci. J'ai une envie folle de le toucher, de le prendre dans mes mains, mais je n'ose pas. Sa main se faufile sous ma robe, écarte l'élastique de ma culotte de coton blanc. Quand ses doigts atteignent la fente humide, je pousse un petit cri. Il s'arrête, craignant de m'avoir fait mal. Je secoue la tête en tendant mon ventre vers lui. Ses doigts deviennent de plus en plus habiles, ils m'arrachent des gémissements de bonheur. Il me mordille les seins, de plus en plus fort, il me fait mal, mais j'aime cette douleur qui envoie dans mon ventre une onde de plaisir. Très vite, il me fait jouir.

Je reste pantelante, collée à lui. Son sexe a perdu sa dureté, il me regarde avec dans le regard comme un brouillard.

« C'est malin », dit-il en glissant son mouchoir dans son pantalon.

Nous restons un long moment à respirer la nuit et à sentir nos corps détendus et heureux. Peu à peu, cependant, la fraîcheur de la terre nous envahit et c'est en frissonnant que nous nous relevons. Je regrette de n'avoir pas écouté maman et emporté mon gilet. Nous rentrons en marchant vite pour nous réchauffer.

« Je t'aime », me dit-il devant ma porte. Je lui envoie un baiser du bout des doigts.

Je monte directement dans ma chambre. Je fais une toilette sommaire, à moitié endormie. J'ai à peine atteint le fond de mon lit que je dors déjà.

Finie la peur au ventre pour les leçons non apprises, pour les devoirs bâclés. Finies les voix aigres des bonnes sœurs, les colles, les punitions, les camarades de classe, sentant l'école et la petite fille mal lavée ! Finis le froid des petits matins, la somnolence des débuts d'après-midi, le mal de dos causé par l'ennui, les doigts tachés d'encre, les crayons mordillés, les gommes perdues. Finies les récréations moroses, les prières sans croyance : c'est les vacances, les grandes vacances !

Ce soir, c'est fête. Il y a la retraite aux flambeaux à travers toute la ville et ensuite bal sur la place de la mairie. Mélie, Jean-Pierre, Michel et Francis, nous nous faisons une joie de participer à cette veillée révolutionnaire, car demain, la fête continue : feu d'artifice et bal place du Champs-de-Foire. Il faut profiter de toutes les occasions de se distraire, elles ne sont pas si fréquentes.

Dès la nuit tombée, derrière la fanfare, nous parcourons les rues de la ville haute à la ville basse. Il y a beaucoup de monde, les enfants portent des lampions multicolores, ceux qui n'en ont pas gambadent autour de la fanfare en frappant dans leurs mains. Mélie et moi nous nous tenons par la taille. Jean-Claude nous a rejoints avec un garçon que je ne connais pas et pour lequel j'éprouve immédiatement une violente antipathie. C'est un vieux, il a au moins dix-neuf ans.

« Je vous présente Alain, il passe ses vacances ici. »

Son regard a une telle dureté quand il nous regarde Mélie et moi que machinalement je m'éloigne d'elle.

Nous passons devant le café du Commerce, j'entraîne Mélie hors du défilé.

« Je suis fatiguée, si nous allions boire une limonade ? »

Les autres nous ont suivies.

« C'est moi qui invite, dit Jean-Claude, que voulez-vous boire ? »

Chacun ayant parlé de ses projets de vacances, la conversation languit et s'arrête. La présence d'Alain nous met mal à l'aise.

On entend au loin comme un air d'accordéon.

« Si nous allions danser ? » s'écrient ensemble Jean-Claude et Francis.

Cette proposition me réveille et c'est en sautillant que je me dirige vers le bal.

Il n'y a pas encore beaucoup de monde. Francis invite Mélie à danser, pendant que Jean-Claude m'entraîne dans ce qu'il croit être un tango langoureux. Il me marche sur les pieds, et moi, le tango, je n'aime pas ça, j'ai toujours une jambe qui ne suit pas. Nous arrivons à un compromis, nous faisons un surplace prudent. Il tente de m'embrasser dans le cou. Je surprends le regard douloureux de Mélie. Je le repousse.

« Tu n'étais pas comme ça l'autre soir, souviens-toi ? Si j'avais voulu… »

J'ai une forte envie de le gifler.

« L'autre soir, c'était l'autre soir, laisse-moi tranquille ou je m'en vais. »

Il se contente de me serrer plus fort contre lui avec un sourire fat. La danse se termine, les couples se séparent, je retrouve Mélie qui me regarde d'un air dur et inquisiteur. Je l'embrasse, ce qui semble la rassurer un peu.

« Allez, les filles, assez flirté, place aux hommes », dit

Alain en m'enlaçant pour une valse. Je tente de m'échapper, furieuse de ce que je qualifie d'une « audace incroyable », d'une « goujaterie sans nom ». Il se contente de rire et de me serrer à me faire mal. J'aime la valse, et il danse bien. Malgré moi, mon corps se détend et je me laisse peu à peu emporter par le plaisir de la danse. Les couples se sont arrêtés pour nous regarder, un cercle s'est formé autour de nous. Nous tournoyons de plus en plus vite. J'ai l'impression que mes pieds ne touchent plus le sol. Je lève mon visage vers lui, un sourire mince et méchant découvre ses dents, il me fait penser à certains chiens qui vous regardent vicieusement en retroussant les babines, prêts à mordre. Je sens mon corps se raidir à nouveau. Lui aussi l'a senti, car sa main remonte à ma nuque, la prend et m'oblige à redresser la tête. Oh, ce geste ! Je ne peux le supporter que de ceux que j'aime et qui m'aiment, car d'eux je ne crains rien, mais pas de ce garçon que je ne connais pas et qui me fait peur. Il tente de me soumettre, mais je résiste.

« Tu te débats inutilement. C'est la main des hommes que tu aimes et non celle des filles. Tout en toi appelle le mâle et tu le sais. Jean-Claude et tes petits copains sont trop bêtes et trop jeunes pour le comprendre. Tu es faite pour baiser comme d'autres sont faits pour être acrobates, parachutistes, mères de famille, bonnes sœurs ou curés, toi, tu es faite pour baiser comme une bonne petite pute que tu es. Tu sens comme je bande, petite salope ? »

Je me sens rougir, jamais personne ne m'a parlé comme ça. Mon cœur se met à battre très vite, la tête me tourne, j'ai peur, j'ai honte, je suis en colère et cependant mon corps se frotte contre la bosse dure. Son ricanement me ramène au réel.

« Petite garce, je ne m'étais pas trompé. »

Je m'arrache à lui au moment où la danse se termine et je me précipite rouge et les larmes aux yeux vers la petite bande. Ni Jean-Claude ni Mélie n'ont l'air content, mais ils ne disent rien.

« J'en ai marre, je veux rentrer. »

Ils tentent de me dissuader, puis, devant mon refus, me raccompagnent à la maison. Mélie a l'air malheureux quand je referme la porte.

Maman semble étonnée de me voir rentrer si tôt.

« Qu'as-tu ? Tu as l'air fatiguée. Tu as les yeux au milieu de la figure. La montagne te fera du bien. »

C'est vrai, j'avais oublié. Nous partons dans deux jours pour les Pyrénées rejoindre papa qui fait une cure. Quelle barbe ! Ce que l'on peut s'ennuyer dans les stations thermales ! J'ai bien essayé d'y échapper cette année, mais rien à faire, ils prétendent que c'est bon pour ma santé.

J'ai du mal à m'endormir. Je repense aux paroles d'Alain, j'en martèle mon oreiller de rage. Je m'en veux d'avoir été aussi transparente. C'est vrai que j'ai envie de faire l'amour avec un homme. Je ne sais pas très bien au juste comment ça se passe malgré ma curiosité et la lecture de Colette ou de Vernon Sullivan. Tout ce que je sais, c'est qu'un sexe d'homme rentrera dans le mien et que j'en ai terriblement envie. De cela je ne peux pas parler à Mélie qui y verrait une trahison. Mais je sens tellement que le plaisir que je prends à être caressée par elle est incomplet par rapport à ce que je me promets des caresses et du sexe d'un homme. Mais je n'ai pas envie que ce soit un gamin de mon âge, ni même un peu plus vieux. Je veux être sûre d'avoir affaire à un homme qui saura exactement me conduire là où je veux aller.

Ces vacances à Cauterets m'ont semblé interminables. Décidément, je n'aime pas la montagne, je me sens prisonnière de ces masses sombres, les précipices m'angoissent, les torrents sont glacés, les nuits froides, les montagnards silencieux, bref je n'aime pas la montagne.

Nous nous sommes écrit presque tous les jours Mélie et moi, j'ai reçu également deux ou trois lettres de Jean-Claude auxquelles je n'ai répondu que par une carte postale avec « bon souvenir de Cauterets ». J'ai hâte de rentrer, de retrouver mon grenier, mes livres, la campagne poitevine si pleine de charme en été, la Gartempe dont l'eau n'est jamais vraiment froide, mon bateau, l'odeur des moissons, les surprises-parties et surtout Mélie. Comme elle m'a manqué durant ces trois semaines ! Que de lettres passionnées nous avons échangées ! Mais c'est surtout dans mon cahier que je lui parle comme je n'ose jamais le faire.

Ce cahier, c'est mon véritable compagnon ; je lui confie peines, colères ou joies. Je tiens mon Journal depuis l'âge de onze ans. Personne ne le sait, pas même Mélie. Je le cache habituellement derrière un des tableaux de la salle à manger. Quand un cahier est terminé, je le mets avec les autres dans une boîte fermée à clef. Je mets la clef dans un des vases de l'endroit qui m'est réservé au grenier et dans lequel il y a un bouquet de fleurs sèches. Avec toutes ces précautions, je suis bien tranquille, mes cahiers sont à l'abri des regards indiscrets. Cela vaut mieux car je mourrais de honte si quelqu'un les lisait. Quelquefois, redoutant cette improbable éventualité, je m'interdis de raconter telle ou telle chose que je pense trop intime. Mais il m'arrive parfois, à quelques jours ou mois de distance, de raconter l'événement. C'est ce qui s'est passé pour mon amour pour Mélie. Durant des semaines et des semaines, tout en continuant à écrire, je n'en ai pas parlé. Par une crainte confuse de mal faire, de commettre un péché et, peut-être, surtout, par la difficulté de dire mon émerveillement devant cette découverte extraordinaire, le plaisir donné par l'autre. Je me suis tellement ennuyée à Cauterets, que j'ai tenté pour passer le temps de revivre par écrit le bonheur de nous aimer tant du cœur que du corps. Cette évocation devait être très précise car à maintes reprises, bouleversée par les souvenirs, j'ai interrompu ma page d'écriture pour me caresser. Et c'est le cœur battant, les joues rouges mais le corps apaisé, que j'ai repris mon stylo.

Il fait un temps extraordinaire, nous allons nous baigner presque tous les jours. Notre petite bande s'est augmentée d'amis parisiens avec lesquels nous vivons dans un état de fête, de rires, de danses, de petites disputes parfois, mais c'est rare, du matin jusqu'à la nuit tombée. Les rues endormies de la petite ville retentissent de nos chants et de nos cris quand nous passons, occupant toute la largeur de la voie, juchés sur nos vélos.

J'ai réussi à éviter Jean-Claude et Alain, d'ailleurs, ils appartiennent à une autre bande de garçons et de filles un peu plus âgés que nous.

C'est un bel été, je voudrais qu'il ne se termine jamais, que la vie passe ainsi doucement entre les bras de Mélie et les jeux de notre âge.

Nous avons quinze ans toutes les deux, nous sommes belles et nous nous aimons.

C'est vrai, cet été-là n'est pas comme les autres, c'est l'été du bonheur.

« Qu'est-ce que tu as encore fait ? » crie ma mère en entrant brusquement dans la sombre salle à manger.

Je referme le cahier dans lequel j'écris et la regarde sans comprendre.

« Qu'est-ce que tu as encore fait pour que les gendarmes viennent nous convoquer ton père et moi ? »

Je ne comprends toujours pas : personne ne m'a surprise en train de voler les pêches encore vertes du père Blanchard ? ou d'escalader le mur du jardin de la mère Arthaud pour chaparder les dernières groseilles ? ou de me faufiler dans la cave de mon oncle Chauvet pour lui piquer quelques bouteilles pour la surprise-partie ? Alors, pourquoi les gendarmes ?

Je secoue la tête sans comprendre, mais mon cœur s'est mis à battre très vite et j'ai senti mes jambes devenir molles.

« Qu'avez-vous fait Mélie et toi ? »

Mélie !... mon cœur bat de plus en plus fort, je serre la table de mes mains devenues moites, la tête me tourne, je dois être très pâle. Elle me dit d'une voix radoucie.

« Qu'avez-vous fait ? »

Je ne vois pas, je n'ai rien fait, Mélie non plus.

« Allons, ma chérie, dis-le-moi. »

Je n'ai rien à dire, cette fois, je ne mens pas. Je me lève en criant :

« Je n'ai rien fait, j'en ai marre d'être toujours accusée pour rien ! »

La paire de claques qu'elle me donne est une des plus belles que j'ai reçues. Je la hais.

« Tu vas voir, quand ton père sera là. »

C'est toujours comme ça que ça se termine, quelle que soit l'importance de la faute, le recours à l'autorité d'un père qui n'en a guère et qui s'en fout.

Je sors en la bousculant et je me précipite dans la rue.

Qu'il fait beau !

« Où vas-tu ? Reviens, tu m'entends, reviens !... »

Je cours. Je n'ai jamais couru si vite :

« Mélie, ma petite Mélie, que t'ont-ils fait ces salauds ? J'ai peur, oh ! que j'ai peur ! »

Les passants étonnés par ma course s'arrêtent pour me regarder, deux gamins tentent de m'empêcher de passer, je les écarte brutalement.

« Eh ! la tigresse, où cours-tu si vite ? »

Je dévale la Grand-Rue. Mélie, Mélie... J'aperçois la petite rue, la maison, la barrière. Je donne un méchant coup de pied à Samy le grand chien si doux que j'aime, le seul dont je n'ai pas peur.

« Mélie... Mé...lie... Mélie... »

Françoise, la sœur aînée de Mélie, sort dans le jardin :

« Mélie n'est pas là, elle est partie quand les gendarmes sont venus. Qu'avez-vous fait ? Papa est à la gendarmerie, Maman pleure. Qu'avez-vous fait ?

— Mais je n'ai rien fait, Françoise. Je t'en prie, crois-moi, je ne comprends pas. Et Mélie, qu'est-ce qu'elle dit ?

— Elle dit comme toi, qu'elle n'a rien fait, qu'elle ne comprend pas. »

Elle me rattrape par le bras au moment où je vais tomber, elle m'assied sur les marches et va me chercher un verre d'eau. Ma tête bourdonne, j'ai mal au cœur. Je ne peux pas avaler une goutte. Je tremble, mes dents claquent. Mais qu'est-ce que j'ai bien pu faire ?

« Je vais chercher Mélie ! »

Je repars en courant. Au Caveau, personne, au Commerce, non plus. Où sont les copains ? où est Mélie ?

Des gens ricanent. C'est vrai que je dois avoir une drôle d'allure avec mon short blanc trop court, mon chemisier bleu noué sur le ventre, mes cheveux roux en désordre, mes longues jambes bronzées, égratignées, pleines de bleus, mes pieds nus et mes sandales à la main.

Je vais chez Jeanine, Gérard, François, Bernard : personne ! Je titube de fatigue, j'ai l'impression que ça fait des heures que je cours à travers la ville. J'ai mal aux pieds et au genou que je me suis abîmé en tombant tout à l'heure. Mon cœur s'arrête de battre ; ils sont là, assis sur les marches de la maison de Marcelle. Je me laisse tomber auprès d'eux, épuisée. Je redresse la tête, surprise de leur silence. Ils me regardent froidement. Je les regarde, étonnée. Mélie éclate en sanglots :

« Qu'est-ce que tu as encore fait ? »

Ah ! non, c'est trop fort ! c'est une histoire de fous ! Je me lève en hurlant :

« Merde, merde, merde... Je ne comprends pas, je n'ai rien fait.

— Tu te moques de nous, dit Jeanine, si tu n'avais rien fait les gendarmes ne seraient pas venus. »

Je m'éloigne de quelques pas, découragée, je sens que quoi que je dise, ils ne me croiront pas, et qu'ils vont me faire payer l'amour que Mélie a pour moi. Qu'ils vont me faire payer : les garçons de n'avoir pas voulu flirter avec eux, les filles d'être la plus jolie de notre petite bande. Je ne sais pas ce qui se passe, mais je sens que je ne pourrai pas compter sur eux. Ils ont trop peur de leurs parents, des habitants de la petite ville, alors, les gendarmes par-dessus le marché !...

« Arrête de sourire comme ça. »

Ah bon ! Je souriais ? Je souris toujours quand on me fait

des reproches, quand on m'injurie, quand on me bat. Cela met les bonnes sœurs dans des colères noires.

« Sortez, mademoiselle ! Vous êtes une insolente, un mauvais cœur. Dieu vous punira. »

Dieu ! si elles savaient ! Dieu je l'aime et il m'aime. Je lui parle. C'est mon seul confident.

Je m'approche de Mélie et je l'embrasse tendrement :

« N'aie pas peur, mon chéri.

— Ça suffit, vos embrassades, ce n'est pas le moment. Vous feriez mieux de rentrer chez vous pour savoir ce qui s'est passé. »

Marcelle a raison. Mélie se remet à pleurer.

Nous avons l'air, les quatre filles et les trois garçons, assis sur les marches, de gamins abandonnés.

Il est bientôt une heure, les rues de la petite ville se sont vidées. Il faut rentrer chez nos parents où nous aurons droit à leurs réflexions découragées, sur la jeunesse, le savoir-vivre qui se perd et nos mauvaises fréquentations :

« Encore à traîner avec tes voyous ! »

Mélie est venue à vélo. Elle repart, se dépêchant pour ne pas faire de peine à son père qu'elle adore.

Je marche lentement dans la chaleur de ce bel été, je me penche sur le parapet du pont de la jolie rivière. Que l'eau doit être tiède ! Comme il serait doux de s'y glisser et de la laisser m'emporter loin, vers le fleuve puis vers la mer. De lourdes larmes coulent sur mes joues, je m'égratigne les poings tant je martèle fort le parapet. Mourir ! oh ! mourir ! je voudrais tant mourir !

Une heure sonne à Notre-Dame. Je vais encore me faire attraper.

Ils sont tous à table : ma grand-mère, digne et sévère, ma mère, triste et pincée, Lucas, mon petit frère, et Catherine, ma sœur.

Je m'assieds en tremblant. Je refuse les hors-d'œuvre, j'avale difficilement un peu de fromage blanc.

« Mange donc, tu vas être malade », dit ma mère.

Personne ne parle. Je déteste les repas familiaux, c'est toujours la même tension, la même impossibilité de parler. J'aimerais tellement pouvoir dire à ma mère combien j'ai peur, combien j'ai besoin d'elle, que ses silences et les miens m'étouffent, que sans Mélie je n'aurais pas pu vivre. Mais, si je commençais à parler, je la verrais se rétracter. Sa bonne éducation l'empêche de se laisser aller à m'écouter lui parler de l'amour, et à me dire ce que c'est. Mais, le sait-elle, elle-même ?

Je me lève de table pour préparer le café ; j'aime bien faire du café, c'est une opération un peu magique ; je suis très maniaque quant à la qualité du café ; cela fait rire mon père, amuse ma mère et agace ma grand-mère.

Catherine me regarde en dessous, c'est fou ce que cette fille peut avoir l'air sournois ; je n'ai jamais pu m'habituer à elle ni à personne de cette famille. Je ne me sens apaisée qu'auprès de ma grand-mère paternelle qui vit dans un hameau à quelques kilomètres de notre ville. Oh ! on ne se parle pas, seulement pour l'essentiel — « Va chercher de l'eau au puits ou va voir au nid si les poules ont pondu » — mais je me sens bien auprès d'elle et je crois que sous ses airs brusques de paysanne elle m'aime bien. Peut-être que ce qui nous rapproche, ce qui nous fait différentes aux yeux de la petite communauté c'est notre passion pour la lecture. Elle lit de ces petits fascicules à cinq sous que l'on voit souvent dans les campagnes ; l'on y trouve le pire et le meilleur ; les auteurs classiques et les histoires d'amour les plus larmoyantes ou de crimes les plus sordides. Nous nous comprenons à travers les livres.

C'est tout à l'heure que mes parents doivent aller à la gendarmerie.

Ma mère a les yeux rouges, elle a peur. Ma sœur a un air de jubilation qui ne m'annonce rien de bon. Que faire ? Je monte au grenier, j'essaie de lire, je marche de long en large. Je redescends, je prends mon maillot de bain et une serviette.

« Coiffe-toi, avant de sortir. »

J'obéis à ma mère. Je sors lentement, étonnée qu'elle ne m'en empêche pas. J'attrape mon vieux vélo et je file. Je passe par les petites rues pour aller chez Mélie ; je me cache déjà.

Samy aboie de joie en me voyant. Je monte à toute allure dans la chambre de Mélie, j'ouvre la porte brutalement : elle est là avec son père. Elle pleure. Son père nous regarde avec tristesse mais avec bonté. Je n'ose rien dire.

« Il y a eu une plainte de déposée contre vous pour outrage aux mœurs ; c'est l'abbé C... qui l'a déposée. Les gendarmes disent qu'il y a des preuves, un cahier dans lequel tu écris ce que tu fais », dit-il en me regardant.

Je chancelle sous le coup. Mon cahier ! Ils ont touché à mon cahier ! Le père de Mélie me secoue, j'allais tomber.

« Allons, allons, du calme, on va arranger ça. Le brigadier est prêt à tout arrêter si on récupère le cahier.

— Qui a pris mon cahier ?

— Alain. »

Non, ce n'est pas vrai ! Pas ce garçon vulgaire et sûr de lui qui nous disait, au tennis, que dans la nature les couples normaux étaient composés d'un mâle et d'une femelle, les autres étant des monstruosités qu'il convenait de détruire. Je ressens encore mon dégoût et ma révolte en entendant cela.

« Qui le lui a donné ?

— Je crois que c'est ta sœur. »

Ma sœur, ma petite sœur !... Je comprends mieux son petit sourire méchant de tout à l'heure. Elle ne dit jamais rien. Elle devait lire chaque jour ce que j'écrivais la veille, et moi, dans ma candeur, qui croyais mon cahier bien caché !

Le père de Mélie lui caresse les cheveux. J'aime bien les regarder, ils sont beaux d'amour partagé. J'envie à Mélie un tel père, si bon, si rassurant.

« Ne pleure pas, tout ira bien. Je vais voir ta mère que tout cela rend malade. »

Nous sommes seules, Mélie renifle et se mouche avec

bruit, elle a des plaques rouges sur la figure, son visage de blonde se marque facilement. A la manière dont elle me regarde, je sens comme un reproche : elle n'était pas au courant pour le cahier. Je lui dis beaucoup de choses, mais j'ai mes secrets. Sous son regard je me sens coupable, de quoi, je n'en sais rien. Je me jette à plat ventre sur le lit, je sanglote nerveusement. Je sens le corps de Mélie contracté contre le mien, qui, peu à peu, se détend, s'alanguit. Elle me prend par l'épaule et me retourne face à elle. Elle m'embrasse doucement les yeux, le nez, le cou, puis force mes lèvres de sa langue pointue. Je ne pleure plus, je suis attentive aux caresses. Elle déboutonne mon chemisier, détache le soutien-gorge de mon maillot de bain ; sa bouche a pris la pointe d'un de mes seins et la mordille doucement, de son autre main, elle détache mon short, me retire la culotte du maillot. Je suis nue ! nue dans la chambre ! nue sur le lit ! nue dans la lumière de l'été ! J'aime être nue, vue nue. Je me sens livrée et délivrée. J'ai honte et c'est délicieux. Doucement Mélie écarte mes jambes (je ne les écarte jamais de moi-même. J'aime que l'on m'ouvre), se penche sur mon ventre que je sens battre doucement, sa langue s'insinue, s'enroule, ses dents mâchent mes lèvres, mon bouton si sensible, que je pousse un cri.

« Je t'ai fait mal ? »

J'appuie fortement sa tête sur mon sexe. Je voudrais qu'elle me mange, qu'elle me fasse disparaître dans sa bouche, en elle ; je voudrais m'anéantir par le sexe, n'être plus qu'un puits vaste et profond où s'engouffreraient tous les sexes du monde, toutes les langues, toutes les mains, être ouverte à tous et à toutes, humains et animaux, sentir des crocs, des griffes, des mufles humides me fouiller, me déchirer, me tuer de plaisir ! Je gémis doucement. Lentement, les doigts de Mélie s'enfoncent en moi, m'explorent, me découvrent, tirent de moi un plaisir qui me tord et me fait crier.

Mélie se couche sur moi, elle tremble. Ses yeux sont lumineux, plein de larmes et de joie. Je la serre contre moi.

J'ai dû m'endormir, car lorsque j'ouvre les yeux, la lumière n'est plus la même. Mélie, appuyée sur un coude, me regarde.

« Les autres viennent d'arriver, je descends. Tu viens ? »

Je n'ai pas envie de bouger, je secoue la tête, je m'étire longuement. J'aime être seule après l'amour pour le refaire encore dans ma tête.

Ils sont tous là, renfrognés et mornes dans la réserve où nous nous réunissons pour danser ou quand il pleut.

Mélie a dû leur raconter l'entrevue de son père avec les flics, car Michel dit :

« Il faut absolument récupérer ce cahier. »

Cela me paraît évident, mais je connais suffisamment Alain pour savoir que ce ne sera pas facile et qu'il demandera quelque chose en contrepartie. Nous échafaudons les plans les plus compliqués, les moins réalistes, nous partons en guerre contre la société, les bourgeois, les prêtres, les vieux. Nous donnons l'assaut à tous les préjugés, à toutes les sottises, nous foulons aux pieds la morale conventionnelle de la province, à bas les tabous, l'intolérance, les petitesses d'esprit ! Nous sommes les plus beaux, les plus forts, les plus généreux, rien ne nous résistera ; le plus âgé d'entre nous n'a pas dix-sept ans ! Le temps passe, je me sens de plus en plus lasse, de moins en moins concernée, absente. De quoi parlent-ils? Je m'échappe. Je rêve...

« Tu pourrais au moins faire semblant d'écouter, c'est quand même toi qui nous as mis dans ce pétrin », dit Jeanine d'un ton acerbe.

Ce qu'elle m'agace celle-là avec son gros derrière et son ton autoritaire !

Je me lève et je m'en vais au fond du jardin. Je regarde couler la rivière. Elle est très basse en ce moment. Par endroits, on peut la traverser à pied. Les libellules bleues et vertes voltigent dans tous les sens. De longues traînées de plantes fleuries égaient l'eau. Quatre heures sonnent à

Notre-Dame. Je passe d'une allée à l'autre, traînant les pieds. Je mange un peu de persil, quelques radis, le cœur glissant d'une laitue, une poire verte. Je grimpe sur le mur pour cueillir des noisettes, mais j'ai dû déjà les manger, il n'y en a plus. Je m'ennuie.

Je repense à ce qui arrive. Je ne comprends pas pourquoi cela semble déclencher tant d'histoires. J'appréhende le dîner de ce soir. Papa sera là. Ou il ne dira rien ou il criera trop fort.

« Viens, on va au tennis », me crie Mélie.

Tous, sauf moi qui ne sais pas jouer et préfère lire, ont des raquettes qui dépassent des sacoches de leurs vélos.

Je descends pour attaquer la côte de la Trimouille. Les autres pédalent en danseuse. Il fait trop chaud et rien ne me presse. En haut de la côte, je me retourne et mon regard embrasse toute la vieille ville et Notre-Dame, accrochée, comme suspendue à son rocher. J'aime beaucoup cette église romane où est enterrée, dit-on, sainte Philomène, bien que d'autres soutiennent qu'elle n'a jamais existé. Cela m'est bien égal ; vraie ou fausse, elle est là, allongée dans sa châsse, mains appuyées l'une contre l'autre, serrant un lis poussiéreux. De longs fils d'araignée courent de son nez à ses pieds ornés de fleurs autrefois dorées ; sa longue robe blanchâtre a des plis cassants et noircis ; les mites ont dévoré une partie de sa chevelure ; sa tête repose sur un coussin qui a dû être de velours cramoisi, mais il y a tellement de poussière qu'on en devine mal la couleur. Je vais souvent lui parler à cette grande poupée de cire, si présente pour moi et dont le silence m'apaise.

Je remonte sur mon vélo. J'arrive au tennis, tous les courts sont occupés. Les autres sont là, figés, ils regardent Alain et Jean-Claude qui rient en les voyant. Leurs rires s'arrêtent quand ils m'aperçoivent. Jean-Claude baisse la tête. Alain me regarde avec surprise et agacement. Mon cœur bat très fort quand je m'avance vers lui.

« Rends-moi mon cahier.

— Ton cahier, quel cahier ?

— Ne fais pas l'idiot, je veux le cahier que tu m'as volé.

— Je ne t'ai rien volé, c'est ta sœur qui l'a donné à Yves et Yves me l'a donné à son tour.

— Pourquoi ?

— Parce que je le lui ai demandé.

— Pourquoi ?

— Pour que tu cesses de " fréquenter " Mélie et pour te punir d'avoir trahi Jean-Claude. »

Je suis soulagée, j'ai compris. Avec un peu de finesse, je dois pouvoir retourner la situation. Je m'adresse à Jean-Claude :

« Jean-Claude, je veux mon cahier, sois gentil, demande à Alain de me le redonner. Si je t'ai fait de la peine, pardonne-moi. »

Qu'il a l'air empoté ce grand garçon de dix-huit ans, comment ai-je pu m'intéresser à lui, le laisser m'embrasser, toucher mes seins ?

Il me regarde sournoisement.

« Je veux bien, mais laisse Mélie et viens avec moi. Je t'aime », me dit-il tout bas en me serrant contre lui.

Je vois Mélie prête à bondir, Jeanine la retient.

Je me laisse aller contre lui, son regard s'éclaire, sur ses lèvres naît un sourire de satisfaction. Je m'écarte violemment de lui et lui donne des coups de poing, de pied, il lève les bras pour se protéger, je tente de le mordre quand on me tire brutalement en arrière, c'est Alain, rouge de colère, l'insulte aux lèvres :

« Sale petite garce, tigresse, putain, tu n'as pas honte de lever ta main sur un homme ? »

Il me gifle brutalement, ma tête bascule d'un côté et de l'autre, je saigne du nez, les larmes jaillissent, mais je le défie du regard, je me débats de toutes mes forces, je me sers de mes dents, de mes pieds, j'arrive à me dégager. Jean-Claude se précipite entre nous deux :

« Je t'interdis de la toucher.

— Pauvre type ! elle a besoin d'être dressée. Si elle était

à moi, je la materais, je la briserais, je la ferais ramper devant moi. »

Je suis folle de rage et de haine, je me sens faible face à ce garçon de dix-neuf ans. J'arrache la raquette des mains de Mélie et l'abat sur Alain qui s'écarte, mais pas assez vite car je le touche à l'épaule. Il tombe en criant. Je veux le tuer, je tiens la raquette à deux mains, au-dessus de lui…

« Ça suffit, crie Bouvard, le responsable du tennis, allez vous battre ailleurs ! »

Il me retire, sans douceur, la raquette des mains. Je me sauve en courant. Je me jette sur l'herbe du pré voisin et je hurle bouche contre terre de douleur, de honte, de colère. Je tremble de la tête aux pieds, j'ai froid et mal au cœur ; je vomis sans bouger. Je sens que l'on me retourne, c'est Mélie en larmes qui m'essuie le visage, m'appelle son amour, son petit, qui me berce doucement. Je tremble moins mais je suis brisée par cet affrontement. Je suis incapable de monter sur mon vélo. C'est Gérard qui le pousse. La petite bande s'en retourne à pied, tête basse. Ils ne disent rien, mes colères leur ont toujours fait peur. Mes jambes me font souffrir, j'ai du mal à marcher, je claque des dents.

« Pourquoi t'es-tu mise en colère ? Ça pouvait s'arranger, c'est fichu maintenant. »

Jeanine a raison, jamais Alain ne me redonnera le cahier après ce qui s'est passé.

Nous arrivons chez Mélie, je monte dans sa chambre me laver le visage et les mains. Je vois dans la glace quelqu'un que je ne connais pas.

Cette personne hagarde, sans âge, aux narines pincées et blanches, aux lèvres pâles et serrées, laide ! Ce ne peut être moi, j'ai l'air de sortir d'une mauvaise tragédie. J'y entre et je ne le sais pas encore, mais mon corps l'a deviné, lui, et il tremble.

Je ne sais pas que les jours qui vont suivre seront pour moi déterminants et me laisseront à jamais une blessure que rien ne pourra refermer ; que je vais perdre en quelques heures mon enfance, mes amis, mes croyances ; que je connaîtrai la lâcheté, la méchanceté des gens qui cependant m'ont vue grandir ; que pas une seule fois, au cours de ces jours et des mois qui vont suivre, je ne rencontrerai l'intelligence, l'indulgence, la bonté. Que mise à l'écart comme une criminelle, je devrai, abandonnée moralement, survivre ; que la peine à laquelle ils vont tacitement me condamner sera la plus dure que l'on puisse infliger à une fille de quinze ans ; que je chercherai à me réfugier dans la mort, mais que ne la trouvant pas assez vengeresse je rechercherai le scandale ; qu'ils vont me condamner à l'exception, m'exclure de la grande famille ; qu'ils s'écarteront de moi comme autrefois du lépreux ; qu'ils me couvriront d'injures, me lanceront des pierres, me gifleront aux coins des rues, leurs gamins gambadant autour de moi en criant :

« Tigresse, oh ! la tigresse ! »

Et que leurs mères, tirant mes cheveux, me traiteront de putain ; que mon père, ma mère, mes oncles et mes tantes, les cousins, les cousines, tous me rejetteront ; que pas un n'essaiera de comprendre, ni même ne me parlera ; que je serai seule, SEULE !...

Je le sens, je ne le sais pas encore. Je m'effondre devant le lavabo, appelant Dieu à mon secours, mais lui aussi m'abandonne. Dieu est mort pour moi.

Le dîner se poursuit en silence, troublé seulement par le bruit des fourchettes, de verre heurtant l'assiette... Personne ne fait honneur aux tomates farcies que réussit particulièrement bien maman. Je fais de vains efforts pour avaler la nourriture, même l'eau ne passe pas. Ma mère a pleuré ; grand-mère me lance des regards noirs ; Catherine, le nez dans son assiette, semble bien embêtée ; mon père ouvre et ferme ses mains nerveusement, signe de colère chez lui. C'est sur Lucas, mon petit frère, qu'elle tombe sous forme de gifle car il a renversé son verre. Ses cris détendent l'assistance, permettent aux grandes personnes un défoulement de mots sur « les enfants qui ne sont plus possibles ». Le repas s'achève sans que l'on n'ait parlé de rien. Je suis à la fois soulagée et inquiète. Maman et grand-mère débarrassent la table. Je monte au grenier.

Dans le coin qui m'est réservé il y a une grosse poutre sur laquelle je cache la boîte contenant les cahiers des précédentes années. Quatre en tout. J'aime beaucoup mes cahiers. Je relis parfois quelques passages, au hasard. Cela me replonge dans mon enfance toute proche. J'ai eu peur qu'ils ne soient plus là. Mais non, ils sont bien à leur place, mes confidents, mes amis. Ce sont les mots écrits au fil des jours monotones de l'adolescence qui m'ont aidée à supporter une vie qui ne me plaisait pas, entourée de parents et d'amis à qui je ne pouvais rien dire, par timidité et par crainte. Attiré par L'AUTRE, qui, cependant, a toujours été mon ennemi, celui de qui on reçoit plus souvent des coups que des caresses, des mots durs que des mots tendres, qui vous rejette quand on va vers lui, qui vous importune si l'on joue les indifférents. Je me suis donc inventé un ami : mon cahier. A lui j'ai tout dit : mes angoisses devant la mort, mon désir de Dieu, si constamment absent, ma peine de ne pas être aimée comme j'aurais voulu l'être par mes parents, de ne pas les aimer comme je le voudrais. Je me voulais, pour excuser mon manque d'amour, enfant trouvée, recueillie par charité, je n'en étais pas moins « fille de roi ». Quel roi ? Quelle importance ? Ce qui comptait ce n'était pas la connaissance de mon origine, mais sa certitude. Attitude puérile sans doute mais qui m'aidait à supporter une vie familiale sans joies.

Je remets les cahiers aux cartonnages marron et vert à leur place. Je m'installe dans le vieux lit-cage d'enfant qui me sert de canapé. J'ai recouvert le vieux matelas de laine de coussins aux couleurs fanées, brodés de pierrots et de colombines au point de tige ou de bourdon par ma mère et mes tantes quand elles étaient jeunes filles. J'aime particulièrement une grosse tête de pierrot découpée sur fond de satin bleu passé.

J'essaie de lire *La Difficulté d'être* de Cocteau, mais je ne parviens pas à fixer mon attention sur ce texte difficile pour une fille de mon âge. J'arrive à lire plus facilement le dernier numéro de *Mickey*, ensuite je passe à la pile de *Nous Deux* que me prête la bonne de Mélie. Là, les malheurs de belles héroïnes me font oublier les miens.

En fait, je n'oublie rien, j'essaie de calmer ma colère envers Catherine. Ah ! si je la tenais ! La porte du grenier s'entrouvre lentement, c'est elle. Je me précipite avec un hurlement de rage. Je l'attrape par un bras, la forçant à me regarder :

« Pourquoi as-tu fait ça ? Pourquoi as-tu volé mon cahier ?

— Je ne l'ai pas volé, je l'ai montré un jour à Yves pour rire… »

Pour rire ! je rugis, je la frappe de toutes mes forces, elle se met à pleurer en criant.

« Tais-toi ou je te tue. »

Elle crie de plus belle.

« Je ne l'ai pas volé, c'est Alain qui l'a pris un jour qu'il est venu me chercher avec Yves pour aller se baigner. »

Pauvre gourde ! Je la lâche. Ça s'est sûrement passé comme elle le dit. Mais pourquoi a-t-elle, malgré ses pleurs, cet air de contentement narquois ?

A ce moment-là, nous nous haïssons. Comment cette antipathie de notre petite enfance a-t-elle pu se transformer en une haine réciproque ?

« Va-t'en, tu me dégoûtes. »

Elle s'en va presque souriante. Soulagée… elle ne s'en est pas mal tirée.

Je me couche plus tôt que d'habitude et je m'endors tout de suite. Je me réveille. De la lumière filtre par la porte entrebâillée de la chambre de mes parents. « Tiens, ils ne dorment pas ? » Je me lève et, sur la pointe des pieds, je vais écouter. Ma mère pleure.

« Mais enfin, dit mon père, je ne comprends pas, pourquoi les gendarmes se mêlent-ils de ces histoires de gamines. Qu'ont-elles fait ?

— Elles font des choses sales ensemble, hoquette ma mère.

— Des choses sales ?…

— Oui, tu ne comprends donc rien ? Elles font ensemble ce que font les hommes et les femmes. C'est ce qu'il y a dans ce cahier. C'est dégoûtant ! »

Je reçois ces mots comme un coup. Sale mon amour pour Mélie ? Dégoûtant son amour pour moi ? La tête me tourne. Je retourne en titubant dans mon lit. Mais en quoi cet amour est-il plus sale, plus dégoûtant que le leur ? Je ne comprends pas. Est-ce seulement parce que nous sommes deux filles que cela dérange tellement ? Je trouve que c'est beaucoup d'histoires pour peu de chose. Qu'est-ce que ça peut faire le sexe si les gens s'aiment ? Une énorme envie de rire s'empare de moi. Je mets mon oreiller sur ma tête pour étouffer ce rire nerveux.

J'entends la porte de la chambre de mes parents s'ouvrir en grand, je sens ma mère s'approcher de mon lit.

« Tu ne dors pas ? »

Je ne réponds pas, les larmes ont remplacé le rire. Maman soulève l'oreiller. Nous nous regardons. Comme j'ai envie qu'elle me prenne dans ses bras, qu'elle me console, qu'elle me dise que ce n'est rien, que tout cela n'est pas bien grave, que cela va s'arranger.

« Allez, dors maintenant. »

Comme je l'appelle ! Tout en moi crie : MAMAN ! Mais elle ne m'entend pas.

Je m'endors avec le son méprisant des mots qu'elle a prononcés : « SALE, DÉGOÛTANT, SALE, DÉGOÛTANT, SALE DÉGOÛTANT, SALE, SALE, SALE, SALE, SALE... »

Le soleil est déjà haut quand je me réveille. J'ai dormi plus tard que d'habitude. J'ai mal à la tête. Tout à coup, je me souviens : c'est aujourd'hui, ce matin, que mes parents vont à la gendarmerie. Oh ! que je voudrais me rendormir et ne plus me réveiller !

« Léone, ton petit déjeuner va être froid, crie grand-mère du bas de l'escalier.

— Je descends. »

Je me lève, enfile ce qui me tombe sous la main. Je brosse vigoureusement mes cheveux emmêlés, me lave les dents et la figure, prends le premier livre qui me tombe sous la main et je descends quatre à quatre les escaliers pour essayer de me concilier les bonnes grâces de grand-mère. Je suis la dernière, les tasses des autres s'empilent dans l'évier. Il n'y a que grand-mère. Je l'embrasse du bout des lèvres. Elle me sert mon café. Qu'il est mauvais ! Il a un goût de réchauffé, tout ce que je déteste. Je ne dis rien. Ce n'est pas le moment de râler. Je mange plusieurs tartines de pain grillé, copieusement beurrées.

« Je vois qu'il t'en faut d'autres pour te couper l'appétit. »

Je préfère ne pas répondre. Je me plonge dans la lecture des *Dix Petits Nègres.* La dernière bouchée avalée, je débarrasse la table, l'essuie, sous le regard étonné de grand-mère qui n'a pas l'habitude de tant de soin de ma part.

« Où sont papa et maman ? »

J'aurais mieux fait de ne pas poser cette question. Elle m'a échappé.

« Comme si tu ne le savais pas ! J'ai toujours dit à tes parents que tu tournerais mal. Bien sûr, ils ne m'écoutent pas, te laissent faire ce que tu veux, traîner la nuit avec Dieu sait qui, lire n'importe quel mauvais livre, fréquenter n'importe qui. Voilà le résultat. Ah ! elle est belle leur éducation ! La maison de correction, voilà ce qui t'attend. Ça te dressera, ma petite. Arrête de sourire comme ça et de me regarder de cet air insolent, tu n'as pas honte, petite dévergondée ? Que vont dire les voisins ? Mme Renaud m'a demandé si les gendarmes m'avaient apporté une mauvaise nouvelle. Je n'ai pas su quoi lui répondre. Quelle honte ! Mon Dieu, que vont dire tes tantes ? Arrête de sourire. »

Elle lève la main sur moi. Je m'esquive rapidement.

« Je t'interdis de me toucher. Je te déteste, je te déteste... »

Je sors de la cuisine en claquant la porte de toutes mes forces. J'entends ses cris.

« Tu ne vas pas sortir dans cette tenue », me dit grand-mère, penchée à la fenêtre de la cuisine... Qu'a-t-elle ma tenue ? Mon short rouge d'il y a deux ans est bien un peu petit et usé, mais il est propre et raccommodé. Il en est de même de la chemisette bleue, un peu délavée, que m'a donnée Yves du temps où nous étions amis. J'ai même mes sandales aux pieds contrairement à mon habitude. Je me suis lavée, coiffée. Que veut-elle de plus ?

« On voit tes fesses, petite saleté ! »

Que de haine dans ces mots. Le short est un peu court, c'est vrai, j'aime bien montrer mes jambes. Et alors ? toutes les filles de mon âge font la même chose, malgré les propos acerbes des vieilles personnes et ceux plus salaces des jeunes hommes de la petite ville.

« Attends au moins le retour de tes parents. »

Ah ! surtout pas, le plus tard sera le mieux !

J'enfourche mon vélo. Je prends la direction de la maison de Mélie. A mi-chemin, je change d'avis. Je prends la petite route qui mène aux étangs. C'est une jolie route poudreuse, toute bordée de chênes qui lui font comme un dais. Je couche le vélo dans le fossé. Je traverse un champ au sol élastique et doux. En contrebas il y a un petit ruisseau où l'on pêche des écrevisses. Je m'allonge tout au bord, une main dans l'eau et l'autre triturant la mousse. Je vois le ciel très bleu au travers du feuillage. Je m'appuie de tout mon poids sur la terre, comme pour m'y enfoncer. Sa fraîcheur m'apaise. Ne plus bouger, me laisser doucement devenir eau, terre, arbre ou vent. M'incorporer à la nature sous sa forme la plus brute, la plus primitive. Etre limon. Je m'entends gémir doucement.

Chaque fois que je suis allongée sur l'herbe, dans la campagne, j'ai envie d'être caressée, mordillée, sucée par tout ce qui est vivant. Je referme mes cuisses nues sur mes doigts. Ce geste me fait penser à Mélie. Une douce langueur m'envahit. Je pense aux lèvres de Mélie, à ses doigts, à ses seins, aux fols après-midi que nous passons dans la pénombre fraîche de sa chambre aux volets tirés, à nos rires, à nos baisers, aux parties de monopoly, de crapette ou de poker que nous disputons âprement entre deux caresses. Je dois aller la voir.

C'est à contrecœur que j'abandonne mes rêveries champêtres.

Ils sont tous assis au fond du jardin sur le mur surplombant la rivière ou sur les vieux bancs sous les magnolias. Ils n'ont pas l'air très gai.

« Ah ! te voilà, ce n'est pas trop tôt ! bougonne Jeanine. Où étais-tu ? Je suis passée chez toi te chercher, ta grand-mère m'a dit que tu étais partie.

— Je suis allée me promener vers l'Allochon.

— Te promener... cette fille est inconsciente, elle a les gendarmes aux fesses et elle va se promener. »

Tiens, c'est vrai, je les avais oubliés, ceux-là.

« Je n'y pensais plus. »

A leurs brusques mouvements, à leurs regards de colère et à leurs exclamations, je comprends que cette fois encore j'aurais mieux fait de me taire. Mais pourquoi ne peut-on jamais dire la vérité à ses amis ? S'ils m'aimaient vraiment, ils devraient se réjouir que durant quelques instants j'ai oublié ce qui me fait peur et mal. Même Mélie me dit :

« Tu exagères. »

Oh ! la barbe ! mais que veulent-ils que je fasse ? Je ne sais même pas ce que veulent les gendarmes.

« Toute la ville ne parle que de ça, m'a dit ma mère. Même qu'elle ne voulait pas que je vienne aujourd'hui, dit Jeanine.

— La mienne non plus, dit Gérard.

— C'est comme la mienne, dit François.

— La mienne aussi », dit Bernard.

Seule Marcelle ne dit rien. Il est vrai qu'elle a dix-neuf ans et que sa mère ne s'occupe guère de ce qu'elle fait.

Mélie se met à pleurer. Je les regarde tous avec plus d'étonnement que de peine. Qu'ai-je donc fait pour que leurs parents leur défendent de me voir ? Car il semble bien que je sois seule en cause. C'est moi et non Mélie qui suis coupable. Pourtant, c'est nous deux qui nous aimons. Il doit y avoir autre chose, mais je ne vois pas quoi.

Voilà Yvette qui arrive en courant, essoufflée.

« Alain est au café de l'Europe avec une bande de copains en train de lire le cahier de Léone. C'est plein de trucs cochons à ce qu'il paraît. Ils rigolent tout en disant : " Ah ! la garce, la petite salope, la putain, la sale gouine ", et j'en passe !... »

Elle s'arrête, devient toute rouge, lève le bras comme pour se protéger d'un coup. Elle vient de s'apercevoir de ma présence.

Je me lève péniblement, mon corps me semble tout à coup lourd et raide. Je dois faire un effort inouï pour avancer vers Yvette qui n'a pas bougé, comme pétrifiée. Je la regarde au fond des yeux, essayant par mon regard de lui dire ce que mes lèvres sont incapables de prononcer. Personne ne bouge autour de nous. Je sens leur tension. L'air est comme immobile, en attente, plein cependant de forces mauvaises qui ne demandent qu'à se libérer. C'est Françoise, la sœur de Mélie, qui rompt le charme qui nous tenait enfermés.

« Papa te demande, Mélie. »

Mélie se sauve en courant comme pour s'échapper. J'entends les autres chuchoter dans mon dos. Mon corps est de plus en plus raide. Je voudrais me retourner, leur faire face. Je suis incapable de bouger.

« Ne reste pas plantée comme un piquet, fais quelque chose, me dit Jeanine.

— Laisse-la tranquille », dit Marcelle en me prenant par les épaules.

C'est le seul geste amical que l'on aura vers moi durant de longs mois. Mes yeux se remplissent de larmes. Je ne veux pas qu'ils me voient pleurer. Je repousse doucement Marcelle. Son geste a libéré mon corps. J'ai besoin d'être seule, de réfléchir ou d'oublier. Je ne peux plus les voir ni les entendre. Je descends lentement l'escalier qui mène à la rivière, je détache ma périssoire, je retire mon short et ma chemisette, je les plie en boule et les mets derrière le petit siège ; je m'assieds ; je prends la pagaie et je pousse l'embarcation au milieu de l'eau. Je me sens trop lasse pour remonter le courant pourtant faible. Je me contente de guider le bateau qui descend lentement. Je détache le minuscule soutien-gorge de mon vieux bikini bleu. Je m'offre au soleil.

Les autres m'appellent là-bas, quelques mots me parviennent : folle, malade, inconsciente, cette tenue, évidemment, gendarmes, Mélie...

Mélie... il faut que je lui parle, que je lui explique que je ne suis pour rien dans tout cela, qu'il y a un malentendu. Me croira-t-elle ? Elle m'aime et cependant, je sens qu'elle n'a pas vraiment confiance en moi, qu'elle se méfie, que je lui fais peur. Pourquoi ? C'est curieux, je me rends compte que presque tout le monde a cette attitude envers moi : mes parents, mes camarades, garçons et filles, les bonnes sœurs de l'institution Saint-M., les amis de mes parents. On m'observe. C'est comme si on essayait toujours de me prendre en flagrant délit. Mais, flagrant délit de quoi ?

Depuis que je suis en âge de penser, je m'efforce de ne pas leur ressembler. Ne pas ressembler aux enfants de mon âge qui me semblent niais, trop bébés aussi avec leurs jeux stupides. Je sais bien que je joue encore à la poupée. Pas en cachette, non, ce ne serait pas digne de moi, mais seule. Car après tout, qui pourrait comprendre la tendresse que j'ai pour ces poupées de chiffons que je me fabrique et à qui je tricote toutes sortes de vêtements ? Il m'arrive également de n'y plus penser pendant des semaines. Cela ne me paraît pas incompatible avec l'amour que j'éprouve pour Mélie et mes lectures de la Bible ou des romantiques allemands que je viens de découvrir. Et maintenant que je grandis, que je vois les adultes, nos modèles, je me dis que non, non et non je ne dois pas leur ressembler. D'abord, ils sont trop laids. Laids de leur complaisance envers eux-mêmes, de leur servilité envers les lois et ceux qui détiennent des pouvoirs, pourtant dérisoires, dans ce coin du Poitou. Ils vivent dans la crainte de choquer, d'être jugés : « Que va-t-on penser de nous ? » et : « Que vont dire les gens ? » sont les phrases que j'ai entendues le plus souvent autour de moi. Ils n'ont aucune liberté. Très vite j'ai compris que l'homme n'aime pas la liberté, qu'elle n'est pour lui qu'un sujet de conversation. Que libre il est perdu comme un enfant sans son père. Il réclame la liberté à grands cris, tue en son nom, torture, avilit. La liberté n'est pas pour eux. C'est un mot qui, moi, me fait rêver. Etre libre, cela signifie être assez grande pour m'en aller, échapper à l'emprise de mes parents, de cette ville sournoise où chaque geste est épié et commenté, où les visages et les corps qui reflètent l'âme sont laids aussi. Pour eux, la nudité est une chose honteuse. Moi, j'aime être nue. Je suis fière de mon corps lisse et souple.

Que le soleil est chaud, il me picote la peau. La périssoire vogue mollement. Quel bien-être ! Comment peut-on être méchant par un temps pareil, penser à l'argent, au travail, aux gendarmes ? Les gendarmes, je devrais pourtant bien m'en inquiéter. Cette pensée a dérangé mon frêle bonheur d'exister. Oh ! mais je suis beaucoup plus loin que je ne le pensais ! J'entends sonner l'heure au clocher de Saint-Martial. Douze coups. Il est midi. Jamais je ne serai à l'heure à la maison pour le déjeuner. La perspective de me mettre à table avec ces gens tristes, renfrognés ou hargneux, me décourage. Tant pis, je ne rentre pas. Autant me faire attraper pour quelque chose qui en vaille la peine.

Je passe devant le jardin de l'oncle Chauvet. A cette heure-ci il n'y a sûrement personne. J'accoste doucement. J'attache mon bateau à la grande barque de pêche et je descends à l'ombre des noisetiers.

Je trouve de délicieuses tomates mûres à point et chaudes, quelques radis très piquants, des abricots, deux ou trois prunes et un peu d'eau à la pompe. Voilà un repas comme j'aimerais en faire plus souvent. Il ne me manque qu'un livre pour me sentir parfaitement bien.

Je m'allonge sur l'herbe, sous le tilleul et je m'endors. C'est la voix de l'oncle Chauvet qui me méveille. Il ne m'aime pas et je le lui rends bien.

« En voilà une tenue ! Si ta grand-mère te voyait ! »

C'est vrai, j'ai oublié que j'étais torse nu. Je me lève ensommeillée et me dirige vers mon bateau sans dire un mot.

« Et que je ne te revoie plus ici ! »

Je lui tire la langue, ce qui déclenche sa colère. Il en piétine de rage.

Je reprends ma promenade, cherchant un endroit où m'arrêter pour reprendre mon somme interrompu.

Je m'arrête quelques centaines de mètres plus loin. Là, je connais un coin ombragé par un chêne séculaire. J'y viens souvent, été comme hiver, quand je suis triste et déprimée. L'arbre est mon confident, je l'entoure de mes bras, je frotte mes joues, mon front à son tronc rugueux comme font quelquefois les chèvres. Je me presse contre lui, il me semble que je sens sa vie à travers l'écorce et qu'un peu de sa force entre en moi. Je lui parle, je lui dis mes peines, mon mal de vivre, je lui parle de Dieu et de Mélie.

Cet arbre m'impressionne par sa force et sa majesté. Ce n'est pas un arbre commun. Il a vu tant de choses, tant de saisons sont passées sur lui, l'embellissant au lieu de l'abîmer, il est si grand, si large, ses feuilles si vertes, ses glands si gros, qu'il est le maître incontesté du lieu, le sage où s'abritent les oiseaux, les écureuils, mille insectes et même certaine fille à qui son ombre apporte la paix. Dès que je le vois au détour du chemin ou de la rivière, j'éprouve un sentiment de joie comme lorsqu'on aperçoit un ami très cher.

Aujourd'hui, comme les autres fois, j'éprouve du bonheur à le voir. Je le salue à haute voix, j'attache le bateau et je me précipite pour l'enlacer. J'embrasse les crevasses de sa rude écorce dans lesquelles de minuscules araignées dorées courent. Je frotte mes seins, mon ventre contre son corps de bois. Des frissons de plaisir me parcourent toute. J'accentue le mouvement m'écorchant la pointe des seins. Je sens un plaisir aigu et violent m'envahir. Je m'écroule au pied de l'arbre en gémissant. Je m'étire en bâillant et je m'endors.

C'est un chatouillement agaçant qui me réveille. Jean-Claude est là, penché au-dessus de moi. Je me relève d'un bond. Prête à lui sauter aux yeux. Il m'attrape par une jambe et me fait tomber près de lui. Il me prend dans ses bras, tente de m'embrasser, de me pétrir les seins. Je me débats, le griffe, le mords, si bien qu'il lâche prise, moitié riant, moitié grognant.

« Si tu étais gentille, je pourrais demander à Alain de te rendre ton cahier. »

Je le regarde avec un tel mépris qu'il baisse les yeux. Quand je pense que j'ai flirté avec ce pauvre type, que je l'ai laissé m'embrasser, me caresser, que j'aurais peut-être fait l'amour avec lui s'il avait été plus entreprenant et moins brutal. Sa vulgarité me saute aux yeux. Je lui dis mon dégoût, mon amour pour Mélie, je me moque méchamment de lui et de ses sentiments pour moi. Il est devenu très pâle et s'avance, les lèvres serrées, vers moi. Je comprends que j'ai été trop loin. Mais pour rien au monde je ne retirerais ce que j'ai dit. Je monte dans la périssoire, je prends la pagaie et l'abats sur lui. Il réussit à l'esquiver une première fois, puis une deuxième, à la troisième, je lui ouvre l'arcade sourcilière. Il n'y a pas de quatrième car la vue du sang me calme.

« Va-t'en ! Je ne veux plus te voir. Va dire à ton copain que je préfère mourir plutôt que de lui demander quoi que ce soit. »

Il s'en va, son mouchoir sale apppuyé sur son front. J'aurais voulu le tuer. Ma fureur se calme peu à peu grâce à la présence rassurante de mon chêne.

« J'ai eu raison, n'est-ce pas ? »

Je ne suis pas sûre qu'il m'approuve. Il sait, comme moi, que j'ai perdu une nouvelle fois une chance de récupérer le cahier et que la blessure de Jean-Claude va mettre en rage tous les garçons de sa bande. Nous allons faire, mes amis et moi, l'objet de leurs brimades. Tant pis, on se battra. Mais quelque chose me dit que je serai seule à me battre. Et, tout à coup, malgré la chaleur de cette fin d'après-midi d'été, j'ai froid.

J'ai remonté lentement la rivière, songeuse. Il est presque six heures du soir quand j'arrive en vue du jardin de Mélie.

Ils sont encore là. J'entends la voix de Jeanine qui domine celle des autres. Ils devaient me guetter, car ils se précipitent et se penchent par-dessus le mur en poussant des exclamations diverses :

« Ah ! te voilà, ce n'est pas trop tôt !

— Enfin, où étais-tu passée ? Mélie n'arrête pas de pleurer.

— Qu'est-ce que tu vas prendre, ta mère est venue te chercher. »

Voilà qui est plus embêtant, pour que maman soit venue jusque-là, c'est que les choses vont mal.

Mélie se jette sur moi, manquant me faire tomber sur les marches glissantes qui montent de la rivière. Elle me serre contre elle, m'embrasse comme une folle sur les yeux, le nez, la bouche. Je ne l'ai jamais vue aussi démonstrative. Elle pleure en riant.

« J'ai eu si peur. Tu es tellement bizarre parfois. Je n'aime pas que tu partes seule sur la rivière. Mais enfin, où étais-tu ? »

J'ai failli dire la vérité, c'est-à-dire que je me promenais, que j'en avais marre des tristes mines de la bande et des pleurnicheries de Mélie, mais je sens qu'il vaut mieux trouver quelque chose de plus sérieux, si je veux pas les voir se retourner contre moi.

« Je réfléchissais à la manière de récupérer ce cahier.

— A la bonne heure, dit Jeanine, c'est ta première parole depuis deux jours. Tu as trouvé un moyen ? »

Je hoche la tête négativement et je leur raconte ce qui s'est passé entre Jean-Claude et moi. Au fur et à mesure du récit, leurs visages s'allongent, ils craignent les représailles de la bande adverse.

« C'est malin, maintenant on va les avoir tous sur le dos et comme ils sont plus vieux que nous... c'est pas sur ces mauviettes, ajoute Jeanine en désignant les trois garçons plutôt malingres, qu'il faudra compter pour nous défendre. »

Pour une fois, je suis de son avis. Jeanine et moi sommes beaucoup plus fortes à la course, à la bagarre que nos trois copains réunis.

« On pourrait demander à Jean-Pierre et à Milou de nous donner un coup de main, suggère Michel.

— Et puis quoi encore, gronde Jeanine, pourquoi pas à Yves et Marc. »

Tous les quatre sont d'anciens flirts de Jeanine qui ne veut plus en entendre parler.

De l'autre bout du jardin la sœur de Mélie nous crie de venir, que son père veut nous parler. Le visage de Mélie s'éclaire de bonheur. Comme elle aime son père ! comme ils s'aiment tous les deux ! Cela me fait plaisir et peine de les regarder.

Il nous attend dans le salon qui sent la poussière et la cire. Les volets sont encore tirés sur la chaleur de l'après-midi.

« Asseyez-vous. »

Je m'assois sur le bord du canapé de velours orange, un peu passé. Mélie s'accroupit à ses pieds. Il lui caresse les cheveux. Les larmes me viennent aux yeux. Comme j'envie Mélie à ce moment-là. Faire toutes les bêtises du monde pour être pardonnée avec cette douceur, cette tendresse. Il semble le comprendre.

« Viens là, toi aussi. »

Mélie, heureuse, me laisse une place contre lui.

Il nous parle lentement à voix presque basse. Je n'entends pas les mots, je n'en sens que le sens. Cette bonté tranquille, cette tolérance attentive, cet amour qui nous enveloppe toutes les deux. Ma joue, inondée de larmes tranquilles, s'est posée sur sa main. Je voudrais lui dire ce qui se bouscule en moi, ce que j'éprouve pour Mélie, pour lui. Mes difficultés dans mes rapports avec les autres, mon mal à vivre, mon incompréhension devant une société qui semble me rejeter, mes peurs, mes ignorances, cette angoisse qui m'envahit parfois, au point de me laisser sans forces et sans mouvements, devant un avenir que je n'entrevois que fermé. Mais je suis trop intimidée par cet homme bon, trop peu habituée à être écoutée, donc à parler. Mes larmes redoublent devant mon impuissance.

« Allons, calme-toi, petite, je vais essayer d'arranger ça. Ta maman est venue, nous pensons elle et moi qu'il faut récupérer au plus vite ce cahier. C'est le conseil qu'on lui a donné à la gendarmerie. Elle va aller trouver la mère d'Alain pour que celle-ci demande à son fils ce fameux cahier. Maintenant rentre chez toi et sois gentille avec ta mère. Cette histoire la tracasse beaucoup, bien que je lui aie dit que rien de tout ceci n'était bien grave et que tout allait s'arranger très vite.

J'ai envie de l'embrasser, mais je n'ose pas. Mélie m'accompagne jusqu'au portail. Elle m'embrasse dans le cou en me disant :

« A demain ! »

C'est d'un cœur presque léger que je monte la côte qui conduit à la maison. Ce sont des visages fermés qui m'accueillent. Maman prépare le dîner, grand-mère lit le journal local, mon frère embête le chat, ma sœur brode un napperon et mon père prépare des fils et des hameçons pour sa partie de pêche de demain.

Il pose ses fils et ses plombs :

« Pourquoi n'es-tu pas rentrée déjeuner ? »

Oh ! j'avais oublié ! Il faut que je trouve une explication. Mais cela m'ennuie de mentir, alors je ne dis rien.

« Tu pourrais répondre quand ton père te parle », me dit maman durement.

Répondre quoi ? Leur parler du parfum de l'eau, de mon ami le chêne, de la douceur du soleil sur ma peau, de l'eau tiède dans laquelle je me suis glissée nue pour me laver des mains de Jean-Claude, des hirondelles qui m'ont accompagnée en voletant dans tous les sens jusque chez Mélie, des libellules qui aiment se poser sur le bout de mon bateau, des mots apaisants du père de Mélie ? Non, ils sont trop fermés sur eux-mêmes pour comprendre ces choses banales et bonnes. Je voudrais bien leur dire quelque chose pour leur faire plaisir, mais je ne vois pas quoi.

« On t'a vue toute nue sur la rivière, même que ton oncle Chauvet en a été choqué.

— Le pauvre, il ne lui en faut pas beaucoup ! »

La gifle que je reçois de mon père est une des rares que j'ai reçues. Il laisse plutôt à maman le soin de nous corriger.

Je ne dis rien, je ne pleure pas, je ne crie pas. Une grande lassitude m'envahit. Comme je voudrais partir, être loin d'ici. Je suis si fatiguée tout à coup. Je me laisse tomber sur la chaise basse que ma tante aime beaucoup.

« Mais cette enfant est malade, s'écrie ma mère, regardez la tête qu'elle a ! »

On me tapote les joues, on me fait respirer du vinaigre.

« C'est de la comédie », dit mon père.

Non papa, ce n'est pas de la comédie, mais la peine qui me vient de votre incompréhension, de votre manque d'intérêt pour ce que j'aime : la nature, les livres, les rires, mes amis. Vous n'aimez rien. Vous ne m'apprenez rien, surtout pas à vivre.

Maman me fait allonger sur le divan du salon-salle à manger.

« Repose-toi un peu avant le dîner. »

Comme j'aime quand elle me parle avec cette voix douce et inquiète. Je ferme les yeux pour rester sur cette impression.

C'est la voix de Catherine qui m'arrache à ma somnolence.

Le dîner est morose, comme tous les dîners pris en famille. Vont-ils se décider à me dire ce qui s'est passé à la gendarmerie ? Non. Papa annonce, sous le regard stupéfait de maman, qu'il doit partir plus tôt que prévu en Afrique, que la compagnie lui demande de rentrer au plus vite. Je vois bien à son air qu'il ment et que ce départ précipité a une autre raison que je n'ose m'avouer.

« Ce n'est pas possible, tu ne vas pas me laisser seule en ce moment, avec cette histoire ! Que vais-je faire, avec les gendarmes, que vais-je leur dire ? » s'écrie maman au bord des larmes.

Oh ! que je le hais à cette minute, le salaud, le lâche ! Nous abandonner maintenant ! Laisser maman toute seule !

« Ce n'est pas si grave, tu te débrouilleras sans moi. Les femmes sont plus habiles que les hommes dans ce genre d'histoire. Toi, tu es plus calme, moi, je me mettrais en colère. »

Maman baisse la tête. J'ai honte pour lui. Il ne comprend donc pas que ce qu'il fait là je ne pourrai jamais le lui pardonner aussi bien à cause de maman, qu'à cause de moi. A ce moment-là, j'éprouve pour cette femme, qui est ma mère, une grande tendresse. Comme je voudrais lui épargner les désagréments de m'avoir comme enfant.

Je mets ma main sur la sienne. Elle ne la repousse pas.

Un silence accablant est tombé. Personne n'ose se regarder. Je sens que tout le monde pense la même chose, sauf, peut-être, mon petit frère. On n'aime pas voir l'homme de la maison n'être pas à la hauteur du rôle pour lequel nous le croyons fait : nous protéger, être là en cas de danger. Mais lui, de ce rôle, n'aime que les côtés faciles, il laisse les responsabilités à maman qui s'en tire, en général, fort bien. C'est elle la force de la maison, mais c'est de celle de l'homme dont nous avons besoin.

Comme chaque fois qu'il est dans son tort, il se met à crier, disant qu'il en a marre de cette famille, de cette ville, de ce pays, qu'heureusement il doit partir en Afrique, sinon ce serait pour de bon qu'il partirait.

Maman se lève en pleurant et se sauve dans sa chambre. Papa a tout à coup l'air penaud. Il se lève à son tour et monte la rejoindre.

Je suis accablée, c'est moi qui devrais partir. Partir ? Mais où ?

« Tout ça à cause de toi », siffle grand-mère.

Je me lève, prends un vieux pull accroché dans l'entrée et sors en claquant la porte. Je prends machinalement le chemin qui mène à la maison de Mélie. Arrivée devant le portail je crie son nom :

« Mé-lie, Mé-li-e ! »

Elle sort par la porte de la cuisine.

« Il y a un dîner ce soir à la maison. On va bientôt passer à table.

— Mais c'est notre petite Léone, dit le docteur Martin qui vient d'arriver derrière moi. De plus en plus belle, ajoute-t-il en me donnant une tape sur les fesses, de plus en plus sauvage, dit-il devant mon geste de recul. On en raconte pourtant de belles sur toi. »

Je me sens rougir et je le regarde durement dans les yeux.

« Ce n'est pas vous qui pouvez dire quoi que ce soit. »

C'est à son tour de rougir. Mélie a un mouvement de colère vers lui.

« Vous ne pouvez pas la laisser tranquille.

— Tranquille ? Cette petite garce qui s'exhibe nue sur la rivière, qui se promène en ville le cul à l'air ? Qui vous regarde d'un air gourmand et qui deux minutes après vous saute au visage toutes griffes dehors ? Une allumeuse, voilà ce qu'elle est. Qui traîne seule la nuit à la recherche d'on ne sait quoi, d'on ne sait qui. Toujours un livre à la main. Ah ! ça doit être beau ses lectures. Et elle fait l'étonnée quand on lui met la main aux fesses. Elle n'a qu'à se tenir comme une fille convenable et se comporter comme une fille de son âge si elle veut qu'on la respecte », dit-il en éclatant d'un rire méprisant.

Il ne m'a pas pardonné la fois où je l'ai mordu dans son cabinet alors qu'il m'avait fait mettre torse nu pour faire soi-disant une radio. Je revois notre courte lutte.

« Mais pourquoi tu ne veux pas ? L'autre jour, au bal du tennis, quand je t'ai fait danser tu n'arrêtais pas de te frotter contre moi comme une chienne en chaleur, même que j'en étais gêné. »

J'en conviens, mais il oublie de dire qu'il m'avait fait boire. Et puis, zut, si cela me plaît à moi de me frotter aux hommes, de les apprendre par petites touches, d'apprécier petit à petit la force et la douceur de leurs mains, de m'habituer à sentir grossir leur sexe contre le mien le temps d'une danse, à respirer leur odeur de mâle si différente de celle des filles. Bien sûr, j'ai envie de faire l'amour. Mais aucun de ceux qui m'ont approchée ne m'a suffisamment troublée, émue, pour que je le suive dans une chambre ou dans les bois. Mélie, que j'aime, apaise ma soif de caresses. Et puis, depuis quelque temps, les hommes me font un peu peur, leurs regards sont plus lourds, leurs mots plus crus, leurs gestes plus précis. Je me sens traquée et je n'aime pas ça.

Nos éclats de voix ont attiré la mère de Mélie.

« Ah ! c'est vous docteur ? On vous attendait pour passer à table. Tiens ! Léone, viens saluer nos amis ! »

J'écarte mes bras en signe de résignation à l'adresse de Mélie et entre dans le salon où j'étais en paix tout à l'heure.

Il y a là une dizaine de personnes. Je les connais toutes. Toutes me connaissent, certaines depuis ma naissance. Les conversations se sont arrêtées. Je suis regardée sans aménité par les femmes et avec un air goguenard par les hommes. Je me sens terriblement intimidée. Ils sont tous bien habillés. Moi j'ai toujours mon short trop petit, ma chemisette trop échancrée, mes cheveux roux emmêlés. Je sens qu'ils pensent tous à ce qu'ils appellent déjà « l'histoire », à ce qu'il doit y avoir de corsé dans mon cahier pour que les gendarmes s'en mêlent. Ils m'imaginent au centre des débauches, je le vois à leurs yeux, à leurs lèvres rapidement humectées, je me sens déshabillée par leurs regards concupiscents ou envieux.

« Tu veux boire quelque chose ? » me dit la sœur de Mélie.

Je fais non de la tête et tends la main aux parents de Mélie.

Une fois dans le jardin, je respire mieux. Mélie m'accompagne.

« J'ai peur, Léone, j'ai peur. »

Et moi donc. Je n'ai pas un père comme elle pour me protéger. Ma famille n'a pas l'importance de la sienne et dans cette petite ville cela compte.

Je la prends dans mes bras, lui dis des mots tendrement bêtes, elle sourit.

« Alors, les filles, on se pelote dans les coins, on peut vous aider ? »

C'est le docteur Martin qui s'éloigne avec un rire gras. Il est sorti derrière nous sans que nous l'ayons remarqué.

Je calme Mélie qui tremble et je la renvoie à son dîner.

Je m'en vais lentement, traînant un peu les pieds. La soirée s'annonce d'une douceur exceptionnelle. Je n'ai pas envie de rentrer à la maison. Je lève la tête et j'aperçois le clocher de Notre-Dame. Si j'allais à la tour ?

La tour ? C'est un de mes endroits. J'y viens heureuse ou malheureuse. De là je domine la ville, la rivière et la campagne. Je suis plus près de Dieu. Pour y arriver, il faut traverser une partie de la ville. Je passe devant de vieilles femmes assises sur des chaises devant leur porte, qui prennent le frais en potinant et en tricotant. J'entends leurs réflexions sur ma tenue. Je fais celle qui n'entend pas. Je traverse le vieux pont, je me penche pour regarder couler la rivière. C'est curieux, je ne peux pas traverser un pont sans m'arrêter pour regarder couler l'eau. Je grimpe la rue si raide, que l'on appelle, je ne sais pas pourquoi, de Brouhar, bordée de maisons dont certaines datent du Moyen Age. Arrivée en haut, je m'arrête pour souffler Neuf heures sonnent à Notre-Dame. Je tourne à gauche et j'arrive devant la grille qui défend l'entrée de la tour. Cette grille n'est jamais fermée. Et, bien que l'accès à la tour soit interdit, je me faufile dans l'étroit chemin d'où j'écarte les branches de lilas. Au printemps, cet endroit est un paradis parfumé. Il y a du lilas blanc et violet à profusion. J'en cueille d'énormes bouquets qui embaument la maison pendant des jours. Arrivée au pied de la tour, je monte les trois petites marches qui mènent à la porte condamnée et je m'assieds le dos appuyé contre son bois rugueux.

Je laisse la paix du soir m'envahir. Les hirondelles volent haut, il fera beau demain. La nuit tombe lentement, libérant ses parfums. Quelques lumières s'allument. J'aperçois la maison de Mélie. Il me semble entendre son rire. J'entoure mes jambes nues de mes bras, je serre très fort. Je suis bien. Comme chaque fois qu'un bien-être sans cause m'envahit, je me mets à penser à Dieu, puis à lui parler, à essayer de comprendre les mouvements du monde, de la pensée. J'aime ces moments abstraits d'où je sors à chaque fois, ou presque, avec l'impression d'avoir compris quelque chose, d'avoir fait un pas vers le connu et l'inconnu. Je me sens humble dans ces cas-là, à l'écoute avec tous mes sens de ce que l'on essaie de me faire entendre. L'air est plein de fantômes qui me parlent. J'entends leurs murmures, je sens leurs frôlements. Ils essaient de me transmettre ce qu'ils ont appris et ce que le passage du temps leur a inculqué. Je leur parle. Je leur demande de m'aider à acquérir sagesse et connaissances.

« Adressez-vous à ceux qui vont ont précédée, aux grandes âmes, à ceux qui ont fait de grandes choses. Demandez. Vous êtes de celles qui peuvent tout obtenir. Demandez-leur de vous aider. Ils vous aideront. »

Qui m'a dit cela un jour devant maman qui en souriait ? Une voyante, une astrologue ? Je savais qu'elle avait raison mais je n'ai jamais osé le lui dire, de peur de paraître ridicule.

Quand je suis seule, en contact, pourrait-on dire, avec un ailleurs, les propos que je tiens quelquefois à haute voix ne manquent ni de grandiloquence, ni de prétention, ni de relents de littérature et de philosophie mal digérés. Je sais tout cela. Je crois encore qu'il faut des mots pompeux, des phrases ronflantes, des effets de voix pour parler aux esprits de la nuit. Plus tard, bien plus tard, je saurai que c'est dans le silence de mon cœur que j'entendrai mieux leurs voix. Les premières étoiles apparaissent. J'attends qu'il y en ait plusieurs, puis j'en compte neuf. On dit, dans mon Poitou, que si l'on compte neuf étoiles pendant neuf jours, le neuvième jour on voit l'homme de sa vie en rêve. Je n'ai pas encore réussi à voir neuf nuits étoilées.

Depuis combien de temps suis-je ici ? Le ciel est superbe, c'est bientôt la pleine lune. Je n'aime pas beaucoup les nuits de pleine lune. Ces nuits-là, je suis d'une grande nervosité, je dors mal. Pour un peu, je hurlerais à la lune comme le font les loups et, dit-on, certaines filles envoûtées par le démon. Cette lumière blanche qui décolore les tissus plus sûrement que le soleil me fait mal aux yeux et au cœur. J'aime les nuits sans lune, pleines d'étoiles.

Un coup sonne au clocher de l'église Saint-Martial, Notre-Dame lui répond. La demie de quelle heure ? Il fait vraiment nuit maintenant. Je dois rentrer au plus vite si je ne veux pas me faire gronder. Je descends en courant le Brouhar. Je cours jusqu'à la maison. Ouf ! il y a encore de la lumière dans la cuisine. Je pousse la porte, maman est là sous la lumière de la lampe, un tricot à la main.

« Tu rentres bien tard, où étais-tu ? »

Je le lui dis. Elle a l'air de me croire.

« Qu'y a-t-il dans ce cachier ? »

Sa question me surprend. Je sens qu'il faut que je lui réponde, que c'est important pour elle.

« Je parle des livres que je lis, de ce que je fais dans la journée, de mes amis, de ce qui se passe en ville, de la vie, quoi.

— Il n'y a pas vos trucs à Mélie et à toi ? »

Je me sens rougir. Oh ! pas de ce que sous-entend sa question mais de ce qu'elle a dit l'autre soir : “ Elles font ensemble des choses sales, dégoûtantes... ” J'essaie de calmer la colère qui monte en moi. Je préfère ne pas répondre.

Elle n'insiste pas.

« Tu comprends, je dois savoir ce qu'il y a dans ce cahier pour pouvoir te défendre.

— Qu'ont dit les gendarmes ? »

J'ai enfin osé poser cette question qui me rongeait.

« Ils disent que c'est une histoire de gosses, mais qu'ils sont obligés d'enquêter parce que l'abbé C. leur a parlé de porter plainte s'ils ne faisaient pas cesser vos relations contre nature. Ils veulent que nous récupérions le cahier qui est, paraît-il, le seul motif de scandale puisqu'il circule en ville et que Alain le fait lire à tout le monde. Le père de Mélie m'a conseillé d'aller trouver la mère de ce garçon.

— N'y va pas, ce sont des gens vulgaires, prétentieux et méchants. Ils feront tout pour nous humilier et ne nous rendront pas le cahier.

— Peut-être, mais il faut essayer. »

Elle a raison, nous restons un long moment silencieuses.

« Tu as encore grandi. Tu devrais t'habiller autrement, surtout en ce moment. »

Ah ! non alors ! je ne vais pas capituler, même là-dessus, maintenant !

Devant mon air buté, elle me dit :

« Ecoute, je t'ai toujours laissé faire ce que tu voulais depuis que tu es grande. Tu sors quand tu veux, même le soir. Tu vas danser avec tes amis, tu lis tous les livres que tu désires, tu t'habilles n'importe comment et jusqu'à présent je ne t'ai rien dit. J'ai tellement souffert, quand j'étais jeune, de ne pouvoir rien faire que je me suis promis que mes enfants n'auraient pas la même jeunesse que moi. Ne me fais pas regretter de t'avoir laissée libre. »

Libre ? C'est vrai que je suis beaucoup plus libre que les camarades de mon âge. Même la grande Jeanine qui a un an de plus que moi n'a pas le droit de sortir le soir, sauf le samedi pour aller au cinéma. Je crois que maman a préféré me laisser sortir quand je voulais quand elle a vu que, malgré ses interdictions, je sautais par la fenêtre le soir pour aller dans les bois ou dans les prés, plutôt que d'avoir à me gronder et à m'enfermer. Peut-être, après tout, comprend-elle ce besoin de solitude. Car, elle sait que la plupart du temps c'est seule que je vais rêver au bord de l'eau ou dans les chemins creux.

« Quand doit partir papa ?

— Après-demain, je l'accompagne à Paris. »

Nous nous regardons sans rien oser dire de plus.

« Va te coucher, il est tard. »

Je l'embrasse avec un peu plus de tendresse que d'habitude. Nous nous sommes parlé. Même si nous n'avons pas dit grand-chose, nous avons essayé.

Aujourd'hui, c'est la foire annuelle dans la petite ville. Il y a beaucoup de monde, surtout des paysans venus des villages alentour. J'aime beaucoup ces foires. Je vais d'un marchand à l'autre, fouillant les étalages, dépliant les tissus, caressant les écheveaux de rude laine du pays qui sentent si fort et poissent les doigts d'un suint malodorant ; le marchand d'épices est là aussi, je lui achète un bâton de réglisse. Je ne manque jamais de m'arrêter longuement aux deux ou trois « bazars » qui vendent de tout : de vilaines poupées en celluloïd aux cheveux noirs et jaunes que certaines femmes habillent d'immenses et horribles robes de laine aux couleurs toujours criardes et qu'elles mettent bien en évidence, sur leur lit ; des jouets de pacotille : dînettes, petits meubles, voitures qui perdent tout de suite une roue, tricotin, des pelles et des râteaux qui rouillent trop vite, des ustensiles de cuisine, du papier à lettres, de mauvaises reproductions de vilains tableaux, des vases aux formes impossibles, que sais-je encore ? Toute une production médiocre, mais qui me ravit. Je fais un tour au marché aux bestiaux. Je caresse les jeunes veaux roux et blancs ; j'achète à une paysanne, assise sur un pliant devant son étalage d'œufs, de poulets et de lapins fraîchement tués, un petit fromage de chèvre très sec, comme je les aime. Je le mange en continuant ma promenade.

Cela m'a pris toute la matinée. Je vais quand même chez Mélie pour savoir ce que l'on fait aujourd'hui. Sa sœur me dit qu'elle doit être au café du Commerce avec les autres. J'y vais en courant.

Ils sont tous là sous la tonnelle, regardant d'un air morne l'animation inaccoutumée.

« Eh bien ! vous n'avez pas l'air gai !

— Pourquoi ? Parce que toi tu es gaie ? Tu as peut-être des raisons que nous ignorons ? »

Je hausse les épaules et je m'assieds près de Mélie à qui je prends la main.

« On a eu la visite d'Alain. Il veut que tu demandes pardon à Jean-Claude publiquement des coups que tu lui as donnés hier. Tu dois aller ce soir au tennis à cinq heures. Nous devons t'accompagner. Alain, Jean-Claude et toute la bande seront là. »

Je regarde Jeanine sans très bien comprendre. Je me retourne vers Mélie :

« C'est vrai ce qu'elle dit là ? »

Pour toute réponse Mélie fond en larmes. Je l'attire contre moi.

« Ne pleure pas. Il veut nous faire peur. Je n'irai pas. Demander pardon à Jean-Claude ! Il rêve ! Pardon de quoi ? De ne pas avoir voulu me laisser embrasser. J'ai bien le droit d'embrasser qui je veux et de me défendre si un garçon veut me violer.

— C'est ce qu'ils ont dit qu'ils feraient si tu ne venais pas », dit Marcelle en baissant la tête.

Mélie pleure de plus belle ; les garçons détournent la tête d'un air gêné, Jeanine elle-même a l'air ennuyée.

J'éclate de rire.

« Ils sont tellement lâches et froussards qu'il faut qu'ils se mettent à plusieurs pour violer une fille. Je n'y crois pas, ils disent ça pour bluffer. Tous les garçons de la bande d'Alain savent très bien que je sais me battre, que plus d'un a essayé de me coincer dans les petits chemins, mais aucun ne s'est vanté de la raclée qu'il a reçue. Vous vous souvenez de la tête de Jean-Luc ? Il disait partout qu'il était tombé de vélo dans un buisson d'épines. Les épines, c'était moi. Et le grand Paul qui a porté un pansement à la main pendant plusieurs jours, soi-disant que son chien l'avait mordu, un pauvre corniaud qui s'en va la queue entre les jambes dès que l'on élève la voix, c'était moi qui lui avais arraché la moitié de la main avec mes dents ; et Yves et son œil au beurre noir, c'est avec mon lance-pierres. Je n'ai pas peur d'eux. Je n'irai pas.

— Si, tu vas y aller, me dit Mélie avec une voix dure que je ne lui connais pas. Si tu n'y vas pas, je ne te vois plus. »

Ce n'est pas Mélie qui me dit ça, ce n'est pas possible.

« Elle a raison, tu dois y aller, dit Marcelle.

— Mais pourquoi ? Vous savez bien que cela ne changera rien et qu'ils ne rendront pas le cahier.

— Il y a du nouveau. Le père de Mélie est retourné à la gendarmerie. Tout le monde est bien embêté car cela prend des proportions inimaginables. Non seulement toute la ville en parle, exagérant les faits, disant que vos parents sont complaisants, que d'ailleurs tu couches aussi bien avec les hommes qu'avec les femmes. Les bigotes s'en mêlent, elles parlent de se rendre en délégation chez l'archiprêtre, chez les bonnes sœurs de l'Institution. Elles vont jusqu'à dire que pour t'empêcher de nuire c'est la maison de redressement qu'il te faut, ou mieux, la prison. »

Je suis atterrée. Tant de haine ! Je revois ces bonnes femmes à la messe se tournant vers la porte chaque fois que celle-ci s'ouvre et se penchant les unes vers les autres pour commenter la toilette de la nouvelle venue, ou la présence de telle autre. Leurs airs inspirés quand elles vont communier. L'ostentation qu'elles mettent dans les gestes de la prière. Leurs regards méchants, quand, à la sortie de la messe, elles regardent les filles jeunes qui descendent en riant les marches de l'église. Je n'ai aucune grâce à attendre d'elles. Tout en moi les révulse : ma jeunesse, ma liberté, ma manière de m'habiller et ma jolie figure. C'est trop de choses à pardonner à une même personne. Si encore j'étais une de ces belles filles un peu sottes comme on en trouve souvent, mais non, je fais figure d'intellectuelle puisque j'ai toujours un livre à la main et que l'on me rencontre souvent au bord des chemins, tellement perdue dans ma lecture que je ne vois passer personne. C'est trop, beaucoup trop. En plus, insolente, voleuse, provocante, les hommes honnêtes sont obligés de détourner la tête devant mes jambes trop découvertes, ma poitrine trop offerte ; les mères tremblent pour leur fils. Je suis un monstre, une sorcière, une de ces créatures qu'il faut éliminer, car leur singularité est un outrage à la société, un danger, comme certains livres, certaines images qu'il convient de détruire. Comment en suis-je arrivée là ? Ce n'est pas possible qu'un joli visage, la passion des livres, de la liberté, un manque de soumission aux règles habituelles, mon amour pour Mélie, me mettent au ban de la petite ville. C'est trop absurde. Tant de bêtise et de méchanceté m'accablent. Je me sens complètement désarmée. Je ne vois pas par quel côté aborder le problème. Je suis coincée, comme dans une impasse entourée de hauts murs d'où la seule chance de passer est d'attaquer. C'est ce que je décide de faire.

« D'accord, j'irai. »

Un soupir de soulagement s'échappe de toutes les poitrines. Seule Jeanine me regarde, méfiante. Je baisse la tête pour qu'elle ne me voie pas sourire. Elle pourrait comprendre. Nous nous séparons vite, il est l'heure d'aller déjeuner.

« A tout à l'heure, me dit Mélie.

— A tout à l'heure ! »

Le déjeuner est un peu plus animé que de coutume à cause du prochain départ de mon père.

« Je pense qu'au début de l'année je pourrai vous faire venir. La compagnie construit des bungalows. On m'en a promis un. »

Cela fait trois ans qu'il promet à maman de nous emmener. Je suis comme elle, je n'y crois plus.

« Puisque tu es habillée — pour faire plaisir à maman, j'ai mis la robe de toile rose pâle qu'elle aime bien et qui fait ressortir ma peau bronzée —, me dit papa, veux-tu venir à Poitiers avec nous. Ta mère a des courses à faire.

— Non merci, j'ai un peu mal au cœur. »

Je lui ai dit exactement ce qu'il fallait pour qu'il n'insiste pas. Il a horreur de s'arrêter sur le bord de la route quand je ne peux plus retenir ma nausée.

Le repas terminé, je monte avec une tasse de café au grenier et je prends un livre. Les mots ne restent pas en place sur la page, eux aussi me font mal au cœur. Je n'arrive pas à lire, trop préoccupée par le rendez-vous de cet après-midi. Je m'allonge, les jambes appuyées sur les montants du lit-cage, essayant de réfléchir à ce que je vais faire et dire. Je n'en sais rien. Il n'est pas question que je demande pardon à Jean-Claude. Et cependant, si j'acceptais. Alain et Jean-Claude, magnanimes, me pardonne raient, me rendraient peut-être le cahier. Je sais exactement comment agir pour cela. Les écouter me faire la morale, promettre de ne plus voir Mélie, flirter avec Jean-Claude, me laisser humilier par les mots blessants qu'ils ne manqueront pas de dire, tant à Mélie qu'à moi. Mélie ne compte pas pour eux, c'est moi qui dois plier, moi qu'il faut soumettre. Jean-Claude serait seul, j'en ferais ce que je voudrais, mais, soutenu par Alain, il est aussi mauvais que lui. Je sais que je n'ai aucune chance de leur faire entendre raison, de leur montrer combien ils sont injustes et se conduisent comme des brutes, qu'ils abusent et de leur force et de l'approbation de la petite ville. Que ce qu'ils me reprochent, aimer Mélie, n'est pas grave, que nous ne faisons de tort à personne. Mais à quoi bon ! Si je faisais ce qu'ils demandent, je ne pourrais plus jamais me regarder dans un miroir, je ne pourrais plus avoir d'estime pour moi. Il ne faut jamais accepter d'être humilié. Jamais.

La voix de Catherine me tire de mes pensées.

« C'est Yves qui veut te parler. »

Yves, c'est notre plus proche voisin et celui qui, le premier, m'a embrassée au cours de merveilleuses parties de cache-cache. Il a trois ans de plus que moi et il est toujours amoureux. Il ne fait pas partie de notre petite bande, ni de celle de Jean-Claude. Il travaille déjà, ce qui le met à l'écart de nos jeux qu'il juge enfantins. Je vais quelquefois me baigner et danser avec lui. C'est un beau garçon, il a un des plus jolis sourires que je connaisse et des yeux rieurs. Je n'accepte plus ses baisers depuis que j'aime Mélie et cela l'a rendu amer. On l'a beaucoup vu avec Alain ces derniers temps, c'est donc sans plaisir et avec méfiance que je le vois.

Il s'assied près de moi sur la vieille descente de lit qui me sert de tapis.

« Je voulais te dire que c'est moche ce qui vous arrive à Mélie et à toi. Qu'est-ce que tu vas faire ? Est-ce que je peux t'aider ? »

Les larmes me viennent aux yeux ; c'est le premier garçon à avoir un mouvement généreux envers moi. Je secoue la tête en souriant.

« Tu es gentil, mais tu ne peux rien faire. C'est à moi de me débrouiller.

— Je pourrais en parler à Alain, il m'écoute, je suis plus vieux que lui. Si je lui dis que tu es avec moi, cela lui suffira. Ce qu'il veut c'est t'arracher à ce qu'il appelle la débauche et te remettre dans le droit chemin. »

C'est donc ça. Je deviens la « bonne amie », comme ils disent, d'Yves ou de Jean-Claude et tout est terminé. Je me sens accablée. Yves prend sans doute mon silence pour un acquiescement car il se lève, m'attire contre lui.

« Salaud ! Tu es comme les autres, ce n'est pas m'aider que tu veux, c'est coucher avec moi ! Je ne t'aime pas, j'aime Mélie, tu entends ? J'aime Mélie. »

Il évite une gifle.

« Petite garce ! Tant pis pour toi, tu l'auras voulu ! Je voulais t'aider. Jusqu'à présent, je t'avais défendue, maintenant, je marche avec eux. Alain a raison, les filles comme toi ça se dresse comme des chevaux sauvages. »

Je suis retournée me pelotonner sur le petit lit, je pleure silencieusement. Je me sens si seule, si petite tout à coup.

On me touche l'épaule. Je me redresse violemment. C'est Yves qui me regarde, comme attendri.

« Ne pleure pas, je ne supporte pas de te voir pleurer. Tu sais bien que je suis incapable de te faire du mal. »

Je lui saute au visage, je le frappe de toutes mes forces. Il me maintient par les poignets.

Il est beaucoup plus fort que moi. Il a refermé ses bras sur moi et tente de m'embrasser. Je secoue ma tête dans tous les sens. Cela le fait rire. Il resserre son étreinte. Une brusque chaleur m'irradie le ventre, je sens mon corps s'alanguir contre le sien. Je retrouve le trouble qui m'enveloppait quand nous jouions à cache-cache, dissimulés dans la luzerne fraîchement coupée. Notre ignorance n'avait d'égale que la violence de notre désir. J'étais totalement abandonnée. Mais lui, en dehors de longs et violents baisers qui me laissaient pantelante, il n'osait que de chastes caresses. Il ne comprenait pas pourquoi je martelais sa poitrine de coups de poing quand nos mères, nous ayant appelés pour aller nous coucher, je devais le quitter le corps en feu, insatisfaite. Il me respectait... Que les garçons sont bêtes !

Pour l'instant, le même désir d'être prise m'envahit. Mélie m'a révélé les secrets de mon corps, je sais comment apaiser cette douleur délicieuse qui me mord le ventre. J'imagine qu'un homme doit faire éprouver une sensation plus grande encore. Je réponds à ses baisers, ses mains me parcourent toute, pressent mes seins. Je m'entends gémir. Pourquoi a-t-il ce mot maladroit ?

« Ce n'est pas Mélie qui pourrait te faire cet effet-là. »

L'imbécile, il a tout gâché ! Je m'arrache de lui. Prête à me battre.

« Va-t'en, tu m'ennuies. »

Ses yeux brillent d'un éclat mauvais. Il est devenu très pâle, les lèvres pincées. Il fait un mouvement vers moi, puis renonce et s'en va sans avoir prononcé une parole. Je suis soulagée et furieuse. Je regrette qu'il soit parti. J'ai tellement envie de faire l'amour. J'essaie d'imaginer comment ce sera la première fois. Des images délicieusement obscènes défilent dans ma tête. La chaleur au creux de mon ventre est revenue. Je relève ma robe et là, debout, j'apaise frénétiquement mon besoin de caresses. Un plaisir brutal et sans joie me plie. Je retire ma main humide. Je la porte à mes narines, à mes lèvres, j'aime l'odeur et le goût de mon plaisir, il sent les branches de pommier fraîchement cassées.

Trois heures sonnent au clocher. Il est l'heure d'aller retrouver Mélie.

Mélie est seule dans sa chambre avec Gérard, ils lisent chacun dans un coin. Je les embrasse, m'installe sur le lit et me mets à lui lire le livre que j'ai apporté. Nous lisons ainsi jusqu'à l'arrivée de Jeanine et des autres. Aucun de nous n'a l'air très en forme, nous sommes avachis sur le lit, sur les chaises, par terre, dans cette attitude d'ennui qui fait dire à nos parents que nous sommes des mollassons et que de leur temps la jeunesse avait plus de nerf. L'un propose une partie de monopoly, l'autre un tour en barque, une partie de ping-pong au café de l'Europe.

« Si on dansait, ça nous dégourdirait les jambes et ça nous changerait les idées. »

La proposition de Jeanine est acceptée à l'unanimité, mais sans grand enthousiasme. Nous descendons dans la remise qui nous sert de salle de danse et que nous avons décorée comme nous imaginons que sont les caves de Saint-Germain-des-Prés. Aux murs, des photos de Juliette Gréco, Georges Ulmer, Charles Trénet, Edith Piaf, Sydney Bechet, Louis Armstrong, Mouloudji, dont la chanson *Comme un p'tit coquelicot,* met ma grand-mère en colère quand je la chante, car, dit-elle, c'est une chanson dégoûtante. Mélie remonte le phono et met *Eperdument,* notre chanson, me regardant tendrement. Nous dansons amoureusement enlacées. Mais le cœur n'y est pas, nous pensons à autre chose. Le disque terminé, quelqu'un met *Petite fleur.* Mais même le saxo de Sydney n'arrive pas à nous tirer de notre torpeur. Affalés sur les coussins, nous fumons, perdus dans nos pensées. Les disques se succèdent, Gérard s'en occupe, mais personne ne danse. Nous entendons sonner la demie de quatre heures.

« Il va falloir y aller », dit Gérard.

Nous nous levons péniblement. Je remonte dans la chambre de Mélie pour me coiffer. Mélie me suit. Dans l'escalier, elle m'attire contre elle.

« Tu vas voir, tout va s'arranger. »

Mais oui, bien sûr. Tout s'arrangera. Peut-être pas comme tu le souhaites, Mélie. A quoi bon t'expliquer ? Tu ne comprendrais pas. Tu es moins impliquée que moi dans cette affaire. Ne t'inquiète pas. Nous nous embrassons. On serait si bien dans son lit à se caresser. Je le lui dis à l'oreille.

« Tu es folle, ce n'est pas le moment de penser à ça. »

Il me semble, au contraire, que c'est bien le moment. On devrait toujours faire l'amour quand on a un problème, un chagrin, des ennuis car, après le plaisir, les choses les plus graves apparaissent moins noires.

Nous sommes si fatigués que nous ne trouvons pas la force de monter la côte à vélo. C'est à pied que nous allons au tennis dans l'attitude des bourgeois de Calais, moins la dignité.

Cinq heures sonnent quand nous arrivons. Ils sont tous là, y compris Yves, qui nous regardent d'un air satisfait. Ils sont assis devant des jus de fruits. Il n'y a pas de filles avec eux. Je m'avance, pâle dans ma robe rose, le cœur battant à tout rompre, les mains glacées.

« Vous vouliez me voir ?

— Non seulement, me dit Alain, tu n'es qu'une sale lesbienne mais en plus tu t'attaques aux garçons. Hier, tu as failli tuer Jean-Claude. Arrête de sourire comme ça. Mais elle se fout de nous, ma parole ! Mais qu'est-ce que tu te crois ? Tu t'imagines que parce que tu es une fille on se gênera avec une salope comme toi ? C'est à poil qu'on devrait te promener dans les rues pour que tout le monde voit ton sale petit cul.

— Laisse-la tranquille, dit Yves, ce n'est pas ce que tu lui dis là qui la fera changer.

— Tu as peut-être raison. Avec les copains, on pense que cette histoire a assez duré. Ce n'est pas bon pour la moralité que l'on agite sous le nez des gens honnêtes les saloperies d'une petite pute de ton espèce. Alors voilà ce que nous avons décidé.

— A quoi tu joues, au tribunal ? dis-je en m'asseyant.

— Ta gueule ! Reste debout ! »

Comme je ne bouge pas, il fait signe à deux de ses copains, qui me mettent debout sans ménagement et m'y maintiennent en me serrant fortement les bras. J'ai un regard vers ma petite bande. Ils sont debout, les mains pendantes, mais pas un n'a un geste vers moi. Un sentiment de solitude immense m'envahit.

« Lâchez-moi, vous me faites mal. Je resterai debout.

— Ça va. Lâchez-la ! »

Ils me lâchent, leurs doigts ont laissé des traces rouges sur ma peau. Je me frotte comme pour les effacer.

« Tu vas quitter Mélie et ne plus la revoir tant que nous ne t'aurons pas donné l'autorisation. Tu n'iras plus chez elle. Tu retourneras avec Jean-Claude après lui avoir demandé pardon. Il est prêt à te pardonner. Je ne comprends pas pourquoi. Une garce comme toi, il y a longtemps que je l'aurais virée. Mais enfin, c'est son affaire. Si tu nous promets tout cela, si tu jures de tenir ta parole, là, devant tout le monde, je te rendrai ton cahier et les flics abandonneront l'affaire.

— Sinon ?

— Sinon ? Tu regretteras d'être née. Tes parents pourront faire leurs valises. Tu seras virée de toutes les écoles, de tous les lycées de la région. Jusqu'à présent les journaux du coin n'ont rien dit, mais ils n'attendent que ça, tu penses ? des histoires de fesses entre filles ! Si tu restes ici, personne ne voudra te parler, les gens t'insulteront dans la rue, tu auras envie de mourir.

— Le cahier ? Si je promets tout ça, tu me le rendras quand ?

— Demain, à midi, au café de l'Europe. »

On entend seulement le bruit des balles sur les cours voisins. Tout le monde me regarde. Je vais vers Mélie, je lui caresse les cheveux, je l'embrasse malgré les murmures réprobateurs de mes ennemis.

« Tu veux vraiment que j'accepte tout ce qu'ils me demandent ? Ne plus te voir ? C'est ce que tu veux ? »

Mélie baisse la tête et pleure de plus belle. Je la lui relève sans douceur.

— Dis, c'est ça que tu veux ? »

La peur que je lis dans ses yeux me répond. Je la repousse brutalement. Je me retourne vers les « juges ». Je n'ai plus peur, mon cœur bat normalement. Je m'avance vers eux en souriant. Je sens comme une détente dans l'air.

« Allez vous faire foutre. »

Devant leur air stupéfait, j'éclate de rire.

« Mais qui croyez-vous que je suis ? Comment avez-vous pu supposer les uns et les autres que je pouvais accepter une seule de vos ridicules propositions ? Vous m'avez jugée lâche, comme vous ? Vous avez cru me faire peur avec vos menaces ? Au contraire, vous m'avez donné du courage. Même les gendarmes ne me font plus peur (là, je me vante un peu), alors, ce ne sont pas des minables comme vous qui vont y parvenir. Vous pensiez me séparer de Mélie ? Je l'aime encore plus maintenant. Vous n'avez réussi qu'une chose, c'est de me rendre les hommes odieux. Jamais je n'irai avec Jean-Claude, ni aucun d'entre vous. Vous me dégoûtez. Vous n'êtes que des pauvres types. Je ne vous en veux même pas, je vous méprise. »

Je leur tourne le dos, pas mécontente de moi. Un coup violent à la tête me fait tomber. Dans un brouillard, j'entends le cri de Mélie, j'entrevois le visage de Yves et tout devient noir.

« Ces gamins sont complètement fous. »

Il me semble reconnaître la voix du docteur Martin. J'ouvre les yeux, c'est bien lui qui est penché vers moi. Il est en tenue de tennis, il y a du sang sur sa chemise Lacoste. C'est bizarre, il me semble que le crocodile vert se moque de moi. J'essaie de me lever, il m'en empêche doucement mais fermement.

« Ne bouge pas, je viens de te mettre un pansement de fortune. Qui t'a fait ça ? »

Je m'en doute, mais je préfère ne rien dire. Je préfère régler mes comptes moi-même.

« C'est Alain qui lui a envoyé une bouteille de Roc-Sain par-derrière », dit Mélie, très pâle.

« Où est-il ? »

— Quand ils ont vu Léone tomber, se mettre à saigner, ils se sont tous enfuis sauf Yves qui nous a aidés à l'allonger. Heureusement que vous êtes arrivé, docteur.

— Toujours cette histoire de cahier, je suppose ? Allez viens, je t'emmène à mon cabinet pour t'examiner plus en détail.

— Non, ce n'est rien, je veux rentrer à la maison. »

J'essaie de me lever, mais un brusque éblouissement m'en empêche.

« Tu vois ? Ne fais pas la sotte. Mélie va venir avec toi. »

Il m'aide à marcher jusqu'à sa voiture. C'est fou ce que j'ai sommeil.

« Allons, ce n'est pas aussi grave que je le craignais. Je n'ai même pas besoin de te faire des points de suture. »

Je me retrouve avec un grand pansement autour de la tête. Je ressemble à Apollinaire comme ça.

« Je vais te raccompagner.

— Non, merci, ce n'est pas la peine, je préfère marcher. Mélie va venir avec moi.

— Comme tu veux. Fais attention à toi, petite », ajoute-t-il, après un moment, en me tapotant la joue.

Je souris en haussant les épaules.

« Merci, docteur. »

« Si on allait à la maison, me dit Mélie, il n'est pas tard.

— Non, je préfère rentrer, je suis fatiguée. »

Nous montons la rue de la Poste en nous tenant par les épaules. Les rares passants que nous rencontrons se retournent sur nous, étonnés : j'ai l'air d'un grand blessé.

Maman pousse un grand cri en nous voyant arriver. Même grand-mère s'empresse auprès de moi.

« Comme cette petite est pâle ! »

Elles me portent presque sur le divan du salon. Mélie les regarde faire, les bras ballants, inutile. Dès que je suis allongée, une grande torpeur m'envahit, puis une immense fatigue, bientôt suivie par une tristesse telle que les larmes se mettent à couler malgré moi, m'inondant le visage comme la mer montante les galets. Avec ces larmes, semble s'écouler de moi le venin de la haine ; un grand désir de résignation, de renoncement monte en moi. Un coup sur la tête peut-il provoquer de tels changements ? Je me sens sourire à travers mes larmes. Les voix de Mélie, de maman, s'éloignent. Je m'endors.

Le lendemain matin, c'est une bonne odeur de café qui me réveille. Maman est là, près de mon lit, fraîche et souriante ; un plateau portant mon petit déjeuner est posé sur le bord du lit. Je me sens soudain très lasse, car ma sœur et moi nous n'avons droit au petit déjeuner au lit que quand nous sommes malades. Elle se penche et m'embrasse doucement.

« Bien dormi, ma chérie ? »

La porte s'entrouvre. Je vois apparaître une partie du visage de mon père.

« On peut entrer ? »

Maintenant, c'est au tour de grand-mère, puis de ma sœur et de mon petit frère. Tant de sollicitude m'émeut et m'inquiète. Pour un peu je me croirais sur mon lit de mort.

« Mais je ne suis pas malade.

— Bois ton café, il va être froid », me dit maman en posant le plateau sur mes genoux.

Hum ! des tartines de pain fraîchement grillées. J'adore ça. Bien que grand-mère dise que ce n'est pas bon pour la santé, que « ça mange le sang ».

Qu'ont-ils à me regarder comme ça ? Que me veulent-ils ? Je vais le savoir. Maman leur fait signe de sortir.

« Je vais voir la mère d'Alain cet après-midi. As-tu quelque chose à me dire avant ? »

Je la regarde en secouant la tête. Que veut-elle que je lui dise ? Que je désapprouve cette démarche qui ne servira qu'à l'humilier ? Qu'elle n'obtiendra rien de cette femme, mère d'un tel fils ? Comme je la sens désemparée, confrontée à quelque chose qu'elle ne comprend pas. Elle a tellement étouffé en elle tout sentiment personnel qu'elle ne sait plus lire les mouvements de son cœur. Comme j'aimerais la prendre dans mes bras, lui dire que tout ceci n'est pas bien grave si nous nous aimons assez pour affronter les autres ! Que si nous les regardons la tête haute, ce sont eux qui baisseront les yeux ! Que je me sens forte et dure par rapport à elle et en même temps si fragile, si faible car, à leurs yeux à tous, je ne suis qu'une enfant.

« Je t'en prie, n'y va pas ! »

Elle retire brusquement sa main que j'avais prise entre les miennes comme pour essayer de lui faire passer avec leur chaleur tout ce que je voulais lui dire et que ma pudeur ou ma maladresse m'empêchaient de formuler.

« La faute à qui si on en est arrivé là ? »

Oh ! que ce cri me fait mal ! Jamais, jamais, je n'arriverai à me faire entendre. Elle se lève et quitte la pièce sans rien ajouter. Blessée, sans doute, par ce qu'elle doit croire être « mon manque de cœur », comme dit grand-mère.

Je quitte brutalement mon lit. Un peu trop brutalement, car je retombe sur les draps, étourdie. J'avais oublié ma tête.

J'ai beaucoup de mal à me lever malgré l'hostilité que je sens autour de moi et qui me pousse à quitter mon lit et la maison. J'erre d'une pièce à l'autre, allant du grenier à la cuisine, entrant, sortant, ce qui a le don d'exaspérer grand-mère qui m'envoie chercher du pain pour être tranquille un moment. J'y vais sans rechigner, heureuse de cette diversion à mon ennui.

Je néglige le boulanger proche de la maison et décide d'aller chez celui dont on dit qu'il fait le meilleur pain de la ville, M. Rouly, dans la ville haute.

J'y vais lentement, encore un peu étourdie par le coup, mais surtout par la douceur de cette matinée d'été. J'ai une robe autrefois verte, maintenant presque blanche à cause des nombreux lavages. Elle est très ample et plutôt longue et se balance voluptueusement, du moins c'est ainsi que je le vois, autour de mes jambes ; des sandales de cuir naturel, presque neuves, un vieux sac en tapisserie découvert chez le brocanteur, telle est ma tenue et je l'aime bien.

Je rencontre deux de mes tantes, qui m'embrassent du bout des lèvres en me demandant où je vais. Elles semblent soulagées quand elles savent que ma promenade a un but. Je les quitte brusquement et pars en courant.

Je traverse le vieux pont et je m'arrête, selon mon habitude, pour regarder l'eau couler. D'où je suis, je peux voir le jardin et le premier étage de la maison de Mélie. Je crois l'apercevoir sur le banc de la terrasse. Une brusque bouffée de tendresse me serre le cœur. Comme je l'aime ! Comme ce serait doux de vivre avec elle, d'habiter la même maison, de dormir dans le même lit, de se réveiller ensemble, d'être caressée chaque fois que le désir m'envahirait, de l'écouter me parler de son père, de la jalousie de sa mère, de ses sœurs, d'elle, confronter nos lectures, admirer les mêmes paysages, sentir le temps passer sans amertume, sans peur.

« Quand je serai majeure, je me marierai avec elle. »

J'éclate de rire, j'ai dit cette phrase à haute voix et, emportée par ma rêverie, je me suis mise à penser *mariage* comme si l'une de nous avait été un garçon pouvant épouser l'autre. De plus je suis confondue pour avoir posé, du moins en pensée, le problème : amour + désir = mariage. Moi qui, au cours de nos conversations entre copains, défendais l'union libre et la liberté pour chacun d'exprimer son désir à tous ceux dont il pouvait avoir envie ; qui leur disais que le mariage était une abomination, un esclavage de tous les instants, tant pour la femme que pour l'homme. Et voilà que pensant à Mélie et à moi, je pensais mariage. Je reprends ma route, mécontente de moi. Je rencontre la mère de Jeanine qui fait semblant de ne pas me voir. C'est donc vrai que les parents de mes amis ne veulent plus qu'ils me voient. Cela me fait de la peine qui se transforme, aussitôt, en colère.

J'arrive chez le boulanger peu de temps avant midi. Il me demande des nouvelles de toute la famille qu'il connaît bien, ayant été mitron chez un des boulangers de la ville basse.

« De biens braves gens, allez, mademoiselle, et pas fiers. »

Je réponds machinalement à ses questions, souriante et patiente, ce qui me surprend, car j'élude toujours ce genre de conversation que je juge durement inutile, pour ne pas dire stupide.

Je peux enfin partir, la minuscule boutique s'étant emplie peu à peu de clients, heureusement peu pressés. Mon pain chaud serré contre moi, je descends en courant le Brouhar, retraverse le vieux pont, sans m'arrêter cette fois. Je casse un bout de pain. Qu'il est bon ! Quand j'arrive à la maison, le pain a sérieusement diminué et la famille est à table.

« Tu ne peux pas être à l'heure, si ce n'est pas trop te demander ? s'écrie mon père.

— Où as-tu été traîner ? dit ma mère.

— Le pain, regardez le pain, ce n'était pas la peine d'aller le chercher si loin pour en rapporter si peu », dit grand-mère en me retirant des mains ce qui reste du pain.

Je m'assieds en silence. Je n'ai pas faim.

Le déjeuner se passe en silence. Chacun pensant à la visite de maman à la mère d'Alain.

Le déjeuner aussitôt terminé, je me lève, plie ma serviette et me dirige vers la porte. Maman me lance un regard de reproche, j'ai un mouvement vers elle, mais je le refrène, consciente que cela ne sert à rien.

« Je prendrai bien un café », dit mon père en me regardant.

Je mets l'eau à chauffer, prends le café sur l'étagère au-dessus de la cheminée, le moulin à café sur l'étagère à côté, verse les grains de café dans le moulin et, m'asseyant, le moulin coincé entre mes cuisses, je me mets à tourner la manivelle lentement. Je sens les tressautements du moulin contre mon ventre ; le bruit des grains broyés envahit ma tête ; le fort parfum du café fraîchement moulu emplit mes narines ; mon bras s'engourdit peu à peu. Je sursaute quand la voix sèche de grand-mère dit :

« Réveille-toi. Tu ne vois pas que tu tournes dans le vide ? »

Je retire le tiroir en faisant attention de ne pas renverser le trop-plein de café moulu ; je sors du placard la vieille cafetière en terre, bien culottée par de nombreuses années d'usage. Je mets la quantité suffisante dans le filtre et, l'eau de la bouilloire commençant à chanter, j'en verse la valeur de deux cuillerées à soupe afin de faire gonfler le café. La poudre frémit, semble lutter contre l'envahissement de l'eau, se gonfle, puis enfin s'apaise. A ce moment-là, je verse l'eau nécessaire pour faire le café pour quatre personnes. La pièce embaume. Il me semble que chacun se détend grâce à la bonne odeur. Je vais chercher les tasses de porcelaine blanche à l'intérieur doré, marquées aux initiales de la famille de grand-mère. Il ne reste que quatre ou cinq de ces tasses. Je les aime beaucoup, prétextant que le café est bien meilleur bu dedans. C'est aussi l'avis de mon père, sinon celui de grand-mère qui a toujours peur que l'on casse ces survivantes de son enfance. Je pose le sucrier sur la table, les petites cuillères dépareillées, et, le café étant passé, je retire le filtre et verse le chaud liquide dans les tasses.

« Hum ! fameux ! dit mon père.

— Un peu fort, peut-être, dit ma mère.

— Avec un doigt de lait, il sera parfait », dit grand-mère.

Quant à moi, je ne dis rien, me contentant d'apprécier et l'odorant breuvage et l'approbation dont, pour une fois, je fais l'objet. J'ai accompli ces gestes dans un état second. Trop isolée par ce qui m'arrive et auquel je ne comprends rien.

J'embrasse maman, mets un livre, un cahier et un crayon, une pomme et une barre de chocolat dans mon sac, et je m'en vais.

Je n'ai pas envie de voir Mélie. J'ai besoin de réfléchir. Je marche au hasard des rues vides et silencieuses de ce début d'après-midi. Bientôt, je suis hors de la ville et je prends les chemins parallèles à la route de Saint-Savin. Je marche de plus en plus lentement, poussant du pied des cailloux ou des feuilles. Je descends dans un pré où se trouvent les ruines d'un petit pont qui me sert d'abri les jours de pluie, le ruisseau qu'il enjambe étant tari, sauf deux ou trois mois à la fin de l'hiver. Il y a là de la mousse séchée apportée par moi lors de précédentes visites, en vue de rendre l'endroit un peu plus confortable. J'en fais une sorte de matelas sur lequel je m'allonge les mains derrière la nuque.

Sur la voûte des limaces avaient laissé leurs traces luisantes, faisant comme des broderies transparentes ou argentées ; d'immenses toiles d'araignées, du lichen noirci ou desséché pendaient de la voûte, formant une tenture aux dessins fantastiques et comme vénéneux. L'endroit était assez sinistre et, après la chaleur de la lumière du dehors, froid et sombre comme un puits. Je me complaisais dans cette ambiance de roman noir où mon imagination frénétique n'était arrêtée par la moindre pensée cohérente ou optimiste, mais où elle vagabondait, au contraire, dans les contrées morbides, exacerbée par un climat de tension, d'antipathie, de suspicion, d'incompréhension et de haine. Prise par la pénétrante humidité du lieu, frissonnante de froid, de peur et de chagrin, je me laissais envahir par une mélancolie romantique, qui me faisait répandre des larmes bien amères. Je me tordais de douleur sur mon lit de mousse, appelant à moi tous les dieux et génies de mes livres, les suppliant de m'épargner ou de me tuer sur-le-champ. Dans mon délire, je trouvais aux autres, parents, amis, habitants de la petite ville, toutes les raisons de me mépriser et de me haïr. N'étais-je pas un objet de honte pour la cité ? un exemple déplorable pour les adolescents de mon âge ? Tout en moi respirait le vice, le péché, j'étais une sorcière, celle que l'on poursuit, que l'on chasse, que l'on tue à coups de pierre ou par le feu ? Je sentais les flammes monter le long de mes jambes, je rendais mon âme au diable en demandant pardon à ceux que j'avais pervertis, en priant Dieu de me prendre sous sa sainte garde. Mais un immense ricanement m'avertissait que Satan ne voulait pas laisser échapper une proie si digne de l'enfer. Certes j'avais mérité un tel châtiment. Le cachot eut été trop doux pour une créature aussi mauvaise que moi. Je me frappais la poitrine, hoquetant des mots sans queue ni tête. Pour un peu, je me serais arraché les cheveux, comme les héroïnes de romans anglais, ou griffé le visage. Mais là, il ne faut pas exagérer, je suis en plein délire romantique d'accord, mais je tiens à conserver ma jolie figure.

J'ai donc gardé au milieu de ces cris et de ces larmes une assez grande lucidité de mon état physique, pas moral, hélas, tant ma souffrance, bien qu'exprimée d'une manière excessive, était réelle. Je me suis calmée peu à peu, j'ai essuyé mes yeux avec un pan de ma jupe, toute chiffonnée. J'avais faim. Tout heureuse de retrouver la pomme dans mon sac ainsi que le chocolat. Ce léger goûter m'a fait du bien. Je suis sortie frissonnante de mon triste abri et j'ai entrepris de trouver une source que je savais être pas très loin. Je l'ai trouvée bien cachée par des ronces et me suis baignée le visage avec son eau fraîche. J'en ai bu un peu. Elle avait un goût de menthe. Je me suis assise non loin d'elle sous un gros chêne, le dos appuyé au tronc rugueux, écoutant le bruit à peine perceptible de la petite source. Peu à peu une grande paix triste m'a envahie, j'ai essayé, sans colère, sans parti pris, de réfléchir à ce qui se passait autour de Mélie et de moi. Apparemment, rien ne justifiait le fait que les gendarmes se soient déplacés. A ma connaissance, aucune plainte n'avait été déposée. Contre qui, contre quoi, eût-on pu la déposer ? Nous sommes deux mineures, que la rumeur publique désignait comme lesbiennes. Je ne voyais pas où était le délit. Aucun adulte n'était mêlé à notre histoire. C'est une histoire de J3, comme je l'avais entendu dire par le docteur Martin. Nous ne provoquions personne, ni par notre attitude, ni par nos propos. Mélie était d'une bonne famille bourgeoise de la ville, bien en place et se mêlant peu aux ragots d'une manière générale ; quant à moi, ma famille était plus modeste, mais plus honorablement connue ; jamais aucun de ses membres n'avait créé le moindre scandale. Alors ? Quelles raisons ? Je ne pouvais pas croire que ce déploiement de méchanceté et de petitesse ne fût que pour moi. L'objet ne me paraissait pas avoir suffisamment d'intérêt. Que me reprochait-on ? J'essayais honnêtement de leur trouver des raisons. Je n'en voyais aucune. Je ne pouvais quand même pas imaginer que ma beauté (toute relative), mon goût de la liberté, des livres, des reparties vives (pas toujours), mon amour pour une fille de mon âge, mes flirts sans conséquence, mes jambes trop nues et mes maillots trop petits, mon cahier, suffisent à mobiliser les gendarmes, les parents de mes amis, un prêtre, et, je n'allais pas tarder à l'apprendre, les religieuses de mon école, les professeurs de celle que fréquentait Mélie, et une bonne partie des habitants de la petite ville, jeunes et vieux. Quelque chose m'échappait, mais j'étais bien incapable de savoir quoi. Je décidais d'aller en parler à Mélie, peut-être son père pourrait-il m'éclairer.

Mélie était dans sa chambre, entourée par les membres de notre petite bande. Quand j'entre, j'ai l'impression que je les dérange, ils cessent de parler et après un bref regard sur moi se détournent. Mélie est assise sur son lit avec Jeanine qui la tient par l'épaule. Je ressens un bref pincement de jalousie. Je vois que Mélie a pleuré, son visage de blonde ne supporte pas les larmes et se marque tout de suite. Je vais vers elle, pleine de tendresse et d'agacement — j'avais tant espéré la trouver seule —, je pousse Jeanine sans ménagement.

« Qu'as-tu ma chérie ? As-tu appris quelque chose de nouveau ? »

Elle secoue la tête en soupirant.

« Que veux-tu qu'elle apprenne de nouveau ? C'est de toi que doivent venir les nouvelles bonnes ou mauvaises, dit Jeanine. Mais, j'y pense, c'est bien aujourd'hui que ta mère doit aller voir celle d'Alain ? Tu devrais rentrer chez toi pour savoir comment ça s'est passé.

— Je le saurai bien assez tôt », dis-je en haussant les épaules.

Cette simple réflexion a eu le don de la mettre en colère et d'énerver les autres.

« Si tu ne penses pas à toi, ni à tes parents, pense à Mélie, à nous, à nos parents. On dirait que tu ne te rends pas compte. On dit sur toi des horreurs, peut-être pas toutes fausses d'ailleurs ; que tu couches avec Pierre et Paul ; que tu lis des livres cochons ; que tu te mets nue à la fenêtre de ta chambre pour exciter les gens ; que tu ensorcelles tous les hommes, là, ils exagèrent ; bref, que nous ne devons plus te voir ; plus te parler ; que tout en toi est mauvais et que l'on devrait t'enfermer. »

Jeanine s'arrête, comme essoufflée, elle a débité tout ça, sans respirer, à toute vitesse, comme pour se débarrasser d'un poids trop lourd ou d'une haine trop forte. Un silence pesant règne dans la chambre. Seuls les battements de mon cœur me semblent envahir la pièce.

« Cesse de sourire, crie-t-elle en se levant. Si tu aimais vraiment Mélie, tu la quitterais, tu ne la reverrais plus. Arrête de sourire, on en a assez de toi, de tes grands airs de madone affranchie, de sauvageonne de province, d'intellectuelle à la gomme, de tes mines de petite fille quand les hommes te parlent ou te regardent, de ton soi-disant amour pour Mélie. Ah ! il est beau ton amour ! Ça ne t'empêche pas de flirter avec Jean-Claude, Yves et tous ceux qu'on ne connaît pas, et peut-être pas seulement flirter. Je sais, moi, que tu es capable de tout quand tu as envie de quelque chose, quand quelqu'un te plaît... Arrête de sourire... »

Elle a levé la main sur moi, j'esquive le coup et je me trouve derrière elle. Alors, calmement mais rapidement, j'abats le tranchant de ma main sur sa nuque, de toutes mes forces, comme je l'ai lu dans la Série noire et vu faire dans les films de gangsters. Elle tombe mollement. J'espère bien l'avoir tuée.

Mélie a surgi près de moi.

« Tu es folle », dit-elle en se penchant vers Jeanine qui

revient, malheureusement, à elle. Elle se frotte la nuque en me jetant un regard peureux. Les larmes lui viennent aux yeux.

« La vache, tu aurais pu me tuer.

— Fous le camp ! lui dis-je en ouvrant la porte, partez tous ! C'est moi qui ne veux plus vous voir. Vous êtes trop lâches, trop moches. »

Je les repousse violemment. Jeanine est trop étourdie pour me résister, les autres, trop mous. Le dernier parti, je claque la porte derrière lui. J'entraîne Mélie vers le lit et la force à s'asseoir. Une folle envie de la battre me saisit, je lui serre si fort les mains qu'elle gémit.

« Arrête, tu me fais mal ! »

Je desserre l'étreinte, un peu honteuse.

« Ce n'est pas vrai ce qu'a dit Jeanine, je t'aime. Ces histoires avec les garçons c'était bien avant. (Là, je mens, mais qu'importe, l'essentiel, c'est qu'elle me croie.) Je t'aime et je ne veux pas te quitter. Tu ne le veux pas, toi non plus ? »

Elle détourne la tête, pleurant à nouveau. Une brusque angoisse me saisit : si c'était elle, qui voulait me quitter. Pas vraiment de son propre chef, non, mais elle est si faible face aux pressions des autres. Et elle doit avoir tellement peur de faire de la peine à son père.

Je m'allonge sur le lit, comme assommée. Je veux bien me battre avec Mélie, mais pas contre elle. C'est à mon tour de pleurer, j'essaie de retenir mes larmes. Mon désarroi est trop grand, trop grande aussi la lassitude qui s'abat sur moi. Je laisse mes larmes s'échapper doucement de moi.

Un souffle chaud me ramène à la réalité. Mélie m'embrasse l'intérieur des cuisses. J'ai remarqué que chaque fois que je pleure cela lui donne envie de me caresser. Je soulève mes reins pour l'aider à retirer ma culotte et j'ouvre mes jambes. Que c'est doux. Sa langue pointue joue avec mon désir, ses doigts m'écartent. Je me laisse aller et emporter par le plaisir. Je gémis doucement. J'arrache sa tête de mon ventre et j'embrasse ses lèvres toutes parfumées de moi. Elle prend ma main et la dirige vers son sexe. Mes doigts se referment sur une petite motte dodue, tendue vers moi, mais Mélie repousse brutalement ma main au moment où la porte s'ouvre.

« Tu n'entends pas, c'est l'heure du dîner, il y a un moment que je t'appelle. »

Je bondis. L'heure du dîner, je vais être en retard. Aujourd'hui, ce n'est pas le jour. J'embrasse Mélie rapidement, bouscule Françoise au passage et pars en courant vers la maison. Je suis arrêtée dans ma course par Jean-Claude qui m'a happé le bras. Il essaie de m'attirer contre lui. Il me dit qu'il m'aime, qu'il fera ce que je voudrai, mais que je veuille bien l'embrasser seulement une fois. Il me tient fermement. Je l'embrasse pour payer mon passage, mais cela ne lui suffit pas, il me serre de plus en plus fort contre lui. Je le mords violemment pour l'obliger à me lâcher. Je reprends ma course un goût de sang aux lèvres.

Comme je le craignais, ils sont tous à table mais n'ont pas encore commencé le repas.

« Va te coiffer et te laver les mains », dit ma grand-mère.

J'obéis et je reviens prendre ma place. Maman a pleuré, grand-mère aussi. Seul papa a l'air en forme. C'est demain qu'il part. Le dîner est vite expédié car les oncles et les tantes viennent passer la soirée à la maison pour dire adieu à mon père.

« Tu peux aller au cinéma ou te coucher, dit ma mère, visiblement peu désireuse que je me trouve en présence de la famille. Catherine vient avec toi. »

Ça c'est moins drôle. Je prends l'argent qu'elle me tend.

« Ne rentrez pas trop tard. »

La nuit est douce. Les graviers crissent sous nos sandales. Je me sens soulagée. Personne n'a parlé de la visite de l'après-midi et demain maman part avec papa pour deux ou trois jours. Je sais que ce moment de répit est illusoire, que de toute façon je devrai affronter cette conversation à un moment ou à un autre, mais j'ai l'impression que le temps qui passe sans drame pour moi est du temps de gagné.

Surprise, en arrivant au cinéma, c'est un bon film que l'on donne : *Le fantôme de l'Opéra*. J'ai lu le livre et je me fais une joie de voir cette histoire en images. Je prends les billets. Les gens me regardent bizarrement, personne ne vient me parler, ni les copains, ni les garçons qui me tournent habituellement autour. Des femmes chuchotent entre elles, en me regardant avec colère, dégoût ou dédain, leurs maris se détournent de moi, gênés. Je me sens la proie de tous les regards, l'objet de toutes les conversations. Je supporte mal cette tension. Je vais marcher sur le boulevard en attendant la sonnerie qui annonce le commencement de la séance. Catherine ne m'a pas accompagnée, elle bavarde en riant avec l'ouvreuse qui est aussi la fille des propriétaires du cinéma. Enfin, la sonnerie. Je monte les marches, mais on me bouscule, on me repousse. Un gamin me fait redescendre trois marches.

« Alors, la tigresse, tu te bouges ? »

Je lui fais face. Autour de moi, un cercle de visages hostiles, des bouches tordues sur des injures et des cris de haine.

« Si c'est pas une honte, des traînées pareilles ! »

Qui a dit ça ? Mais, c'est Mme C... dont le mari va à la messe tous les dimanches, aux vêpres, et qui tripote les petites filles du catéchisme. Je hausse les épaules et écarte la bigote dont la voix aigre me poursuit :

« Regardez, ça se croit tout permis. Putain, va ! »

Je me retourne en lui tirant la langue, elle lève le poing vers moi.

Nous nous asseyons à nos places, Catherine et moi. La salle est comble, mais personne ne vient s'asseoir à côté de nous. Je sens Catherine prête à pleurer. Je lui pince le bras méchamment. Ah non ! Cette gourde ne va pas se mettre à pleurer devant eux, alors que c'est en partie à cause d'elle que nous nous trouvons dans cette situation ! Heureusement, la lumière s'éteint. On a droit à un documentaire insipide, à des actualités vieilles de plusieurs mois et à l'entracte. Contrairement à mon habitude je ne bouge pas de ma place. Catherine revient avec un chocolat glacé. J'ai pris mon livre et j'essaie de ne penser qu'à ce que je lis. Ce n'est pas facile.

« Elle veut se donner un genre ; ne pas être comme les autres ; la vie se chargera bien de lui rabattre sa fierté ; elle se croit plus belle que les autres ; elle couche avec tout le monde, c'est mon coiffeur qui me l'a dit. Coureur comme il est, il sait de quoi il cause. »

Je me sens engloutie par un flot de boue. J'ai mal au cœur, j'ai envie de leur crier que je suis vierge, que jamais le sexe d'un homme n'a pénétré le mien, que seule Mélie en connaît le goût. Au moment où j'allais me lever la lumière s'éteint et je me trouve heureusement plongée dans l'obscurité pour cacher mes larmes. Je sens Catherine tendue à côté de moi. Je suis sûre qu'elle regrette son geste. Mais c'est trop tard. Nous sommes entraînées dans un tourbillon qui va nous engloutir toutes les deux, car elle paiera elle aussi sa lâcheté et sa complaisance. Nous ne le savons pas encore, mais pour la première fois de notre vie, nous nous tenons la main, comme pour nous rassurer.

Dans l'état de nervosité dans lequel nous étions, ce n'était vraiment pas le film qu'il fallait voir. Très longtemps, je fus hantée par les poursuites le long des égouts de Paris et dans les combles de l'Opéra et le visage ravagé par le vitriol du fantôme.

Le film terminé, nous rentrons à la maison sans incident.

Des éclats de voix m'avertissent que la famille est encore réunie au grand complet.

Nous montons nous coucher sans faire le moindre bruit Contrairement à mes craintes, je m'endors très vite.

Un remue-ménage inhabituel me réveille tôt le lendemain matin. Maman entre et sort à la recherche d'objets dispersés par papa. Catherine et moi, nous la suivons du regard, endormies. Papa vient nous embrasser et nous faire promettre d'être sages.

« Surtout toi, ma grande. Je compte sur toi. »

Il m'embrasse tendrement. Je me raidis. Il compte sur moi ! Et moi, sur qui puis-je compter ? Mon regard doit être éloquent, car il ajoute :

« Ne t'inquiète pas. Je te promets de vous faire venir très vite. Tout va s'arranger. »

Maman m'embrasse aussi.

« Ne fais pas de bêtises, je t'en prie. Je serai de retour dans trois jours. Ne fais pas enrager ta grand-mère. »

Ils descendent l'escalier, la porte claque, les portières, de la voiture qui démarre, aussi. Puis c'est le silence.

Je me recouche, je me mets sous les draps, en boule, essayant de me faire le plus petit possible. Un gros poids m'écrase la poitrine, j'ai mal dans le dos, dans le ventre, au cœur, je manque d'air, mais je ne veux pas soulever les draps. J'ai peur de les voir tous autour de mon lit, avec leurs yeux mauvais, leurs doigts me désignant aux gendarmes, leurs paroles de fiel, l'horreur de leurs visages enlaidis par la haine, rendus stupides de méchanceté gratuite, leurs convictions d'honnêtes gens étalées sur toute leur triste personne, leurs désirs de détruire l'autre parce qu'ils le sentent différent, ils sont tous là, pour me prendre, pour me faire mal : les gendarmes à l'air bovin et aux mains rouges, le képi solidement enfoncé, Alain ricanant, Yves avec l'air « je te l'avais bien dit », Jeanine, l'œil brillant, Catherine souriant sournoisement, le docteur Martin tenant son sexe à la main et le brandissant vers moi, l'archiprêtre et son air patelin, frottant avec un bruit de papier de soie ses mains maigres l'une contre l'autre, mon père et son « je compte sur toi », ma mère, les yeux rouges, disant d'une voix hystérique : « des choses dégoûtantes, dégoûtantes, dégoûtantes, dé-goû-tantes, tantes, tantes, tantes » ; les tantes sont là, elles aussi, faussement compatissantes, secrètement ravies de ce qui arrive à cette nièce « pas comme les autres » ; grand-mère, les lèvres serrées ; les bonnes sœurs de l'institution Saint-M., sœur Saint-Emilien en tête : « Mademoiselle D..., vous me copierez trois cents fois : je ne dois pas troubler le cours de mathématiques. Sortez, vous êtes une insolente » ; la sœur supérieure au regard froid et méchant, qui ne m'a jamais pardonné de l'avoir surprise en péché de coquetterie ; Mme C... brandissant son poing vers moi ; la bouchère dont le mari aime les petits garçons ; la femme du garagiste qui rejoint le mari de la marchande de journaux dans les chemins creux près de l'Allochon ; celle du bijoutier qui raconte à qui veut l'entendre la dernière fredaine de son mari ; l'abbé C..., l'air d'un vertueux jeune prêtre, qui s'éprendra d'une femme mariée et renoncera à son sacerdoce. Jean-Claude, tenant ostensiblment une fille par la taille, et... oh non !... ce n'est pas possible... là... non... Mélie. Mélie ricanante, dansant une ronde obscène avec eux, riant en me montrant du doigt, se frottant aux filles, aux garçons, se noyant dans la foule sans cesse grandissante, envahissant la chambre, les murs, portant mon lit comme une barque sur une mer déchaînée aux vagues montantes, descendantes, tourbillonnantes, de plus en plus haut, de plus en plus profond...

« Mélie, Mélie... »

Catherine me secoue.

« Réveille-toi ! réveille-toi ! Tais-toi, grand-mère arrive. »

Je m'écroule en sueur et en larmes sur mon lit dévasté, au comble de la terreur.

« Que se passe-t-il ? »

Grand-mère n'ajoute rien, elle sort et revient avec une serviette mouillée. Elle me force à m'allonger et me met le linge humide sur le front. Elle lisse mes cheveux en désordre, mes sanglots s'apaisent, je tremble moins. J'ai l'impression d'être redevenue petite. Tiens, j'ai huit ans, j'ai une congestion pulmonaire et grand-mère me soigne, me fait boire un peu d'eau sucrée, remonte mes couvertures, me donne mon jouet favori, me raconte une histoire.

« Raconte-moi une histoire. »

Ma demande ne semble pas la surprendre et sans me lâcher la main elle me raconte cette histoire que j'aimais beaucoup, bien que me faisant peur et pleurer : *Peau d'Ane.*

Quand j'ouvre les yeux, elle est là, un bol de bouillon fumant à la main.

« Bois, ça te fera du bien. »

Je m'assieds péniblement, la lumière a changé on dirait la fin de l'après-midi.

« Il est six heures, tu as dormi toute la journée. »

J'ai mal partout, mais je me sens bien, en sécurité. Ils ne viendront pas me chercher là. On ne peut pas arracher une petite fille à sa grand-mère.

Je me rendors, un sourire aux lèvres.

J'apprends, le lendemain à mon réveil, que Mélie est venue me demander plusieurs fois. Grand-mère l'a renvoyée en lui disant que j'étais malade.

Un coup de sonnette à la porte d'entrée, je suis sûre que c'est elle.

« Mélie, monte, je suis dans ma chambre. »

Bougonnante, grand-mère la laisse monter. Mélie n'est pas seule, Jeanine est avec elle.

« Va-t'en. J'ai dit que je ne voulais plus jamais te voir, toi et les autres.

— Ne fais pas l'idiote, je regrette ce que j'ai dit l'autre jour, j'étais en colère devant ton insouciance. Tu ne sembles pas te rendre compte que c'est sérieux cette histoire. »

Je hausse les épaules.

« Je ne plaisante pas. La lecture de ton cahier les a rendu hystériques. Pour quelle raison, je ne vois pas très bien, mais, d'après ce qu'on a raconté à ma mère, il y aurait dedans toutes les histoires de fesses de la ville.

— Toutes. C'est très exagéré ! Celles que je connaissais ou dont j'avais entendu parler. Mais le tout à mots couverts, presque en code, rien que tout le monde ne sache.

— Peut-être, mais de les savoir écrites ou lues par d'autres, cela les rend enragés. D'autant que le récit de tes amours avec Mélie paraît, en comparaison, absolument chaste et romantique. Ce ne sont que promenades au clair de lune, poèmes dits la main dans la main, considération sur l'amour (sentiment) et sa durée. Bref, des amours de collégienne. Pas de quoi fouetter un chat. Sais-tu comment cela s'est passé entre ta mère et celle d'Alain ?

— Maman est partie accompagner papa à Paris, elle ne m'a rien dit. »

Mélie me caresse le visage, me donne de petits baisers.

« Comme tu es pâle, mon chéri. Que tu as l'air fatiguée !

— C'est vrai que tu n'as pas bonne mine. Tu as besoin de prendre l'air. On va pique-niquer sur les bords de la Gartempe, on pêchera, on se baignera, cela te fera du bien. Ta grand-mère est d'accord, si tu te sens assez forte. Les autres sont devant la porte avec les paniers. On n'attend plus que toi. »

Cela me fait plaisir qu'ils aient pensé à moi. Je me sens déjà moins fatiguée. Je fais une toilette sommaire, l'eau de la rivière me lavera. J'enfile un maillot, un short et une vieille chemisette rouge que j'aime bien. J'embrasse grand-mère au vol. Elle m'arrête et m'oblige à boire un bol de café.

« Tu ne vas pas sortir le ventre vide. »

Les autres sont là, l'air un peu penauds. Je les embrasse, ce qui provoque des cris de joie. Ils se sont occupés de mon vélo.

« Tiens, me dit Francis en me tendant un livre. L'Arsène Lupin que j'avais promis de te prêter. »

À ce geste, je comprends que nous sommes réconciliés. Je mets le livre dans une des sacoches de mon vélo et la petite troupe démarre en chantant sous l'œil presque indulgent de grand-mère.

Je suis morte, quelle bonne journée nous avons passée. Heureusement que l'endroit prévu pour le pique-nique n'était pas trop loin, sinon, je n'aurais jamais pu y arriver. Je devais avoir l'air bien fatigué pour que les autres s'occupent de moi avec cette gentillesse, ces attentions que je ne leur connaissais pas. Je me suis endormie très vite à l'ombre d'un vieux chêne, la tête appuyée sur leurs vêtements. Au réveil, je me suis sentie si bien que je suis allée me baigner. Quel cris, quels rires dans l'eau transparente et fraîche de la Gartempe, malgré Jeanine qui prétendait que l'on faisait fuir les poissons. Ce devait être vrai car pas la moindre ablette, le plus petit goujon, ni même un poisson-chat ne vint mordre à nos hameçons.

Ce n'est que tard dans l'après-midi que nous reprîmes la route de Montmorillon.

Le surlendemain fut également une journée douce et tranquille. Personne ne me parla de l'histoire, du cahier, des gendarmes ni autres choses désagréables. Les heures coulaient sans heurts. Il y avait longtemps que nous n'avions connu entre nous une telle harmonie. Cependant, le soir, dans mon lit, un grand froid me saisit et je m'endormis en larmes.

Maman est revenue, elle a l'air las et triste. Dans l'après-midi, quelqu'un dépose un pli de la Supérieure de l'institution Saint-M. dans lequel elle demande à maman de venir la voir dans les plus brefs délais.

Maman me tend la lettre. Nous nous regardons sans mot dire. Nous pensons toutes les deux à la même chose.

Je m'arme de courage pour lui demander :

« Quel a été le résultat de ta visite à la mère d'Alain ? »

Elle secoue la tête d'un air découragé, les yeux soudain emplis de larmes.

« Tu avais raison. Cela a été inutile et humiliant. Elle m'a dit que c'était de ma faute si tu étais une mauvaise fille, que je n'avais pas été assez dure avec quelqu'un comme toi, que si tu avais été sa fille... elle est de l'avis de son fils qui souhaite que l'on t'envoie dans une maison de correction pour te corriger et te mater. Alain ne rendra le cahier qu'en présence de sa mère et de moi et seulement si tu promets de ne plus revoir Mélie et de t'amender. »

Un grondement de fureur s'échappe de mes lèvres serrées. L'ordure, l'immonde, mais qu'a-t-il dans le cœur et dans la tête pour s'imaginer que l'on puisse dicter aux autres leur conduite ? Il y a de l'inquisiteur chez lui, du minable. Seul un pauvre type peut avoir ce genre d'attitude. Quelle horreur ! Une folle envie de le tuer s'empare de moi. Dans mon esprit en déroute, mille supplices, mille morts, plus raffinés, plus cruels les uns que les autres, défilent dans mon esprit. Certaines scènes particulièrement effrayantes du *Jardin des Supplices* me reviennent en mémoire. Je vais relire ce livre afin de trouver encore des idées.

« Je vais le tuer.

— Arrête de dire des bêtises. »

Maman est revenue de son rendez-vous avec la Supérieure, le visage pâle et décomposé. Je ne suis pas allée me baigner avec Mélie et les autres pour attendre le résultat de cette entrevue et aussi pour ne pas avoir l'air de l'abandonner dans cette épreuve dont je prévois l'issue. J'aimerais lui dire que je suis avec elle, qu'elle peut compter sur moi, mais je sens que ce serait mal venu, puisque je suis la responsable de ce qui lui arrive : démarches humiliantes, départ précipité de son mari, propos acerbes tenus par sa mère et ses sœurs me concernant, et, maintenant, cette visite à l'institution Saint-M. Elle monte lourdement l'escalier qui mène à sa chambre. Elle range machinalement son sac et ses gants. Je la suis du regard, n'osant pas parler la première. Elle s'assied sur le lit, l'air tellement accablé, le regard si malheureux, que j'ai du mal à retenir mes larmes.

« Ta sœur et toi, vous êtes renvoyées de l'institution. »

Cela ne me surprend pas, je m'attendais à être renvoyée, mais Catherine, je ne comprends pas.

« Mais pourquoi Catherine ?

— Elles ne veulent pas de la sœur d'une fille comme toi, disant que le mauvais exemple que tu lui as donné est suffisant pour la pervertir. Que de toute façon, après le scandale fait autour de toi, elles ne peuvent recevoir personne de la famille. Et que même si elles faisaient exception pour Catherine, les parents des autres élèves viendraient se plaindre, ce qui, paraît-il, est déjà le cas. La Supérieure m'a engagée à te mettre dans un établissement très strict, en dehors du département, car, dit-elle, aucun établissement convenable de la région n'acceptera de te prendre.

— Nous irons au lycée.

— Cela m'étonnerait que la directrice, Mme F..., accepte. Tu sais bien qu'elle ne t'aime pas et qu'elle a tout fait, l'année dernière, pour que Mélie et toi cessiez de vous voir.

— Elle n'a pas le droit de nous refuser.

— Tu te trompes, elle en a le droit. Et quand bien même ! Te rends-tu compte de ce que serait ta vie au lycée si tu y entrais contre son gré ? Ce ne serait que punitions et brimades, qui te conduiraient à te révolter, ce qui lui permettrait de te renvoyer. Mais cependant, je vais essayer de vous inscrire au lycée, ta sœur et toi, sans illusion. Il faut maintenant que ton père nous fasse venir très vite là-bas. »

La rentrée est dans moins d'un mois. Cela nous laisse un peu de temps.

« Que t'a-t-elle dit d'autre ? »

Le regard qu'elle me lance est si dur que l'envie de pleurer me reprend.

« Elle m'a dit qu'elle n'était pas surprise de ce qui arrivait, qu'elle avait senti tout de suite chez toi une nature mauvaise et profondément perverse. Que ton caractère était tellement buté, que les religieuses, les unes après les autres, venaient se plaindre de toi, disant qu'elles n'arrivaient à rien avec toi, que non seulement tu étais distraite, paresseuse, menteuse et insolente, mais que tu empêchais tes camarades de travailler, les distrayant par tes pitreries, tes caricatures des professeurs et tes questions hors de propos.

— Ce n'est pas poser une question hors de propos que de demander une explication sur un texte littéraire ou un théorème. A chacune de mes questions, elles me répondaient : vous n'avez qu'à réfléchir, ou faire attention, ou écouter, quand ce n'était pas : " Sortez, mademoiselle, vous perturbez le cours. " J'ai passé plus de temps à la porte des cours qu'à l'intérieur de la classe. Et, je te jure que la plupart du temps c'était profondément injustifié.

— Peut-être, mais on n'en est plus là. Et de toute façon, ce n'est pas pour cela que tu es renvoyée. D'ailleurs, si elles t'ont gardée si longtemps c'est par estime pour nous et surtout pour ta grand-mère : " Une femme si convenable, si courageuse ".

— Oh, la barbe ! grand-mère, toujours grand-mère !

— Je t'interdis de parler de cette façon de ta grand-mère. Toute cette histoire la rend malade. Avec tes tantes, elles m'ont dit...

— Je me fous de ce qu'elles ont dit. Elles ne pensent qu'à elles, qu'au qu'en-dira-t-on : que va dire Mme Untel et Mlle telle autre, qui va en parler en prenant le thé chez Mme X..., qui hochera la tête d'un air " je vous l'avais bien dit " ; toutes ces vieilles pies qui ne pensent qu'à dire du mal de leur voisin. Jamais une parole gentille, jamais un geste amical. Je pourrais bien crever sous leurs yeux, qu'elles ne feraient rien. Elles détestent tout ce qui est jeune, nouveau, gai. Pas une pour dire : " Pauvre petite ! ". Car, dans toute cette histoire, qui pense à moi, à ce que j'éprouve ? Qui m'aide à comprendre ce qui arrive ? Qui m'explique pourquoi vous êtes si tordus, vous, les adultes ? Pourquoi vous compliquez tout ? Pourquoi vous salissez l'amour des autres ? Pourquoi tout devient-il laid, petit, quand vous en parlez ? Je ne veux pas vous ressembler, c'est affreux de vous ressembler. »

Je me jette en pleurant sur le lit, le martelant de mes poings. Maman me relève brutalement, le visage encore plus pâle et dur, si dur.

« Peut-être n'est-on pas très beaux, ni très intelligents, ni très bons, ni très charitables. Mais crois-tu que la vie soit une chose si facile ? Tu verras ce que deviendront tes grands sentiments et tes belles paroles. Tu seras bien obligée de plier, comme les autres.

— NON, NON, NON ! mes hurlements emplissent la maison. Oh ! non, plutôt mourir ! Je ne veux pas de votre vie. »

Une paire de claques arrête mes cris.

Je monte, abattue et rompue, au grenier. Je vais dans mon armoire secrète chercher la bouteille de liqueur verte que j'ai confectionnée d'après les conseils de mon oncle Jean. Je dis que c'est de l'absinthe, ce n'est pas vrai et cela n'en a pas le goût, mais c'est très fort, très sucré et très parfumé. Je bois de longues gorgées à la bouteille. Je tousse, je m'étrangle, mais je vide la bouteille. Je m'écroule sur le lit-cage et je m'endors en compagnie de dragons de toutes sortes et de toutes les couleurs. Quand je me réveille, il fait nuit depuis longtemps. Un grondement de tonnerre me fait sursauter. Oh, que j'ai mal à la tête ! Je me lève à tâtons dans le noir. Un éclair illumine le grenier, faisant surgir des ombres fantomatiques. J'ai la bouche pâteuse et vaguement mal au cœur. Je me traîne péniblement vers la porte. Il y a de la lumière dans l'escalier. La porte de la chambre de maman est entrouverte. Je la pousse, elle est assise dans son lit, un livre ouvert devant elle. Je m'approche, elle s'est endormie. Comme elle est jolie ainsi ! Je dépose un baiser léger sur sa joue, je remonte ses couvertures et j'éteins la lumière. Elle n'a pas bougé, ne s'est pas réveillée. Elle qui a le sommeil si léger, comme elle doit être lasse. Je descends à la cuisine boire un verre d'eau. Hormis l'orage qui s'éloigne et la pluie qui tombe à grosses gouttes molles, il n'y a aucun bruit ni dans la maison ni dans la rue. Je prends au portemanteau le vieil imperméable de maman, j'enfile mes bottes de caoutchouc et je sors dans la nuit. Tous les réverbères sont éteints ! — il doit être plus de minuit — la nuit est très noire, je ne distingue rien. Je marche le long des rues en frôlant les murs de la main, pour me guider. J'essaie de me souvenir où les trottoirs s'arrêtent, où il y a des marches. Cette promenade dans l'obscurité, attentive à déjouer les pièges du parcours, me fait du bien. La pluie lave mon mal de tête, je lèche l'eau qui me coule sur le visage et me désaltère de sa fraîcheur. Trois heures sonnent aux clochers de la ville. Comme tout est calme. Pas une lumière. Tout le monde dort. J'aimerais rencontrer quelqu'un qui, comme moi, aime la nuit, la pluie et la solitude, non pour lui parler, cela risquerait de le déranger, mais pour savoir que je ne suis pas seule à déambuler ainsi dans le noir. Cela me rassurerait de me connaître un compagnon. Mais les rues ne résonnent que de mon pas. Nul n'est assez fou ou assez malheureux pour chercher l'apaisement dans cette nuit pluvieuse de la fin de l'été. Quatre heures sonnent. Je suis fatiguée et j'ai froid. Je continue, cherchant à épuiser mon corps pour calmer mon esprit. Cinq heures sonnent quand j'arrive devant la porte de la maison. Personne ne s'est aperçu de mon absence. J'accroche l'imperméable sous lequel se forme immédiatement une flaque d'eau qui va s'élargissant. J'ôte mes bottes dans un grand bruit mouillé. Dans ma chambre, je me déshabille dans le noir et me couche en grelottant. Je me sens bien, terriblement lointaine, indifférente. Que m'importe ce qui m'attend. « Demain est un autre jour. » Je m'endors sur cette pensée. Oui, demain est un autre jour.

En ouvrant les volets, je suis saisie par la pureté de l'air dont la fraîcheur baigne mes yeux d'une douceur qui efface les mauvais rêves de la nuit. Je sens un léger picotement en respirant. Je ne me suis pas trompée, l'automne est là avec ses matins frais où la brume, comme un voile déchiré, flotte au-dessus des champs, semble s'accrocher aux branches des arbres, rendant irréels et vaguement maléfiques les abords des étangs. C'est la saison où en une nuit surgissent de petits champignons bruns, roses, jaunes et blancs, où les colchiques donnent une teinte funèbre aux prés emperlés de rosée, où la campagne retentit des coups de fusil des chasseurs et des aboiements de leurs chiens. Plus que toute autre saison, l'automne est celle qui me convient, que j'attends et que je redoute, et dont je sens les mouvements secrets de pourriture, de vie souterraine, de mise en attente, jusqu'au plus profond de mon corps. L'automne a sur moi un effet stimulant. Il me semble que je cours plus vite, que je comprends mieux (c'est sans doute pour ça que le mois d'octobre est le seul mois de l'année où je travaille bien et où je n'ai pas de mauvaises notes, malgré le déplaisir que me cause la rentrée des classes), que mon corps et mon intelligence sont dans la plus complète harmonie avec la nature.

J'aimerais mourir à l'automne et que mon corps enfoui à même la terre humide et encore chaude du soleil de l'été se décompose rapidement, participant ainsi à l'énorme travail de pourrissement qui accompagne tout renouveau.

Malgré mon manque de sommeil et les courbatures occasionnées par la pluie, je me sens prête à attaquer le monde, à faire face aux jours qui s'annoncent difficiles.

C'est en chantonnant que je m'habille, que je descends prendre mon petit déjeuner.

« Tu as l'air bien gaie, ce matin », dit grand-mère en m'embrassant sur le front.

Je la prends par la taille et je la fais tourner en riant.

« Arrête ! petite folle, tu vas me faire tomber. Arrête ! »

Ses yeux sont rieurs et inquiets. J'arrête ma danse et je l'assieds sur la chaise la plus proche. Nous nous regardons, essoufflées et souriantes. Ce serait bien si tous les matins ressemblaient à celui-là.

J'avale mon café — réchauffé, hélas ! — et je me précipite dans la rue.

Il fait beaucoup plus frais que ces derniers jours. J'ai bien fait de prendre un cardigan.

Il est onze heures quand j'arrive chez Mélie. Je suis accueillie par le visage renfrogné de Françoise, l'œil réprobateur de la mère de Mélie, et celui, curieux, de la bonne. Elles répondent à peine à mon bonjour. Bah ! ce ne sont pas leurs tristes figures qui vont gâter ma belle humeur ! Je monte quatre à quatre l'escalier.

Ils sont tous là dans la chambre de Mélie avec des figures longues, mais longues... que mon claironnant et joyeux : « Bonjour tout le monde ! », semble, si cela était possible, renfrogner davantage.

Toute à mon bonheur de vivre une si belle matinée, je leur lance quelques plaisanteries, dans l'espoir de les voir se dérider. En vain. Devant leur mutisme boudeur, je m'arrête, vaguement inquiète.

« Mais enfin, qu'avez-vous ? Que se passe-t-il ? »

Ils explosent tous en même temps, ce qui rend incompréhensible ce qu'ils disent. C'est Jeanine qui réussit à rétablir le silence.

« Elle est folle, c'est elle qui nous demande ce qui se passe ! On ne parle que d'elle en ville et elle demande ce qui se passe ! Non seulement à tous les coins de rue les bonnes femmes ne parlent que de ton renvoi de l'institution, mais aussi de la lecture que Alain va faire de ton cahier au café du Commerce cet après-midi. »

Le ciel me semble soudain moins lumineux. Un grand froid, ponctué par les battements de mon cœur, m'enveloppe. Je serre l'une contre l'autre mes mains devenues glacées, un miroir en face de moi me montre l'image d'un visage comme pâli par ce froid soudain.

Mélie se pend à mon cou, disant qu'elle n'en peut plus, que tout cela doit se terminer. Je l'écarte doucement et je m'allonge sur le lit, les yeux grands ouverts, fixant le plafond. Je réfléchis à ce que je viens d'entendre. Que l'on parle de mon renvoi ne m'étonne pas, mais ce qui me trouble le plus c'est cette lecture publique du cahier. Je pense qu'il y a une seule chose à faire.

« J'irai cet après-midi au café du Commerce chercher mon cahier. »

Un lourd silence emplit la chambre. C'est Jeanine qui le rompt :

« Je crois que tu as raison, mais fais attention à toi. »

Mélie dit qu'elle ne veut pas que j'aille là-bas, qu'ils vont me battre, me faire du mal, que je serai seule, que personne ne voudra m'accompagner... Ça, je le sais, et je le préfère. Leurs présences, celle de Mélie surtout, compliqueraient les choses et me laisseraient moins libre de mes gestes et de mes propos. J'apprends que la lecture est prévue pour quatre heures. J'y serai. J'embrasse Mélie, qui essaie de me retenir. Je n'ai qu'une envie : être seule. Je lui promets de venir la voir après.

Je remonte vers la maison en traînant les pieds tant mon corps me paraît lourd. Il me semble que chaque personne croisée me regarde d'un drôle d'air, que les gens s'arrêtent de parler quand je passe auprès d'eux. J'essaie de me dire que c'est un effet de mon imagination, que je vois des ennemis partout, que je suis atteinte du délire de la persécution, que cette histoire me rend folle… Aïe ! je viens de recevoir une pierre sur la tête. Surprise, je m'arrête et je regarde autour de moi d'où cette pierre a pu tomber et je ne vois qu'un gamin qui se sauve en riant. Je repars en haussant les épaules. Une autre pierre m'atteint dans le dos. Cette fois, je comprends, c'est délibérément que l'on me jette des pierres. Je me baisse et j'en ramasse deux ou trois, pas très grosses, hélas ! et je me retourne, prête à me battre. Les gamins sont maintenant quatre ou cinq qui me lancent des pierres en criant : « Oh ! la tigresse !, oh ! la tigresse ! » Une rage folle m'envahit, j'en attrape un par les cheveux et je lui envoie un coup de pied dans le ventre. Il réussit à m'échapper et revient à la charge avec ses petits camarades. De grandes personnes nous regardent en ricanant. Pas une n'intervient, même quand une pierre plus tranchante me coupe la joue et me fait saigner. Une autre à l'arête du nez m'assomme presque. Ils en profitent pour se précipiter sur moi en me bourrant de coups de pied et de coups de poing. Je griffe, je mords, je fais mal. Maintenant, je n'ai plus peur, je sais me battre et chacun de mes coups porte. Je préfère cependant abandonner quand je vois les grandes personnes, jusque-là spectatrices, s'approcher de nous. D'elles, j'ai peur. Elles ont le visage de mes cauchemars d'enfant. Visages entrevus à la Libération, visages de haine que je n'ai jamais pu oublier. Je me sauve en courant sous les cris et les injures :

« Putain, salope, ordure, putain, salope, ordure ! »

Avec le chœur des voix aiguës des gamins :

« Tigresse, oh ! la tigresse… ! »

J'arrive, à bout de souffle, à la maison. Grand-mère pousse des exclamations confuses. Maman, sans un mot, s'empresse de me laver le visage et de m'examiner la tête à la recherche d'une autre blessure. Je me laisse panser et déshabiller. Ma robe est déchirée à plusieurs endroits, j'ai le dos, les bras et les jambes couverts de bleus et d'égratignures. Maman me fait couler un bain, je me lave la tête, malgré les difficultés que j'ai à lever les bras et les picotements désagréables que fait le shampooing sur mon cuir chevelu endolori. Une fois propre, je me sens mieux. Je m'enveloppe dans ma vieille robe de chambre et je demande à ne pas descendre déjeuner. Maman accepte à la condition que je boirai un peu du bouillon de la veille. Je me regarde dans la glace. Ah ! ils m'ont bien arrangée. Moi qui voulais être séduisante pour le rendez-vous de l'après-midi, c'est plutôt raté. Au-dessus du pansement de ma joue, mon œil vire au bleu, une grande balafre part de mon nez jusque dans mes cheveux et tout ça dans un visage pâle à faire peur.

Je bois mon bouillon à petites gorgées, sous le regard triste et inquiet de maman. Je lui raconte la bagarre en la minimisant. Elle a bien assez de soucis comme ça, pour craindre que je sois assommée à chaque coin de rue. Elle secoue la tête d'un air découragé. Je ferme les yeux.

Ma joue me fait mal. Je n'arrive pas à réfléchir. J'essaie de lire, les lignes dansent devant mes yeux. Je m'endors.

Je me réveille en sursaut. Trois heures et demie déjà. J'ai juste le temps de m'habiller. Une migraine effrayante me donne des nausées, je prends des cachets que j'avale en faisant la grimace. Je brosse mes cheveux encore humides. Comme ils sont doux et brillants. Heureusement car le reste n'est guère attrayant. La balafre est plus apparente que tout à l'heure et mon œil est maintenant bleu foncé et à moitié fermé. Je mets une jolie robe. Mais à quoi bon ? Moi qui comptais tant sur mon charme pour les convaincre de me rendre le cahier et d'arrêter de me chercher noise. Je sais cependant que je dois y aller, que, quoi qu'il arrive, il est important pour moi de faire cette démarche.

Je croise maman dans l'escalier, elle ne cherche pas à me

retenir. Elle ne me demande pas non plus où je vais, elle se contente de me regarder tristement.

La matinée a tenu ses promesses, il fait un temps splendide, chaud et doux en même temps. Pas un nuage ne ternit le bleu absolu du ciel. Seules les cabrioles des hirondelles le marquent d'éphémères traits noirs.

Les rues sont presque désertes.

Il y a beaucoup de monde au café du Commerce, mais cependant moins que je le craignais, uniquement des hommes, jeunes pour la plupart, exceptée la mère d'Alain, assise à côté de son fils, très droite, lèvres pincées.

En entrant, j'entends des exclamations diverses :

« Il n'y a pas de quoi fouetter un chat.

— On ne doit pas s'ennuyer avec une petite garce pareille.

— Des histoires de mômes.

— Ça ne valait pas le déplacement.

— Elle est précoce la fille. »

Je suis là, les bras ballants, dans l'entrée du café. Il me semble que les battements de mon cœur font un tel bruit qu'ils couvrent ceux de la salle.

C'est la mère d'Alain qui me voit la première et me désigne du doigt. Le silence remplace le brouhaha. Alain se lève à moitié et retombe lourdement assis sur sa chaise. Manifestement, personne ne s'attendait à ma venue. J'arrache péniblement chacun de mes pieds au sol. Marcher me demande un effort de volonté tel que le temps s'abolit. Je me déplace dans un ralenti ponctué seulement par le choc de mon cœur. Mon sang circule à une vitesse folle, me donnant des vertiges qui accentuent mes maux de tête. Je serre les dents pour ne pas gémir. Je ne sais plus où je suis, un bourdonnement immense m'emplit les oreilles. De chaque côté de moi se dresse comme un mur de brouillard. Je ne perçois distinctement que la table sur laquelle repose le cahier, ouvert. J'ai l'impression qu'il m'appelle, me tire à lui. Chacun des mots écrits émet un petit signal comme pour me prouver qu'il est bien là, bien à moi, et que je suis seule à pouvoir en disposer à ma guise. Comme c'est long d'arriver jusqu'à eux, je dois écarter les mauvaises pensées des autres, me battre contre leurs mots de haine et de colère. Je suis si lasse que le désir de laisser là mes propres mots devient de plus en plus grand. « Tu n'en as pas le droit, disent-ils, tu es responsable de nous, c'est toi qui nous a fait naître, qui, en nous assemblant de cette manière, nous a mis dans cette situation. Il ne nous plaît pas d'être lus par n'importe qui, puisque tu n'écrivais que pour toi-même. Nous avons été témoin de tes larmes, certains d'entre nous en portent encore la trace, d'autres sont à moitié effacés. Nous t'avons donné aussi bien de la joie, même si quelquefois tu nous employais improprement ou nous donnais une tournure bizarre par une orthographe par trop fantaisiste. Tu avais un goût peut-être trop marqué pour le côté pompeux, ronflant, un peu cuistre, de quelques-uns d'entre nous. Mais cela t'aurait passé avec le temps. Courage, tu as déjà fait la moitié du chemin. Ne nous abandonne pas. Tu verras, nous t'aiderons. Grâce à nous, tu pourras exprimer la beauté de ce jour et la souffrance, la peur, la honte, que tu éprouves en ce moment. Nous te consolerons. Car écrire, si difficile que cela soit, t'apportera, sinon le succès, du moins la paix avec toi-même. Ce sera, peut-être, ton seul moyen de communiquer avec les autres, de faire qu'ils te comprennent et t'aiment telle que tu es. Tu trouveras ta transparence dans l'écriture, même si, devant la feuille blanche, tu ne vois que l'opacité du papier et le brouillard de ta pensée. Ne nous abandonne pas dans ce cahier, car il te faudra trop longtemps pour nous oublier et jusqu'à ce que tu réussisses à nous faire revivre, toute ta vie, consciente ou non, sera tournée vers nous. Il est important pour toi, aujourd'hui, de nous assumer entièrement. »

« Je suis venue chercher le cahier que tu m'as volé. »

J'attrape le cahier et le serre contre moi. Je ne vois pas celui qui me l'arrache des mains, car une gifle m'a fait fermer les yeux. Ma tête me fait tellement mal que je m'assieds en gémissant. J'arrive à rouvrir les yeux malgré la douleur qui me les ferme. En m'appuyant sur la table, je parviens à me relever. Je tourne le dos à Alain et à sa mère et je regarde ces hommes. Certains baissent la tête, d'autres détournent leur visage. Si je n'étais si fatiguée, j'irai vers chacun d'eux, les forçant à me regarder, peut-être alors comprendraient-ils la méchanceté stupide de leur attitude. Une voix me souffle :

« Pleure, demande-leur pardon, dis que tu ne savais pas, que tu ne te rendais pas compte. »

Une autre voix me crie :

« Jamais ! »

J'arrive à prononcer à peu près intelligiblement :

« Je veux ce cahier, il m'appartient ! »

Je sens comme un flottement dans l'assemblée, mais la mère d'Alain se lève :

« Ne vous laissez pas impressionner par l'apparence de cette fille, par sa mine pâle, par ses écorchures, tout en elle est mauvais, ainsi que le disent les sœurs de l'institution et l'abbé C... Il faut lui donner une leçon, car elle est un exemple dangereux pour nos enfants... »

Je n'entends pas la suite, je suis comme devenue sourde, je ne vois que le trou de sa bouche, qui se déforme sous la pression des mots de haine. Je me détourne en haussant les épaules et je sors du café, sans doute portée par les anges.

C'est Yves qui me découvrira, tard dans la soirée, allongée de tout mon long au fond d'un fossé, ayant ramené sur moi les herbes et les brindilles, arrachées au talus pour mieux me cacher aux regards. C'est en pleurant qu'il m'aidera à me relever, à marcher, et me reconduira à la maison. Nous croisons des voisines, pas une n'aura un geste de compassion. Cette indifférence me fait plus mal que le reste.

Maman et Catherine éclatent en larmes quand elles me voient. Maman s'assied, me fait boire un liquide chaud, brosse mes cheveux pleins de terre et d'herbe. Elle pousse Yves dehors. Je vois bien qu'elle me parle, mais je ne comprends pas les mots qu'elle dit. J'essaie de lui sourire, cela redouble ses larmes. Elle me prend par la main et m'emmène dans ma chambre. Je la laisse me déshabiller, comme dans un brouillard. Elle me tend un cachet et un verre d'eau. Je les avale. Elle m'enfile ma chemise de nuit, me couche, remonte les couvertures, me passe la main sur le front. Je lui souris. Elle me ferme les yeux. C'est beaucoup mieux. Je suis bien dans le noir.

Je suis restée plusieurs jours au lit, sans force, presque sans parler. Mélie est venue me voir chaque jour, m'apportant les friandises que j'aime et que je repousse écœurée. Le docteur Martin m'a donné des fortifiants.

« Vous devriez envoyer cette petite chez des amis, cela ne lui vaut rien de rester ici. »

Maman lui a répondu qu'elle n'avait ni amis ni parents qui puissent me recevoir.

Il est parti en haussant les épaules d'un air de dire : « que le destin s'accomplisse ! ».

Aujourd'hui, je me sens un peu plus forte, je me suis levée et j'ai fait le tour du pâté de maisons. Dans l'après-midi, nous avons joué au monopoly, Mélie et moi. J'ai gagné. Elle m'a raconté les derniers événements : le départ pour Paris de Jeanine, qui a chargé Mélie de me dire au revoir, sa mère lui ayant interdit de venir me faire ses adieux. On a beaucoup parlé de ce qui s'est passé au café. Certains pensent que les choses ont été suffisamment loin maintenant, et que l'on doit me laisser tranquille, mais Alain et sa mère pensent autrement. Elle m'apprend également que la directrice du lycée a refusé de nous recevoir ma sœur et moi malgré l'intervention de son père. Les larmes me viennent aux yeux. Certes, je m'y attendais, mais cela m'est encore plus pénible que je ne le pensais. Je me prends à regretter furieusement l'école, d'autant que je sais que mes parents n'ont pas les moyens de nous mettre en pension. Comment vais-je apprendre tout ce que je ne sais pas ? Mélie me console en me disant qu'elle me donnera ses cours, que nous travaillerons ensemble.

J'acquiesce pour lui faire plaisir, mais je sais que cela ne sera pas possible.

Maman vient nous dire qu'il est bientôt l'heure de dîner. Mélie m'embrasse et s'en va. Maman s'assied sur le lit et me regarde longuement.

« Je vois que tu vas mieux. Je suis allée voir aujourd'hui la mère d'Alain…

— Oh, non !

— Laisse-moi continuer. Ils acceptent de te rendre le cahier à certaines conditions : que tu le détruises devant eux et devant moi ainsi que les autres qui sont cachés au grenier, et que tu promettes de ne plus voir Mélie. Je leur ai dit que tu ferais ce qu'ils demandent. »

Le NON ! que je hurle est si fort qu'il m'arrache la gorge, dont je souffrirai durant trois ou quatre jours.

Une sueur froide m'envahit de la tête aux pieds, j'ai si froid que je claque des dents. Maman me tend un verre d'eau. Je retombe au fond de mon lit, appelant la mort de toutes mes forces.

Catherine me monte mon dîner, je ne peux rien manger. J'arrive à grand-peine à avaler la tisane et le cachet que me donne grand-mère. Heureusement, je m'endors très vite.

Le lendemain, maman me dit que la remise du cahier est prévue pour vendredi matin, c'est-à-dire dans deux jours. Je ne dis rien, je sens que je souris vaguement. Je m'habille.

« Mets un vêtement chaud, il fait froid ce matin. »

J'enfile mon vieux pantalon de flanelle grise, des chaussettes de tennis, mes baskets et le gros pull jacquard que je me suis tricoté l'hiver dernier. Tout en me brossant les cheveux, je me regarde dans la glace. A part de profonds cernes sous les yeux et une balafre plus claire en travers du front, je n'ai pas trop mauvaise mine, je me trouve même plutôt jolie.

La fraîcheur de l'air me surprend. C'est normal, on est bientôt au mois d'octobre. J'ai peur de descendre en ville. Je ne me sens pas assez forte pour affronter les regards. Je me dirige vers l'Allochon, Néchaud, des coins que j'aime bien. Je suis bientôt obligée de m'arrêter tant je suis fatiguée et essoufflée. Je m'assieds sur le bord du chemin, m'efforçant à penser à tout autre chose qu'à cette histoire de cahier. Je n'y arrive pas. Sans cesse, mes pensées me ramènent à cette horrible matinée où je vais devoir m'humilier.

Je reviens à la maison, épuisée. Je me couche sans pouvoir manger.

Dans l'après-midi, je vais chez Mélie, en passant par les rues les moins fréquentées. Elle est seule dans sa chambre, en train de lire. Nous nous embrassons tristement. Je lui fais part du rendez-vous de vendredi. Elle me dit que c'est mieux comme ça. Je la regarde sans comprendre.

« Mais, je ne te verrai plus ? C'est cela que ça signifie.

— Cela ne durera qu'un temps. Le temps pour les gens d'oublier cette histoire. Après on se reverra comme avant. L'essentiel, c'est que nous nous aimions toujours », dit-elle en se jetant contre moi.

Sans doute a-t-elle raison, mais je ne suis pas convaincue.

Je la laisse me déshabiller, mordiller mes seins, me caresser, dans la plus complète indifférence. Mon corps est comme mort. Ni sa langue, ni ses doigts ne pourront plus jamais le réveiller. Je la repousse doucement. Elle me regarde étonnée, avec un grand doute au fond de ses yeux bleus. Je me rhabille malgré ses pourquoi et bientôt ses larmes. Pauvre Mélie. Il me semble qu'un grand fossé s'élargit entre nous. Je lui propose une partie de rami. Elle est tellement joueuse que cela la console rapidement. Je rentre à la maison assez tôt. J'ai envie d'écrire. Je vais chercher un cahier. Mais, brusquement, devant le papier finement ligné, une peur immense m'envahit. J'essaie de la maîtriser, rien n'y fait, même ma main se refuse à tenir le stylo, mon bras droit est si raide que si on le touchait maintenant il casserait. Je m'écroule en pleurant sur le cahier vierge et désormais inutile. Je comprends qu'il faudra longtemps, des années peut-être, avant que je puisse à nouveau écrire. Je viens de perdre l'unique recours contre la solitude, la peur et l'angoisse. A qui parler dorénavant, à qui me confier ? Je suis seule, tout à fait seule, murée dans un silence qui, pour n'être pas total, n'en est pas moins absolu.

Je n'ai presque pas dormi de la nuit, tant une peur molle et envahissante me tenait éveillée. Je me lève péniblement, j'ai mal au cœur et au ventre. J'ai une tête à faire peur. Maman non plus n'a pas bonne mine. Sa nuit a dû être aussi mauvaise que la mienne. J'ai envie qu'elle me prenne dans ses bras, qu'elle me console. Mais son regard dur et froid, son visage fermé arrêtent tout élan. Je ne sais pas si grand-mère est au courant de ce qui se passe ; elle me regarde avec une tristesse attendrie. J'erre dans la maison, le cœur battant à tout rompre sans autre raison que la peur de l'heure fatidique. Je me réfugie dans le grenier pour essayer de me concentrer, de calmer l'horreur qui monte en moi. Je ronge furieusement mes ongles. Je me mets à genoux, essayant de prier. Mais pas un mot de prière n'arrive à mes lèvres, pas même à mon cerveau. C'est le plus complet blocage. Je suis comme enfermée à l'intérieur de moi, je voudrais crier. J'enrage de mon impuissance. Tout en moi hurle, pleure, gémit, demande grâce. Rien, sauf une certaine fébrilité, ne trahit le drame que je vis. Une brutale envie de fuir m'envahit, bientôt submergée par des images de gendarmes, de prison, de foule hurlante. J'ai peur, une peur hideuse, avilissante, irrépressible. Je suis comme un animal à la curée, où que je me tourne, je ne vois que visages grimaçants, regards hostiles, gestes brutaux. Mes mains sont tour à tour brûlantes et glacées. Je donnerais tout, ma vie même, pour ne pas être seule en ce moment.

« Mélie, Mélie ! Viens, ne me laisse pas seule. C'est maintenant que j'ai besoin de toi. Nous devrions les affronter ensemble puisque c'est notre amour qui nous est reproché. Je suis abandonnée, même de toi. »

Je m'efforce de ne pas pleurer. Je ne veux pas qu'ils voient que j'ai pleuré.

Je compte les minutes qui s'écoulent. Jamais le temps n'a passé si lentement, et cependant, je voudrais l'arrêter. Chaque bruit de porte me fait sursauter, un goût de bile me monte aux lèvres.

Un tintement de sonnette brutal, je sais que ce sont eux. Un long moment s'écoule, me semble-t-il, avant que maman m'appelle.

« Léone ! descends ! »

A chaque marche je crains de tomber, je me tiens à la rampe des deux mains. Seul un condamné à mort doit éprouver une terreur pareille à celle que je ressens.

La porte de la pièce où ils se trouvent est entrouverte. Pas un bruit. Ils ne parlent pas. Ils m'attendent.

Au prix d'un immense effort, je pousse la porte et j'entre. Ils sont tous les trois assis autour de la table de la triste salle à manger. Les lumières sont allumées, ce qui me fait remarquer que le temps est très sombre et qu'il pleut. Un joli feu brûle dans le poêle à bois, ce qui me surprend, car il ne fait pas froid.

La mère d'Alain me regarde avec dureté ; lui semble, pour la première fois, gêné, mais cela ne va pas durer. Maman est très pâle, elle serre convulsivement ses mains l'une contre l'autre. Ses yeux sont rouges. Elle a pleuré.

« C'est uniquement parce que nous avons pitié de votre pauvre maman que nous vous rendons ce cahier et que nous avons sa promesse que vous ne reverrez plus cette fille

et que vous quitterez bientôt le pays. Vous êtes une honte pour votre famille, vous ne méritez pas notre bonté. » . . . .
. . . .

Je n'entends plus, mais, à ma grande honte, les larmes coulent le long de mes joues.

« Tiens, déchire toi-même ce cahier et brûle-le », me dit Alain en me le tendant.

Je recule. Oh ! non, pas moi ! Je me retourne vers maman, l'implorant du regard. Elle détourne la tête, les yeux pleins de larmes.

« Allez, déchire ces ordures, brûle-les, qu'elles ne salissent plus personne ! »

Mes larmes redoublent.

« Mais avant, va chercher les autres cahiers.

— Quels autres ? Il n'y en a pas d'autres ! »

Il se lève brutalement, pâle de colère contenue.

« Ne m'oblige pas à aller les chercher, je sais où ils sont. »

Je suis sûre que là, maman va intervenir, les mettre à la porte. Non, elle me fait signe d'obéir. Ce n'est pas possible, elle va leur dire de me laisser tranquille, de ne plus se mêler de nos affaires. Elle ne bouge pas, accablée. Je sens monter en moi une colère qui m'étouffe.

« Salauds ! Salauds ! »

Une paire de claques de maman calme mes cris.

« Ça suffit ! Monte ! »

J'ai envie de la tuer.

« Obéis, monte !

— Mais avant, jure de ne plus voir Mélie, de ne plus avoir de relations contre nature avec elle. Jure, sinon, je remporte le cahier, menace Alain.

— Non, tu n'as pas le droit. Pas ça !

— Je t'en prie, Léone, fais ce qu'il te demande.

— Jure, JURE.

— Je le jure.

— Tu jures quoi ?

— Que je ne verrai plus Mélie. »

Mes larmes redoublent. J'ai mal, j'ai si mal.

« Très bien ! maintenant, va chercher les autres cahiers. »

Je monte quatre à quatre les deux étages. J'arrache les cahiers à leur dérisoire cachette. Je redescends tout aussi vite, pressée d'en finir. Je jette les cahiers sur la table. L'un d'eux tombe.

« Ramasse-le », dit Alain.

J'étouffe en moi un mouvement de révolte, et sans attendre un nouvel ordre, j'entreprends de déchirer les cahiers. Les couvertures en carton sont dures à arracher, des photos, des pétales de fleurs séchés, des articles de journaux, des images pieuses s'échappent des pages ; rageusement, je les déchire aussi. J'ai ouvert la grille du poêle, je jette les feuillets qui se tordent dans les flammes, les mots semblent vouloir sauter du feu mais retombent consumés. A chaque page arrachée et brûlée, c'est un peu de moi qui est blessé ou qui meurt. Malgré moi, mes larmes se sont remises à couler. On n'entend que le bruit du papier déchiré et le ronflement des flammes. La dernière feuille mise au feu, je referme lentement la grille comme on doit refermer celle d'un tombeau. Je me recueille, légèrement engourdie par la forte chaleur qui monte du poêle. Je sais, là, maintenant, que jamais, plus jamais, je ne me laisserai humilier. Qu'il faudra que je prenne une revanche éclatante pour oublier. Je pressens aussi, hélas ! que j'aurai toujours peur des autres, ce qui me conduira à me montrer dure, frivole, inconstante, pour essayer, malgré ça, d'être quand même aimée d'eux.

Quand je me retourne vers eux, je ne pleure plus et c'est calmement que je leur dis :

« Maintenant, sortez ! »

Ils ne disent rien et me regardent avec une sorte de crainte. Je me sens effrayante de désespoir tranquille, le tisonnier noirci encore à la main.

« Sortez ! »

Ils se lèvent, s'en vont sans mot dire. Je fais signe à maman de s'en aller aussi. Je reste seule. Je m'assieds face aux flammes qui vont diminuant.

Dans les jours qui suivirent, maman me fit tenir ma promesse et m'empêcha de vòir Mélie. Curieusement, cela me fut indifférent. Je vivais dans un état d'hibernation mentale et affective qui m'empêchait de souffrir de son absence.

La rentrée des classes avait eu lieu. Quatre fois par jour, les cris, les rires des enfants se rendant à l'école me rappelaient que j'étais désormais exclue à jamais du monde de l'enfance. Les premières semaines, cela ne me dérangea pas. Je restai enfermée dans ma chambre ou au grenier, lisant ou dormant. Je ne voyais les autres habitants de la maison qu'aux heures des repas. L'atmosphère de la maison était tendue et triste. Je m'en rendais compte, mais cela ne me touchait pas. J'étais comme absente. Grand-mère n'osait pas dire ouvertement sa réprobation de nous voir Catherine et moi si totalement inactives. Seul, mon petit frère mettait quelque animation dans la maison.

Le dimanche qui suivit la rentrée des classes, maman exigea que j'aille me promener avec elle pour prendre l'air. La promenade fut morne et silencieuse, par un beau soleil automnal. Je la suivais, traînant les pieds, tête baissée, ne voyant rien de la beauté des bois empourprés de leur mort prochaine. Nous croisâmes peu de monde, maman ayant eu soin de choisir un endroit écarté tant sa honte était grande.

Nous n'avions pas échangé dix phrases depuis la destruction du cahier, non que je me sois refusée à la conversation. Mais il y aurait eu trop à dire, ou rien à dire, ce qui revenait au même. Je ne boudais pas, ne pleurais pas, ne parlais pas, j'étais comme assommée, indifférente.

Maman écourta la promenade, visiblement agacée par mon attitude. Arrivée à la maison, après le thé, elle nous proposa une partie de monopoly. Elle parut surprise de me voir accepter. Je jouai sans goût, mollement. Bien entendu, je perdis, mais cela me fut égal.

L'ennui et la tristesse de ce premier dimanche de l'année scolaire allaient se répéter durant des mois.

Par un bel après-midi ensoleillé et un peu froid, maman accepta que j'aille me promener seule à la condition d'être rentrée avant quatre heures et demie, l'heure à laquelle les écoliers sortaient de classe, afin que je ne puisse rencontrer Mélie. Je rentrai à l'heure dite et pris l'habitude, tous les jours, quel que fût le temps, de faire de longues promenades à travers la campagne. J'obtins également la permission d'aller à vélo, le dimanche, voir ma grand-mère paternelle, qui habitait un hameau à une dizaine de kilomètres.

Si ces promenades me redonnèrent des couleurs, elles entretenaient chez moi une mélancolie accentuée par un automne flamboyant qui se transformait peu à peu, sous mes yeux désolés, en un hiver froid et dépouillé. Les jours de pluie étaient particulièrement sinistres. Je restais des heures durant à l'abri sous un pont ou dans une grange abandonnée, trop transie pour pouvoir lire le roman qui restait enfoui dans la poche de mon imperméable. Je rentrais pâle et grelottante, buvant avec reconnaissance le thé ou le chocolat que m'avait préparé maman.

Mélie passait quatre fois par jour devant la maison pour aller en classe. J'attendais ces moments avec angoisse et le temps passant, avec impatience. Je me levais tôt, le matin, pour l'apercevoir. J'appuyais mon front contre la vitre et j'attendais. Chaque fois, elle levait la tête et marquait un temps d'arrêt. La même chose à onze heures et demie, à une heure et à quatre heures. Un jour, je lui envoyai par la fenêtre un petit billet sur lequel je lui disais que je l'aimais. Nous prîmes l'habitude de communiquer de cette manière. Elle me disait qu'elle ne pouvait pas vivre sans moi, qu'au lycée on la tenait à l'écart et qu'elle était très malheureuse.

Maman s'aperçut assez vite de notre manège, mais n'en dit rien. Sans doute se rendait-elle compte que je ne pouvais pas rester isolée comme cela.

J'avais repris mes livres de classe, essayant de travailler seule. Je n'y arrivais pas. Je me sentais par moment envahie par la crainte de ne rien savoir, de rester d'une ignorance honteuse. J'allais à la bibliothèque municipale deux fois par semaine faire provision de livres. Je m'attaquai au rayon philosophie, à vrai dire bien réduit, mais la lecture de Spinoza, tout en me plongeant dans de difficiles réflexions, me découragea bien vite. Je découvris les mystiques et trouvai là un aliment à mon spleen. Je vécus durant des semaines dans un état d'exaltation religieuse et sensuelle qui me laissait épuisée, rêvant de l'époux divin et balbutiant les mots passionnés de l'amour céleste. Je dois à Thérèse d'Avila, Jean de la Croix, François de Sales, Thérèse de Lisieux, la solitaire des Roches et la religieuse portugaise, mes plus beaux tourments érotiques.

Devant mon calme, ma soumission, la surveillance de maman se relâcha. Je n'en profitai pas tout de suite, tant la peur visqueuse avait anéanti en moi toute velléité de rébellion. Les jours succédaient aux jours, seulement un peu plus sombres, un peu plus froids. J'allumais, le matin, le poêle à bois de la sinistre pièce où j'avais détruit le cahier. Je haïssais cet endroit, mais c'était le seul de la maison où je puisse me réfugier et être seule. Chaque fois que j'entrais, mon cœur se serrait. Il me fallait en faire le tour, lentement, touchant les objets, redressant un tableau, écartant les rideaux, ou tisonnant le feu pour apaiser mon angoisse. Je m'asseyais devant la table, sous la suspension allumée et je lisais, dessinais ou faisais des patiences. Je tricotais aussi et faisais de la tapisserie. Quelquefois, je caressais le chat. Mais, le plus souvent, je restais immobile dans le noir, le regard fixe devant le feu, seulement éclairée par la lueur dansante des flammes jusqu'à ce que maman ou grand-mère entre dans la pièce et me dise, invariablement :

« Que fais-tu dans le noir ? »

Mon apathie les déconcertait. Je surprenais souvent leur regard songeur sur moi. Cependant, elles ne disaient rien.

Un jour, sans l'avoir prémédité, je ne rentrai pas de ma promenade, j'allai chez Mélie. C'était la première fois que je « descendais en ville », depuis ce que Mélie et moi allions appeler l'histoire.

A cette heure de la journée, il y avait peu de monde dans les rues, néanmoins, c'est le cœur battant que j'arrivai chez Mélie. Samy le chien me fit fête, manquant, dans sa joie, de me faire tomber. Je montai jusqu'à la chambre de Mélie sans rencontrer personne. Je m'allongeai sur le lit, allumai une cigarette, prise dans un paquet de Lucky qui traînait là, et j'attendis.

Au milieu d'un bruit de voix aiguës de filles, je reconnus son rire. Ainsi, elle riait, elle pouvait encore rire. Cela me laissa songeuse. Elle monta, suivie de ses amies. Sa surprise fut telle en me voyant qu'elle resta un long moment sans réagir. Puis, poussant un cri, elle se jeta sur moi en me couvrant de baisers, sous les regards réprobateurs des autres qui s'en allèrent après quelques réflexions du genre :

« On voit bien que l'on est de trop. »

Je la regardais avec étonnement. Je me disais, voilà celle que j'aime, je suis dans ses bras, ses lèvres mordillent les miennes, nos langues, nos bras, nos jambes s'emmêlent. Une brusque chaleur m'envahit le corps, je me sens trembler contre elle. J'ai envie de sa bouche sur mon sexe. J'attire sa tête sur mon ventre, je gémis.

« Suce-moi. »

Elle obéit, docile, habile. Oh ! si habile que je suis rapidement submergée par un plaisir oublié !

Mélie rit de bonheur, rouge et décoiffée, le visage humide de mon plaisir. Elle s'allonge contre moi, m'entourant de ses bras en me murmurant des mots naïfs et tendres. Je ronronne de bien-être. Je n'ai plus peur.

Nous nous sommes assoupies sous le chaud bonheur des retrouvailles. A notre réveil nous convenons de nous revoir tous les soirs.

« Mais que va dire ta mère ?

— Ne t'inquiète pas, je m'arrangerai. »

Sept heures sonnent au clocher de Notre-Dame quand je quitte Mélie.

Je remonte vers la maison lentement, en passant par les petites rues. Maman est devant la porte, guettant mon arrivée, inquiète.

« Où étais-tu ?

— Chez Mélie. »

Elle n’a pas l’air étonné, plutôt soulage. C’est davantage pour la forme qu’elle ajoute :

« Je t’avais défendu d’y aller. Tu as abusé de ma confiance. »

Je hausse les épaules. Quoi qu’elle dise, j’ai décidé de revoir Mélie et je la reverrai.

Elle a compris mon regard et, pour la forme encore, ajoute :

« Demain, tu n’iras pas te promener. »

Je me mets à table, souriante et détendue. Je parle de choses et d’autres, sous les regards étonnés de grand-mère et de Catherine qui répondent par monosyllabes. Cela m’est bien égal, je parle pour le plaisir d’entendre ma voix retrouvée et pour éviter les propos désabusés de maman et de grand-mère.

Après le dîner, je propose une partie de nain jaune à Catherine. Je gagne et je vais me coucher contente.

Je m’endors comme un caillou.

Il a plu toute la nuit. Il fait très sombre et très froid. Je ne me lève pas pour regarder passer Mélie, je reste bien au chaud dans mon lit, rêvant.

Deux mois se sont écoulés depuis la journée du cahier. Alain et ses parents ont quitté la ville, qui s'installe dans sa monotonie hivernale. Je commence seulement à pouvoir essayer de penser à autre chose qu'à l'histoire. J'essaie de me projeter dans l'avenir. Il faut que d'une manière ou d'une autre je reprenne mes études. Travailler, il n'en est pas question, je ne sais rien faire, et, de plus, on nous a élevées, Catherine et moi, pour être des épouses ; notre seul avenir, c'est le mariage. Je dois étudier pour pouvoir quitter au plus vite cette famille qui me supporte mal et cette ville qui me rejette. Je suis peu à peu submergée par mon impuissance. Que faire ? Où aller ? Je n'ai, bien sûr, pas du tout d'argent, même pas pour prendre le train jusqu'à Poitiers. L'angoisse de l'avenir me tord le cœur. Il faudra que j'en parle à Mélie. C'est bon signe. Je m'imagine, tour à tour, actrice de cinéma, grand reporter, espionne, explorateur, courtisane. En fait, je ne vois que ce dernier métier qui me soit accessible. Mon ignorance m'en masque l'horreur et mes souvenirs littéraires l'idéalisent. Je ne m'y attarde pas car ce serait trahir Mélie.

Tout l'après-midi, je reste sagement à lire devant mon feu de bois. Maman vient de temps en temps voir ce que je fais, étonnée par ma docilité.

Quatre heures et demie sonnent au clocher de Saint-Martial. Je vais doucement décrocher mon manteau dans l'entrée. Ouvrir la fenêtre et l'enjamber : me voilà dans la rue où je cours vers la maison de Mélie. Comme la veille, j'y arrive avant elle. Je rencontre sa mère, qui me parle gentiment, s'étonnant de ne pas m'avoir vue ces derniers temps. Elle a visiblement oublié ce qui s'est passé. Un sentiment de peine m'envahit : comment, ce qui est tellement important, tellement douloureux pour nous, peut-il être si totalement méconnu ou oublié, ne serait-ce que l'espace d'un instant, de ceux-là mêmes qui étaient concernés ? On est nié par l'indifférence des autres. C'est ce que j'apprends en ce moment. J'en veux à cette femme, sur-protégée et égoïste, de ne pas me manifester une tendre compassion, fût-elle de commande. C'est de mauvaise humeur que je monte attendre Mélie dans sa chambre. Son bonheur de me revoir efface un peu la désagréable impression.

Je me laisse déshabiller, embrasser, caresser. Mais je ne retrouve ni la joie ni le plaisir d'hier. Je fais en sorte que Mélie ne s'en rende pas compte.

Que de choses nous avons à nous dire… nous parlons, nous parlons. C'est le père de Mélie qui nous interrompt. Il a l'air heureux de me voir, s'inquiète de ma santé et de mon emploi du temps. Il secoue la tête tristement devant mes réponses.

« Rentre vite, il est bientôt huit heures. »

Là, je suis sûre de me faire gronder. J'embrasse précipitamment Mélie. Je descends l'escalier quatre à quatre. Il fait nuit noire et une pluie fine et glaciale me fait sur le visage comme des coups d'épingles. Quand j'arrive, essoufflée, la famille est bien entendu à table.

« Excusez-moi, le père de Mélie m'a retenue. »

Ce n'est qu'un demi-mensonge. Devant l'absence de réaction, je continue comme on se jette à l'eau :

« Mélie va me donner ses cours et m'expliquer ce que je ne comprendrai pas. Son père est d'accord. » Toujours pas de réaction. Une aide inattendue me vient de la part de grand-mère :

« Ce n'est pas trop tôt que cette petite fasse quelque chose de sérieux. Ce n'est pas en restant toute la journée le nez dans ses livres ou à traîner à travers champs qu'elle s'instruira. »

Chère grand-mère, je l'embrasserais, bien qu'elle ait tort sur le fond. J'ai beaucoup plus appris par mes lectures désordonnées et en observant la nature que durant toutes mes années scolaires.

Maman, qui ne lui a jamais donné de réelles explications sur notre renvoi de l'institution Saint-M., ne peut qu'acquiescer.

Chacun va se coucher sans que rien de plus n'ait été dit sur ce sujet.

Ouf ! je m'en tire à bon compte !

Alors commence pour moi une période active. Mélie passe tous les jours à onze heures et demie m'apporter ses cours qu'elle m'explique, ou plutôt essaie de m'expliquer, car elle n'est pas très forte en français, ni en mathématiques, ce qui donne lieu à des fous rires devant les résultats incongrus auxquels nous arrivons. Le soir, je vais chez elle.

Cependant, très vite, nous nous décourageons. Elle, parce que je ne comprends pas ses explications, moi, parce que je prétends qu'elle-même n'a rien compris. Il m'arrive de la battre tant je suis furieuse et déçue. J'essaie bien de réfléchir seule sur tel ou tel problème d'algèbre ou de mathématiques, mais cela est trop dur pour moi. Je me contente de lire les livres d'histoire, de géographie, de sciences naturelles ou des grands auteurs classiques comme Racine, Corneille ou Molière. J'ai repris avec assiduité le chemin de la bibliothèque et je lis sans ordre Delly et

Pascal, Max du Veuzit et Joseph de Maistre, Myonne et Voltaire, Henry Bordeaux et Rousseau. Comme on le voit, c'est pour le moins éclectique et si l'on ajoute à cela les hebdomadaires ou mensuels tels que : *Nous Deux, Historia, Mickey, Confidences* et *Spirou,* on aura une idée de la culture d'une fille de quinze ans livrée à elle-même.

Il fait de plus en plus froid, la nuit tombe très tôt. A cinq heures, il fait nuit. Je me suis enhardie jusqu'à passer maintenant par la Grand-rue pour aller chez Mélie. Personne ne me parle. Les bonnes femmes, qui me connaissent, chuchotent sur mon passage. Je passe très droite, le regard lointain, essayant de paraître indifférente.

Nous nous disputons souvent Mélie et moi, pour des riens. En fait, je suis jalouse de la vie qu'elle mène. Pour elle, l'histoire a changé peu de chose : elle continue à aller au lycée, au cinéma, à voir des amis, ses parents l'entourent de leur affection. Face à tout ça, je me sens étrangement démunie et pauvre, si pauvre. Les jours s'écoulent de plus en plus lentement. Ni les livres ni Mélie n'arrivent à bout de mon ennui. Tout me semble fermé. La tentation de mourir revient, très forte.

Ce sont les vacances de Noël. D'habitude, cette période qui précède les fêtes est pour moi l'occasion d'une grande activité. Je prépare des cadeaux pour chacun et, comme je n'ai pas d'argent, ce sont des cadeaux entièrement confectionnés par moi : gants, chaussettes, bonnets, écharpes, tricotés avec de la laine récupérée, ou de petites tapisseries avec des vœux de Joyeux Noël, des poupées en chiffons et leur petit trousseau, des dessins, bref ! de ces petites choses qu'une fille habile de ses mains peut offrir. Cette année, je n'ai pratiquement rien fait, si ce n'est un pull en grosse laine que m'avait demandé Mélie, des gants pour maman et grand-mère, c'est tout.

Le soir de Noël, mon impression de solitude se fait plus grande. J'ai refusé d'accompagner la famille qui dîne chez une tante, avant d'aller à la messe de minuit. Je n'ai pas le courage de les affronter réunis. Je suis seule devant un joli plateau préparé par maman, foie gras, morceau de dinde aux marrons et petite bûche pour moi toute seule. Je me suis installée dans la salle à manger, le feu ronronne doucement, à la radio, il y a des chants de Noël. Comme tous les ans, c'est moi qui ai décoré l'arbre de Noël et monté la crèche. La dernière guirlande attachée, je regarde mon œuvre. Il est très joli mon sapin, il se reflète dans la glace qui me renvoie également mon image. Je regarde avec curiosité cette fille que je ne reconnais pas. Il me semble que j'ai grandi, mon visage s'est affiné, je n'ai presque plus les joues rondes de mon enfance, mes yeux sont cernés, mais, ce qui me surprend le plus, c'est mon regard : comme glacé, comme revenu de tout, aucun espoir ne s'y fait jour, pas la plus petite lueur, vieux, mort.

Mes cheveux roux, brillants et frisés, sont la seule masse vivante, comme n'appartenant pas à ce visage, à ces yeux-là. Un chaos de pensées se bousculent dans ma tête, un mot surgit qui devient cri : « Non ! » Et je m'écroule en hurlant ce mot :

« NON ! »

Durant ces vacances, nous nous voyons tous les jours, Mélie et moi. Ses parents nous emmènent à Tours, Poitiers et Limoges. Maman m'a donné un peu d'argent pour ces sorties, ce qui me permet d'acheter des babioles. Mélie me couvre de menus cadeaux, de friandises. J'aime bien ces journées hors du temps.

Comme tous les ans à pareille époque, il y a une fête foraine sur la place du marché. Cette année, je n'y suis pas encore allée de peur de rencontrer Jean-Claude et ses copains. Mais aujourd'hui, j'ai envie de me mêler à la foule, de faire comme avant. Je descends la Grand-rue vers quatre heures de l'après-midi, le temps est froid et humide, les lumières des vitrines sont déjà allumées. Il y a peu de monde à cette heure à la fête. Je m'achète une barbe à papa, je regarde les autos tamponneuses, les tirs, les loteries, les manèges pour enfants qui me rappellent mes trépignements quand je ne voulais pas en descendre, criant :

« Encore un tour ! encore un tour ! »

La roulotte et la diseuse de bonne aventure, une petite ménagerie, des balançoires, cela a suffi à remplir la place.

J'ai froid et rien de tout cela n'est très drôle, je décide d'aller chez Mélie. C'est au carrefour, devant le marchand de tissus, que je suis arrêtée par une main brutale. C'est Mme R... qui m'agrippe ainsi et qui se met à me secouer :

« Tu n'as pas honte de te montrer, petite roulure ? On ne peut plus se promener sans rencontrer des catins de son espèce », dit-elle, en prenant à partie les trois ou quatre bonnes femmes qui se sont arrêtées pour regarder.

« Quand on pense, une fille de bonne famille, tourner comme ça, dit Mme V...

— On devrait les enfermer des saletés pareilles, ajoute Mme B...

— Tiens, salope ! »

Je ne vois pas d'où vient le coup, mais la gifle que je reçois est de Mme R... Quant à Mme L..., elle s'en prend à mes cheveux. J'essaie comme je peux de parer les coups, elles sont maintenant cinq ou six après moi. Un attroupement grandissant se fait autour de notre groupe, des gamins ricanent et tentent de me donner des coups de pied :

« Tigresse, oh ! tigresse ! »

La manche de mon manteau neuf se déchire, je me mets à saigner du nez, cela doit les exciter car elles me bousculent de plus belle. Personne n'intervient. Une peur hideuse m'envahit, je revois les filles tondues de la Libération, mon père et sa mitraillette, les rires sales et les figures de haine hurlant des injures aux pauvres filles.

« NON ! NON ! laissez-moi ! »

Il y a là des jeunes, des vieux, des hommes et des femmes ordinaires, qui ne feraient pas de mal à la plus petite bestiole, qui regardent sans émotion apparente cette scène cruelle. Jean-Claude, blême, n'ose pas intervenir. Francis, Michel, Bernard, les copains de l'été, regardent sans bouger. J'aperçois une de mes tantes qui préfère changer de trottoir. Personne ne me viendra donc en aide ? Je suis tombée le long de la vitrine, me protégeant la tête de mes mains.

« Cela suffit, laissez-la, arrêtez ! C'est monstrueux ! » Une main ferme me relève et écarte les mégères.

« Vous seriez bien avancées si les parents de la petite allaient porter plainte pour coups et blessures ! »

Cela calme les furies plus sûrement que des paroles de pitié et elles se dispersent sans demander leur reste.

L'homme m'essuie le visage avec son mouchoir. Il a de grands yeux bruns, doux et tristes. Je le connais de vue. Il n'habite pas ici mais vient de temps en temps voir ses parents qui tiennent un petit commerce de vélos dans la Grand-rue. Une immense reconnaissance m'envahit, c'est la première et ce sera la seule personne à avoir envers moi un geste de compassion. Il me prend par l'épaule.

« Tu devrais rentrer chez toi, petite. Les rues ne sont pas bonnes pour toi. »

Je voudrais le remercier, mais je ne peux prononcer une parole, je le regarde intensément, essayant de faire passer dans mon regard ce que je ressens. Il semble comprendre, un bon sourire éclaire son visage.

« Courage ! le temps passe et l'on oublie. »

Je secoue la tête. Non, je n'oublierai pas, ni cet unique geste d'amitié, ni ces coups, ni ces humiliations, ni ces larmes. Je le regarde s'éloigner. J'essuie mes yeux, je me mouche et je vais chez Mélie pour essayer de mettre de l'ordre dans ma tenue avant de rentrer à la maison.

Elle ne dit pas un mot en me voyant, elle m'aide à me déshabiller, me fait couler un bain, me lave le visage qu'elle embrasse à petits coups. Pendant que l'eau calme mon corps douloureux, elle a porté mon manteau à sa sœur pour que celle-ci recouse la manche. Elle m'enveloppe d'un long peignoir à la sortie du bain et me fait boire une tasse de thé brûlant. Elle me prend dans ses bras et alors, alors seulement, elle me dit :

« Raconte ! »

Alors, à voix basse, entrecoupée de sanglots, je lui explique la scène de tout à l'heure, je sens ses larmes chaudes couler le long de mon cou. Je me tais, elle ne dit rien. Que pouvons-nous ajouter, d'ailleurs ? Je suis au centre d'événements qui nous dépassent. Il n'y a rien à comprendre. Nous sommes le jouet de circonstances, les autres aussi. Ce qui les révolte aujourd'hui pourra leur être indifférent demain. Nous sommes arrivées à un mauvais moment, voilà tout.

Je remonte à la maison, comme apaisée. En chemin, je rencontre maman venue au-devant de moi. Elle est au courant de ce qui s'est passé. Je la devine à la fois hostile et tendre. J'ai envie de me jeter dans ses bras, mais, devant son attitude, je ne comprends pas, je n'ose pas. Nous marchons côte à côte sans rien nous dire.

Le repas est silencieux. A la fin du dîner, maman sort une lettre de sa poche. Aux timbres et à l'enveloppe, je vois que la lettre est de papa. Elle nous la lit.

Si j'ai bien compris, dans trois mois, quatre au plus tard, nous serons à Conakry. Je m'endors en rêvant de palmiers, de gens noirs et gentils.

Depuis la scène de l'autre jour, je ne suis pas retournée chez Mélie. C'est elle, qui, ne me voyant pas, est venue voir ce qui se passait. Je lui dis que je préfère que ce soit elle qui vienne, du moins pendant un certain temps. Pendant un mois, elle est venue tous les jours passer deux heures avec moi. Nous jouons aux cartes, ou lisons chacune de notre côté. Nous avons abandonné le travail en commun, cela évite de nous disputer. Nous parlons de mon prochain départ qui se précise. Elle me dit que c'est préférable pour moi et qu'un an c'est vite passé. Sans doute a-t-elle raison, mais ce n'est pas sans angoisse ni serrement de cœur, que je pense à cette longue absence. M'aimera-t-elle encore quand je reviendrai ?

J'ai repris, malgré le temps froid, mes longues promenades dans la campagne et mes randonnées à vélo. Peu à peu les jours s'allongent. Le printemps s'annonce précoce. N'ai-je pas cueilli mes premières violettes ? Je retourne à nouveau chez Mélie. C'est vrai que sa maison est plus agréable que la mienne et ses parents plus accueillants que les miens. De temps à autre, je croise, dans les rues, d'anciennes camarades de classes. Toutes, sans exception, détournent la tête en me voyant. Leurs parents ont bien fait les choses. Il en est de même quand je rencontre une des sœurs de l'institution Saint-M. ; elles, ce sont les yeux qu'elles baissent, par pudeur, sans doute, comme devant un spectacle honteux. Ce que je représente est-il si moche que ça ? Je n'arrive toujours pas à le croire. Les vacances de Pâques ramènent Jeanine, qui a l'air maintenant d'une vraie femme. Elle a rapporté des tas de nouveaux disques de Paris. Nous ne nous lassons pas de les écouter. Francis, Michel, Bernard et même Yves viennent passer un moment avec nous. Personne ne parle de l'histoire. Au début, ils me regardaient tous avec une certaine méfiance, craignant, qui sait, des reproches, des plaintes. Ils n'ont eu ni les uns et les autres qu'un silence un peu dédaigneux, c'est tout.

Malgré mes efforts, je n'arrive plus à m'intéresser à ce qui fait en général la vie des adolescents. Quelque chose s'est comme arrêté en moi ou cassé. Seul le temps me le dira. J'assiste, indifférente, aux préparatifs de maman qui nous fait confectionner à Catherine et à moi des robes pour pays chauds. C'est tout juste si nous échappons au casque colonial.

Notre départ est retardé, ce qui fait que j'ai la joie et la douleur d'aller chercher Mélie à sa descente du train qui la ramène de Poitiers où elle a été passer son brevet en compagnie de sa classe. Sur le quai de la gare, il y a les élèves de l'école laïque et celles de l'école libre. Les professeurs des deux camps se sont salués d'un signe de tête bref ; quant aux élèves, elles ricanent en se regardant sournoisement. Mon arrivée provoque un immédiat silence. Les religieuses, en me lançant des regards effarés, emmènent leurs blanches brebis aussi loin qu'elles peuvent, les laïques me toisent, comme outrées de tant d'audace. Je m'avance sur le quai, vers Mélie, qui n'a pas l'air très fier. Je la prends par la main et l'entraîne vers la sortie. Ma venue ne lui a fait aucun plaisir, elle me le dit sans ménagement.

« Comme si on n'avait pas suffisamment d'ennuis comme ça ! »

Je souris en haussant les épaules. Je suis assez contente

de moi. Car, pour cette petite provocation, il m'a fallu du courage. Je voulais la confirmation de la rupture entre les gens de mon âge et moi. C'est fait. Je vais devoir finir de grandir sans eux.

Les adieux entre Mélie et moi ont été affreux. Jusqu'au dernier moment, elle n'a pas cru vraiment à ce départ. Elle s'accroche à moi en pleurant, jure de m'aimer toujours, de m'écrire tous les jours, de ne penser qu'à moi. Je pleure aussi, bien sûr. Mais j'ai hâte d'en finir. Le chauffeur du taxi klaxonne à coups brefs mais répétés, maman s'impatiente et doit regretter d'avoir accepté ce dernier adieu. Par la vitre arrière de la voiture, je regarde la silhouette de Mélie qui diminue peu à peu.

Nous sommes très au-dessus des nuages, dans un ciel bleu éblouissant. Maman a sur le visage un air de contentement qui me fait du bien, Catherine regarde un illustré, Lucas joue avec ses petites voitures. Tout est calme. Je ferme les yeux, attentive aux battements de mon cœur, à la vie qui circule en moi. De temps à autre, l'image de Mélie s'interpose, je la repousse doucement. Chaque minute qui passe m'éloigne d'elle, je dois m'habituer à son absence dès maintenant si je veux pouvoir la supporter.

J'attends avec curiosité le premier contact avec la terre africaine, je me promets de trouver auprès d'elle, sinon l'oubli, du moins la paix. Je sens que je vais trouver sur ce continent inconnu les réponses à certaines questions, que là-bas, les gens ne me connaîtront pas, qu'ils seront sans préjugés. Je m'endors, un vague sourire aux lèvres.

Quand je me réveille, l'avion a amorcé sa descente, l'hôtesse me fait attacher ma ceinture. Par le hublot, j'aperçois la mer, puis une masse d'un vert intense, une terre rouge, un port, une ville.

Quand nous atterrissons, je sais que j'ai déjà changé de vie. Je vais bientôt avoir seize ans.

Paris, 1974,
Montmorillon, 1977,
Ars-en-Ré, 1978.

LES ENFANTS DE BLANCHE

A Léon et à Blanche,
à mes oncles et à mes tantes,
à ma mère.

Blanche et René se marièrent le même jour.

De mémoire de Vierzonnais, on n'avait jamais vu ça : un frère et une sœur descendre ensemble les marches de l'église. Tout le monde savait que cela portait malheur. Mais l'amour de Blanche pour son frère René était si grand qu'elle avait fait fi de toute superstition. Et c'est le cœur débordant de joie qu'au bras de Léon, son mari, elle était sortie de l'église en prenant bien garde, toutefois, de ne pas être en avant de sa jolie belle-sœur, car il ne fallait quand même pas tenter le sort.

Rien de plus gracieux que ces deux jeunes épousées chacune amoureusement accrochée au bras de l'homme qu'elle avait choisi. Ce fut aussi l'avis de la foule qui, massée sur le parvis de l'église, cria d'une voix unanime : « Vive les mariés !... Vive les mariés !... »

Emilia, qui venait d'avoir dix-huit ans, était ravissante, enveloppée de dentelles blanches, son front lisse couronné de fleurs d'oranger, le visage rose de plaisir levé vers René avec un regard de félicité enfantine. René, beau garçon très mince, le teint pâle, la contemplait avec cette satisfaction un peu niaise de l'époux comblé.

Bien différent était l'autre couple : Blanche, vêtue de satin, toute concentrée sur son amour qui lui donnait un air grave, un peu mélancolique, s'appuyait d'une main timide sur cet homme à peine plus grand qu'elle, au front déjà dégarni, au fin visage qu'animaient deux yeux sombres et intelligents.

Il devait se dégager de ces quatre jeunes gens tant de bonheur, de confiance en l'avenir, que les bravos de la foule massée sur le parvis éclatèrent avec plus de force que d'habitude, à les regarder descendre les marches de l'église et prendre place dans deux calèches découvertes ornées de verdures et de fleurs blanches. Les cochers, cocardes à la boutonnière et au chapeau, firent claquer leurs fouets enrubannés. Les chevaux blancs au front orné de feuilles de vigne partirent sous les hourras, suivis par les enfants qui sautaient en criant, tandis que le reste de la noce prenait place dans divers véhicules découverts.

Le cortège traversa la ville. Sur les trottoirs, les passants s'arrêtaient, applaudissant, commentant les toilettes, comptant les voitures et, satisfaits du spectacle donné, acclamaient de plus belle. Ah, c'était un beau mariage !

On passa par l'interminable rue des Ponts. Le chaud soleil d'août faisait miroiter l'eau immobile du canal. Plus loin, la chaleur aidant, montait d'un bras du Cher l'odeur sure de la vase, mélangée à celle des algues fleuries. Après le troisième pont, on tourna à gauche le long de l'eau. On suivit la route poudreuse qui épousait chacun des méandres de la rivière à demi asséchée. Les dames avaient ouvert leurs ombrelles et agitaient leurs mouchoirs pour chasser la poussière du chemin. C'était maintenant la campagne. On traversa un petit bois à la sortie duquel on s'arrêta devant une auberge, basse construction de brique aux fenêtres étroites, garnies de rideaux à carreaux rouge et blanc relevés par un cordon.

Léon prit la taille fine de Blanche entre ses mains pour l'aider à descendre. A ce contact, la jeune femme rougit. René s'empressa de faire de même, mais l'exubérante Emilia se jeta dans ses bras avec une telle fougue qu'ils manquèrent de tomber. René ne dut qu'à sa grande force de ne pas perdre l'équilibre et déposa sa femme saine et sauve auprès de sa sœur. Les deux belles-sœurs s'embrassèrent et se dirigèrent vers l'auberge en se tenant par la taille, soulevant gracieusement la traîne de leur robe. Les beaux-frères se congratulèrent sous les exclamations des invités.

Bientôt, ce coin, si tranquille quelques instants auparavant, retentit de cris et de rires. Les plats succédaient aux plats, le vin rouge au vin blanc, les liqueurs au café, un brouhaha grandissant envahissait la salle, donnant à Blanche la migraine. Trop émue, elle avait à peine touché aux mets généreux, malgré les tendres reproches de Léon et les injonctions d'Emilia qui se servait avec gourmandise sous les regards admiratifs de René, lui-même gros mangeur. Les visages colorés brillaient, les gilets se déboutonnaient, les cols se desserraient, les corsets se délaçaient avec discrétion. Ceux et celles qui étaient réputés bons chanteurs chantèrent. On insista pour entendre Léon, qui avait une belle voix de baryton. Malgré sa timidité, il s'exécuta avec une bonne grâce qui lui valut les applaudissements anticipés de l'assistance. Dans un silence flatteur, il entonna d'un air pénétré *Mignon.* Puis, devant l'enthousiasme de son public, il interpréta *Les Millions d'Arlequin,* ce qui lui valut un triple ban mené par René. Il se rassit près de Blanche, qui posa sa main sur la sienne d'une légère pression, elle lui dit toute son admiration. Lentement, il porta cette main à ses lèvres.

Blanche trouvait le repas interminable. Enfin, on vint annoncer que l'orchestre était arrivé et que le bal allait pouvoir commencer. La jeunesse, qui avait un peu souffert de la durée du banquet, accueillit cette nouvelle par des cris de joie.

Au son d'une valse, les époux ouvrirent le bal. Emilia, rose et éclatante, s'envola dans un tourbillon de dentelles, tandis que Blanche, si belle, si longue, si mince dans sa robe de satin, glissait dans les bras de Léon. Ensuite elle regarda, attendrie, son frère danser avec leur mère, l'infidèle, l'absente, l'amoureuse Louise, ravissante et si jeune encore dans sa robe gris pâle. Un mouvement de jalousie pinça son cœur quand, à son tour, Léon la fit valser. Monsieur G., l'époux de sa mère, l'homme pour qui Louise les avait abandonnés enfants, son frère et elle, s'inclina pour l'inviter. Le temps avait passé, elle s'était prise d'affection pour cet homme intelligent, timide et bon. Tout en dansant, elle lui sourit, et lui, heureux d'être enfin accepté par cette fille farouche et fière, serra longuement sa main.

La musique s'arrêta, puis reprit, endiablée : c'était une scottish. Blanche n'eut pas le temps de se reposer, René l'enlaça et ils tournoyèrent autour de la salle sous les applaudissements. Quand la musique cessa, ils se laissèrent tomber sur le premier siège venu, trop essoufflés pour parler. René épongea son beau visage devenu rouge avec un grand mouchoir de fil, tandis que Blanche, les joues à peine rosies, tapotait son front et ses lèvres d'un minuscule carré de batiste.

Léon s'approcha de sa femme et l'emmena respirer l'air frais de la fin de l'après-midi. Ils marchèrent en silence l'un près de l'autre et entrèrent dans le bois. Au bruit et à la chaleur de la fête succédèrent le silence habité du sous-bois et sa fraîcheur parfumée. Ils s'assirent sur un banc de mousse et se regardèrent tandis que montait en eux un bonheur grandissant. Léon prit les mains de Blanche et baisa un à un les longs doigts qui s'abandonnaient. Des larmes montèrent aux yeux de la jeune femme. Il s'en aperçut et alla les boire à leur source. Peu à peu ses lèvres descendirent, caressèrent les joues, les oreilles petites, le cou si mince qu'une seule de ses mains en faisait le tour, puis remontèrent jusqu'à la bouche pâle qui s'entrouvrit pour mieux recevoir le baiser. Longtemps ils restèrent ainsi, attentifs au merveilleux plaisir qui, par vagues, envahissait leurs corps et leur arrachait des gémissements. Blanche la première se détacha, les yeux brillants, les joues rouges, les lèvres humides, légèrement décoiffée. « Viens, partons », dit-elle en tirant son mari par la main.

Ils croisèrent Emilia et René qui allongés au milieu des fougères, tout à leur étreinte, ne remarquèrent pas leur présence. Ils ralentirent en souriant, complices.

« La robe d'Emilia va être froissée », murmura Léon à l'oreille de sa femme.

Sans qu'elle sût pourquoi, à ces mots pourtant anodins, Blanche éprouva un grand trouble. Elle eut beaucoup de mal à détourner son regard de la jambe gainée de soie qui enlaçait celle de René.

Ils rentrèrent en courant dans l'auberge. Blanche monta dans une chambre mise à leur disposition et retira sa robe de mariée pour revêtir une tenue de voyage. A ce moment, sa mère entra et regarda cette jeune personne qu'elle connaissait si mal et qui était son enfant. Louise se souvint que le jour de ses propres noces, sa mère lui avait fait certaines recommandations, donné certains conseils. Devait-elle faire de même avec cette fille secrète qu'elle devinait toujours hostile ?

« Vous partez ? Mais qui dégrafera ton corset ? »

C'était tout ce que, dans son trouble, elle trouvait à dire. Elle rougit de la trivialité de l'image et rougit davantage en entendant la réponse :

« Ne vous inquiétez pas, maman, ce sera Léon qui me l'ôtera. »

A son tour, se rendant compte de l'audace de sa réplique, Blanche rougit. Leur gêne, l'émotion de ce jour, aussi, firent qu'elles eurent un geste d'une spontanéité inattendue de leur part : elles se jetèrent dans les bras l'une de l'autre.

Ce fut là toute l'éducation sexuelle de Blanche.

Blanche et Léon s'installèrent à Châteauroux, au deuxième étage de la maison habitée par les parents du jeune homme. La chambre à coucher était la seule pièce convenablement meublée de leur logement, grâce à la générosité de Louise. Blanche était fière du grand lit de bois sculpté, si haut qu'elle devait utiliser, pour y monter, un tabouret bas recouvert d'une tapisserie représentant un bouquet de roses. L'imposante armoire à glace la ravissait et son contenue plus encore : piles de draps neufs, de nappes damassées, serviettes, linges de toilette soigneusement repassés et dégageant cette odeur de violette qu'elle aimait tant et qui devait l'accompagner toute sa vie. Les deux tables de chevet au dessus de marbre blanc étaient bien pratiques et les deux fauteuils à haut dossier, entourant la table ovale recouverte d'un tapis, bien confortables. Le soir avant de se coucher, sous la lumière de la lampe, les jeunes époux aimaient s'y asseoir afin de parler à voix basse des menus faits de la journée : Léon disait son espoir d'être promu prochainement chef de rayon aux Galeries berrichonnes, ce qui serait justice, car personne ne connaissait les tissus et leurs différentes qualités mieux que lui. Blanche, de sa voix douce, racontait sa journée passée à monter et descendre de lourdes pièces de soie, de satin ou de drap dans le magasin de l'acariâtre Madame B.

— Bientôt tu ne travailleras plus, tu resteras à la maison.

Blanche souriait et, raisonnable, disait :

— Comment ferions-nous, mon bon, nous avons si peu d'argent ?

Il lui disait que cela n'était pas important, puisqu'ils s'aimaient. Il l'enlevait dans ses bras et la déposait sur le grand lit, malgré ses cris :

— Non... Non... Léon, arrête !

C'est un soir d'hiver, assis dans leurs fauteuils, face à la cheminée où brûlait un feu clair, qu'elle lui dit en lui prenant la main, sans le regarder :

— Mon ami, nous allons avoir un enfant.

Le cœur de Léon s'arrêta dans sa poitrine et, durant un court instant, il fut trop ému pour pouvoir parler. Il glissa à ses pieds et posa sa tête sur les genoux de la future mère.

— Un enfant ! Un enfant de toi !

Geneviève-Louise naquit le 28 juin 1898. C'était une belle petite fille potelée, au joli visage rond, au crâne recouvert d'un fin duvet blond qui, peu à peu, se transforma en boucles dorées.

Deux ans plus tard, le 19 octobre, naissait une autre fille : Thérèse-Emilia, qui, elle, ressemblait à un chat écorché.

Depuis la naissance de sa première fille, Blanche ne travaillait plus et avait du mal à joindre les deux bouts. Mais Léon visitait le dimanche les fermes des environs avec une carriole remplie de coupons de tissus qu'il revendait aux paysans, ce qui lui permettait d'offrir à sa femme des fleurs ou des plumes pour agrémenter ses chapeaux, sa seule mais grande coquetterie.

Blanche attendait un nouvel enfant quand Léon vint lui annoncer qu'ils quittaient Châteauroux et allaient s'installer à Montmorillon, où ils ouvriraient dans la rue principale un magasin, un bazar dont ils seraient les gérants. Grande fut la joie de Blanche, qui se sentait à l'étroit dans le petit appartement et qui supportait de plus en plus difficilement la présence de ses beaux-parents et leurs conseils sur l'éducation des enfants. Sa belle-mère, qui avait eu sept fils, ne comprenait rien à la sensibilité des filles. Souvent, les deux petites quittaient leur grand-mère en pleurant. La minuscule Thérèse disait en donnant des coups de pied dans les meubles :

— Veut plus la voir, et trop méchante !

A quoi Geneviève, raisonnable du haut de ses quatre ans, répondait :

— L'est pas méchante, elle sait pas.

Quand la famille quitta Châteauroux, le seul souvenir de la maison que garda Geneviève fut celui de l'escalier faiblement éclairé par une veilleuse rouge, qu'elle refusait de descendre sans le secours de son cousin Georges, un peu plus âgé qu'elle, élevé par leur grand-mère, et qui, plusieurs fois par jour et jusqu'à leur départ, avait pris le pli de monter chercher sa peureuse cousine.

Quand ils arrivèrent à Montmorillon, ne connaissant personne, ils s'installèrent dans un petit hôtel de la place du champ de foire en attendant que les travaux d'aménagement de leur nouveau logement fussent terminés.

Blanche avait bien du mal à maintenir en place les deux petites, surtout Thérèse, qui s'échappait à la moindre occasion. Ce fut pourtant grâce à ce tempérament expansif qu'ils firent la connaissance des quelques personnes chez qui la fillette se faufilait au mépris des convenances.

Enfin le logement fut terminé, le mobilier livré, les caisses ouvertes. Durant plusieurs jours régna une activité fébrile dans la Grand-rue, tant dans le nouveau magasin que venaient admirer les habitants de la petite ville que dans l'appartement du dessus, où une élégante et belle femme enceinte s'affairait, aidée par une petite bonne. Thérèse profita de ce remue-ménage pour se faire de nouvelles relations. Une surtout, qui, par la suite, allait s'avérer importante, sinon encombrante : une femme encore jeune, mais paraissant sans âge, qui tenait une boutique de modiste en face du nouveau bazar et vivait avec ses parents. Elle se nommait Albertine B., mais, pour tout le monde, elle était Titine ou La Titine.

C'est assise sur le trottoir, les pieds dans le caniveau, le ruban de ses cheveux défait, les mains et les genoux sales, les poches de son tablier pleines de trésors — toupie cassée, billes, bouts de ficelle dorée, image pieuse abîmée, vieux morceaux de pain d'épice, cailloux aux jolies formes et chiffon autrefois mouchoir —, que Thérèse lia connaissance avec Titine. Titine n'était pas belle, elle avait de grands pieds, une allure ridicule et, surtout, elle n'était pas très propre. Pour faire gonfler ses maigres cheveux d'une triste et indéfinie couleur, elle mettait des sortes de bourrelets qui menaçaient toujours de tomber. Le dimanche, pour faire honneur au Seigneur, sans doute, elle rajoutait des boucles de faux cheveux sur son front et recouvrait le tout d'un chapeau de sa fabrication. Comment faisait-elle, elle dont c'était le métier, pour avoir toujours des chapeaux qui semblaient sortir de l'arrière-boutique d'un fripier ?

Quoi qu'il en soit, elle et Thérèse se lièrent d'amitié et, très vite, Titine devint l'amie intime de la maison.

Quand tout fut terminé, appartement et magasin, Blanche accoucha d'une troisième fille, le 3 août 1902, que l'on prénomma Marguerite-Camille. Le bébé était si petit qu'on crut un moment qu'il ne vivrait pas. Des nuits durant, malgré sa fatigue, Blanche berça sa fille qui criait dès qu'elle la reposait dans son berceau. Lentement, Marguerite, que ses sœurs appelèrent Gogo, s'habitua à l'existence.

Peu à peu, Blanche et Léon furent adoptés par leurs voisins, estimés par leurs clients, respectés par les autres commerçants qui n'avaient pas vu d'un très bon œil s'installer les nouveaux venus. Mais la bonté, la serviabilité, le sérieux et la gaîté de Monsieur P. lui gagnèrent tous les cœurs. Pas une association, sportive, musicale, de bonnes œuvres, religieuses ou non, qui ne fît appel à ses services. On était plus réservé vis-à-vis de la belle Madame P., sobrement élégante. Presque toujours vêtue de noir en hiver, l'été, elle portait des chemisiers de satin bleu pâle ou blanc et des corsages noirs garnis d'entre-deux de dentelle à col montant maintenu par des baleines, et toujours une jupe de drap noir. On admirait son fier et fin visage encadré par les bandeaux de ses cheveux blonds que le temps fonçait doucement. On critiquait un peu ses trop nombreux chapeaux, mais c'était là sa seule coquetterie. On la croyait froide et distante, alors qu'elle n'était que timide et surtout trop occupée par ses enfants, sa maison et la tenue des comptes du magasin.

Tout son goût pour la toilette s'était reporté sur celle de ses filles. Rien de plus ravissant, le dimanche, que de voir Madame P. donnant la main aux plus petites tandis que la plus grande marchait devant elle d'un air sérieux, portant le missel de cuir à tranche dorée de sa mère. Toutes raides dans leurs robes blanches empesées, la tête fièrement relevée sous l'encombrant chapeau de paille garni de fleurs, ou la charlotte de piqué blanc dont les arceaux de métal leur entraient parfois dans la tête, les demoiselles P. se rendaient à la messe avec plaisir, ennui ou indifférence, selon leur caractère.

Geneviève, l'aînée, était apparemment la plus douce, la plus calme, la plus secrète aussi. Elle restait de longues heures à jouer avec sa grande poupée Jacqueline, dont la tête de porcelaine était si jolie. Têtue, à six ans elle refusait d'aller à l'école ; indulgent, son père disait : « Laissons-la, on verra plus tard. » Séduisante et coquette, elle avait déjà deux petits amoureux qui se disputaient ses faveurs : André B. et Paul Q., de deux ans plus âgés qu'elle et dont les parents, également commerçants, étaient aussi leurs voisins. Paul se mettait toujours en tête de l'embrasser, mais elle ne voulait pas. Un jour, André dit à son camarade :

— Si je lui demande, je suis sûr qu'elle voudra bien m'embrasser, moi.

Et la petite fille s'était jetée à son cou en disant :

— Oh oui, je veux bien, je t'aime, toi.

Cela n'avait pas été du goût de Paul, qui s'était précipité sur son rival. Les deux gamins s'étaient roués de coups. Léon, alerté par les cris et les pleurs de Geneviève, était accouru et avait séparé les combattants dont l'un avait l'œil à demi fermé et l'autre le nez en sang. De ce moment naquit entre les trois enfants une relation ambiguë dont la fillette était le centre adoré, tandis qu'elle, tout en ménageant la susceptibilité de Paul, s'éprenait chaque jour davantage d'André.

Thérèse, c'était l'exubérance, le rire, la gaieté perpétuelle. Tout était jeu pour la petite fille dont les grands yeux noirs mangeaient le visage. Impossible de la faire tenir en place. Le dimanche était pour elle un jour de supplice, quelquefois elle s'endormait à la messe. Et ces belles robes qu'il ne fallait pas salir ! Et ces promenades sur la place Saint-Martial, les jours de musique où la famille en grand apparat s'arrêtait pour saluer une connaissance, reprenait son chemin pour s'arrêter un peu plus loin ! L'on faisait ainsi plusieurs fois le tour de la place plantée de tilleuls. Et ce silence qu'il fallait observer quand les cuivres éclataient ! Pourtant, avec tout ce boucan, on aurait bien pu la laisser courir entre les jambes des spectateurs qui prenaient des airs entendus de connaisseurs. Mais non, il ne fallait pas bouger, heureusement qu'il y avait la main de papa pour la retenir ! Pour rien au monde elle eût voulu faire de la peine à ce père qu'elle adorait et qui racontait si bien de belles histoires pleines d'ogres et de loups, de princesses endormies, de princes charmants, de fées et de sorcières. Le conte qu'elle et ses sœurs préféraient était *Barbe-Bleue*. Quand Léon s'écriait de sa belle voix, accentuant chaque syllabe : « *Descendras-tu femme, descendras-tu...* », les trois fillettes s'enfonçaient sous leurs draps.

Gogo, elle, était toute « chacrote », comme disaient les vieilles femmes, mais quel feu, quelle intelligence au fond de ses yeux clairs qui rendaient si joli son petit visage de fouine ! Elle ne voulait jamais quitter sa mère, la suivait partout, accrochée à son long tablier dans les poches duquel elle trouvait toujours un bonbon pour se consoler d'une bouderie de Geneviève ou d'un coup de Thérèse. C'était une enfant silencieuse, qui observait attentivement les gestes de chacun.

En rentrant de la messe, elles allaient embrasser les parents de Titine qu'elles appelaient pépé et mémé. Le pépé, paralysé, assis dans son fauteuil roulant, les intimidait un peu, mais les gâteaux de la mémé chassaient vite cette gêne.

A la maison, elles retiraient enfin leurs belles robes blanches — qu'elles remettraient pour les vêpres et la promenade — et enfilaient celles du jeudi, sur lesquelles elles mettaient de jolis tabliers blancs avec un col à volant et une ceinture à gros nœud. Si le temps le permettait, elles se sauvaient dans le jardin derrière le magasin. Ce jardin, entouré de hauts murs, était l'objet de tous les soins de Léon. Au milieu, un grand sapin qu'on appelait, allez savoir pourquoi, un if ; puis de nombreux rosiers protégés de petites bordures de buis taillé, des arums, des lys, des pivoines, des dahlias, des chrysanthèmes, des touffes de violettes, de pensées, d'œillets blancs au parfum poivré, et bien d'autres fleurs encore, le tout poussant dans un heureux désordre. Il y avait aussi un noisetier dans le fond et un arbuste qui fleurissait au moment de Pâques : il donnait de grandes fleurs d'une belle couleur pourpre dont le cœur représentait la couronne d'épines, la croix, les clous et le marteau de la passion du Christ. On appelait ces fleurs, les fleurs de la Passion. Sous le sapin, il y avait une fausse grotte abritant une statue de Mercure auquel manquaient les ailes. Cette grotte allait devenir le centre du jardin quand les petites filles vinrent y installer la crèche, la Vierge, le Sacré-Cœur ou Saint-Joseph, au gré du calendrier religieux.

Bien que non pratiquant et n'allant jamais à l'église, Léon exigeait que ses enfants eussent une éducation religieuse poussée et ne tolérait pas qu'ils manquassent un office. Toutes ses filles furent élevées à l'institution Saint-M. et furent toutes enfants de Marie. Les garçons qui devaient venir plus tard allèrent à l'école laïque, mais apprirent leur catéchisme et servirent la messe.

Un nouveau bébé s'annonçait. O joie ! ce fut justement un garçon que l'on prénomma Jean-Pierre ! Les petites filles, émerveillées, se penchaient sans cesse sur son berceau, le trouvant petit, mais petit ! Si petit qu'il n'y avait pas de bonnet à sa taille et qu'on avait pris celui de la poupée de Thérèse. Qu'il était mignon avec ce minuscule bonnet de tulle !

— On dirait le petit Jésus, dit Geneviève en joignant les mains.

Léon était très fier de ce premier fils et en remerciait sans cesse Blanche par de menus cadeaux, de gentilles attentions. Hélas, au bout de dix jours, l'enfant mourut !

Le chagrin de Blanche fut tel que l'on craignit pour sa raison. Elle regardait avec des yeux de haine l'archiprêtre, Titine et les gens bien intentionnés qui lui disaient, la sachant pieuse :

— C'est un ange qui prie pour vous au Ciel.

— Il est plus heureux là-haut qu'ici-bas.

— Dieu vous envoie cette épreuve pour vous fortifier dans son amour.

Blanche n'en voulait pas, de cet amour-là, de ce Dieu qui prend vos enfants, de ce ciel où elle n'était pas. Ce qu'elle voulait, c'était tenir son petit garçon contre elle, sentir la tendre bouche pendue à son sein, le renifler comme la chienne ses petits. C'était le voir vivant, bon Dieu, ils ne pouvaient pas comprendre ça, ces curés enjôleurs, ces grenouilles de bénitiers ! *Vivant...*

On vit cette femme si calme, si convenable, courir en cheveux vers la tombe de son enfant d'où la ramenait en pleurant Léon, aussi atteint qu'elle, mais qui trouvait dans son amour la force de lui dissimuler sa douleur.

Gogo à son tour fut malade : cela sauva Blanche. Je soupçonne cette petite fille si attachée à sa mère d'être tombée volontairement malade, non seulement pour que celle-ci s'occupe à nouveau d'elle, mais parce qu'elle avait compris, avec l'instinct sûr de ceux qui aiment, que c'était le meilleur moyen d'arracher sa mère à l'univers de la mort. Et la vie triompha. Gogo guérit et Blanche sembla retrouver son entrain. Par moments, cependant, l'on voyait son regard basculer à l'intérieur d'elle-même, ses joues pâlir et son front se couvrir de sueur, tandis que ses mains se portaient à son cœur.

Tous les jeudis, Blanche habillait ses filles et disait :

— Aujourd'hui, on va se promener à la campagne.

Ce jour-là, les enfants mettaient la petite tenue du jeudi, pas aussi élégante que celle du dimanche ou des grandes fêtes, mais plus jolie que celle de tous les jours. Elles s'en allaient joyeuses à l'idée de courir dans les champs, mais, invariablement, se retrouvaient sur la route du cimetière, et Blanche disait, comme étonnée :

— Tiens, on n'est pas loin du cimetière, on va aller dire bonjour au petit frère.

Les deux aînées se regardaient et soupiraient, d'un air de dire :

— Je te l'avais bien dit.

Seule Gogo était contente de se retrouver là, elle trouvait que c'était joli, toutes ces chapelles, ces couronnes, ces fleurs, cette petite tombe toute blanche. Comme ses sœurs, elle ramassait en cachette, car on disait que cela portait malheur, des fleurs de perles mauves, blanches, grises ou noires, tombées des croix ou des couronnes abandonnées. Elle regardait sa mère parler au petit frère et, comme elle, mettait son visage entre ses mains. Un jour, la tirant par la robe, elle lui demanda :

— Puis-je écrire au petit frère ?

— Bien sûr, dit Blanche attendrie en lui caressant la joue.

En entrant à la maison, elle écrivit sa lettre, aidée par la bonne Marie-Louise : « A mon petit frère au Ciel. » Ce n'était pas bien long, mais elle n'avait que quatre ans et ne savait pas encore écrire. Le jeudi suivant, elle mit sa lettre sur la couronne de perles blanches. Quand elle revint, une semaine plus tard, la lettre avait disparu et la petite fille fut bien contente que le bébé Jean-Pierre l'eût reçue.

Enfin Geneviève accepta d'aller en classe, puisque Thérèse y allait aussi. On les conduisait à l'école tenue par les sœurs de la Sagesse, dans la ville haute. Chaque jour, elles devaient monter, en compagnie de la bonne, la rude côte du Brouard. Marie-Louise s'arrêtait tous les dix pas, soufflant, se tenant les côtes.

— Tu n'as qu'à nous laisser en bas, disait Geneviève.

— C'est point possible, que dirait monsieur votre père ?

Elle reprenait la montée et ne laissait les enfants qu'entre les mains des sœurs toutes de gris vêtues.

C'est sœur Georges qui s'occupait de Geneviève, considérée, bien que ne sachant pas lire, comme une grande. Elle apprit très vite et se plongea avec délices dans l'Histoire sainte.

Pour Thérèse, ce fut sœur Hyacinthe, maîtresse des petits. Sans les autres enfants et les récréations, Thérèse ne serait pas restée une minute à l'école, car elle n'aimait pas ça, mais pas du tout. Elle apprit à lire parce qu'il fallait bien, et pour avoir la paix. Quant à faire des bâtons et à former des lettres, cela requit beaucoup plus de temps. Elle souffrait si visiblement de devoir rester assise que la bonne sœur Hyacinthe l'envoyait faire des menues commissions dans les autres classes, ce qui permettait à Thérèse de passer la journée sans trop d'impatience.

Le soir, elles restaient à l'étude, mais là on pouvait faire ce qu'on voulait. Quand Marie-Louise avait du retard, elles attendaient à la porterie en compagnie de Mademoiselle Rose, qui repassait les robes des enfants de chœur.

Geneviève, plus sauvage, fut longue à se faire des amies ; elle n'osait pas aborder les enfants, tant sa peur d'être repoussée était grande. Elle se lia cependant avec Jeanne G., une petite fille dont les parents tenaient un magasin de tissus. Elles devinrent très vite inséparables. Bavardes l'une et l'autre, elles se faisaient souvent punir par sœur Georges qui leur donnait des lignes ou les mettait au coin. Un jour que, pendant une récréation, elles commentaient une nouvelle punition, Jeanne s'écria :

— Sœur Georges, je la déteste, je voudrais qu'elle fasse une bonne maladie et qu'on ne la retrouve pas quand on reviendra au mois d'octobre.

Et, pour ne pas demeurer en reste, Geneviève avait dit :

— Eh bien moi, je voudrais qu'elle soit morte.

Hélas, cette importante conversation avait été entendue ! En rentrant en classe, sœur Georges les fit venir près de son bureau et leur demanda :

— Qu'avez-vous fait pendant la récréation ?

— Je me suis amusée avec Jeanne.

— Alors, qu'avez-vous fait toutes deux ? Vous avez bavardé ? Qu'avez-vous dit ?

Le cœur des fillettes s'arrêta de battre, il fallait avouer : ce serait péché que de mentir. Geneviève, plus courageuse, balbutia :

— J'ai dit que je voudrais que vous soyez morte.

Sœur Georges ne tint pas compte de cette franchise et, en colère, leur dit :

— Vous allez rester ici toutes les deux, vous me copierez deux cents fois : « Je suis une malhonnête, je suis une malhonnête. »

Les petites se regardèrent, un peu surprises de s'en tirer à si bon compte et de ne pas être conduites au bureau de la directrice. La religieuse les laissa, fermant la porte à clef derrière elle.

Elles avaient fini leurs lignes depuis longtemps, et doucement la nuit était tombée. Dans les classes sans lumière, il faisait de plus en plus sombre. La porte restait obstinément fermée. Elles se serrèrent l'une contre l'autre et appelèrent. Personne. Jeanne se mit à pleurer en disant :

— On nous a oubliées, on va y passer la nuit.

Geneviève essaya de consoler son amie :

— Ne pleure pas, je vais sauter par la fenêtre.

— Tu ne pourras pas, c'est trop haut, tu vas te casser une jambe.

Enfin des bruits de voix, la clef qui tourne dans la serrure, de la lumière.

— Geneviève...

— Jeanne...

— Papa ! crièrent ensemble les petites en se jetant dans les bras de leurs pères. Ceux-ci les emportèrent en lançant des regards courroucés à sœur Georges, qui avait perdu sa superbe.

Voici ce qui s'était passé : à l'heure habituelle, Marie-Louise était venue les chercher, on lui avait dit que Geneviève était punie et rentrerait avec Jeanne G. Les parents ne s'étaient donc pas inquiétés et avaient fait prévenir Monsieur et Madame G. Mais à la nuit tombée, ils commencèrent à trouver que la punition était bien longue et se rassurèrent en se disant que Geneviève était chez Jeanne, pendant que les autres parents faisaient le raisonnement inverse. Vers neuf heures du soir, les pères affolés se retrouvèrent sur le seuil de leur maison.

— Ma fille n'est pas chez vous ?

— Et la mienne ?

En courant, ils montèrent jusqu'à l'école d'oùs ils tirèrent, avec beaucoup de mal, les religieuses de leur sommeil. Sœur Georges avait tout simplement oublié les enfants.

On parla longtemps de cette histoire. Plus jamais les petites filles ne souhaitèrent la mort de quelqu'un et, pour être complètement absoutes de ce vilain péché, elles allèrent se confesser. De son côté, plus jamais sœur Georges ne leur infligea de lignes.

Chaque fois qu'elles le pouvaient, les petites filles s'échappaient pour aller jouer dans la rue et retrouver les autres gamins et gamines du quartier. C'étaient des poursuites de la boutique du grainetier à celle du quincailler, de la librairie à la mercerie. Les jours de pluie, elles s'asseyaient sur le bord du trottoir et faisaient naviguer de petits bateaux de papier que leur confectionnait, dans de vieilles factures, Monsieur Georges, le libraire. Que de cris, de rires, de bousculades dans l'attente de savoir laquelle de ces minuscules embarcations allait gagner la course ! Chaque naufrage, au bas de la rue, était salué par des hurlements tels que les parents se précipitaient à la porte de leur magasin ou à leur fenêtre, obligeant les enfants à rentrer. Quelquefois Titine intervenait et les poussait dans sa boutique de modiste, où les ouvrières les séchaient, où la mémé leur donnait un bol de lait avec de la « goutte », pour chasser le mal, disait-elle.

Un des grands plaisirs des trois sœurs était d'aller écouter les chanteurs des rues qui revenaient avec la belle saison. C'était d'abord les vocalises de l'accordéon ou les crincrins du violon qui annonçaient leur arrivée. Certains restaient plusieurs jours, comme ce couple jeune et sympathique qui venait chaque année à la même époque : ils jouaient tous deux du violon et la femme avait une très jolie voix. Ils avaient trois petites filles de l'âge de celles de Blanche, toujours bien habillées, très propres. Les mères des enfants sales, aux vêtements déchirés, les citaient en exemple. Les fillettes, assises sur le bord du trottoir ou sur les marches d'un café, attendaient sagement la fin du tour de chant de leurs parents. A la dernière chanson, elles se levaient et faisaient la quête. Personne dans l'assistance ne refusait son obole et Geneviève, Thérèse et Gogo déposaient dans les bourses usagées que leur présentaient les enfants la pièce que Blanche leur avait remise dès que les premiers accords s'étaient fait entendre. A leur deuxième passage à Montmorillon, Thérèse avait engagé la conversation avec les « vagabondes », comme elle disait, malgré l'interdiction de Blanche de les nommer ainsi. D'année en année, son admiration pour eux avait grandi. Elle rêvait de les suivre, de partir sur les routes, de ville en ville, et surtout, comme elles, de ne pas aller à l'école. Car les petites filles, tout comme leurs parents, ne savaient ni lire ni écrire.

Se déguiser tenait aussi une grande place dans les jeux des enfants. On fouillait dans les malles du grenier ou dans les armoires de la chambre de réserve pour y trouver des jupons rapiécés, de vieilles robes démodées, des chapeaux défraîchis, des châles mités, des bottines percées. Quand Blanche acceptait de prêter une blouse, une tournure ou un tapis de table, c'était la joie. Les gosses du voisinage apportaient aussi leurs trésors et le jour où Titine donna un long voile de tulle déchiré, ce fut du délire. Mais laquelle des petites filles serait la mariée ? Toutes voulaient l'être. On menaçait de se battre. Les cris alertèrent Léon, qui monta jusqu'au grenier et calma tout le monde en proposant de tirer à la courte paille. D'une caisse ayant contenu des porcelaines, le père prit autant de brins de paille qu'il y avait d'enfants, il en coupa un nettement plus court que les autres, en fit un bouquet d'égale hauteur qu'il leur présenta. Avec quel sérieux chacun choisit son brin ! Ce fut Geneviève qui gagna. La jolie fillette devint rose de plaisir et s'habilla avec recueillement. Un jupon ravaudé mais garni de volants fit une robe très présentable, agrémentée d'un long boa jauni qui perdait ses plumes. Le moment le plus solennel fut celui où Blanche, aidée par Titine, posa sur les boucles blondes le voile prestigieux sur lequel la modiste ajusta une couronne de fleurs d'oranger qui avait passé de longs mois dans la vitrine. Les deux femmes reculèrent pour mieux admirer le résultat.

— Une vraie petite mariée ! s'exclama la vieille fille en soufflant bruyamment dans son mouchoir sale.

Le moment délicat était arrivé, il s'agissait de choisir un mari. Plusieurs candidats étaient sur les rangs : Maurice, le fils du grainetier, René, celui de l'imprimeur, mais ces deux-là étaient trop jeunes, ils seraient pour Thérèse ou Gogo. Il restait, bien sûr, André et Paul. Mais lequel choisir pour éviter une nouvelle querelle ? Prendre les deux, il n'y fallait pas songer. Avait-on jamais vu mariée avec deux maris ? L'heure était grave.

Les deux petits garçons, vêtus l'un d'une redingote luisante d'usure beaucoup trop grande, d'un chapeau haut de forme qui lui cachait presque les yeux, tenant une canne à tête de chien, l'autre d'un habit de velours verdâtre ayant appartenu à un lointain aïeul, d'un canotier crânement rejeté en arrière, et une badine à la main, se tenaient, fiers de leur mise, en face de celle pour qui ils soupiraient, sûrs l'un comme l'autre d'être l'élu.

— Je choisis André...

Joie de l'un, tristesse de l'autre.

— ... à l'aller...

Regards d'incompréhension.

— ... et Paul au retour...

Frustration de l'un, revanche de l'autre.

— ... comme ça, il n'y aura pas de jaloux !

Blanche et Titine approuvèrent et les deux gamins également mécontents s'inclinèrent, tandis que le reste de la noce finissait de s'habiller.

Gogo fut en paysanne avec coiffe, tablier et un panier presque aussi grand qu'elle ; Thérèse, en colombine, déguisement de carnaval que Blanche avait fait faire pour Geneviève au début de leur arrivée à Montmorillon et qui, devenu trop étroit, venait d'échoir à la cadette. La sœur d'André, Suzanne, fut en nourrice, Maurice en pâtissier et René en moine. Le cortège s'organisa — Geneviève avec André, Thérèse avec Paul, Gogo avec René, Suzanne avec Maurice — et descendit dans la rue pour aller faire le tour des amis et des voisins. Les gens riaient, applaudissaient cette noce grotesque, et les commerçants chez qui les enfants s'arrêtaient leur offraient des bonbons ou quelques sous.

Geneviève marchait, émue, serrant très fort le bras d'André qui, tout raide, prenait très à cœur son rôle de marié.

Marie-Louise, la bonne à qui Blanche avait intimé l'ordre de ne pas quitter les enfants, donna le signal du retour. Et le moment tant attendu et tant redouté arriva. Paul bouscula violemment André en disant :

— C'est mon tour !

Et Geneviève, les yeux pleins de larmes, quitta le bras d'André pour celui de Paul : l'état d'épouse n'est pas facile ! Un moment on a le cœur en fête, envie de chanter, de courir ; l'instant d'après, de se sauver pour cacher sa peine et arracher ce voile ridicule. Mais une gentille petite fille chrétienne ne fait pas ces choses, elle se sacrifie pour faire plaisir au bon Dieu qui la récompensera un jour au ciel. Et Geneviève redressa sa jolie taille, refoula ses larmes et adressa un sourire à Paul qui, ne se sentant plus de joie, lança à l'ancien mari un regard de triomphe qui atteignit André au cœur.

Personne autour d'eux n'avait conscience du drame qui se jouait, les grandes personnes moins que les autres. Elles avaient toujours regardé d'un air attendri ou amusé le « manège des amoureux », comme elles les appelaient en riant. Pas une qui n'eût pensé : « Ces enfants jouent avec le feu, ils souffriront un jour. » Prend-on au sérieux les amours enfantines ? « Cela leur passera avec le temps. » Et quand cela ne passe pas, quand en grandissant ils s'aiment toujours, ou plutôt, quand la fille n'en aime qu'un, mais redoute de chagriner l'autre ? Quand on respecte les convenances, ses parents, Monsieur le Curé, la présidente des Enfants de Marie, quand on se croit au-dessous de la condition de l'autre, moins aimée peut-être, quand on est animée d'un esprit de sacrifice et qu'on n'ose pas faire de la peine, que fait-on ? Que fait alors une petite fille bonne, douce et obéissante ?

Mais elle n'en était pas encore là, la douce Geneviève, si jolie sous son voile déchiré.

Les parents aimaient aussi à se déguiser, mais il fallait pour cela des occasions importantes, tel le Carnaval, un bal masqué, ou la fête des commerçants. Longtemps on parla de ce carnaval où Monsieur et Madame P. dansèrent toute la nuit, elle déguisée en pioupiou, lui en garde-champêtre, avec les parents du petit Paul costumés elle en nourrice, et lui en bébé avec sa longue robe, son bonnet, sa tétine et son hochet ! Une année, la mère et ses trois filles s'habillèrent en Pierrots et le père en Croquemitaine.

La fête annuelle des commerçants donnait lieu à des travestissements que l'on promenait à travers la ville sur des chars fleuris ; les petites, transformées en fleur — l'une en coquelicot, l'autre en bleuet, la troisième en marguerite — entouraient une grande fille habillée d'un drap, figurant la République.

On se déguisait aussi pour les processions. La plus belle et la plus importante était celle de la Pentecôte, en témoignage de reconnaissance à la Vierge de l'église Notre-Dame qui, en des temps anciens, avait sauvé la ville des inondations. Les enfants ne se lassaient pas d'entendre raconter le miracle.

Il y a longtemps, une inondation terrible envahit les champs, les rues, et menaça d'emporter le Vieux Pont. Les prêtres de la paroisse Notre-Dame décidèrent de porter la Vierge en procession sur le pont. Dès qu'elle fut au milieu de l'antique ouvrage, les eaux baissèrent et se retirèrent. Tous les assistants tombèrent à genoux en remerciant Dieu et la Vierge. Ils promirent que chaque année, à la même époque, ils feraient en procession le tour de la ville, et ils n'y manquèrent pas. Deux ou trois siècles passèrent. On construisit sur la rive opposée une église, plus belle, croyait-on, que celle de Notre-Dame, que l'on baptisa Saint-Martial. Voulant rendre hommage à la Vierge miraculeuse, l'évêque de Poitiers décida de faire transférer la vénérable statue dans la nouvelle église, malgré l'opposition des paroissiens de Notre-Dame. Ceux de Saint-Martial partirent donc en procession avec une charrette fleurie attelée d'un cheval. Au retour, arrivé au milieu du Vieux-Pont, le cheval refusa d'avancer. Rien n'y fit, on dut rebrousser chemin. On revint le dimanche suivant avec un char fleuri tiré par des bœufs. Comme la fois précédente, au milieu du pont, les bêtes refusèrent d'avancer. On essaya à nouveau avec quatre bœufs. Derechef les animaux s'arrêtèrent en plein pont. Certains commençaient à voir là-dessous quelque diablerie, d'autres un miracle. Le curé de Saint-Martial choisit quatre hommes costauds, bons catholiques, portant sur leurs épaules un brancard. Eux passèrent sans rechigner et déposèrent au milieu des cantiques la Vierge dans sa nouvelle demeure. Mais le lendemain, la têtue avait réintégré sa place dans l'église Notre-Dame. C'était bien un miracle ! On la laissa tranquille, puisqu'elle préférait l'art roman à l'art moderne. Par la suite, elle se montra bonne fille, ne refusant pas de traverser le pont pour aller faire le tour de la ville en grande pompe et en vêtements d'apparat — elle en changeait selon l'importance de la cérémonie.

A l'occasion de cette procession et de quelques autres, les enfants et les adolescents se costumaient. Et c'était une débauche de saints Jean-Baptiste à peaux de moutons, d'anges avec des ailes en vraies plumes, aux robes de toutes couleurs, de petits évêques, de rois mages, de Jeanne d'Arc, de minuscules religieuses, de moinillons, de zouaves pontificaux, etc. Pour raison de piété et de bonne conduite, une petite fille ou un petit garçon représentait l'Enfant-Jésus. La Vierge Marie dans sa robe de Lourdes était choisie, pour sa joliesse plus que pour son assiduité aux offices, parmi les élèves de l'institution Saint-M., et saint Joseph, parmi ceux du séminaire.

La procession s'ordonnait ainsi : devant, le suisse dans son bel habit rouge à la française, tenant fièrement sa hallebarde et sa haute canne à pommeau d'argent ; derrière, les enfants costumés, puis les petits des écoles libres, vêtus de blanc, portant accrochée à leur cou une panière remplie de pétales de fleurs qu'ils avaient pour mission de jeter en certaines circonstances ; puis le brancard sur lequel étaient la Vierge et son enfant dans leurs plus beaux atours, couronnés de fleurs, un bouquet entre leurs mains. La statue était portée par les hommes les plus considérables et les plus pieux de la ville. Marchant derrière, l'archiprêtre, les curés et prêtres dans leurs ornements dorés, entourés d'enfants de chœur, suivis des communiants et communiantes de l'année dans leurs vêtements de cérémonie, des Enfants de Marie, bannière en tête, des religieuses des différentes congrégations, des grands élèves des écoles, de la fanfare municipale, puis du reste de la foule. Presque tous les habitants de la région suivaient cette importante procession qui était, pour les femmes et les jeunes filles, l'occasion d'étrenner une nouvelle robe ou un nouveau chapeau.

Cela commençait tôt le matin et durait plusieurs heures, car à chaque carrefour se dressait un reposoir recouvert du plus beau linge brodé des habitants du quartier, disparaissant sous les fleurs et où l'on déposait la Vierge. En guise de tapis, on avait dessiné avec des feuilles et des pétales de savantes arabesques. La table était entourée d'enfants de moins de cinq ans habillés de blanc et tenant à la main une couronne. A chaque station, les pères ou les mères élevaient leur enfant afin qu'il pût retirer la couronne précédente et mettre la sienne à la place. C'était un honneur de couronner ainsi l'Enfant-Jésus et sa mère. Toute l'année, on gardait précieusement, comme des reliques, ces symboles fleuris. Plus tard, comme tous les enfants de Blanche, puis ses petits-enfants, j'ai moi aussi couronné la Vierge.

On s'observait de carrefour à carrefour pour savoir qui avait le plus beau reposoir, le sol le mieux décoré, les draps les plus blancs accrochés aux murs des maisons. Ceux du haut de la Grand-rue et du Pont de Bois étaient presque aussi célèbres que ceux de l'Institution et du Séminaire.

Au mois de juin, pour la Fête-Dieu, c'était l'Eucharistie dans l'ostensoir que l'on promenait à travers ville, présentée par l'archiprêtre couvert d'une cape brodée de fils d'or, marchant sous un dais d'or à franges porté par des hommes honorables, tandis que d'autres tenaient les cordons. A chaque station, l'archiprêtre posait l'ostensoir, s'agenouillait et priait, imité par la foule. Les enfants de chœur agitaient les encensoirs. L'air sentait l'encens, la rose et la poussière. Le prêtre bénissait la foule et repartait plus loin sous les pétales lancés par les enfants qu'accompagnaient les chants des cantiques.

Il y avait aussi des processions plus intimes, si l'on peut dire : celle du 15 août, où l'on portait chapeaux de tulle ou de paille, sans oublier l'ombrelle — comme il y avait des gens en vacances, des étrangers, cela avait un air de fête un peu païenne —, celles de Moussac, de saint Nicolas, de saint Pou à Consise, sans compter celles qu'on célébrait à l'intérieur de l'église.

Après les grandes manifestations religieuses, il n'était pas rare qu'une fête foraine se tînt sur la place du Terrier. On s'y rendait en famille. Les fillettes obtenaient de faire plusieurs tours de chevaux de bois, de manger de la barbe à papa, des sucres d'orge chauds, des gaufres poudrées de sucre fin. Leur grande joie était de voir leurs parents monter sur un des manèges pour grandes personnes et de regarder Blanche s'élever dans les airs, criant et riant comme une jeune fille. Qu'elle était belle : leur maman ! Aucune qui fût aussi belle : même les enfants riches n'avaient pas d'aussi jolies mamans !

C'est vrai qu'emportée par la vitesse, retenant son chapeau d'une main, elle était bien belle, la sérieuse Madame P., sous le regard amoureux de Léon, heureux de la voir rire. Les petites filles se poussaient du coude quand elles la voyaient quitter le manège, légèrement titubante, une mèche dépassant des bandeaux impeccables, le chapeau de travers, les joues roses et les yeux brillants, s'accrochant au bras de son mari qui lui tenait la taille plus longtemps qu'il n'était nécessaire.

Quand ils rentraient à la maison, épuisés par une aussi longue et bonne journée, après avoir quitté leurs beaux habits, ils s'asseyaient dans le jardin autour d'une longue table recouverte de toile cirée à carreaux blancs et bleus. Là, les enfants prenaient leurs albums à colorier, leurs minuscules poupées qu'elles appelaient des mignonnettes, leurs livres de la bibliothèque rose, tandis que le père lisait son journal et que la mère préparait le dîner, aidée par la bonne. Quelquefois, Léon jouait avec elles au Nain jaune, au Jeu des 7 familles, au loto ou à la bataille. Blanche venait les rejoindre avec sa corbeille à ouvrage, laissant à Marie-Louise le soin de mettre la table.

Après le dîner, quand le temps avait une douceur de miel, que les hirondelles rayaient le ciel de noir, la famille se dirigeait vers la route de Limoges, lieu de promenade favori des Montmorillonnais. Blanche et Léon marchaient lentement dans le pré bordant la Gartempe, respirant l'odeur de la rivière et le parfum poivré de la menthe sauvage. De temps en temps, un poisson sortait de l'eau en une arabesque argentée, les grillons donnaient leur concert et les premières chauves-souris voletaient. C'étaient, pour les deux époux, d'intenses minutes de bonheur et de paix.

Les enfants, respectueuses de cette solitude amoureuse, ou préférant plutôt se poursuivre dans le pré avec des cris de souris, s'éloignaient de leurs parents. Il n'était pas rare que le retour se fît à la nuit tombée. Invariablement, Blanche disait :

— Ces petites vont être fatiguées, elles ne pourront pas se lever demain.

— Quelle importance, répondait Léon, ce sont les vacances !

Ces soirs-là, pas besoin de fées, de loups-garous ni de princes charmants pour endormir les fillettes. Les yeux à demi fermés, elles s'agenouillaient au pied de leur lit dans leur longue chemise de nuit blanche pour dire la prière du soir. Blanche et Léon baisaient leurs fronts en souriant et sortaient sur la pointe des pieds, emportant la lampe. Une veilleuse allumée près d'une statue de la Vierge brûlait toute la nuit.

En juin 1908, une joie et une peine survinrent en même temps dans la vie paisible de Blanche : elle eut un fils, Jean, un solide petit garçon, rouge, gourmand et braillard, et apprit la mort tragique de sa mère.

On avait cru qu'avec l'âge, l'amour de Louise pour Monsieur G. était devenu raisonnable, mais la douleur qui s'empara d'elle à la mort de celui pour qui elle avait tout quitté, tout bravé, montra que cette passion avait survécu au temps. Rien ne pouvait la distraire, ni ses petits-enfants qu'elle aimait tendrement, ni les livres qui avaient accompagné sa vie, ni la musique, puisque l'aimé n'était plus là pour l'entendre. Un matin, elle partit, ayant mis ses affaires en ordre, portant une robe claire qu'il aimait, presque une robe de jeune fille, et s'en alla le long du canal. Ce n'est que le lendemain qu'on la retrouva comme endormie sur les cailloux de la rive.

C'est à René qu'incomba le pénible devoir de reconnaître le corps. Sa peine fit place à un sentiment qui ressemblait à de la joie.

— Si tu avais vu comme elle était belle, dit-il plus tard à sa sœur, elle souriait comme quelqu'un qui voit quelque chose d'heureux, son visage était lisse et doux, si jeune dans ses cheveux défaits. De la voir ainsi, j'ai pensé : c'est bien.

L'état de Blanche ne lui permit pas de se rendre à

l'enterrement. Elle en éprouva un grand chagrin que des préoccupations matérielles plus immédiates reléguèrent au second plan.

Dieu merci, le bébé allait bien et mangeait goulûment, mais la petite Gogo, elle, ne mangeait plus. Depuis trois jours, ni les caresses ni les menaces n'avaient pu lui faire ouvrir la bouche. Marie-Louise lui présentait ses gâteaux préférés, Titine l'aspergeait d'eau bénite, Léon grondait, Geneviève et Thérèse donnaient leur jouet favori. Rien n'y faisait. La petite se sauvait dans le jardin, se terrait dans un coin, près de la remise à outils, et appelait sa mère d'une voix lamentable. La sage-femme, Madame C., préconisa une bonne fessée, ce qui mit le père dans une colère telle que la donneuse de méchants conseils n'insista pas. Léon prit sa fille et la porta sur le lit de la mère, pâle, les yeux rougis de larmes, bien faible encore.

— Tu veux donc me faire mourir de chagrin, que tu ne manges pas ?

La petite gardait la tête obstinément baissée. La mère lui tendit son bol empli de lait, elle ne bougea pas. Alors Blanche l'attira contre elle et le lui fit boire. Durant plusieurs jours, elle n'accepta de nourriture que de sa main.

On lui disait :

— Regarde ton petit frère, regarde comme il est joli.

C'est vrai qu'il était joli, ce petit frère, mais elle ne l'aimait pas, elle ne l'aimerait jamais, il lui avait pris sa maman. A cause de lui, elle n'avait plus de maman. Elle avait envie de le jeter hors de son berceau, de le piétiner, de lui arracher son bonnet de tulle, et la tête avec. Quand personne ne la voyait, elle le pinçait jusqu'à ce qu'il se réveille en hurlant. A son air innocent, nul ne pouvait suspecter la cause de ces cris.

Au bout de quelque temps, tout rentra dans l'ordre, mais quelque chose resta à jamais brisé dans le cœur de la petite fille.

Plus tard, elle dut aller à l'école. Comme ses sœurs, elle

s'y rendit sans plaisir. La première journée fut horrible, elle eut envie de faire pipi, mais n'osa demander. Elle fit dans sa culotte. A la récréation, elle ne voulut pas sortir, s'accrochant à son banc. La bonne sœur la souleva en s'écriant :

— Oh, la petite sale, la petite sale !

Elle l'emmena derrière le tableau noir, lui retira sa culotte et l'emmaillota dans le torchon qui servait à essuyer le tableau. La religieuse l'envoya ainsi dans la cour de récréation, rouge de honte sous les regards moqueurs des autres. Nouvelle humiliation : à la fin de la classe, la sœur lui remit sa culotte mouillée. C'en était trop : le lendemain, Gogo refusa de retourner à l'école.

On dut arriver à un compromis. Comme elle disait qu'elle voulait bien revenir en classe à condition d'être avec Thérèse, les parents obtinrent des religieuses que, durant quelque temps, on la laissât à côté de sa sœur. La première heure, tout se passa bien. La porte s'ouvrit et une institutrice entra :

— Mademoiselle Marguerite P., c'est l'heure de la lecture.

Thérèse lui fit signe de suivre la religieuse, et elle obéit en se disant qu'elle allait revenir. Effectivement, l'heure de lecture passée, elle revint dans la grande classe. Le lendemain, même chose, mais au moment de repartir vers sa sœur, on lui dit :

— Non, cette fois, vous restez là.

Elle se sauva. Elles durent se mettre à deux pour la ramener, hurlant, donnant des coups de pied. On menaça de l'attacher à son banc. Elle pleura jusqu'à l'heure de la sortie. Le lendemain, sans que personne ne lui eût rien dit, elle se mit d'elle-même dans la file de la petite classe, ayant compris cette fois qu'on ne lui céderait pas.

Comme ses sœurs, elle apprit à lire assez vite. Ce qui lui plaisait dans les livres, c'étaient les images, particulièrement celles de l'Histoire sainte et de l'Histoire de France. Jeanne d'Arc devint son héroïne préférée. Elle rêvait du martyre, se voyait religieuse, mais abandonna très vite cette idée quand on lui eut dit que, dans les couvents, il fallait casser la glace pour se laver. Gogo pouvait tout accepter : les tigres, les sauvages qui vous mangent, le bûcher, mais la glace, non. C'était au-dessus de ses forces.

Le froid fut une des choses les plus pénibles à supporter durant leur enfance. Bien que chaudement vêtues, elles avaient toujours froid. Deux pièces seulement étaient chauffées dans la maison : la cuisine et la grande salle à manger où la famille se tenait, de préférence au salon, sinistre et inchauffable. Gogo, qui passait pour la plus fragile, avait obtenu de prendre ses repas assise devant le feu, sur une chaise basse, son assiette sur les genoux. Le dimanche, pour aller à la messe, chacune emportait une chaufferette en cuivre sur laquelle elle posait ses pieds couverts d'engelures. Dès qu'elles revenaient à la maison, elles quittaient leurs chaussures montantes, si rigides, et enfilaient avec délices leurs pieds endoloris dans des pantoufles de feutre. Leurs mains non plus n'étaient pas épargnées, malgré l'huile de foie de morue que Blanche s'obstinait à leur faire prendre et qu'on recommandait contre les engelures.

Avec le retour de la belle saison, Geneviève obtint la permission, quand elle sortait de l'école, de promener son petit frère. Elle allait du côté de l'Allochon avec ses amies Jeanne et Lucienne. Elles jouaient aux dames, aux mères de famille, à pousser très fort la voiture sur ses grandes roues, ce qui amusait beaucoup le bébé. Mais un jour, Geneviève ayant poussé plus fort que d'habitude, la haute voiture bascula et le petit Jean tomba dans la capote, sans autre mal qu'une bosse au front. Il n'en fut pas de même pour l'élégante voiture qui fut tout éraflée.

Pour la première fois, Léon la gronda :

— Tu es la plus grande, et tu fais des choses comme ça ?

Geneviève eut le cœur gros : si elle allait promener son petit frère, c'était pour rendre service à sa mère, qu'elle voyait bien fatiguée ! La prochaine fois qu'on le lui demanderait, elle refuserait de garder ses sœurs, puisque ça se terminait toujours mal ! Mais, le jeudi suivant, sa mère, occupée avec Marie-Louise, Françoise, la laveuse, et Claudine, la couturière à domicile, lui confia la garde des enfants au jardin de la route de Saint-Savin, lui disant :

— Veille bien sur tes sœurs et ton frère, en attendant que ton père et moi venions vous rejoindre.

Geneviève, investie de cette haute mission, oublia sa précédente déconvenue et les emmena au grand jardin. Thérèse courait au milieu de la route.

— Veux-tu bien te mettre sur le côté, tu vas te faire écraser ! disait la grande sœur.

Mais la cadette se rebiffait :

— Dis donc, pourquoi tu commandes, t'es pas plus que nous !

Enfin elles arrivèrent. Tout se passa bien jusqu'au moment où, Gogo ayant pincé son petit frère, celui-ci se mit à hurler.

— Cette fois, je t'ai vue, je le dirai à maman que c'est toi qui le fais toujours pleurer ! cria Geneviève en bondissant pour la battre.

Gogo se sauva en criant :

— Tu ne m'attraperas pas, la, la, lère…, tu ne m'attraperas pas, la, la, lère…

Tout en la poursuivant, Geneviève arrachait des lattes, ces petits chardons que l'on glisse dans l'encolure des robes en matière de plaisanterie, et les jetait à sa sœur dont la tête ne fut bientôt plus qu'un bouquet de boules piquantes. C'est à ce moment-là que les parents arrivèrent. Blanche poussa des cris en voyant la nouvelle coiffure de sa fille.

— Cette pauvre Gogo qui n'a pas beaucoup de cheveux, je vais devoir les lui arracher !

Furieux, le père saisit le plus gros paquet de chardons avec une poignée de cheveux, ce qui fit pousser à Gogo des hurlements d'écorchée, et le posa sur la tête de la coupable en disant :

— Tiens, grande sotte, ça t'apprendra !

Et l'air retentit des clameurs des petites filles enchardonnées.

Quelquefois, quand il faisait très chaud, Blanche autorisait ses filles à aller se baigner aux Ilettes en compagnie de la bonne Marie-Louise, sous la responsabilité de Madame B., mère d'André et de Suzanne. Il n'était pas rare que d'autres petites filles se joignissent à la petite troupe et c'était alors une dizaine de fillettes, en robes de toile claire, aux longs cheveux couverts de chapeaux de paille, qui s'en allaient à travers les chemins, chantant, sautillant, courant après les rapiettes pour leur attraper la queue (tout le monde sait que la queue des petits lézards qui se dorent sur les murs des chemins porte bonheur, presque autant que les trèfles à quatre feuilles que Gogo, on ne sait comment, trouvait toujours), suivies de Madame B., très digne sous son ombrelle, et de Marie-Louise portant le panier du goûter, le linge de rechange et les serviettes de bain.

Sur la petite plage des Ilettes, abandonnée par les laveuses à cause de la chaleur, les enfants retiraient leurs chaussures et leurs robes et, en culottes et chemises de coton blanc, se précipitaient en criant dans l'eau tiède de la Gartempe, sous les regards inquiets des deux femmes.

— Attention, n'allez pas trop loin !

Même en allant loin, la rivière était si basse que l'on pouvait la traverser sans avoir de l'eau plus haut que la taille. Insensiblement, les fillettes se rapprochaient d'une îlette couverte d'arbustes bas, guère plus grande que la cour de récréation de l'Institution Saint-M. Des rires s'échappaient des fourrés. André et Paul y avaient entraîné leurs petits camarades, pour aller voir les filles se baigner. Et elles, tout en faisant semblant de ne pas les remarquer, prenaient des poses, soulignées par le tissu mouillé de leurs sous-vêtements. Les femmes perçaient déjà dans ces petites filles pieuses et maigrelettes.

Les appels de Madame B. devenant pressants, elles revenaient rouges et les yeux brillants. Marie-Louise s'empressait de les sécher et de leur enfiler, cachées derrière une serviette, une culotte et une chemise sèches. Ce bain les avait affamées et elles ne laissaient pas une miette du pain et du chocolat apportés dans le grand panier.

Jamais Blanche ne voulut se baigner, elle avait une peur irrépressible de l'eau et souffrait quand elle voyait ses propres enfants s'ébattre au milieu de la rivière.

Un été, voulant être agréables, des amis de Léon invitèrent Thérèse et Gogo à passer quelques jours à Poitiers. Les deux enfants se faisaient une joie de ce voyage. Blanche leur prépara leurs plus beaux vêtements, leurs plus jolis chapeaux et leur recommanda de bien se tenir et d'être obéissantes. Les petites acquiescèrent, toutes à la joie du départ. Mais, arrivées, quel ennui ! D'abord, Jeanne, la fille des amis de leurs parents, retira de leur manteau le grand col de guipure qui l'agrémentait et la jolie broche qui le tenait fermé, trouvant ça encombrant et inutile. Les fillettes en furent très mortifiées, se sentant laides dans leurs vêtements raides et sans ornements qui leur donnaient, disaient-elles, l'air de bonnes sœurs. C'est qu'elles étaient coquettes, les filles de Blanche, habituées par leur mère à être toujours bien mises malgré les ressources modestes du ménage.

Blanche se donnait beaucoup de mal pour habiller ses enfants. La couturière qui venait à domicile ne chômait pas. Les vêtements étaient sans cesse décousus et recousus à la taille des plus petits. La robe la plus banale était toujours égayée d'un col de dentelle, de guipure, d'un rabat joliment brodé. Même les tabliers avaient un petit col blanc. Les demoiselles P. passaient pour élégantes : l'été tout en blanc et l'hiver, leurs manteaux de drap réchauffés par un tour de cou de fourrure assorti à la toque et au manchon. C'est pourquoi les deux sœurs se sentaient bien nues dans les rues de Poitiers.

Pour oublier, tout en marchant devant Jeanne et ses parents, elles jouaient avec leurs mignonnettes qui ne quittaient jamais leur poche, ou bien avec leur parapluie. Le parapluie était un élément important de la toilette, et aussi un compagnon de jeu. Celui de Thérèse avait une tête de perroquet en guise de poignée : celui de Gogo, une tête de chien, et c'était, entre ces deux animaux aux yeux de verre, des conversations à n'en plus finir qui les faisaient pouffer de rire, à la grande colère de Jeanne qui disait :

— Mais qu'avez-vous à rire ainsi ? Etes-vous sottes ?

Et les rires, les conversations reprenaient de plus belle, malgré les remontrances. Ça lui apprendrait, à cette grande bringue avec ses pieds plats et son vilain nez, à vouloir les rendre aussi laides qu'elle.

Heureusement, ces vacances prirent fin rapidement.

Léon, qui aimait la musique, voulut que ses filles jouassent d'un instrument. Geneviève et Thérèse apprirent le violon et Gogo la mandoline. Un vieux célibataire qui vivait avec sa mère, Monsieur Louis, vint leur enseigner le solfège. Assez vite, elles furent capables de tirer de leurs instruments des sons pas trop discordants, se révélant ainsi plus douées pour la musique que pour le travail scolaire. Il faut dire que là, ce n'était guère brillant, et Léon avait quelques raisons d'être mécontent. Geneviève ne travaillait pas trop mal, mais son manque de confiance en elle était tel qu'elle se sentait incapable de réciter une leçon qu'elle savait cependant par cœur. Cette petite fille douce et bonne, mais orgueilleuse et susceptible, se sentait inférieure à ses compagnes, rejetonnes de riches bourgeois ou de nobliaux de la région, mais supérieure aux enfants pauvres et sans rien de commun avec ceux des commerçants qui lui paraissaient grossiers et mal élevés. Elle voulait tout faire mieux que les autres, mais avait peur de ne pas réussir. Son rêve était d'être demoiselle des Postes. Cela lui paraissait un métier intéressant, qui permettait, croyait-elle, de voyager et de gagner assez d'argent pour être libre. Liberté… Elle ne savait pas très bien ce que le mot voulait dire, mais il la faisait rêver. En attendant, elle fit sa communion pieusement, demandant à Dieu de lui donner le courage d'accepter son sort et d'être reçue à son certificat d'études.

Thérèse, de l'école, n'aimait que la récréation, qu'elle attendait avec une impatience qui faisait dire à la maîtresse :

— Mademoiselle P., voulez-vous vous tenir tranquille ! Vous avez la danse de saint Guy ?

Si elle était la dernière en classe, au jeu elle était la première. Nulle n'était plus forte à la balle au camp, à la corde, à la marelle ou aux osselets. Gaie, bonne, serviable, elle n'avait que des amies et se sentait à l'aise partout.

Gogo et elles firent leur communion solennelle en même temps. Autant Gogo était heureuse et émue de « recevoir » le bon Dieu, autant Thérèse ne vit dans cette cérémonie que l'occasion d'avoir des cadeaux et de faire un bon repas. Minuscules, elles marchaient en tête du cortège des communiantes, tenant un cierge allumé presque aussi grand qu'elles, la tête penchée sous le poids de la lourde couronne de grosses roses blanches, serrant contre elles un beau missel avec leurs initiales en or, leur chapelet d'argent et de nacre, fières de leurs médailles et de leur chaîne en or, et surtout de leurs gants de fine peau blanche que leur mère avait eu beaucoup de mal à trouver à leur taille. Inévitablement, dans leurs souliers neufs, elles avaient mal aux pieds.

Quant à Gogo, elle n'avait de goût que pour la mythologie, la poésie, l'Histoire sainte et Jeanne d'Arc, et restait complètement étrangère au calcul, à la géographie et aux sciences naturelles, choses ou trop abstraites ou trop concrètes pour cet esprit rêveur. Pendant longtemps, elle n'accepta d'aller en classe que si sa mère lui donnait un sou. Elle s'accrochait au vaste tablier et trépignait jusqu'à ce qu'elle l'obtienne. Blanche cédait, tant elle avait peur de la voir se mettre en colère, perdre le souffle, tomber et s'évanouir, comme cela lui arrivait parfois quand on la contrariait. Avec son sou bien serré dans sa main, elle se rendait en courant avec ses amies, suivie de Marie-Louise, chez la mère Cuicui dont la boutique faisait pâtisserie le dimanche. En semaine, un gros chat remplaçait dans la vitrine les gâteaux. Gogo achetait une poignée de petits pois, ou un fouet de réglisse, ou encore une surprise. Quand elle décollait avec soin la pastille colorée qui fermait le cornet de papier, représentant un Pierrot ou une lune grimaçante, elle éprouvait chaque fois un frémissement délicieux. Elle collait ces vignettes dans le cahier où elle copiait ses cantiques et de courts poèmes, parmi des trèfles à quatre feuilles et des fleurs séchées. On trouvait dans ces surprises des animaux en plâtre dont elle faisait l'échange avec ses camarades. Il y avait aussi des surprises géantes avec le portrait de son idole, Jeanne d'Arc, mais elles coûtaient deux sous.

La boutique de la mère Cuicui était donc la halte gourmande sur le chemin de l'école. Un jour, avec son amie intime Mamy de F., que Gogo admirait beaucoup pour son audace et ses bêtises, et Suzanne, la sœur de l'amoureux de Geneviève, elles entrèrent dans la boutique où, en dehors du chat, il n'y avait personne. Tout à coup, du fond du magasin, elles virent arriver en courant, jupes retroussées, la mère Cuicui qui leur dit en se rajustant :

— Excusez-moi, mes enfants, j'étais au petit coin. Qu'est-ce que vous voulez ?

Les enfants se regardèrent. Ce qu'elles voulaient, c'était une poignée de petits pois...

— Donnez-nous des bonbons enveloppés, s'il vous plaît, dit la fille de Blanche d'une voix à peine audible.

Plus jamais Gogo n'acheta de petits pois. Pourtant, les bonbons enveloppés étaient plus chers. Par la suite, elle n'y acheta que ses surprises.

Jean grandissait et devenait de plus en plus turbulent. Souvent, dans le magasin, autre terrain de jeux des enfants, on le perdait. Une fois, devant les larmes de Blanche, Léon était sur le point d'appeler les gendarmes quand le commis revint en criant :

— Je l'ai trouvé... Je l'ai trouvé...

Le gamin dormait dans la paille au fond d'un grand carton où il était tombé. Blanche l'emporta serré contre elle avec un air féroce d'animal blessé.

Cette grande boutique avec ses hauts comptoirs, ses tiroirs innombrables, ses rayonnages, ses échelles coulissantes, ses recoins d'ombre où l'on pouvait se cacher et ceux où l'on pouvait grimper sans être vu de personne, étaient pour eux la caverne d'Ali Baba. Chacun des enfants avait son lieu de prédilection : Geneviève, c'était les tissus, les rubans qu'elle aimait mesurer. Thérèse jouait à rendre la monnaie, Gogo avait un faible pour le rayon papeterie, l'odeur des gommes la faisait défaillir, mais l'endroit qu'elle préférait était celui des tapis-brosses où il y avait toujours une place pour se cacher. Dès qu'elle voyait arriver des amies de sa mère ou certaines clientes, elle se glissait parmi les tapis pour éviter d'être embrassée. Une grosse femme surtout la faisait fuir ; du plus loin qu'elle la voyait elle se précipitait sur ses tapis. Un jour, l'autre fut la plus rapide et l'attrapa :

— Viens m'embrasser, ma petite Gogo !

La gamine tenta de se dégager sous l'œil irrité de sa mère.

— Veux-tu dire bonjour ! Allons, dis bonjour à la dame !

— Je n'ai pas le temps, répondit l'enfant en parvenant à se dégager.

Des années durant, la grosse femme la poursuivit en lui disant :

— Alors, Gogo, as-tu le temps de me dire bonjour, aujourd'hui ?

— Néné, Néné ! criant Jean à travers toute la maison, au jardin et jusque dans la rue.

On l'arrêtait pour lui demander ce qu'il voulait dire, où il courait ainsi. On obtenait de lui toujours la même réponse :

— Néné…

Renseignements pris, on sut que Blanche venait de donner le jour à une grosse et ravissante petite fille, qu'elle se prénommait : Solange-Françoise, et que Jean, émerveillé, penché sur le berceau, avait tendu les bras en l'appelant Néné. C'est ainsi qu'il appelait ses poupées. Car ce garçonnet brutal avait un faible pour les poupées. Voilà pourquoi le bébé Solange devint pour tout le monde Néné.

C'est une belle famille, disait-on en voyant passer Monsieur et Madame P. et leurs enfants toujours impeccablement mis. Comment font-ils ?

Ils travaillaient dur l'un et l'autre, sans dimanches — le magasin était ouvert tous les dimanches matin et fermait tard le soir — sans jamais prendre de vacances. Malgré tout, ils trouvaient le moyen d'aider ceux qui étaient dans le besoin. Contrairement aux autres commerçants, Léon ne chassait pas les bohémiens, les romanichels, comme on les appelait, de sa boutique. Il n'en était pas toujours récompensé, car les gamins en guenilles venaient parfois chaparder du fil, des lacets ou des crayons. Quand il les prenait sur le fait, il se contentait de les gronder de sa grosse voix, sans jamais les menacer d'appeler les gendarmes.

Votre bon cœur vous perdra, disaient les clientes.

Si lui-même aimait les nomades, ce n'était pas le cas du chien, Muscat, qui, dès qu'il en voyait un, grand ou petit, se précipitait crocs en avant. C'était pourtant le plus doux des animaux, le jouet et le souffre-douleur des enfants. Que de fois ne l'avaient-ils pas habillé en bébé, avec robe et bonnet, et promené dans une vieille voiture, ou bien encore, attelé à une petite charrette dont il devait être le cheval. Il se laissait faire, pataud, grognant à peine quand on lui écrasait une patte ou qu'on lui donnait un grand coup sur les oreilles, qu'il avait sensibles. Mais les bohémiens, on sentait qu'il n'en aurait fait qu'une bouchée.

Léon avait son vagabond attitré, un bonhomme sans âge qu'on appelait le père Nord et que l'on voyait arriver avec le printemps. Il se présentait au magasin, ôtait bien poliment ce qui lui servait de chapeau et disait :

— Vous n'auriez pas un bout de travail à me donner ?

Invariablement, Léon lui répondait :

— Il y a le jardin, vous pourrez le faire pendant quelques jours.

Tout le temps que durait son travail, il couchait dans la cabane à outils où la bonne lui portait à manger. Pendant toute la belle saison, il vivait comme ça, d'un jardin à l'autre. Dès que le froid arrivait, Léon disait :

— Le père Nord ne va pas tarder à nous quitter.

Un jour, on entendait dans la rue un épouvantable fracas de verre brisé, et Monsieur M. souriait d'un air entendu en grommelant :

— C'est sûrement le père Nord qui va prendre ses quartiers d'hiver.

En effet, comme à chaque retour de la mauvaise saison, le vieil homme abattait deux ou trois vitrines et se retrouvait pour l'hiver en prison. Il vécut comme ça durant de nombreuses années, puis un jour il ne revint pas. Les enfants le regrettèrent.

Blanche aussi avait ses pauvres. Elle faisait nettoyer avec soin les vêtements trop usagés des enfants, y ajoutait des gants, des chaussettes et des bonnets tricotés à la veillée, et les offrait en compagnie des aînées à deux ou trois familles particulièrement démunies. Il n'était pas rare qu'elle fît porter, par jour de grand froid, un pot-au-feu pour améliorer l'ordinaire de ces pauvres gens. Elle regrettait de ne pouvoir donner plus et compensait son manque de moyens en allant soigner une femme en couches, rendre visite à un vieillard abandonné ou aux malades de l'hôpital. Elle avait pour tous le mot qu'il fallait, le geste qui apaisait.

Etait-ce charité ou superstition ? Les deux, peut-être. Elle se sentait si favorisée dans son amour, ses enfants et sa vie même, qu'elle éprouvait le doux besoin de donner, comme pour racheter tant de bonheur. Le bonheur était une chose si fragile ! N'avait-elle pas perdu un enfant ? Sans le secours de Dieu, Jean, son seul fils, serait mort après avoir bu tout ce pétrole, tout comme la petite Néné qui était tombée en arrière et s'était trouvée mal. Conséquence ou non de sa chute, trois jours après, une méningite s'était déclarée. Maintenant, elle était sauvée. Mais que de peurs, de peines, de fatigues et de larmes !

Titine disait souvent à Blanche et à Léon :

— Vous devriez faire apprendre à vos filles le métier de modiste, c'est un bon métier et, plus tard, je leur céderai mon magasin à bon prix.

— Oh non, alors, s'écriait Geneviève, je veux voyager, être demoiselle des Postes !

— Demoiselle des Postes ? Tu n'y penses pas ! Ce n'est pas convenable d'envoyer une jeune fille seule dans une ville étrangère. Tandis que modiste, ça te permettrait de rester près de nous et d'aider ta mère, disait Léon.

Devant l'air buté de sa fille aînée, il ajoutait :

— On verra après ton certificat d'études.

Ce fut toute une histoire, ce certificat d'études. C'était alors la guerre entre les écoles libres et les écoles laïques. Toutes les élèves de l'Institution Saint-M. furent refusées. Au père qui s'indignait, l'inspecteur répondit que, de toute façon, elle n'avait pas l'âge, qu'elle était trop jeune, qu'elle se représenterait l'année suivante.

Léon refusa et Geneviève n'eut pas son certificat. Elle ne passa donc pas non plus son brevet, qui lui aurait ouvert les portes de la carrière convoitée ; elle resta à l'école jusqu'à l'âge de quinze ans et apprit le métier de modiste.

Quand Thérèse entendait parler de faire des chapeaux, elle s'écriait :

— Oh bien non, alors ! Pour rester assise toute la journée, je préfère m'en aller.

Elle ne partit pas, et apprit à confectionner des chapeaux.

Gogo, elle, n'avait rien contre le métier de modiste : ce qu'elle voulait, c'était rester avec ses parents et être tranquille. Elle se mit donc aussi aux chapeaux.

En attendant, elles continuaient à rêvasser ou à s'ennuyer en classe, ne trouvant de joies et de distractions, hors de la maison, qu'à l'église.

Leurs diverses obligations religieuses prenaient tout leur temps libre : le dimanche, messe basse (souvent) et messe chantée (toujours), vêpres et salut. Durant le mois de mai, célébration du mois de Marie. Tous les soirs, après le dîner, jeunes filles et fillettes se rendaient à l'office. Pour beaucoup, c'était prétexte à échanger des regards avec les garçons, et, quand le temps le permettait, à faire un tour sur la route de Limoges ou de Saint-Savin, en passant par les petits chemins dont les odeurs printanières troublaient ces chastes enfants.

A la maison, durant cette période, il y avait partout ce qu'elles appelaient des « mois de Marie ». Chaque fille avait son petit autel avec une statue de la Vierge et de minuscules vases de grès de haut feu venant de la fabrique de l'oncle René, contenant des fleurs blanches, devant lesquels elles disaient à toute occasion une prière. Mais ça n'était rien auprès du jardin : dans la grotte au Mercure cassé, l'on disposait une grande statue de la Vierge de Lourdes au pied de laquelle la famille se réunissait avec les bonnes, les vendeuses, les commis et Titine pour une prière en commun à la lueur des cierges. Seul Léon n'y participait pas.

En dehors du mois de Marie, il y avait le mois du Sacré-Cœur et celui de saint Joseph, les répétitions des cantiques, des processions, des pièces jouées à l'occasion de la remise des prix, de la fête de l'école, de la kermesse paroissiale, — bref, les demoiselles P. ne chômaient pas.

Geneviève attendait avec impatience ses quinze ans pour être reçue Enfant de Marie et s'y préparait avec ferveur.

Le succès du bazar de la Grand-rue fut tel qu'il devint rapidement trop exigu. Un grand emplacement était disponible sur le boulevard à moins de cinquante mètres de la rue commerçante. Les propriétaires, sur les conseils de Léon, entreprirent de faire construire un nouveau local, mieux approprié. Blanche se réjouissait à l'idée d'un logement plus grand, mais les enfants voyaient ce déménagement avec tristesse.

Il faisait froid quand ils emménagèrent dans l'appartement neuf. Les plus petits se faisaient houspiller par tout le monde et les aînées devaient aider à passer les paquets par-dessus le mur mitoyen du nouveau magasin.

Le soir, dans leur nouvelle chambre glaciale et inhospitalière, les fillettes, deux par deux dans de grands lits, se serrant l'une contre l'autre pour se réchauffer, pleuraient longtemps avant de s'endormir.

Quelques jours plus tard, le 12 février 1914, une petite fille naissait, pas bien grosse, prénommée Bernadette, et que bien vite on appela Dédette.

Le silence inhabituel qui régnait dans le jardin inquiéta Blanche. Quelles bêtises pouvaient commettre les enfants ? Jean avait-il une nouvelle fois fait manger des vers de terre à la petite Néné ? Gogo et Thérèse escaladaient-elles, au risque de se casser une jambe, le mur de leur ancienne demeure ? La mélancolique Geneviève était-elle perdue dans une de ces rêveries qui la laissaient étrangère à tout ce qui se passait autour d'elle ? Elle sourit, pendant que leur père devait leur raconter une de ses histoires qui avaient le don de calmer les plus turbulents. La mère attentive tendit l'oreille… aucun grognement d'ogre ou de loup ne se faisait entendre. Abandonnant à Marie-Louise la sauce qu'elle tournait, sa dernière-née sur les bras, Blanche sortit dans le jardin. Tous les enfants étaient là, immobiles sur leurs chaises, le visage levé en direction du fauteuil d'osier dans lequel était assis leur père. Blanche ne voyait que le dos cannelé du siège et un grand journal tombé à terre. Elle s'approcha. Nul ne bougea, comme figé par la baguette d'une fée. Blanche sourit de nouveau : Léon avait dû inventer une histoire si terrifiante que même les aînées l'écoutaient avec une attention dont rien ne pouvait les détourner. Elle remarqua des larmes sur les joues de la trop sensible Gogo : son conteur d'époux mettait vraiment trop de réalisme dans ses récits. Ce récit devait être bien terrible puisque l'insouciante Thérèse et la grande Geneviève pleuraient aussi. Même Jean, qui adorait l'ogre du Petit Poucet « qui coupe la tête aux filles », essuyait son visage mouillé avec un coin de son tablier sale. Quant à Néné, elle avait enfoui sa jolie figure derrière ses mains potelées. Inquiet, le chien Muscat s'aplatissait sous la table, le museau caché entre ses pattes. Non, vraiment là, Léon exagérait. Blanche s'avança.

Il lui sembla qu'un poids énorme s'abattait sur ses épaules, ses jambes fléchirent, le frêle bébé lui sembla lourd tout d'un coup. Léon, les bras abandonnés de chaque côté des accoudoirs du fauteuil, le visage bouleversé, pleurait.

— Qu'y a-t-il ?

Son cri les fit sortir de leur larmoyante immobilité : les enfants sanglotèrent, le chien hurla, Léon se leva avec colère et, ramassant le journal, le brandit en direction de sa femme.

— Ils ont osé !

Blanche le regarda sans comprendre. Elle voyait bien sur la première page du *Petit Parisien* le mot ASSASSINE écrit en gros caractères. Mais qui avait-on assassiné pour que Léon se mette dans un tel état ?

— Jaurès, ils ont assassiné Jaurès...

Et alors, pensa-t-elle, soulagée, n'est-ce pas des gens comme lui, des mécréants, des socialistes qui avaient chassé les religieux de France, proclamant l'enseignement laïque. Elle eut honte de cette pensée et en demanda pardon à Dieu. C'était un péché de se réjouir de la mort d'un homme, même un ennemi. Elle cherchait des mots de consolation, mais ne trouvait rien à dire.

Son silence rendit Léon brutal.

— Tu ne comprends donc rien : JAURES A ETE ASSASSINE... Il y a un mois, c'était l'archiduc François-Ferdinand... C'est la guerre... LA GUERRE, entends-tu ?...

— La guerre ?

— Oui, la guerre.

Devant les éclats de voix de leur père, les enfants, tels des poussins apeurés, s'étaient regroupés avec un air de reproche autour de leur mère.

— Est méchant, papa, dit la ronde Néné d'un ton convaincu.

Cette réflexion détendit tout le monde.

— Mais non, il n'est pas méchant, il a seulement de la peine, dit Blanche en attirant contre elle la tête aux boucles brunes de la petite fille.

S'accrochant à la main de son père, Jean dit :

— Ne pleure pas. Tu sais, la guerre, c'est amusant. A l'école, on joue toujours à la guerre, c'est moi le chef. Et toi, tu seras le chef ?

— Je ne sais pas, peut-être.

— Non, papa, non, je ne veux pas que tu ailles à la guerre, je ne veux pas qu'on te tue.

Léon se pencha et souleva Gogo sanglotante.

— Ne pleure pas ma petite chérie, la guerre n'est pas encore déclarée, mais, si elle l'est, je devrai faire mon devoir comme tous les Français.

— Si j'étais un homme, moi aussi, je ferais mon devoir, dit Thérèse avec un tel sérieux que tout le monde éclata de rire.

— A quel âge part-on à la guerre ? demanda Geneviève en pensant à ses amoureux.

— Madame, madame, à table, le dîner va être brûlé !

Léon ne se trompait pas : le 2 août 1914, la guerre fut déclarée. Dans l'attente de sa feuille de mobilisation, il fit préparer une musette contenant du linge de rechange, des gâteaux secs, des chaussettes et des pansements, qui fut entreposée dans la chambre de réserve en attendant le jour du départ. Cette musette fascinait Néné, qui montait souvent, en cachette, en visiter le contenu, caressant chacun des objets. Longtemps la petite résista à la tentation de goûter aux gâteaux, mais un jour, sans savoir comment, elle ouvrit un paquet et le vida entièrement. Le soir, Blanche ne comprit pas pourquoi sa fille, presque toujours affamée, refusait de manger du riz au lait dont elle était habituellement friande.

Il faisait très chaud, les femmes, assises sur leurs chaises devant le pas de leur porte, un ouvrage à la main, bavardaient tout en surveillant les enfants qui montaient et descendaient la Grand-rue en courant, criant, armés de bâtons ou de fusils de bois :

— Pan, pan, tu es mort !

— Non, je ne suis pas mort. Pan, c'est toi qui es mort !

— Non, c'est toi, sale Boche !

— Tricheur, c'est pas moi qui joue le Boche, c'est toi !

Titine dut séparer Paul et André, qui, malgré leur âge, s'étaient laissés aller à des jeux de gamins. L'œil réprobateur, la belle Geneviève tricotait des chaussettes pour son futur filleul de guerre.

Les hommes allaient, discourant avec sérieux, du boulevard au bas de l'escalier conduisant à la place Saint-Martial. Après quelques échanges de mots avec le pharmacien accoudé à sa fenêtre, ils reprenaient leur déambulation. Au bas de la rue, au Pont-de-Bois, certains entraient boire une bière dans le café de la mère Leurette. Dès que le carillon de Notre-Dame se mettait en branle pour sonner l'heure, les conversations s'arrêtaient, les femmes pliaient leur ouvrage et rentraient chez elles en emportant leur chaise. Elles en ressortaient en ajustant leur chapeau, au moment même où le carillon de Saint-Martial prenait le relais. Tous les habitants de la Grand-rue se mettaient en marche en direction de la sous-préfecture. Bientôt le boulevard était rempli d'une foule aussi dense que celle des jours de foire. D'autres gens arrivaient de la ville haute par le Vieux-Pont ou le Pont-Neuf : les femmes de condition modeste en bonnet, rarement en cheveux, bourgeoises ou commerçantes en chapeau de paille blonde ou noire ; les hommes en casquette ou canotier.

Au dernier coup de neuf heures, toutes les conversations s'arrêtaient et la foule, immobile, attendait. Alors, la porte de l'édifice officiel s'ouvrait et un petit homme chauve et rondouillard, le secrétaire du sous-préfet, descendait les quelques marches, une feuille de papier blanc à la main, et s'approchait de la grille. Dans le silence on n'entendait que le crissement de ses pas sur les graviers de l'allée et les cris des hirondelles se poursuivant au-dessus de la Gartempe. Il ouvrait la grille, dont le grincement désagréable faisait penser à plus d'un qu'on ferait bien d'en huiler les gonds. A l'aide d'une punaise à tête dorée il fixait la feuille sur une planchette de bois accrochée à l'extérieur, après en avoir retiré le bulletin de la veille. Le communiqué du jour était affiché. On allait savoir. La grille refermée, un brouhaha immense montait de la foule qui ondulait pour s'approcher du léger panneau. Par la suite, la guerre se prolongeant, ce modeste affichage fut remplacé par une grande boîte vitrée protégée par un léger grillage. Tous et toutes tenaient à voir de leurs yeux les chiffres, le nom des lieux et surtout celui des victimes. De temps en temps, un cri suivi de gémissements et de sanglots montait vers le ciel où s'allumaient les premières étoiles : un père, un fils, un époux, un parent ou un ami était mort. On s'écartait de ceux que l'aile du malheur venait de toucher, craignant sans doute d'en être atteint à son tour. Seuls, les proches demeuraient. La foule s'écoulait doucement devant la sous-préfecture et s'en allait, silencieuse.

Blanche n'accompagna pas Léon et les enfants. Elle préféra rester près du berceau où dormait la petite Bernadette et se reposer des fatigues de la journée sous la tonnelle. Assise sur le banc de pierre, elle regardait sans le voir le vol rapide des hirondelles et celui, soyeux, des chauves-souris. A quoi pensait-elle ? A la guerre, bien sûr, mais elle y pensait comme à quelque chose d'abstrait, d'omniprésent pourtant et qui dérangeait l'ordre quotidien : son mari, chargé de famille, ne pourrait pas être mobilisé et, de toute façon, la France serait rapidement victorieuse. Elle se laissait aller au bien-être de cette belle nuit d'été, savourant ce trop rare moment de solitude.

Peu à peu, l'ombre envahissait le petit jardin ; de la terre montaient des parfums que la chaleur du jour avait maintenus emprisonnés. Près de la tonnelle, les roses trémières embaumaient.

Une chauve-souris voleta longuement au-dessus du rocher de la Vierge. Blanche suivit des yeux ce vol de velours. Brusquement, elle se leva, prise de lassitude à l'idée de les retrouver tous, d'avoir à répondre aux questions des aînés et à écouter les commentaires de son mari sur le déroulement de la guerre. Envahie par un irrésistible désir d'escapade, elle entra dans la maison, prit dans l'entrée aux patères du porte-manteau un châle et un chapeau et sortit furtivement dans la rue déserte. Résolument, elle tourna le dos au boulevard éclairé par la lumière des becs de gaz que venait d'allumer le père Panpan, remonta la Grand-rue, évita l'escalier, lui aussi éclairé, conduisant à la place Saint-Martial, prit la côte raide passant devant l'hôtel de Moussac et longea le haut mur. Blanche marchait vite comme quelqu'un de pressé qui sait où il va. Elle arriva aux dernières maisons de la petite ville, prit un chemin qui serpentait à travers des champs de blé maintenant moissonnés et remarqua l'odeur différente de l'air, plus lourde et plus sucrée. Les jours raccourcissaient. C'était la fin de l'été.

Le carillon de Notre-Dame l'arracha à sa rêverie champêtre et l'immobilisa. Blanche regarda autour d'elle avec étonnement, comme quelqu'un qui se réveille pour la première fois dans une chambre inconnue. Dix heures sonnèrent. La nuit était tombée : seule une lueur verte indiquait dans le lointain l'emplacement où le soleil s'était couché. Des milliers d'étoiles, maintenant, brillaient dans le ciel. Elle frissonna et resserra son châle autour de ses épaules. Que faisait-elle seule, la nuit, en pleine campagne ? Blanche n'arrivait pas à comprendre ce qui l'avait conduite ici. Et le bébé ? Un cri s'échappa de ses lèvres : sa petite fille était restée seule. Comment cela était-il possible ? Sans se soucier des pierres du chemin, elle courut aussi vite que le lui permettaient sa longue jupe noire et ses étroites bottines. Dérangé par sa course, son chapeau tomba. Elle s'arrêta pour le ramasser et négligea de le remettre. Les premières personnes qui remontaient de la sous-préfecture hésitèrent à reconnaître dans cette femme en cheveux, décoiffée, la digne et froide Madame P. d'habitude si convenable. Blanche ne se souciait plus de sa tenue ni des regards curieux de ceux, de plus en plus nombreux, qui la croisaient, ne pensant qu'au bébé abandonné dans son berceau. De son esprit affolé surgissaient des images d'incendie, d'enlèvement, de bêtes féroces. Elle dévala la Grand-rue et se heurta à Titine qui, de stupeur, ne trouva rien à dire, ce qui, chez cette bavarde, était signe de grande confusion. Claquant la porte de l'entrée, Blanche monta toujours en courant à l'étage et pénétra dans sa chambre, où était le lit de l'enfant. A la lueur de la veilleuse, les yeux grands ouverts, la petite Dédette la regardait. Elle se pencha les tempes battantes et, bouleversée, remarqua les joues mouillées de larmes de sa fille. Son cœur se serra ; elle prit le bébé dans ses bras en lui demandant pardon, l'appelant de ces mots tendres et naïfs que toutes les mères inventent pour calmer leurs petits. De la rue montaient des bruits de voix où dominait la voix glapissante de Titine. La porte de l'entrée s'ouvrit.

— Blanche, Blanche, tu es là ?

La maison, si calme quelques instants auparavant, retentit de la voix aiguë des fillettes, des cris de Jean et des appels de Léon. Agacée, Blanche prit sa fille dans ses bras et apparut en haut de l'escalier.

— Que se passe-t-il, la petite est malade ? demanda Léon en montant au-devant de sa femme.

— Mais non, elle s'est réveillée, c'est tout !

— Mais Titine m'a dit...

— Je t'expliquerai, mon ami, dit-elle en s'appuyant sur son mari.

Le résultat de ce moment de folie, comme l'appelait Blanche, fut que Léon lui proposa de l'emmener rendre visite à son frère René et à sa belle-sœur Emilia, qu'elle aimait tendrement.

— Mais les enfants... le magasin... la guerre...

— Ne t'inquiète pas, tout est arrangé. Geneviève et les bonnes prendront soin des petits. D'ailleurs, Titine sera là et le premier commis m'a assuré que je pouvais partir sans inquiétude. Quant à la guerre, elle sera encore là, hélas, à notre retour.

Blanche entoura le cou de son mari de ses deux bras, les yeux brillants de larmes.

— Que tu es bon !

Emu, Léon tortilla sa moustache et baisa le front toujours lisse, caressant les sages bandeaux où apparaissaient quelques fils blancs...

Blanche ne voulut pas partir sans deux chapeaux neufs. Titine et ses ouvrières employèrent tout leur talent, et le résultat fut à la hauteur de leur ambition et du désir de leur exigeante cliente. La couturière confectionna une tenue de voyage qui fut jugée très chic par Geneviève et Thérèse.

Enfin, le grand jour arriva. De bon matin, Monsieur Georges, le libraire, les conduisit à la gare dans son cabriolet.

Blanche ne connaissait pas Limoges, et ils décidèrent de passer par cette ville pour se rendre à Vierzon. Après un copieux petit déjeuner au buffet de la gare, ils déposèrent leurs bagages à la consigne et partirent explorer la cité de Saint-Martial.

Ils traversèrent les jardins du Champ-de-Juillet, s'extasièrent sur les poissons du bassin, les massifs de fleurs, les statues de pierre. Tout leur semblait beau. C'étaient leurs premières vacances depuis qu'ils étaient mariés. Blanche serra le bras de son mari, qui lui sourit en la regardant avec admiration. Depuis tant d'années, Léon ne se lassait pas de la regarder, de bénir le jour où elle était devenue sa femme, ne sachant comment lui manifester son attachement, le prix qu'il attachait au moindre de ses sourires, l'angoisse qui l'envahissait quand elle lui semblait lasse. Il la trouvait plus belle qu'au jour de ses noces, ne voyant dans les premières griffures de l'âge que la marque du temps passé ensemble. Ils marchaient lentement le long des ruelles de la ville. Léon tint à lui montrer le marché de la place des Bancs et la pittoresque rue de la Boucherie. L'odeur qui montait des étals, des marmites de sang et d'abats posés à même le sol, de la foule grouillante, était telle que Blanche pensa s'évanouir. Avisant la minuscule chapelle de saint Aurélien, lieu cher à la corporation des bouchers limougeauds, elle entraîna son mari à l'intérieur du sanctuaire. Un soupir de soulagement s'échappa de sa poitrine, l'air ici avait la douceur du miel et le parfum de l'encens. Les ors de la petite chapelle étincelaient à la lueur tremblante de centaines de cierges. Léon, sachant que cela lui ferait plaisir, mit quelques pièces dans un tronc et alluma un cierge aux pieds de la statue de saint Antoine. S'agenouillant devant l'autel où brillait la lampe rouge, Blanche le remercia d'un sourire et, baissant la tête, pria longuement.

Léon contempla avec émotion la fragile nuque penchée et se surprit à murmurer, lui, l'incroyant :

— Mon Dieu, protégez-la !

Après la fraîcheur et le silence embaumé de ce lieu de recueillement, le soleil de septembre et le vacarme empuanti de la rue les assaillirent avec une telle force qu'ils battirent en retraite.

Ils visitèrent les jardins de l'archevêché et la cathédrale, que Blanche trouva laide et sombre. Léon, quant à lui, décréta que toutes les églises étant pareilles, celle-là à tout prendre n'était pas trop mal. Sa femme haussa les épaules en disant qu'il n'y connaissait rien. Par les ruelles en pente, derrière la cathédrale, ils descendirent vers les rives de la Vienne où ils déjeunèrent sous la treille d'une auberge au bord de l'eau, près de l'antique pont Saint-Etienne. L'hôtesse leur servit une friture toute fraîche pêchée, et une solide omelette au lard et aux pommes de terre accompagnée d'une salade. Des fromages de chèvre bien secs et une sorte de clafoutis aux pruneaux achevèrent ce repas d'amoureux. Le peu de l'âpre vin qu'ils avaient bu leur rosissait les pommettes et alanguissait leurs gestes. Appuyés l'un contre l'autre, ils restèrent longtemps silencieux, regardant couler l'eau de la rivière, perdus dans de tendres pensées, oubliant la guerre et tout ce qui n'était pas eux.

Ils revinrent lentement vers le centre de la ville, admirèrent en passant la noire église Saint-Michel, s'arrêtèrent devant les vitrines de la rue du Clocher et redescendirent vers la gare sans se presser, un peu las d'avoir tant marché sur les pavés inégaux. Ils arrivèrent en avance, récupérèrent leurs bagages et s'assirent sur un des bancs du quai, heureux de reposer leurs pieds endoloris.

Un train rempli de jeunes gens agitant des drapeaux passa devant eux avec fracas. Blanche agrippa le bras de Léon comme pour le retenir, tandis qu'une larme troublait son regard.

Le frère et la sœur furent très heureux de se revoir. Mais la plus heureuse de ces retrouvailles fut sans conteste la jolie Emilia. Le temps ne lui avait rien ôté de son charme, malgré un léger embonpoint dû aux excès de sucreries. René aussi avait grossi. Ses cheveux et sa moustache, maintenant presque blancs, surprenaient dans ce visage coloré, demeuré jeune, où brillaient des yeux bleus pétillants de malice. Toujours épris de la tyrannique Emilia, « qui le menait par le bout du nez », disaient les commères de la ville, il n'avait qu'un chagrin : ne pas avoir d'enfants. Aussi avait-il reporté toute sa tendresse paternelle sur sa petite fabrique de grès devenue florissante, qui, avec sa femme, était toute sa raison de vivre. Mobilisé, il attendait d'un moment à l'autre son ordre de marche. Les trois premiers jours se passèrent en visites chez les parents et les amis. Tous leur faisaient fête, les félicitaient pour leur bonne mine, leur nombreuse famille et leur réussite.

Ce fut dans la jolie maison de René, sur les bords du Cher, qu'ils apprirent la victoire de la Marne.

— Maintenant, vous ne partirez plus, dirent en même temps les deux belles-sœurs.

— Ce n'est qu'une question de jours, nos braves soldats vont les reconduire jusqu'à Berlin, dit Léon à Blanche. Le commerce va repartir, nous devons rentrer.

Voilà pourquoi le triomphe des troupes françaises écourta leurs premières vacances.

Emilia et René tentèrent de les retenir, de garder Blanche, au moins quelques jours. En vain. Blanche s'ennuyait déjà de ses enfants, et Léon, de son magasin. On se quitta en se promettant de se revoir très vite.

Quatre longues années allaient passer avant qu'ils ne soient réunis de nouveau.

A la rentrée d'octobre 1914, Geneviève ne retourna pas en classe, malgré son désir de passer son brevet dans l'espoir de devenir demoiselle des Postes. Léon, pourtant si soucieux du bonheur de ses enfants, refusa avec colère, disant que la place de sa fille aînée était auprès de sa mère pour l'aider à s'occuper des petits. Quant à apprendre un métier, le père en avait choisi un : modiste. C'était un bon métier que Titine lui apprendrait sans qu'elle ait à quitter sa famille. D'ailleurs, il venait de passer un accord avec Titine : au printemps prochain, il lui achèterait sa boutique, la vertueuse demoiselle voulant se retirer du commerce pour se consacrer à la diffusion de « la bonne presse » dont elle était dépositaire.

Geneviève n'eut que ses larmes pour protester. Sa trop grande gentillesse, son manque de confiance en soi, sa peur de mal faire, de peiner ses parents qu'elle adorait, l'empêchèrent d'expliquer clairement pourquoi elle voulait continuer ses études. La mort dans l'âme, brisée par tant d'incompréhension, assistant, impuissante, à cette asphyxie de sa volonté, elle se retrouva par une froide matinée d'automne une aiguille à la main, en train de fixer une grappe de raisin sur le nouveau chapeau de la sous-préfète.

Chaque soir, la trop obéissante Geneviève demandait à Dieu de lui donner le courage de bien faire son travail et surtout de supporter les tracasseries de Titine et les plaisanteries des deux ouvrières qui se moquaient de sa maladresse, les offrant en sacrifice pour que cesse la guerre.

Heureusement, il y avait André qu'elle retrouvait quelquefois en cachette dans le grenier de la modiste. Là, dissimulés derrière de vieux cartons à chapeau, des malles défoncées, des mannequins d'osier hors d'usage, ils se disaient leur amour en se tenant la main. Quelquefois, la tête aux longs cheveux bouclés de la fille s'inclinait sur l'épaule du garçon, mais, très vite, elle reprenait sa pose, distante et raide, rougissant encore au souvenir de ce baiser qu'il lui avait donné et qu'elle avait rendu le jour où il l'avait découverte en larmes après que Léon lui eut annoncé sa décision d'interrompre ses études. Comment avait-elle pu se conduire ainsi, elle que tout le monde citait en exemple, le curé comme les vieilles bigotes pourtant attentives à déceler le moindre manquement dans la tenue des jeunes filles ? Plusieurs fois par jour, le souvenir de ce moment d'égarement, c'est ainsi qu'elle nommait cette merveilleuse sensation de bonheur déferlant dans son cœur et dans son corps, lui revenait, accélérant les battements de son sang, lui coupant les jambes et lui mettant le rouge au front. Jamais, jamais elle n'oublierait cela, même quand elle serait une vieille dame aux cheveux blancs : épuisée de douleur, elle avait fui la salle à manger familiale et les taquineries de ses sœurs pour pouvoir pleurer tout à son aise dans le grenier autrefois témoin de leurs jeux. C'est là, à demi enfouie sous de vieilles tentures, que André l'avait découverte, allongée sur un tapis dont il ne restait que la corde. Le jeune homme avait essayé de calmer ses sanglots avec les mots affectueux qui habituellement apaisaient les chagrins de son amie. Cette fois il n'y était pas parvenu. Désemparé devant cette peine immense, lui-même au bord des larmes, il s'étendit près d'elle et la prit dans ses bras en lui murmurant à l'oreille des mots incohérents. Le corps de son amie, tremblant contre le sien, le bouleversait. Ses lèvres baisèrent les yeux, le cou, la bouche. Les sanglots de Geneviève s'arrêtèrent, ses bras se refermèrent et elle donna à André son premier baiser. Les amoureux restèrent ainsi longtemps, savourant cette douceur nouvelle pour eux. Mais, que faisait André ? Pourquoi lui pressait-il ainsi la poitrine ? Ce n'était pas bien, cela lui faisait mal. Avec violence, elle le repoussa et se releva. Ses doigts heurtèrent une poutre. Elle poussa un cri et porta sa main endolorie à ses lèvres.

— Tu t'es fait mal ? fit André en tendant les bras.

Geneviève recula, rouge et décoiffée, le visage gonflé d'avoir tant pleuré, sentant encore sur sa bouche celle de son ami.

— Ne me touche pas ! C'est malhonnête ce que nous avons fait ! Ne recommence plus jamais ! Promets-le-moi ?

— Mais...

— Promets-le-moi, sinon je ne te verrai plus et... je le dirai à Paul.

A l'idée d'être, peut-être, supplanté par son rival, André promit, jura même, de ne plus l'embrasser.

Quand elle se confessa, elle avoua avoir eu de mauvaises pensées.

— Avez-vous eu des attouchements impudiques ? demanda le prêtre.

Moins innocente, Geneviève eût dit oui tant son honnêteté était grande. Ignorante, elle dit non tout en se demandant toutefois si les baisers et les caresses n'entraient pas dans cette catégorie. Il faudrait qu'elle demande à la grande Lulu, la première ouvrière de Titine, celle dont on disait qu'elle n'avait pas froid aux yeux.

L'hiver 1914-1915 fut pour les deux jeunes gens le temps le plus heureux de leur amour. Chaque jour ils se voyaient, chaque jour ils parlaient de leur mariage, quand la guerre serait finie et que André trouverait le courage de dire à son père qu'il voulait épouser une jeune fille sans fortune. Il y avait bien Paul dont il fallait se méfier, car lui aussi aimait

Geneviève et voulait l'épouser. Mais, rassuré par sa voix douce, il était convaincu qu'elle le préférait. Coquette, elle ne le détrompait pas. Les parents, aveugles comme toujours dans ces cas-là, ne s'apercevaient de rien.

Chaque soir, dans la grande salle à manger ou dans la boutique de Titine, ou chez le libraire, Monsieur Georges, et sa sœur, Mademoiselle Julie, les jeunes gens et les jeunes filles du voisinage se réunissaient pour faire de la charpie, tricoter, tailler des guêtres dans de vieilles couvertures, tandis que les parents commentaient les dernières nouvelles du front en buvant de la tisane et en croquant des gâteaux. Cette année-là, l'espoir était encore dans les cœurs, la guerre allait bientôt se terminer, aussi ces soirées étaient-elles fort animées et souvent très gaies. Léon, grand amateur de musique et de nouveautés, faisait écouter les dernières chansons à la mode enregistrées sur des rouleaux. Quelquefois on poussait les meubles pour permettre à la jeunesse de danser sous les regards indulgents des mères. Geneviève pensait s'évanouir de bonheur quand elle valsait dans les bras d'André sous l'œil de Paul, qui, lui, ne savait pas danser. On jouait aussi aux dominos, au Nain jaune, aux dames. Un jour Gogo subtilisa un jeton sur lequel était écrit : « Sur ce jeton j'écris : “ Je t'aime. ” » Geneviève et André devinrent cramoisis et se levèrent pour tenter de reprendre le pion à la petite chipie qui courait autour de la table en criant :

— Qui c'est qui l'aime, qui c'est qui l'aime ?

Gogo fut arrêtée par Paul qui, sans ménagement, lui arracha cette pièce compromettante. Geneviève sentant ses jambes se dérober, lutta contre cette faiblesse et se précipita sur Paul.

— Donne ça, c'est à moi !

— Non, je veux voir ce qu'il y a d'écrit...

— Tu n'as pas le droit !...

Alors, on vit cette chose incroyable, la douce Geneviève mordre jusqu'au sang la main fermée du garçon. Sous la douleur il laissa échapper le jeton, qui roula devant la cheminée. D'une souple détente, la jeune fille le ramassa et, avant que Paul ait pu le lui reprendre, le jeta dans le feu, puis se redressa avec un tel air de défi que Paul recula.

Tout cela s'est passé si vite que les parents ne comprirent pas l'étendue du drame et, quand ils virent Geneviève se diriger vers Gogo et la gifler, ils crurent que la cadette avait une nouvelle fois taquiné son aînée. Cependant, cette attitude n'étant pas jugée digne d'une jeune personne bonne et bien élevée, Blanche ordonna à sa fille de monter dans sa chambre.

Tard dans la nuit, une silhouette blanche se faufila dans la pièce à nouveau déserte dont seul, le balancement de la pendule troublait le silence. Sa bougie posée à terre, Geneviève fouillait à l'aide du tisonnier les cendres encore chaudes de la cheminée. Soudain, abandonnant la tige de fer, elle saisit un petit morceau de bois à demi calciné, souffla dessus et, à la lueur de la bougie, put lire le seul mot qui ne fût pas effacé : « aime ». Elle porta le pion brûlé à ses lèvres et s'enfuit, le cœur apaisé.

La grande foire de Noël, cette année-là, fut la dernière de cette importance et ne retrouva jamais, la guerre finie, cette ampleur, cette ambiance qui attiraient à des kilomètres à la ronde les paysans et les habitants des villages voisins. Elle avait lieu le lendemain de Noël. On l'appelait aussi la foire aux amoureux.

La fin de l'année était toujours une période d'animation pour la petite ville : il y avait la fête des commerçants et son bal, auxquels Léon apportait toute son autorité et ses soins, et celle de l'Institution Saint-M., qui se clôturait par une représentation théâtrale sur la petite scène de l'école. Chacune des demoiselles P. avait un rôle à jouer. Elles s'en acquittaient de leur mieux à la grande fierté de leurs parents et au contentement de leurs professeurs.

Quand le soir de Noël arrivait, Blanche, aidée par les enfants, faisait la crèche, qui, au fil des années, s'était augmentée d'un certain nombre de petits personnages, pour la plus grande joie de tous. Cette année deux soldats vinrent s'ajouter aux adorateurs de Jésus : un zouave à la culotte rouge et un fantassin du plus beau bleu — bleu horizon, disait Geneviève. Gogo tomba amoureuse du fantassin, qu'elle sortait fréquemment de son support de mousse et qu'elle serrait contre elle pour le réconforter en lui disant que la guerre allait bientôt finir. Un jour, Jean la bouscula. Sous le choc, le joli soldat lui échappa et dans sa chute, perdit un bras et une partie de sa tête. Devant les larmes de sa fille, Blanche recolla le bras et fixa autour de la tête blessée un beau pansement.

— Tu vois, c'est un héros qui vient montrer au bon Jésus toutes les souffrances des soldats, dit-elle à Gogo en reposant la figurine rafistolée.

Les joues encore couvertes de larmes, Gogo esquissa un sourire en murmurant d'une petite voix :

— Il est encore plus beau comme ça.

Est-ce à partir de ce jour-là que la petite fille donna sa préférence à la couleur bleue ?

On ne mettait l'Enfant-Jésus dans la crèche qu'au retour de la messe de minuit. Marie-Louise, enveloppée dans un grand tablier d'un blanc parfait, les aidait à retirer leurs manteaux et leurs bottines alourdies de neige et leur tendait un grand bol de chocolat fumant et une brioche cuite dans l'après-midi. Avant de monter se coucher, toute la famille mettait ses meilleurs souliers, soigneusement cirés, devant la cheminée. Le lendemain matin, chacun découvrait ses cadeaux avec des cris de plaisirs, mais sans grande surprise. En effet, le père Noël, par manque d'imagination ou de moyens, mettait chaque année la même chose dans les chaussures : une orange et une mandarine enveloppées dans un papier de soie joliment coloré, un paquet de crottes en chocolat, un petit jouet, un flacon de parfum ou un mouchoir, selon l'âge du destinataire. Les gros cadeaux, c'était pour plus tard, pour le Premier Janvier.

En attendant, tous devaient aider au magasin, qui ne

désemplissait pas durant ces périodes de fête. Le jour de la foire était le moment culminant. Dès huit heures, dans la nuit encore, les portes s'ouvraient devant une foule arrivée par le premier train. Le plancher retentissait du bruit des sabots et des galoches des hommes en blouse raide et des femmes en habit du dimanche. Celles-ci avaient sur la tête leur plus beau caillon amidonné et certains rubans traînaient presque jusqu'à terre. Jusqu'au soir cette foule endimanchée allait déambuler dans les rues de la ville, s'installer dans les cafés, les restaurants, jouer aux loteries de la fête foraine, monter sur les manèges, acheter aux forains installés sur la place Saint-Martial et sur celle du Champ de Foire des objets de première utilité ou de pacotille. Les garçons et les filles se retrouvaient dans les petits bals qui se tenaient dans l'arrière-salle de certains cafés et dansaient au son de l'accordéon jusqu'à l'heure du dernier train. Alors, en bande, bras dessus, bras dessous, ils s'en allaient en chantant. Quelques-uns se tenaient à l'écart, couples formés au hasard d'une danse ou amoureux déclarés à l'issue d'un baiser.

C'était tout le long de l'avenue de la Gare un défilé bruyant de jeunesse — les plus âgés, par prudence, ayant pris de l'avance — suivi selon la tradition par les jeunes gens et les gamins de la ville qui pour rien au monde n'auraient manqué le départ des amoureux de Noël. Chaque année, ils dévalisaient le stock d'épingles doubles du magasin de Monsieur P.

Sur le quai de la gare empli de femmes encombrées de paniers et d'hommes qui discutaient en agitant leur bâton, les amoureux qui ne prenaient pas le même train se tenaient à l'écart, très près l'un de l'autre, main dans la main, les yeux dans les yeux, n'osant pas s'embrasser devant tant de gens. Tout à leur amour, ils ne remarquaient pas l'adolescent qui tournait autour d'eux. Quand le train entrait en gare, puis que retentissait le coup de sifflet annonçant le départ, le garçon ou la fille s'arrachait à son compagnon, vite arrêté dans son élan sous les éclats de rire ! Profitant de leur tendre tête-à-tête, le jeune citadin avait attaché les longs rubans de la coiffe de la fille à la blouse du garçon. Quelquefois, dans la violence du départ, le bonnet se détachait et la jeune paysanne, confuse, restait en cheveux dans l'hilarité générale. Souvent celle qui était ainsi décoiffée se mariait au printemps suivant avec celui que le hasard avait ainsi marqué. Chaque année, c'étaient des dizaines de couples qui étaient victimes de cette innocente farce.

Avec la guerre disparurent les coiffes et leurs rubans, disparurent aussi les blouses amidonnées des garçons. La foire aux amoureux ne resta plus qu'un souvenir.

Dans la belle musette de cuir et de grosse toile à poches multiples faite spécialement pour Léon par le meilleur bourrelier de la ville, le père Coulond, les gâteaux secs se ramollissaient et le linge s'imprégnait lentement du parfum de la lotion capillaire de son propriétaire. Son âge et sa nombreuse famille retardaient son appel sous les drapeaux. Patriote convaincu, il en concevait un agacement profond.

Il eut un espoir, mêlé de peur, quand, le 7 mai, le paquebot anglais *Lusitania* fut torpillé à la hauteur de l'Irlande par un sous-marin allemand. Il brûlait du désir de venger les 1 200 innocentes victimes.

A la fin du printemps 1915, Blanche eut une grande peur. La petite Dédette, qui faisait ses premiers pas en compagnie de Gogo, tomba sur la tête et resta longtemps sans connaissance. Les parents, se souvenant de la chute de Néné et de ses conséquences, redoutèrent une méningite. Le médecin les rassura, ne diagnostiquant rien de grave. Mais, à partir de ce jour, l'enfant refusa de marcher autrement qu'agrippée à la robe de sa mère. Dès qu'elle la lâchait, elle se laissait tomber.

Jean devenait de plus en plus dur, s'échappant sans cesse de la maison pour rejoindre ses petits camarades, René A., Maurice P., les frères G. et Jean C., avec lesquels il dénichait les nids, martyrisait le chien Styc, poursuivait la volaille dans les cours des fermes — la bande poursuivie à son tour par la fermière qui les menaçait de son balai de brandes — volant des oranges ou des pommes dans la baladeuse du père Colle, se roulant en se tenant la mâchoire et en poussant des cris lamentables au pied de l'estrade de l'arracheur de dents, jetant des pierres devant la ligne des pêcheurs, pissant dans les boîtes aux lettres ou dans les lessiveuses laissées par les laveuses à l'heure du déjeuner sur les bords de la Gartempe. Rien ne calmait ce besoin de faire des bêtises ; ni les punitions, ni les coups ne venaient à bout de cette volonté de détruire, de salir, sauf, peut-être le regard triste de sa mère quand elle lui enlevait sa blouse déchirée, pansait un genou écorché, une bosse au front ou un œil au beurre noir en lui disant :

— Mon pauvre petit, que va dire ton père ?

Jean lui mettait alors les bras autour du cou, l'embrassait, la cajolait, la regardait de son air le plus angélique.

— M'man, tu lui diras pas, dis ?

Comment résister à ces caresses, à la douceur des yeux si bleus de son petit garçon ? Et Blanche cachait à Léon la plupart des bêtises de ce fils adoré. Elle n'était pas la seule : Titine n'hésitait pas à mentir pour protéger son favori des colères de son père ; Geneviève, Thérèse et Gogo dissimulaient également bien des sottises.

L'école calma un peu cette nature excessive tant la crainte qu'inspirait à Jean son directeur, Monsieur Charretier, petit bonhomme à longue barbe, était grande — bien que ce fût le meilleur des hommes. Les coups de règle sur la tête et les doigts administrés par sa femme, la mère Bigleuse, comme l'appelaient irrespectueusement les enfants, étaient moins redoutés que la voix sèche, calme et sévère de l'honnête professeur. Sachant cela, certains parents débordés l'appelaient à la rescousse. Quand les garçonnets le voyaient redresser sa petite taille en montant sur son estrade, se retourner vers eux les mains agrippées aux revers de son veston et fixer chacun des visages enfantins levés vers lui, les gamins, silencieux, debout devant leur pupitre, les bras derrière le dos, raides, dans leurs blouses noires, baissaient la tête.

— Petits, j'ai appris quelque chose de désagréable...

Les cœurs s'arrêtaient de battre.

— L'un de vous a manqué de respect à ses parents...

Les têtes se baissaient davantage.

— J'attends qu'il se dénonce.

Le maître se taisait, croisait ses bras avec un regard terrible et attendait. Tous se sentaient concernés. Alors le dernier de la classe se levait et traînant ses galoches s'approchait de l'estrade. Le doigt du directeur se pointait.

— Ce n'est pas toi, retourne à ta place et tâche de bien te conduire.

Soulagé et surpris, le garçon regagnait son banc. Un autre s'avançait, puis un autre, et finalement c'était le tour de celui qu'attendait le père Charretier. Là, ses yeux lançaient des éclairs, son torse se bombait, sa barbe frémissait et sa voix s'enflait.

— Enfin, te voilà !

Le coupable, les jambes molles, les mains moites, le front couvert de sueur, le cœur battant, se traînait jusqu'au pied de l'estrade.

— Monte ! tonnait la voix du maître.

Qu'elles étaient hautes à monter ces deux marches ! Bien que, dans certains cas, monsieur Charretier fût à peine plus grand que ses élèves, il leur semblait gigantesque, les dominant de toute la puissance de son pouvoir redoutable. L'enfant devant lui n'était plus qu'une loque. Puis la voix formidable s'élevait, presque douce d'abord, ce qui la rendait encore plus terrifiante.

— Alors petit, on m'a dit que tu avais fait de la peine à ta mère... Comment as-tu osé ?

La question éclatait, roulait entre les murs de la classe comme le tonnerre annonçant la parole divine.

— On m'a dit que tu faisais couler ses larmes... Maudit celui qui fait pleurer sa mère ! On m'a dit que tu ne soutenais pas le dur labeur de ton père par ton travail... Fils ingrat, qui mange le pain tiré de la sueur du front paternel ! On m'a dit que tu ne respectais ni les biens, ni les personnes… Veux-tu finir au bagne ou sur l'échafaud ? On m'a dit que tu opprimais tes frères et sœurs plus petits que toi, que tu manquais de respect envers les personnes âgées. Lâche qui s'attaque à la faiblesse, aucune punition n'est assez forte pour toi ! Que peut faire la société d'un être aussi répugnant ? Reste-t-il au fond de ton cœur perverti une parcelle d'honneur ? Réponds-moi ? En reste-t-il une parcelle ?

Depuis longtemps déjà, l'enfant ainsi admonesté n'était plus qu'un tas de larmes. Si la réponse tardait, Monsieur Charretier saisissait le malheureux par les deux oreilles, le soulevant jusqu'à la hauteur de ses yeux, qui plongeaient dans la profonde détresse de ceux de l'enfant et là, avec une réelle inquiétude sous laquelle perçait une profonde tendresse pour sa victime, il répétait sa question :

— Te reste-t-il une parcelle d'honneur ?

Au prix d'un incommensurable effort, l'enfant, toujours suspendu par les oreilles, le visage barbouillé de larmes et d'encre, murmurait un oui, à peine audible.

Le directeur le reposait doucement et sortait de sa poche un vaste mouchoir, dans lequel il se mouchait à grand bruit avant de le tendre à l'écolier, qui se barbouillait davantage en tentant d'essuyer sa pauvre figure rougie et déformée.

Dans la salle régnait un silence absolu. Alors le maître posait sa main sur la tête de l'enfant. On sentait comme un frémissement parcourir les rangs quand il disait d'une voix contenue, grave et douce :

— Je le savais.

De toutes les poitrines s'échappait un soupir immense. Dans la salle de classe, la vie revenait, accompagnée de ses bruits quotidiens : raclement des galoches, crayon qui roule, papier froissé, rires étouffés, pupitre fermé, toux.

Le premier moment d'émotion passée, le père Charretier reprenait :

— Je le savais que tu n'es pas un mauvais gars et que tu

aimes et respectes tes parents. Les bêtises que tu fais, c'est la fougue de ton jeune sang qui te pousse à les commettre, le temps arrangera les choses. Mais, en attendant, il convient que tu fasses des efforts, car, rien n'est pis qu'un enfant qui fait souffrir ceux qui l'ont mis au monde, l'entourent de leurs soins attentifs et se privent souvent du nécessaire pour qu'il ne manque de rien. Tu leurs dois le respect et l'amour, ne l'oublie jamais. Va, et ne recommence pas.

C'était en général le moment où la femme du directeur intervenait. Elle prenait l'élève ainsi tancé par le bras, l'emmenait dans sa cuisine, et là, selon les saisons, lui donnait un bol de chocolat chaud ou un bonbon. Après lui avoir lavé la figure à l'eau fraîche, la brave femme s'asseyait en face de lui, son ingrat visage tout illuminé de bonté.

— Il ne faut pas en vouloir à Monsieur Charretier, c'est pour ton bien qu'il agit ainsi, pour faire de toi un homme honnête, respectueux de ses devoirs. Plus tard, tu lui en seras reconnaissant.

Le gamin hochait la tête, réconforté par le chocolat et la voix apaisante de Madame Charretier dite la mère Bigleuse.

Après ces moments intenses, pendant plusieurs jours, les parents n'avaient rien à reprocher à leur progéniture.

A son tour, Thérèse quitta l'école et vint rejoindre Geneviève dans l'atelier de Titine. Ce fut un supplice pour la plus turbulente des filles de Blanche. Elle qui ne pouvait rester assise plus de cinq minutes était maintenant vissée sur une chaise inconfortable, à se piquer les doigts en essayant maladroitement de fixer des fleurs aux chapeaux des dames de la ville. Heureusement, son bon caractère et son entrain lui assurèrent l'amitié de ses compagnes, qui n'hésitaient pas à la débarrasser d'un travail fastidieux. Elle et Jean étaient les préférés de Titine, qui lui disait souvent :

— Tu seras mon héritière, avec ton frère.

Aussi la vieille fille se montra-t-elle indulgente devant son exubérante apprentie.

Ce fut elle qui fut chargée de livrer les chapeaux. Les clientes l'adoraient tant son rire, sa joie de vivre étaient communicatifs.

— Tu en as mis du temps pour aller jusqu'à la rue des Récollets, lui disait Titine.

En effet, la moindre livraison lui prenait un temps anormalement long. A tout instant, elle rencontrait une connaissance de ses parents, une ancienne camarade de classe, une compagne des Enfants de Marie, Monsieur l'Archiprêtre ou Monsieur Georges, le libraire, homme original et bon qui portait du mois de novembre au mois d'avril une barbe hugolienne. Le reste du temps, la tête et le visage rasés, les pieds éternellement chaussés de sabots de noyer sculptés et soigneusement cirés, il fumait sa pipe de terre à l'entrée de son magasin. L'hiver le voyait vêtu d'un confortable costume de velours côtelé marron qu'il échangeait l'été contre un autre de toile grise. Un canotier protégeait son crâne luisant des rayons du soleil.

— Alors, petite, tu vas voir ton amoureux ?

La petite pouffait et répondait en riant :

— J'ai bien le temps de m'intéresser à ces choses-là.

— Le temps, le temps, bougonnait-il, il va plus vite que toi, ma jolie, souviens-toi des mots du poète : « Cueillez dès aujourd'hui les roses de la vie... »

— Que racontes-tu à cette enfant ? disait Mademoiselle Julie, surgissant derrière son frère. N'as-tu pas honte de lui mettre de telles idées en tête !

Mademoiselle Julie avait eu des malheurs, comme on disait. Un chagrin d'amour dont elle ne s'était jamais consolée. Puis elle avait failli mourir de la typhoïde. A la suite de cette maladie, ses cheveux étaient tombés, et, depuis, elle portait une perruque. Elle avait reporté tout son amour sur son frère et ne vivait que pour lui. Les enfants du quartier l'adoraient, car elle était bonne et généreuse en images et en bonbons.

Thérèse repartait, s'arrêtait à nouveau pour échanger des plaisanteries avec son camarade d'enfance, Maurice, le fils des grainetiers, puis avec Jean B., qui était commis à l'épicerie du boulevard. Elle faisait ensuite un arrêt devant la vitrine du père Boué, le marchand d'habits, et celle du père D., le roi des choux à la crème, qui lui disait :

— Viens donc manger un chou, ma petite Thérèse, ils sont frais de ce matin.

Gourmande, Thérèse ne se le faisait pas répéter et se barbouillait de la crème onctueuse jusqu'aux yeux en poussant de petits soupirs de satisfaction. Elle remerciait gentiment le pâtissier et repartait légère, son carton à chapeaux sur le bras. Passant devant le bazar, si elle apercevait sa mère à la caisse, elle ne pouvait pas faire autrement que d'entrer l'embrasser. Blanche essuyait les traces de sucre qui restaient sur le nez de sa fille, redressait son chapeau qu'elle avait toujours de travers.

— Ne t'attarde pas, ma chérie, Titine ne serait pas contente.

Il y avait déjà une heure que la jeune coursière était partie et elle n'avait guère parcouru plus de cinquante mètres. Il fallait se faire une raison, une livraison faite par Thérèse ne durait pas moins de deux heures.

Certaines denrées commençaient à manquer : l'hiver 1915-1916 vit apparaître les premiers pains aux pommes de terre, la viande se fit plus rare sur les tables familiales, le café et le thé disparurent peu à peu, les chaussures devinrent de mauvaise qualité, le charbon manqua. La guerre durait.

En mai 1916, Paul, un des amoureux de Geneviève, partit au front. Elle l'accompagna jusqu'à la gare et regarda s'éloigner ce train chargé de jeunes hommes, dont certains ne reviendraient jamais, avec un soulagement dont elle eut honte : André, lui, ne partait pas. Quand son tour viendrait, la guerre serait finie depuis longtemps.

Sur le chemin du retour, dans la douceur de cette fin d'après-midi de printemps, la jeune fille se sentait libre, pleine de joie de vivre. Tout en marchant, élégante dans son tailleur bleu pâle, souriante sous le chapeau à larges bords, elle faisait des projets d'avenir : elle épouserait André dès la fin de la guerre, et s'installerait loin, très loin de sa famille et surtout de celle du jeune homme. Sur le Pont-Neuf, elle s'arrêta, traversée par une pensée qui lui fit mal : aurait-il le courage d'affronter ses parents, de leur dire qu'il la préférait à cette Marguerite si laide qu'ils voulaient lui faire épouser ? Sans sa dot et les terres de son maréchal-ferrant de père, personne n'aurait voulu d'une telle femme. Comment son André, si fin, si délicat, pourrait-il vivre auprès de cette fille tellement commune ? Elle soupira en s'appuyant contre le parapet, regardant couler l'eau de la rivière. Il était merveilleux, mais si faible. Son amour lui donnerait la force de l'imposer, même sans dot à ses parents. Et les siens accepteraient-ils ce mariage ?

Geneviève savait son père sensible sur la question de la dot et percevait sa peine de n'être pas en mesure d'en donner une à ses filles. Connaissant dans ce domaine l'idée arrêtée de Monsieur et Madame B., son orgueil ne l'empêcherait-il pas d'encourager la demande d'André ? En parler à sa mère ? Jamais elle n'oserait. A ses sœurs ? C'étaient encore des enfants. Que la vie était donc compliquée, alors qu'elle pourrait couler doucement comme l'eau de la Gartempe ! Une larme glissa sur sa joue et s'écrasa sur sa main gantée de gris. La jeune fille redressa sa jolie taille. Sept heures du soir sonnèrent à Notre-Dame et à Saint-Martial. Elle traversa le pont et pressa le pas. Son père n'aimait pas que l'on soit en retard aux repas.

Cette année-là, les femmes des morts, celles qui passaient de maison en maison pour annoncer les décès, l'heure des enterrements et des messes, eurent bien du travail. Presque pas de jours où l'on n'apprît la mort de tel ou tel soldat. Dans les rues, on croisait de plus en plus souvent des femmes en grand deuil. Dans les églises, tous les soirs, des prières étaient organisées. Les demoiselles P. étaient assidues à cet office du cœur. Pour être tout à fait exact, cette cérémonie leur servait de pieux prétexte pour échapper à la surveillance un peu tatillonne de leur père et pour se promener, escortées par des garçons, sur la route de Limoges. On rapportait bien à Monsieur P. qu'on avait vu ses filles « traîner », il ne s'en inquiétait guère, convaincu que Titine, qui était de toutes les prières, ne les quittait pas un seul instant. Il avait tort, car la vieille demoiselle, se plaignant de ses cors, s'asseyait, en compagnie d'autres bigotes, sur un des bancs de l'entrée de la route de Limoges et attendait, en médisant un peu sur les uns et les autres, le retour des jeunes filles confiées à sa garde. Si, au cours de ces promenades, quelques baisers furent échangés, ils restèrent bien chastes. Geneviève retrouvait André et Thérèse, Jean. Gogo, trop jeune encore, était un chaperon autrement vigilant que Titine

Rien n'échappait à la maigre gamine, et les deux aînées redoutaient ses moqueries plus que tout.

Quand les premiers trains chargés de blessés arrivèrent, Léon se porta volontaire pour aider à leur transport jusqu'à l'hôpital. De lourds chariots tirés par des chevaux furent aménagés, permettant de glisser trois brancards les uns au-dessus des autres. Geneviève accompagna quelquefois son père, mais de voir tous ces hommes, souriant malgré leurs horribles blessures ou gémissant comme des enfants, la bouleversait tellement que Léon préférait la laisser à la maison faire de la charpie en compagnie des femmes du quartier et emmener Thérèse, dont la gentillesse un peu brusque et la bonne humeur étaient pour les blessés un rayon de joie après tant de souffrances. Elle allait de l'un à l'autre, redressant un oreiller, relevant une couverture, soutenant une tête, tenant une main, amenant un sourire aux lèvres des plus atteints et faisant rire les autres tant ses mimiques et ses reparties étaient drôles. Mais le soir, dans leur grand lit, Gogo sentait le corps de sa sœur trembler contre le sien et ses gémissements traverser l'épaisseur des couvertures rabattues sur elle. La petite s'asseyait et, à la lueur de la veilleuse, écartait les draps et forçait la pauvre Thérèse à se retourner. Le joli visage tout chiffonné et barbouillé de larmes apparaissait. Gogo relevait les noirs cheveux mouillés, essuyait les joues avec un coin du drap, manifestant une douceur rare chez elle. Alors, Thérèse se mettait à parler, elle racontait les jambes arrachées, les bras manquants, les ventres ouverts, les yeux crevés, les visages détruits, les mains disparues qui se tendaient vers elle, et l'odeur qui montait de ces corps mutilés. Dieu ne devrait pas permettre ça, Dieu n'était pas bon.

Ses larmes coulaient à nouveau à l'horrible évocation. Très vite Gogo ne pouvait plus retenir les siennes. C'est en pleurs qu'elles s'endormaient dans les bras l'une de l'autre, le sommeil troublé par des cauchemars qui, quelquefois, les dressaient, hurlantes, sur leur lit. Blanche et Léon, alertés par leurs cris, se précipitaient, les berçaient comme des bébés et ne les quittaient qu'endormies. Ils regagnaient leur chambre une lampe à la main, semblables à des fantômes dans leurs longues chemises de nuit. Avant de se recoucher, Blanche vérifiait que chacun de ses autres enfants était bien couvert et, tremblante de froid, se blottissait contre son mari en disant :

— Quand tout cela se terminera-t-il, mon ami ?

— Bientôt, ma bonne, répondait-il en lui baisant le front avant d'éteindre la lampe.

Georges, un de leurs cousins un peu plus âgé que Geneviève, blessé, vint passer quelques jours de convalescence à Montmorillon. Pour le distraire, son oncle, sa tante et ses cousines organisèrent des réunions dansantes, des soirées musicales ou théâtrales. Gogo obtint un grand succès en déclamant un interminable poème, *La Dépêche*, à la gloire de nos vaillants soldats. Elle termina en larmes et fut longuement applaudie. Les trois sœurs jouèrent sans fausses notes sur leurs violons et mandoline un air de *l'Arlésienne ;* Jean, déguisé en prestidigitateur, fit des tours de cartes, mais ne réussit pas, à son grand désappointement, à faire disparaître sa poule naine noire dans son chapeau haut de forme. Les rouleaux soigneusement manipulés par Léon permirent aux jeunes gens de danser. Les trois semaines que Georges passa à se reposer furent les plus gaies de la guerre. Par la suite Léon interdit à ses enfants de faire de la musique tant que la guerre ne serait pas terminée. Peu de jours après le départ de Georges, Paul vint en permission. Il avait beaucoup maigri et Geneviève trouva que cela lui allait bien. Le jeune homme se plaignit de n'avoir reçu que quelques cartes postales de son amie. Elle convint qu'elle ne lui avait pas beaucoup écrit, ne sachant quoi lui dire. Il l'enveloppa d'un regard si triste qu'elle en eut du remords et lui donna pour se faire pardonner une écharpe qu'elle destinait à un filleul de guerre. Il fut tellement ému du cadeau, qu'elle n'osa pas le détromper quand il lui demanda :

— C'est pour moi, en pensant à moi que tu l'as tricotée ?

Au bout de ses dix jours de permission, elle le vit partir avec soulagement. Durant tout ce temps, pas un seul instant, elle n'avait pu être seule avec André. Où qu'elle allait, Paul y était, la dévorant des yeux, silencieusement.

La petite Dédette allait sur ses trois ans et ne marchait toujours pas malgré les prières et les médailles de Titine.

— Il faut emmener cette enfant à Lourdes ou à Lisieux, ne cessait-elle de répéter.

Comme on lui faisait remarquer que la guerre ne permettait pas de tels voyages, elle se replongeait dans ses prières. Un jour, elle entendit dire que la Vierge de l'église de Journet, à une dizaine de kilomètres de Montmorillon, était réputée guérir de la peur. C'était exactement ce qu'il fallait à Dédette car, quoi d'autre que la peur empêchait la petite fille de lâcher la jupe de sa mère et de marcher ? Ainsi agrippée, l'enfant montait et descendait n'importe quel escalier, courait même. Dès que ce soutien se dérobait, elle se laissait tomber et rien ne pouvait la remettre debout. Pour avoir la paix, Blanche accepta d'aller en pèlerinage à Journet avec Titine. Thérèse et Gogo les accompagnèrent tandis que Jean et Néné restaient sous la garde de Geneviève.

Ce court voyage ressembla à une véritable expédition. On embarqua dans le train la voiture d'enfant, paniers pour le pique-nique, couvertures, pliant pour Blanche qui était à nouveau enceinte, et parapluies — on ne savait jamais, bien que le temps soit beau on était quand même à la fin du mois d'octobre. Le voyage dura une heure.

A Journet, les paysannes en grande tenue et coiffes à longs rubans, quelques « dames » de la ville et enfants vêtus de blanc attendaient le début de la cérémonie, qui consistait en une procession autour de l'église derrière le curé et les enfants de chœur en chantant des cantiques et en priant à haute voix. La procession faisait le tour de l'église à trois reprises, s'arrêtant chaque fois devant l'autel dressé face à la porte, où était exposé le Saint-Sacrement.

A tour de rôle, Blanche, Titine, Thérèse et Gogo portèrent Dédette, qui, les mains jointes, suivait tout cela avec le plus grand sérieux, son mignon visage disparaissant sous les dentelles de son bonnet. Quand son tour d'être bénie par le prêtre arriva, elle lui dédia un si merveilleux sourire que le vieux curé, ému, tapota la petite joue en disant :

— Va, petite, le bon Dieu te guérira.

Il la bénit, puis remit à la mère une médaille.

Titine, convaincue de l'efficacité de la cérémonie, voulait que l'on tentât l'expérience sur-le-champ. Blanche refusa énergiquement de se donner, disait-elle, en spectacle. La pieuse demoiselle dut attendre que l'on soit installé pour le pique-nique à l'écart des autres familles, pour que Blanche veuille bien mettre sa fille à l'épreuve. Hélas, comme à chaque fois, dès qu'elle sentit les mains de sa mère l'abandonner, l'enfant se laissa tomber !

Ce fut en silence et avec tristesse que l'on mangea le contenu des paniers préparés la veille dans la joie.

Dans le train du retour, ne voulant pas s'avouer vaincue et Dieu avec elle, Titine annonça qu'elle ferait une neuvaine à sainte Thérèse de l'Enfant-Jésus. Dès ce soir, elle écrirait à la supérieure du Carmel de Lisieux pour avoir une médaille ayant touché le tombeau de la Sainte et un morceau de sa robe de bure.

Blanche, lasse, détourna la tête pour cacher ses larmes.

A leur arrivée, elles apprirent la mort affreuse, dans le Hoggar, du père Charles de Foucauld — mort qui souleva l'indignation des catholiques fervents comme des athées. Les élèves de l'Institution Saint-M. furent consignées durant plusieurs jours pendant la récréation du matin afin de prier pour le repos de l'âme du saint martyr.

Depuis le début de l'année, il y avait une nouvelle bonne qui remplaçait Marie-Louise, devenue trop vieille. C'était une jeune réfugiée belge, Charlotte, qui était sans nouvelles de ses parents depuis le début de la guerre. Très gaie, chantant tout le temps en plusieurs langues, elle était adorée des enfants. Malgré son âge, Blanche lui fit rapidement confiance et se reposa sur elle des soins du ménage, que sa grossesse, un peu difficile, lui rendait pénibles.

Un matin de janvier 1917, les enfants furent tirés très tôt de leur sommeil par des cavalcades dans l'escalier et les voix de leur père, de Titine et de la bonne.

— Faites bouillir de l'eau !... Allez chercher Madame C., criait Léon.

— Réveillez les petites, je m'occupe de Jean ! criait Titine.

Charlotte poussa la porte des filles, qui se blottirent en riant sous leurs couvertures.

— Il fait trop froid, je ne veux pas me lever, disait Gogo.

— Veux pas aller à l'école, veux dormir, pleurnichait Néné.

— Fais pas ta sotte, bougonnait Thérèse, en aidant sa petite sœur à enfiler sa robe, sinon j'appelle le loup.

— Non, non, pas le loup ! hurlait Néné en s'agrippant à la tête du lit.

— Mademoiselle Thérèse, ce n'est pas bien de faire peur à votre sœur, disait Charlotte en prenant la petite dans ses bras.

— Où sont mes chaussures ? Personne n'a vu mes chaussures ? demandait Geneviève, à quatre pattes, en regardant sous les lits.

— Alors, les filles, toujours en retard ! claironnait Jean en entrant dans la chambre.

— Chut ! faisaient-elles en chœur.

— Couvrez-vous bien, il fait très froid, disait Titine entrant dans la pièce en désordre, portant Dédette enveloppée dans un châle et dont on ne voyait que les yeux noirs.

Tout le monde, enfin prêt, essayait de descendre les escaliers sans bruit.

— Pourquoi faut-il se lever si tôt ? chuchotait Gogo.

— Comme si tu ne le savais pas, murmurait Thérèse en donnant une bourrade à sa sœur.

— Aïe, tu m'as fait mal !

— C'est pas bientôt fini ce boucan ? grondait le père au-dessus de leurs têtes.

Dans l'entrée, la petite troupe croisa Madame C., qui retirait son manteau. Elle se frotta les mains l'une contre l'autre avec vigueur.

— J'espère qu'il m'a attendue, le petit bougre.

— Madame C., pas devant des jeunes filles, minauda Titine, le chignon de travers.

— Vous en faites pas pour elles, ça n'a pas les yeux dans sa poche à cet âge-là. C'est pas comme vous qui ne voyez jamais rien, pas vrai, petites ?

Les « petites », ainsi interpellées, se tortillaient en ricanant sottement.

— Sont-elles bêtes, ces sacrées dindes-là ! jeta Jean avec un air de total mépris.

Les « dindes » n'eurent pas le temps de répondre, Madame C., les poussait dehors.

Vers le début de l'après-midi, Madame C., l'air fatigué mais content, vint leur annoncer :

— C'est un petit frère...

Des cris de joie saluèrent l'importante nouvelle. Jean commenta l'événement à sa façon :

— C'est pas trop tôt, je commençais à en avoir marre des drôlières !

La sage-femme éclata de rire, en disant :

— Tu ne diras pas toujours ça.

— On peut le voir ? demandèrent ensemble Thérèse et Gogo.

— Bien sûr, mais ne faites pas trop de bruit pour ne pas fatiguer votre maman.

Blanche, souriante, un peu pâle, trônait dans son lit aux draps brodés soigneusement tirés. Près d'elle, Léon, visiblement ému, tortillait ses moustaches. Sans un regard pour leur mère, les enfants, grands et petits, se précipitèrent autour du berceau. Sous le voile de tulle reposait le plus joli bébé que l'on puisse voir.

— Ce sera l'enfant de la paix, dit Léon en s'approchant, fier d'avoir un nouveau fils. On baptisa le petit garçon André, mais très vite son frère et ses sœurs l'appelèrent Dédé.

Enfin Titine reçut de Lisieux les reliques tant attendues. Elle tint à les coudre elle-même au corset de Dédette et, satisfaite, commença sa neuvaine. Le dixième jour, le miracle eut lieu : Bernadette lâcha les jupes de sa mère et marcha vers le chien Muscat. Titine triomphait, Blanche serra sa fille contre elle : pleurant et riant à la fois, Léon était trop heureux pour ternir ce bonheur par son scepticisme à l'égard des choses de la religion.

— Dès que la guerre sera terminée, j'emmènerai cette enfant à Lisieux pour remercier la petite sainte d'avoir accompli ce miracle, dit Titine.

Le calme de la sous-préfecture, déjà troublé par l'arrivée des convois de blessés, fut complètement perturbé par la venue des soldats américains, dont la plupart étaient noirs, ce qui étonna plus d'un habitant — bien peu avaient dépassé les limites du département. Certains, cependant, se souvenaient encore d'avoir vu Buffalo Bill et ses Indiens à Poitiers en 1903. Mais ces Américains-là étaient bien différents. Quel drôle de pays ce devait être que l'Amérique, qui avait des habitants blancs, emplumés, ou tout noirs comme les mannequins nègres de la vitrine du marchand d'habits, le père Cerf ! Ces mannequins plurent tellement aux jeunes soldats — en majorité noirs — qu'ils s'attroupaient en riant devant la boutique.

Très vite la ville adopta les nouveaux venus. Toutes les jeunes filles voulaient avoir leur Américain, même les femmes mariées descendaient dans la rue pour les acclamer quand ils défilaient au son de leur musique, que l'on trouvait bizarre mais si entraînante. Celui de Geneviève fut un grand Noir de la Nouvelle-Orléans qui semblait avoir tout un orchestre dans le corps : il s'agitait continuellement en parlant d'une voix traînante, sans cesser de claquer des doigts. Thérèse eut un mime étonnant, très laid mais si drôle qu'on ne voyait plus sa laideur, boulanger dans le civil. Celui de Gogo était timide et romantique et voulait apprendre le français pour lire les poètes. Il avait dix-sept ans. Les trois sœurs avaient acheté un dictionnaire français-anglais et essayaient, avec l'aide de leurs protégés, de baragouiner leur langue. Par sa joliesse dodue, malgré ses six ans, Néné touchait le cœur de la plupart. Si elle n'eut ni indigestion ni crise de foie dues aux innombrables tablettes de chocolat qu'ils lui donnaient, ce fut grâce à sa robuste nature et, surtout, à Jean, qui les lui raflait dès qu'il eut trouvé sa cachette.

Pour ce garçon de huit ans, l'année 1917 fut sans doute la plus drôle et la plus mouvementée de son enfance. Dès l'école finie, il disparaissait, oubliant fréquemment de rentrer dîner, réapparaissant vers dix heures du soir. Rien n'y faisait, ni les tendres gronderies de Blanche, ni celles de Titine, ni les coups de ceinture de Léon, ni même les sermons redoutés du père Charretier. Jean vivait à l'heure américaine. Chacun de ses moments libres, il les passait au camp militaire, furetant sous les tentes, dans les cantines, manipulant les armes. Ses nouveaux amis lui apprirent à tirer, ce qu'il fit bientôt avec une rare habileté. Son meilleur copain était le chef cuistot, sorte de géant au torse nu luisant de sueur enveloppé dans un large tablier kaki. Sa face noire s'illuminait quand il voyait le gamin venir renifler au-dessus de ses chaudrons d'où montait un lourd fumet. Habituellement délicat, Jean ne refusait jamais une assiettée ni le gros morceau de pain blanc qu'il partageait quelquefois avec Néné.

La grosse Néné, comme il l'appelait, était, après les camarades de son âge, son habituelle compagne de jeu et surtout son souffre-douleur préféré : il la battait, lui tirait les cheveux, l'attachait aux poutres du grenier, l'enfermait dans les malles, s'asseyait dessus et écoutait avec ravissement les appels étouffés de sa sœur. Quand il la délivrait, la malheureuse était au bord de l'évanouissement et lui promettait tout ce qu'il voulait pour ne plus être enfermée. Pendant quelque temps, leur grand amusement fut de faire la course, le soir, dans le magasin désert, juchés sur des échasses. Ils étaient devenus très habiles à ce jeu. Un jour, Jean lui déclara :

— Tu n'es pas capable de monter les marches de l'estrade avec tes échasses. La petite fille, qui l'avait fait souvent s'étonna de ce défi, mais, habituée aux lubies de son frère, elle les monta avec aisance.

— Maintenant, redescends.

Elle redescendit, mais, à la hauteur de la deuxième marche, une des échasses rencontra un obstacle ; la fillette perdit l'équilibre et alla s'écraser sur le coin d'un comptoir. Elle resta étourdie un moment, sans bouger. Son frère se précipita et la secoua sans douceur.

— Dis, t'es pas morte… dis ?

Quand la petite se redressa, lui, le dur, recula en pâlissant. Le jeu avait vraiment mal tourné. Le bas du visage et le cou étaient inondés de sang, la mâchoire inférieure pendait, découvrant les gencives. Néné, les yeux remplis de larmes, le regardait d'un air de reproche.

— Le dis pas à papa… Je t'en prie, le dis pas, tais-toi !

Mais la douleur fut plus forte que l'amour de son frère, ses gémissements alertèrent Charlotte qui, soulevant l'enfant, la transporta chez le pharmacien en appelant à l'aide.

Quand Léon vit sa fille, il rugit comme un animal dont on vient de blesser le petit. Avisant Jean, penaud sur le bord du trottoir devant la pharmacie, il pointa vers lui un index accusateur.

— C'est encore un de tes tours, une de tes inventions, bandit !...

Il s'avança vers son fils en retroussant ses manches, l'air si menaçant que Blanche s'agrippa à lui tandis que Titine entraînait l'enfant de son cœur.

On posa plusieurs points de suture à l'intérieur de la bouche de la pauvre Néné. Sa tête bandée la faisait ressembler à un grand blessé de guerre. Grâce aux visites des Américains, le temps passa vite pour la petite fille, confortablement assise dans le magasin. Jean redoutait le moment où elle pourrait parler et faire le récit de l'accident. Il éprouva un grand soulagement en l'entendant dire qu'elle était seule lors de sa chute. Incrédule, Léon fut cependant bien obligé d'accepter cette version. Ce n'est que bien des années plus tard que Jean dit à sa sœur, avec le même air moqueur :

— Ce que tu étais gourde, ma pauvre fille, tu ne t'es même pas aperçue que, pendant que tu montais les marches, j'avais tendu une ficelle en travers !

Un de leur jeu favori était la chasse aux mulots et l'élevage des souris blanches. Les souris blanches qu'ils dressaient servaient à tirer de minuscules chariots ou à faire la course. Les mulots, eux, étaient impitoyablement tués par Jean et dépecés par Néné, qui vidait et lavait les boyaux afin de jouer à la charcutière, faisait sécher les peaux et les tannait pour en faire des chaussures de poupée ou de petits sacs pour ranger les billes.

Après l'accident de sa sœur, Jean se tint tranquille quelque temps, tant il sentait que les propos de Néné n'avaient pas convaincu son père. Léon savait son fils capable des pires tours et redoutait chaque jour de voir apparaître quelqu'un de furieux vociférant contre « ce maudit garnement ». L'archiprêtre avait particulièrement à se plaindre de cet enfant de chœur « inspiré par le diable », disait-il en venant se plaindre à Monsieur P. Petit, il promettait déjà le pire. Très tôt, on avait dû renoncer à le costumer en suisse, en bedeau comme on disait alors, pour les processions, tant il gesticulait, voulant arracher « tiel les oripeaux », les bas blancs qui lui donnaient l'air de fille, le bicorne trop grand pour lui. Seule la hallebarde lui plaisait bien. Et c'était des courses à travers la maison pour rattraper le drôle tout nu qui voulait bien aller à la procession, mais seulement avec la hallebarde. Titine manqua s'évanouir devant cette vision, et on abandonna le projet.

On ne comptait plus les nombreux vitraux cassés au lance-pierres. Jean, il est vrai, était aidé par ses copains. Mais la coupe fut comble, le jour de la fête du Jeudi saint.

Comme chaque année, il y avait la cérémonie du lavement des pieds. On prenait douze garçons de sept ou huit ans parmi les plus sages pour figurer les apôtres. Ils s'asseyaient devant l'autel, se déchaussaient, et le prêtre leur lavait les pieds comme Jésus à ses disciples. Jean, qui ne figura évidemment jamais parmi les enfants choisis, en concevait secrètement une certaine amertume. Aussi, cette année-là, résolut-il de se venger. Avec la complicité de Raoul G., de Maurice P. et de René A., enfants de chœur comme lui, il versa dans l'eau des cruches préparées pour la cérémonie de l'encre noire. Il faisait assez sombre dans l'église, et le prêtre, sans doute distrait, ne remarqua qu'au quatrième apôtre l'étendue des dégâts : les pieds, les linges, les chasubles brodées et jusqu'aux marches de l'autel, étaient maculés de noir. Le prêtre regarda ses mains et promena un regard incrédule sur les enfants, dont la tête baissée cachait mal les rires, puis se retourna mains ouvertes vers l'assistance qui, après un moment de stupeur, laissa éclater son hilarité ou son indignation.

Ce ne fut pas la fessée de son père, ni la punition, ni les remontrances de l'archiprêtre qui marquèrent le plus Jean : ce fut de ne pas avoir eu sa part de brioche bénite après la cérémonie.

A la suite de cette plaisanterie, Jean fut chassé des enfants de chœur. Mais la pieuse Titine ne pouvait pas accepter l'exclusion de celui qu'elle aimait plus que tout. Elle fit si bien que Jean fut réintégré dans la troupe des jeunes servants de l'église. Cela ne lui fit bien sûr aucun plaisir, mais il ne fallait pas contrarier la vieille fille, si utile pour dissimuler absences et bêtises. Tout alla bien jusqu'à la procession de Moussac.

Par un beau jour de juin, la procession partit de l'église Saint-Martial et, par la rue des Croix et la route de l'Allochon, se dirigea vers la vieille chapelle du château de Moussac. Jean marchait en tête, portant la haute croix de cuivre et d'argent, suivi d'une dizaine d'enfants de chœur, des enfants de Marie, parmi lesquelles Geneviève, Thérèse et Gogo, des communiantes et communiants de l'année, des élèves des écoles libres, des femmes, de quelques hommes et de l'archiprêtre marchant sous un dais porté par quatre messieurs respectables. Tant que l'on fut dans la ville, tout se passa selon la coutume, mais, arrivée dans la campagne, la procession se mit à zigzaguer. Les oiseaux qui volaient haut dans le ciel crurent voir un immense serpent avancer dans le large chemin. L'esprit engourdi par la chaleur, la foule suivait le jeune porteur de croix qui, encouragé par les autres enfants de chœur, allait de droite à gauche pour abattre avec sa haute croix les nids de pies dans les arbres ou dans les buissons. Le prêtre, somnolent sous son dais, fut le premier à s'en apercevoir. Retroussant chasuble, soutane et ornements divers, il remonta en courant la procession, suivi du dais. Sur leur passage, les fidèles, abasourdis, s'immobilisaient les uns après les autres et s'arrêtaient de chanter. L'archiprêtre arriva près du groupe des enfants de chœur qui gesticulaient avec des cris d'encouragement :

— Allez ! Vas-y ! Plus à droite...

— Attention, tu y es presque !...

— Pousse à gauche, maintenant...

— Sacré fi garce, il est bien accroché tiou-là !

— Tu y es !

— Ahhh !...

Un énorme cri s'échappa de la bouche des gamins.

— J'l'ai eu, c't'enfant d'put !...

Jean, bouche ouverte, yeux écarquillés, tenant planté au bout de la croix un nid de pies, ne put terminer sa phrase. Le regardant avec des yeux de jugement dernier, l'archiprêtre, rouge, au bord de l'apoplexie, se tenait devant lui, les vêtements en désordre, entouré des quatre messieurs respectables qui, avec précautions, déposèrent le dais puis s'avancèrent vers Jean en retroussant leurs manches. Ce fut Titine qui sauva une nouvelle fois la situation en se jetant aux pieds du prêtre.

— Pardonnez-lui, monsieur l'Archiprêtre, pardonnez-lui, il ne sait pas ce qu'il fait. La chaleur... le chemin...

D'un geste d'apaisement, le pauvre homme repoussa Titine et, sans trouver la force de réprimander le perturbateur, accablé, remonta la procession en épongeant son cou et son front avec un large mouchoir à carreaux. Pour la première fois de sa vie, Titine gifla Jean. Sa surprise fut telle que le gamin en laissa tomber la croix. Repoussant les mains qui se tendaient pour la ramasser, Titine s'en saisit, arracha le nid encore accroché et le lança avec vigueur dans le fourré. Elle baisa avec respect le corps d'argent puis, avec un geste d'une grande autorité, remit la croix aux mains du garnement, foudroyant du regard celui ou celle qui se serait permis le moindre commentaire. Poussant son protégé devant elle, suivie de la foule qui avait repris ses cantiques, Titine, son chapeau de travers sur son chignon à demi défait, les larmes aux bords des yeux, suppliait Dieu de bien vouloir pardonner à son mauvais garçon.

Arrivée à la chapelle de Moussac, la procession se répartit de chaque côté du petit bâtiment, laissant le prêtre pénétrer le premier dans le sanctuaire.

Dans l'ordonnancement de la cérémonie, Jean devait venir se placer avec sa croix tout de suite derrière l'homme de Dieu, mais celui-ci l'arrêta.

— Reste ici, tu as fait assez de bêtises aujourd'hui.

Les épaules voûtées, le vieil homme passa la porte suivi des enfants de chœur et des fidèles, qui tous regardaient Jean sans la moindre indulgence. Ses sœurs, rouges comme des coquelicots, n'osèrent lever les yeux. Intérieurement, il leur tira la langue.

Les portes se refermèrent, le fils de Blanche se retrouva seul avec pour compagnie les poules, les oies et les canards de la ferme voisine habitués à l'herbe grasse qui poussait autour de la chapelle.

Longtemps, Jean resta assis sur le bord d'un sarcophage mérovingien qui servait à recueillir les eaux tombant du toit les jours de pluie, le front appuyé à la hampe de la croix, qu'il tenait dressée devant lui. Son immobilité était telle qu'une oie saisit dans son bec le bas de sa soutane rouge. Enhardie par cette impassibilité, l'oie tira le tissu rouge. Bien que léger, ce mouvement déséquilibra l'exclus qui se cramponna au long manche.

— Sacrée bougresse ! fit-il en levant la croix au-dessus du volatile qui s'éloigna en cacardant suivi de ses congénères.

Ce rappel à la réalité le mit hors de lui. Brandissant le symbole chrétien, il s'élança à leur poursuite : ce fut un carnage.

Quand les fidèles sortirent, le pré était jonché de plumes blanches, rousses et grises, et, de-ci de-là, des corps massacrés des volatiles. Abandonnée, la croix gisait, maculée de duvet et de sang. De l'enfant de chœur révolté nulle trace.

Titine calma la juste colère des paysans propriétaires des animaux en leur promettant une grosse somme pour les dédommager et les implora de ne pas porter plainte en arguant de l'honorabilité de la famille du jeune vaurien. Un des porteurs du dais, ami de Léon, confirma les dires de la vieille demoiselle en larmes. Les paysans cessèrent alors de parler de gendarmes.

Ce n'est que tard dans la nuit qu'on eut des nouvelles de Jean. Monsieur V., retraité habitant route de Saint-Savin, l'avait découvert recroquevillé dans sa barque de pêche amarrée sur la Gartempe au bas de son jardin. Il l'avait porté chez lui, trempé, grelottant de fièvre. Avec l'aide de sa femme, il lui avait retiré son surplis en lambeaux et sa robe mouillée et l'avait couché dans un grand lit. En larmes, le fugitif avait raconté à sa façon les événements de la journée et avait supplié ses protecteurs de le cacher, de ne prévenir ni les gendarmes, ni ses parents. Pour le calmer, ils avaient promis tout ce qu'il voulait. Rassuré, il avait bu une tisane brûlante et s'était endormi. Madame V., qui était à la procession, voulait que son mari aille à la gendarmerie.

— Il n'en est pas question, il nous a fait confiance, ce serait le trahir, répondit fermement celui qui allait devenir le meilleur ami de Jean.

Assis sur le bord du lit, Monsieur V. contempla, songeur, le garçon dont le sommeil agité révélait l'angoisse. Il se sentait ému malgré lui devant la douceur, la vulnérabilité de ce visage d'enfant endormi. Brusquement, il se leva et sortit de la chambre en faisant signe à sa femme de rester là.

Ce qu'il dit au père fou d'inquiétude et de colère, nul ne le sut jamais. Monsieur V. obtint de garder Jean chez lui, le temps que les esprits s'apaisent. Durant ces quelques jours, l'homme et le jeune garçon apprirent à se connaître et ébauchèrent une amitié qui devait s'avérer durable. Monsieur V., qui aimait les livres, essaya d'en donner le goût à son protégé, mais celui-ci préférait nettement les journaux du fils de la maison dans lesquels il pouvait lire les aventures des Pieds-Nicklés — aventures qui lui inspirèrent, par la suite, quelques-unes de ses farces les plus mémorables. Hélas ! tout a une fin. Le père V., comme l'appelait Jean, le raccompagna chez ses parents. Blanche serra son fils contre elle en l'appelant « mon pauvre petit ». Léon le baisa au front et lui dit d'un air triste et sévère :

— Tu nous as fait bien de la peine à ta mère et à moi. Essaie de ne plus recommencer.

Cacha-t-il ses larmes ou un sourire narquois quand il baissa la tête ? Ses sœurs, d'abord intimidées, se jetèrent sur lui avec des manifestations qu'il jugea déplacées. Puis ce fut le tour de Titine qui murmura en pleurant :

— J'ai tant prié pour toi.

L'archiprêtre pardonna également, mais ne fit plus appel aux services de cet enfant de chœur diabolique que dans des circonstances exceptionnelles.

Sans doute, la déesse qui règne sur les basses-cours voulut-elle punir un si cruel enfant. Un jour, Jean ne retrouva pas Câline, sa poule naine tendrement aimée, cadeau d'un de ses amis de rapines. Toute la journée, il alla demander aux voisins s'ils n'avaient pas vu une toute petite poule noire. Partout la réponse était négative.

La nuit allait tomber quand on s'avisa que le chien Muscat n'avait pas bougé de sa niche depuis le matin. On essaya de le déloger en l'appelant, en tirant sur sa chaîne, en lui présentant un bel os... rien ne le faisait bouger, il restait obstinément couché, la tête baissée. Ce fut la petite Dédette qui, du haut de ses trois ans, réussit en lui parlant tout bas à l'oreille à le faire sortir. Jean se précipita à quatre pattes dans la niche cherchant à tâtons sa poulette. Sa main rencontra enfin les douces plumes noires. Mais, pourquoi ne bougeait-elle pas, elle qui chaque fois lui faisait fête ? Il la souleva. Comme elle était lourde, raide ! Soudain, il comprit et poussa un cri. Lui qui avait tué tant de mulots, de souris, d'oiseaux, venait de reconnaître la mort. Serrant contre lui le petit corps inerte, il sortit de la niche, le visage bouleversé, en larmes, et alla se réfugier dans le jardin sous l'appentis où l'on rangeait le bois. On le laissa seul, sentant que rien ne pouvait adoucir ce premier vrai chagrin. Il faisait nuit depuis longtemps, quand Titine, inquiète, alla le chercher. Jean n'accepta de la suivre qu'après qu'elle lui eut solennellement promis un magnifique enterrement pour sa défunte amie. Portant la poule avec précaution, il la coucha dans le lit de la poupée de Néné. Après une nuit peuplée de démons à tête de chien poursuivant des poules noires qui à leur tour le poursuivaient, le garçon se leva les yeux gonflés et, aidé de Néné, enveloppa Câline dans un linceul. Une vieille boîte à gants, don de Titine, servit de cercueil et, à l'heure du déjeuner, toute la famille, bonne et commis compris, assista à l'enterrement. Une fosse creusée dans un parterre accueillit la dépouille. Chacun jeta une poignée de terre. Jean combla le trou et planta une croix faite de deux règles noires ficelées ensemble sur lesquelles il avait écrit, à la peinture blanche, de son écriture malhabile : « Ci-git Câline, poule noire. » Tout le monde était ému, la Marie-nu-tête — appelée ainsi parce que sous son bonnet elle était chauve — reniflait bruyamment sous le regard ironique de Thérèse. Néné et Dédette déposèrent chacune un bouquet : l'un, de pensées, l'autre, de myosotis. Blanche fit, à voix haute, une courte prière, demandant au dieu des animaux de bien vouloir recevoir Câline dans son paradis. Dans un coin, penaud, Muscat assistait à la cérémonie. Nul ne l'avait grondé après la macabre découverte, sachant bien que c'était par accident qu'il avait étouffé son amie. Il l'avait adoptée dès qu'il l'avait vue, et elle, abandonnant le poulailler aux anciennes, dont la taille lui faisait peur, avait pris l'habitude de dormir avec le chien. Rien n'était plus drôle que de voir ce petit tas de plumes noires entre les grosses pattes grises du bon Muscat. Même l'amitié pouvait tuer, Jean en faisait la triste expérience.

Le vétérinaire, Monsieur Coudeau, qui aimait beaucoup Jean, l'emmena un jeudi dans les fermes où l'appelait son métier, en compagnie d'un de ses camarades, Henri R. dont le père était à la guerre. Les deux gamins ravis de cette escapade et de tous les détails que leur fournissait Monsieur Coudeau sur les soins à donner aux animaux malades se tenaient assis sagement dans la carriole. Ils arrivèrent dans une grosse ferme où les attendait, en gesticulant, une forte femme.

— Venez vite, monsieur, venez vite, la Jaunette est en train de crever !

— Ma bonne Antonine, je la connais, votre vache, ce n'est pas encore ce coup-ci qu'elle va mourir en vélant, dit en riant le vétérinaire, qui descendit de la voiture sans se presser.

— P'têt ben, dépêchez-vous tout d'même !

— Tenez, les mioches, attachez mon brave Roustan, dit-il en lançant les rênes dans la direction des deux garçons, et allez vous amuser, j'en ai pour une heure !

Jean fut plus prompt à saisir les lanières de cuir et, sautant de la voiture, attacha le cheval au tilleul de la cour.

L'hécatombe de Moussac et, davantage encore, la mort de sa poule avaient calmé chez lui le désir de taquiner la volaille. Il laissa donc tranquilles les poulets, les pintades et les canards qui erraient devant la ferme.

— Si on jouait à la guerre ? proposa Henri.

A la guerre ? Voilà une proposition qu'un garçon de neuf ans vivant en 1917 ne songeait pas à refuser. Ils entrèrent sous un hangar, terrain de combat idéal, et commencèrent à se bombarder de boules de foin, de terre, cherchant abri derrière une charrette, le soc rouillé d'une vieille charrue, des planches vermoulues, des sacs de ciment et des tonneaux éventrés. Dans le feu de la bataille, les adversaires se lançaient tout ce qui leur tombait sous la main. Un cri perçant suspendit l'assaut. Jean sortit de derrière un tas de bûches en se tenant le visage, s'avança en direction de son camarade et s'effondra sur le sol de terre battue.

— Arrête de faire le mort, c'est d'la triche ! dit Henri toujours caché par le soc de la charrue.

Jean ne répondit pas.

— T'es pas marrant, relève-toi, j'veux continuer.

Toujours ce silence qui commençait à agacer Henri et à lui faire un peu peur. Avec Jean, on ne savait jamais ce qui allait sortir de ses tours. Peut-être rampait-il sournoisement jusqu'à lui. Henri risqua un œil. Il allait montrer à Jean qu'il pouvait lui aussi rester sans bouger. Mais, peu à peu, leur double immobilité l'effraya. Il sortit de derrière le soc comme un croquemitaine de sa boîte.

— J'joue plus... j'joue...

Devant le corps étendu, il se figea brusquement. Tout un côté du visage de son ami était barbouillé de terre et de sang. Qu'avait-il fait ? Ce n'était pas possible ! La boule de terre et de cailloux qu'il avait lancée n'était pas bien grosse. Retrouvant l'usage de ses jambes, Henri se précipita en criant dans la cour :

— Monsieur Coudeau, monsieur Coudeau !...

Le vétérinaire surgit de l'étable, les mains et les avant-bras couverts de sang qu'il essuyait sur un long tablier maculé.

— Qu'y a-t-il ?

— Jean, m'sieur, Jean, balbutia-t-il en montrant le hangar.

En voyant l'expression bouleversée d'Henri, le vétérinaire comprit que quelque chose de grave venait d'arriver.

— Nom de Dieu ! s'exclama-t-il, quand il découvrit le blessé.

Il le prit dans ses bras et traversa la cour en courant.

— Faites bouillir de l'eau ! cria-t-il à l'adresse de la fermière qui venait vers lui.

— Oh mon Dieu ! murmura la grosse femme.

Avec précaution, le vétérinaire allongea Jean toujours inconscient sur la longue table de la salle. Puis il ressortit et se lava les mains dans un seau d'eau posé sur un bac de pierre. La femme lui tendit un morceau de savon et une brosse de chiendent avec laquelle il se frotta vigoureusement.

Quand il rentra, Jean n'avait toujours pas repris connaissance. Assis sur un banc, contre la cheminée, Henri sanglotait.

— J'lai pas fait exprès... j'lai pas fait exprès...

Avec des gestes précis, monsieur Coudeau entreprit d'enlever la terre et le sang qui barbouillaient le petit visage pâle ; debout près de lui, la fermière tenait une cuvette remplie d'eau bouillie. Le nettoyage terminé, le médecin des animaux examina la blèssure. A première vue, elle ne semblait pas bien grave, l'arcade sourcilière était fendue, mais avec deux ou trois points de suture cela ne serait rien.

Le blessé bougea en gémissant tandis que monsieur Coudeau finissait de nettoyer l'œil avant de l'ouvrir. Tout corps étranger ayant disparu, il écarta les paupières.

— Merde !

De l'orbite s'échappait un liquide sanguinolent.

— C'est pas bon ça, dit un homme qui était entré depuis un moment, ça m'rappelle l'œil de mon père quand c'te putain de jument lui avait donné un coup de sabot. C'te sale bête lui avait crevé l'œil.

— J'lai pas fait exprès !... j'lai pas fait exprès ! cria Henri en sanglotant de plus belle.

— Je ne crois pas que l'œil soit crevé. Je vais l'emmener à l'hôpital, ici je ne peux rien faire.

Il terminait un pansement de fortune quand Jean revint à lui. De son œil valide, il regarda autour de lui et tenta de s'asseoir. Le vétérinaire l'en empêcha.

— Bouge pas, petit !

Jean n'obéit pas, se souleva et retomba en poussant un cri de douleur.

— Je t'en prie, ne bouge pas, tu t'es blessé en jouant. Je vais te conduire à l'hôpital. Il l'enveloppa dans une couverture brune prêtée par la fermière et l'emporta dans sa carriole.

Accroupi près de lui dans le fond de la voiture, la tête de son ami sur les genoux, Henri pleurait.

— Tu n'as pas trop mal ? demandait Monsieur Coudeau en se retournant de temps en temps.

— Non, ça va, fanfaronnait Jean, auquel les cahots du chemin arrachaient parfois un gémissement.

— Bravo, tu es un vrai soldat ! plaisantait le conducteur.

Quand ils parvinrent à Montmorillon, Jean s'était à nouveau évanoui. Monsieur Coudeau courut à travers les couloirs de l'hôpital en portant le blessé.

— Vite, appelez le docteur Quincy ! cria-t-il.

— Il est dans son bureau, il vient de terminer une opération, dit l'infirmière en chef. Conduisez le petit en salle 3, je préviens le docteur.

— Faites prévenir aussi les parents, Monsieur et Madame P.

— Ne vous inquiétez pas, je m'en charge.

Quand Blanche et Léon arrivèrent à l'hôpital, ils trouvèrent le vétérinaire qui faisait les cent pas devant la porte de la salle d'opérations en fumant cigarette sur cigarette.

— Où est-il ? cria la mère.

— Que s'est-il passé ? demanda le père.

Brièvement, il leur expliqua.

— Mon Dieu ! sanglota Blanche.

— C'est grave ? fit Léon.

— Je n'en sais rien, le docteur Quincy l'examine.

Au bout d'un quart d'heure, le chirurgien sortit. Il regarda, silencieux, les visages inquiets tendus vers lui.

— Alors ? s'impatienta monsieur Coudeau.

Le médecin eut un geste dubitatif.

— L'œil n'est pas crevé, mais les lésions semblent sérieuses. Il est trop tôt pour se prononcer.

Appuyée sur Léon, Blanche pleurait.

— Vous pouvez aller le voir, l'infirmière va vous conduire. Bien entendu, je le garde ici le temps qu'il faudra.

Quand les parents eurent disparu derrière l'infirmière, Monsieur Coudeau se tourna vers son ami.

— C'est si grave que ça ?

— Je le crains.

Jean resta quinze jours à l'hôpital. Il occupa ses longues journées à lire de son œil bien portant les journaux relatant les exploits des aviateurs français. Il ne se lassait pas de feuilleter la pile de *J'ai vu* que lui avait apporté Monsieur V. : *A vingt-trois ans, l'as des as, le capitaine Guynemer vient de recevoir la rosette d'officier de la Légion d'honneur. Le jour où, en présence de cette escadrille célèbre qui ne compte que des héros, le glorieux aviateur recevait cette décoration des mains du général Franchet d'Esperey, commandant le groupe des armées du Nord, il comptait quarante-cinq victoires, vingt-deux citations, deux blessures.*

Ah ! si la guerre pouvait durer quelques années encore, on verrait s'il ne serait pas aussi courageux que Guynemer, ou que le Belge Edmond Thieffry, ou que Nungesser dont on avait vendu aux enchères, à Londres, le képi pour 2 500 francs au profit de la Croix-Rouge, ou que le père Dorme, tué en combat aérien. Les as allemands pouvaient déjà compter leurs abattis. De toute façon, guerre ou pas guerre, il serait aviateur.

Quand il quitta l'hôpital, un bandeau noir lui barrant le visage, le garçon affamé de gloire ne savait pas encore que son œil était mort.

Dans le grenier, blottie dans les bras d'André, Geneviève sanglotait.

— Je ne veux pas que tu partes... je ne veux pas que tu meures... hoquetait-elle.

Le garçon, troublé par ce corps qui s'abandonnait contre lui, essayait maladroitement de la consoler.

— Ne pleure pas, je t'en prie. Avant la fin de l'année, la guerre sera finie...

— Cela fait trois ans que mon père dit ça, releva-t-elle avec colère.

— Oui, mais cette fois, c'est vrai. Tu ne lis pas les journaux ?

— Si, et alors ? Ils mentent tous.

Il haussa les épaules, profitant de la situation pour couvrir de baisers son cou, ses lèvres.

— Arrête ! Comment peux-tu penser à m'embrasser alors que, peut-être, tu vas mourir ?

— Justement, j'aime mieux en profiter avant.

— Oh, tais-toi !... Tais-toi !

Follement, elle lui rendit ses baisers, souhaitant que la vie s'arrête tant son angoisse était grande. Elle trouva cependant la force de repousser celui qu'elle considérait comme son fiancé.

— As-tu parlé à tes parents de notre mariage ?

Il s'écarta d'elle, agacé. C'était bien le moment de parler de choses embêtantes. Comment lui dire que ses parents ne voulaient pas entendre parler d'elle puisqu'elle n'avait pas d'argent ni aucune espérance d'en avoir autrement que par son travail. Dotée, la jolie Geneviève, fille de l'honnête monsieur P., leur eût paru un parti inespéré pour leur fils, mais sans dot, c'était pire qu'une tare. Au silence du jeune homme, Geneviève comprit qu'il avait une nouvelle fois manqué de courage. « Eh bien ! ça va être joli à la guerre ! » Aussitôt, elle eut honte de cette vilaine pensée : douter du courage de celui qu'elle aimait ! Un soldat !

— Pardonne-moi, je sais que c'est difficile, implora-t-elle d'une voix soumise en lui caressant les cheveux.

Devant tant de douceur résignée, il eut honte de sa lâcheté. Que lui importait, à lui, qu'elle n'eût pas de dot, puisqu'il l'aimait ? Avant de partir, il expliquerait à son père que l'argent ne l'intéressait pas et qu'il se marierait avec ou sans sa permission. Cette résolution le réconforta. D'une voix ferme il dit à Geneviève :

— Dès ce soir, je lui parlerai. Il n'osera pas refuser puisque demain je pars à la guerre.

La jeune fille cacha son incrédulité en inclinant son visage sur l'épaule de son ami.

Le lendemain, André partit sans avoir rien dit à ses parents.

La sirène fit sursauter les clients du bazar, qui se regardèrent avec inquiétude. La porte du magasin s'ouvrit brusquement, faisant pénétrer l'air froid d'un après-midi de décembre. Goule d'Abeille apparut, la tête coiffée d'un casque de pompier.

— Monsieur P., venez vite, y a le feu à l'établissement de bains du père Rodier !

— Blanche, mes bottes, mes gants cria Léon à l'adresse de sa femme debout devant le rayon des jouets.

— Je viens avec vous, dit un des soldats américains qui se trouvaient là.

— Nous aussi, on y va, dirent ses camarades.

Léon noua l'écharpe de laine que Blanche avait tenu à lui mettre et s'élança hors du magasin, suivi par six ou sept soldats. Ils n'eurent pas de mal à rattraper Goule d'Abeille qui clopinait devant eux sur ses jambes torses — dont une était plus courte que l'autre. Comme les Américains le dépassaient en courant il leur cria, essoufflé :

— Ne m'attendez pas, je vous rejoins.

Donnant sur la Gartempe, face à la sous-préfecture, les bains publics de la ville étaient en flammes. Le capitaine des pompiers, homme d'un âge respectable, était débordé, la pompe municipale n'ayant pas assez de puissance pour maîtriser un tel incendie. La rivière étant proche, la chaîne s'organisa après qu'on eut réquisitionné tous les seaux du voisinage. Les Américains de Léon faisaient merveille. Soudain, un cri s'échappa de la foule massée sur le Pont-Neuf : une silhouette de femme venait d'apparaître à l'une des fenêtres du premier étage. Horrifiés, les porteurs d'eau suspendirent leur geste.

— Allez, plus vite ! encourageait Léon en passant un seau à son voisin.

Un grand soldat noir entra dans le brasier. Il en ressortit quelques minutes plus tard, les vêtements fumants, portant dans ses bras une femme. Il s'effondra en criant à ses compatriotes quelque chose que la foule ne comprit pas. Deux autres Américains se précipitèrent à leur tour dans la fournaise, puis réapparurent après un temps qui parut interminable, portant chacun un corps inanimé qu'ils déposèrent avec précaution sur la chaussée. A nouveau, ils retournèrent dans la maison embrasée. Un homme en flammes sauta de l'étage, s'écrasa sur le sol et se traîna jusqu'à la rivière dans laquelle il glissa puis resta immobile. Dans les bras de Charlotte, Néné suivait avec un regard d'épouvante les progrès du sinistre. Mais ce qui la fascinait, c'était ce corps sans mouvement que l'on tirait de l'eau et ceux autour desquels s'affairaient les sauveteurs. Elle s'accrochait en pleurant au cou de sa bonne, répétant sans cesse :

— Les pauvres... les pauvres... les pauvres...

C'est une enfant hébétée que la jeune Belge ramena à Blanche. Pendant longtemps, ses nuits furent hantées par des flammes et des corps noircis se consumant. Hagarde, tremblante de peur, elle se dressait en hurlant dans son lit.

Grâce au courage des soldats américains, on évita la mort de plusieurs personnes. A la suite de ce haut fait, ils furent plus que jamais fêtés et reçus dans des familles qui, jusqu'à ce jour, s'étaient montrées distantes. Mais ce temps de l'amitié et de la reconnaissance dura peu. Par un froid matin, ces jeunes gens partirent au front. Quelque temps plus tard, d'autres les remplacèrent.

Gogo, à son tour, avait quitté l'école et apprenait à faire des chapeaux sous la direction de Geneviève et de l'ouvrière promue au rang de professeur. Titine, elle, se donnait toute à sa librairie et à la diffusion de la Bonne Presse. Le temps qui lui restait, elle le consacrait à l'église et à surveiller les lectures des enfants de Blanche.

Gogo aimait bien faire des chapeaux ; cette activité lui

laissait le temps de rêver malgré les rires de Thérèse, les chansons de l'ouvrière et les reniflements de Geneviève quand son amoureux tardait à lui écrire. Elle pleurait souvent, la jolie Geneviève, surtout depuis que André avait tenu sa promesse — à sa façon : manquant de courage pour un face à face, il avait écrit une longue lettre à son père dans laquelle il avouait ses sentiments. Depuis cette missive, Monsieur et Madame B. évitaient Geneviève et leur fille Marguerite la regardait d'un air hautain.

— Hue, hue… vas-tu avancer sale bête !…

Jean et P'tit Colas avaient beau tirer, frapper l'Avoine, celui-ci, aussi entêté qu'une mule, refusait d'avancer. Pourtant, il fallait bien qu'ils finissent de labourer ce champ. Cela faisait maintenant une semaine qu'ils étaient dessus, et cependant il n'était pas bien grand. Heureusement que la mère Colas avait décidé d'y planter des pommes de terre et non d'y semer le blé habituel. Elle avait tellement cru au retour de son homme pour la Toussaint qu'elle était restée comme hébétée jusqu'en février. Se ressaisissant enfin, elle avait attelé le cheval, mais, en larmes, avait dû s'avouer qu'elle n'avait pas la force de guider la charrue. Ses ressources trop modestes ne lui permettaient pas de louer un valet de ferme et, de toute façon, il n'y avait plus d'hommes jeunes et valides pour labourer les champs. Tous étaient à la guerre, blessés ou morts. Devant les larmes de sa mère, P'tit Colas décida, malgré ses dix ans, de ne plus aller en classe. Il en expliqua le motif à Monsieur Charretier, le directeur, qui lui accorda l'autorisation de s'absenter en se mouchant bruyamment. Jean, dès la fin de l'école, accourait pour aider son camarade.

Les deux amis se laissèrent tomber, épuisés, sous un

chêne dégouttant d'eau. Ils regardèrent leurs mains écorchées et brûlantes avec une sorte de désespoir et de colère.

— Putain de guerre ! dit P'tit Colas en refoulant ses larmes.

Jean hocha la tête en signe d'assentiment avec un regard de haine vers le malheureux cheval aux harnais mal fixés. Tout à coup, il se redressa, l'œil brillant.

— J'ai une idée.

P'tit Colas le regarda avec une lueur d'espoir au fond de ses yeux humides. Jean avait toujours des idées : elles n'étaient pas toujours bonnes mais souvent intéressantes. Que risquait-il à écouter celle-ci ?

— Demain, c'est jeudi, on va demander aux copains de venir nous aider.

— Des gars de la ville ! fit avec dédain l'apprenti laboureur.

— Et alors, pour faire le cheval, t'as pas besoin d'être paysan.

— Le cheval ?

— Oui, le cheval... avec des courroies, de la corde, on va les atteler à la place de ta sacrée bourrique de percheron.

Ainsi fut fait et le lendemain, Raoul, Maurice, René et trois autres s'attelèrent à la charrue guidée par Jean et P'tit Colas.

Couverts de terre boueuse, fourbus mais contents, les gamins s'attablèrent devant une épaisse soupe aux choux dans laquelle la mère Colas jeta au dernier moment des lardons rissolés. L'avis fut unanime : jamais ils n'avaient mangé un tel potage. Un fromage de chèvre de l'année passée, bien sec mais goûteux à souhait, arrosé d'un épais vin sombre, acheva ce balthasar de roi.

Par la suite deux autres champs furent labourés de la même façon et tout le monde parla de l'ingénieuse idée du fils de Monsieur P.

— L'est pas si mauvais drôle que ça, murmuraient les vieilles gens.

Malgré les soins de la maison, ceux donnés aux petits frères et sœurs, les soirées semblaient quelquefois bien longues à Geneviève, Thérèse et Gogo. Aussi, pour se distraire, elles faisaient tourner les tables. Ce fut la Titine qui lança la mode. Elle avait dévoré un livre sur ce sujet et disait que Victor Hugo lui-même prenait très au sérieux les messages envoyés par l'intermédiaire de guéridons à trois pieds. D'abord sceptiques, les trois jeunes filles se passionnèrent pour ce nouveau jeu, malgré les réticences de leur père qui leur disait de cesser ces sottises.

Geneviève affectait un dédain qu'elle était en fait loin d'éprouver. C'était elle dont le cœur battait le plus fort quand les trois sœurs, mains sur la table, doigts écartés se touchant, demandaient, en général par la voix de Gogo qui de l'avis général avait le plus de fluide :

— Quelles sont les initiales de mon fiancé ?

Si, quand c'était le tour de Geneviève, la table frappait un coup et s'arrêtait donnant ainsi la lettre A, le cœur de l'amoureuse s'arrêtait aussi, mais si les coups se succédaient, une grande tristesse s'abattait sur elle. Si après un arrêt plus ou moins long, la table se remettait en mouvement, frappait deux fois et s'arrêtait indiquant indéniablement la lettre B, Geneviève, inondée de joie, emplissait la maison de rires et de chansons. A. B., la table avait donné les initiales de l'aimé. Dans ces cas-là, mais dans ces cas-là seulement, Geneviève croyait aux tables tournantes.

Thérèse, elle, y croyait à moitié, dérangeant souvent l'esprit par ses fous rires. C'était un esprit sans humour et qui avait besoin du plus grand sérieux pour se manifester. Quant à Gogo, elle tenait tout cela pour absolument véritable et prononçait avec le plus grand sérieux la formule rituelle :

— Esprit, es-tu là ?

L'attente infligeait à son corps un frisson de délicieuse angoisse. Quelquefois, sentant l'esprit d'une humeur facétieuse, elle lui disait de danser.

— Allez, table, danse !

Et la table sautait, sautait, échappait à leurs mains. Une fois, elle avait tenu à monter l'escalier, à la grande peur des trois sœurs, sous les moqueries de Jean. Une autre fois, voulant escalader la cuisinière, elle était retombée en se brisant.

La colère de Léon fut terrible, aussi, pendant quelque temps, Thérèse et Gogo se contentèrent de faire tourner des chapeaux hauts de forme pour la grande joie des plus petits.

Titine organisait aussi de petites réunions dans sa librairie de la Bonne Presse. Là, on répétait les cantiques du dimanche, on lisait de bons livres à haute voix, on tricotait pour les soldats et les pauvres. On se quittait après avoir dit un chapelet pour que vienne la paix. Ces jours-là, Geneviève et Thérèse « empruntaient » les livres marqués d'une croix, ceux que les jeunes filles ne devaient pas lire, les dissimulaient dans leurs poches et sortaient avec des mines de conspirateurs.

Arrivées chez elles, les deux sœurs attendaient que tout le monde soit couché et endormi avant de redescendre dans la cuisine où, autour d'une lampe à pétrole, elles se lançaient dans les délices des lectures défendues. Bien que prêtes à toutes les voluptés interdites, les jeunes filles étaient chaque fois déçues dans leur attente, ne voyant guère de différence entre les livres permis et ceux qui ne l'étaient pas. Elles lurent ainsi Georges Ohnet, Xavier de Montépin, Henry Bordeaux et quelques autres marqués de la croix d'infamie, trouvant Delly, que la vieille libraire leur conseillait, beaucoup plus voluptueux. Désappointées, elles remettaient le roman en place. Une fois, cependant, leur curiosité fut récompensée. Elles trouvèrent, tout en haut d'un rayon, un livre couvert de poussière, usé tant il avait été lu, dont le titre les intrigua fort : *Monsieur Vénus*, d'un auteur inconnu, Rachilde. Cette lecture les plongea dans un trouble et une perplexité si grands qu'elles n'osaient en parler. Désignée par le sort, Thérèse le lut la première. Fascinée, elle le termina dans la nuit. Le lendemain, sans un mot, rouge de honte, elle le tendit à sa sœur. Geneviève fut horriblement choquée, mais ne sauta pas une page. Elle voulut cependant jeter le livre scandaleux au feu. Thérèse le lui arracha des mains en la traitant de bigote et le cacha sur une poutre du grenier.

Le dimanche suivant, elles se confessèrent d'avoir eu de mauvaises lectures et de vilaines pensées. L'archiprêtre, qui les connaissait bien et qui surtout n'imaginait pas qu'une Enfant de Marie puisse commettre de bien gros péchés, leur donna l'absolution et une légère pénitence. La conscience en paix, elles communièrent avec ferveur, faisant dire à quelques dames dévotes :

— Que voilà de pieuses jeunes filles !

— La guerre est finie ! La guerre est finie !...

Dans la rue, les gens couraient, s'arrêtaient, s'interpellaient, tournaient sur eux-mêmes, s'embrassaient, pleuraient, riaient.

Les cloches des églises se mirent à sonner et bientôt on entendit la fanfare des Américains. Thérèse entra en courant dans le bazar, sauta comme une gamine autour de son père, qui parlait avec Monsieur de F.

— La guerre est finie...

Léon lui faisait signe de se taire, mais, toute à la joie d'annoncer un tel événement, elle ne remarquait rien et scandait en frappant dans ses mains :

— Fini, c'est fini... fini, c'est fini... c'est la victoire !

Elle s'arrêta net, remarquant enfin les gestes de son père et surtout les larmes qui coulaient sur les joues de Monsieur de F. Effrayée, elle eut un mouvement de recul.

— Ne grondez pas cette enfant, Monsieur P., elle ne pouvait deviner. Elle a raison de chanter sa joie. La joie de tous, ajouta-t-il en essuyant ses yeux du revers de sa main.

Devant ce chagrin qu'elle ne comprenait pas, Thérèse sentit son cœur se serrer.

— Mademoiselle, je venais apprendre à Monsieur votre père la mort de mon fils.

Les larmes de Thérèse jaillirent à leur tour et la jeune fille, dans un geste de tendre pitié, se précipita dans les bras de l'homme accablé qui la serra contre lui en sanglotant.

Les cloches sonnaient de plus belle.

Les maisons se vidèrent, Léon dut fermer son magasin, les employés l'ayant déserté pour aller dans la rue acclamer les Américains et chanter la victoire. Charlotte, portant le petit Dédé dans ses bras, suivit jusqu'au soir la musique militaire.

Dans la foule réunie devant la mairie, quelqu'un cria .

— A l'église !

Et dans toute la ville ce fut comme une traînée de poudre. Croyants et incroyants se précipitèrent dans les églises. Le *Te Deum* qui retentit ce jour-là sous les voûtes monta puissamment vers le ciel et donna à tous l'impression d'une unité retrouvée.

Partout de petits bals s'improvisaient, mais les demoiselles P. n'obtinrent pas la permission d'y aller.

Quelques jours plus tard, un peu malgré elle, Thérèse fut la seule à désobéir à son père.

Un jour qu'elle livrait un chapeau dans la ville haute, elle passa par le vieux pont. La musique d'un piano mécanique, qui s'échappait du café de la mère Tété, la fit ralentir. Elle s'approchait pour jeter un coup d'œil par-dessus des rideaux de guipure jaunie, quand Raymond B., un camarade de son âge, sortit du café portant une caisse vide.

— Que fais-tu là, tu viens danser ?

— Tu es fou, mon père me l'a défendu, je regardais seulement.

— Allez, sois pas sotte, viens danser, il n'en saura rien.

— Non, non, je ne peux pas ! disait-elle en se laissant entraîner.

Raymond mit deux sous dans le piano et, prenant la

jeune fille par la taille, l'emmena sur la piste aménagée entre les tables. Ils dansèrent une polka, puis une masurka, puis une valse. C'est le manque d'argent qui les arrêta. Quand elle rentra au magasin de modes, rouge et décoiffée, Geneviève lui dit avec colère :

— Mais enfin, où étais-tu ? Madame Charré est déjà venue demander deux fois son chapeau. Je lui ai dit que tu étais partie le li…

Un cri de sa sœur l'interrompit :

— Le chapeau !

Elle se précipita au-dehors et s'éloigna en courant sous le regard ébahi de Geneviève. Quand elle revint, encore plus rouge et décoiffée, elle serrait contre elle le carton à chapeau un peu cabossé et maculé de taches de vin.

— Comment, tu n'as pas livré le chapeau ?

— J'ai oublié, dit Thérèse, penaude.

Madame Charré, l'œil noir de colère, entra dans la boutique. Lâchement, Thérèse s'éclipsa laissant Geneviève calmer la cliente.

Durant plusieurs jours, Thérèse craignit les reproches de son père, mais nul dans son entourage n'eut vent de l'escapade et Geneviève, à qui il avait bien fallu tout raconter, se contenta de hausser les épaules et garda son secret.

Du haut en bas de la maison, ce n'étaient que cris, rires, cavalcades. Le cousin Georges, prisonnier en Allemagne, était arrivé à Montmorillon depuis quinze jours. Les soins attentifs de Blanche, la gaieté de ses cousines avaient rapidement amélioré la santé du jeune homme, qui, la veille, avait décrété :

— J'emmène Geneviève au bal.

Léon avait bien tenté de s'y opposer, mais la tante Marie, venue en visite, s'était proposée comme chaperon.

Quand Georges fit part de l'heureuse nouvelle à l'intéressée, celle-ci éclata en sanglots. Le pauvre garçon la regardait sans comprendre.

— Tu n'aimes pas danser ?

— Oh si ! hoqueta-t-elle.

— Alors ?

— ... rien à me mettre, crut-il discerner.

— Ta robe de crêpe de Chine blanc est encore très bien, dit Thérèse.

Les sanglots redoublèrent.

— Elle est vieille...

— Elle est vieille, elle est vieille : cria Thérèse agacée. Moi, c'est avec une robe rapiécée que j'irais danser — si on m'invitait, ajouta-t-elle avec un regard mauvais vers le pauvre Georges.

Titine entra et se fit expliquer la situation. Les trois sœurs parlant en même temps, tout cela lui parut extrêmement confus. Quand elle comprit, son visage ingrat s'éclaira d'un bon sourire.

— J'avais commandé, bien avant la guerre, des guirlandes de fleurs de soie. Allons voir si elles peuvent servir à quelque chose.

Avec des cris, les jeunes filles dévalèrent l'escalier, traversèrent en trombe le jardin, escaladèrent le mur citoyen, piétinant les plates-bandes, et arrivèrent essoufflées dans la maison de l'ancienne modiste. Titine, qui était passée tout simplement par la rue, les attendait dans la cuisine, un grand carton ouvert devant elle sur la table recouverte de toile cirée.

— Oh ! s'écrièrent-elles avec un ensemble parfait.

De la boîte jaillissaient de délicates grappes de fleurs blanches portées par de fines tiges vertes. Déjà les jeunes mains avides froissaient la soie des pétales.

Geneviève fut inconstestablement la plus élégante et la plus jolie jeune fille du bal. Son plaisir fut cependant gâché : Georges était un piètre danseur, marchant plus souvent qu'il n'était permis sur les fines chaussures de satin blanc de sa cousine. Se sentant investi d'un rôle important, il ne la quittait pas d'un pas, éloignant les éventuels cavaliers. Elle rentra, furieuse de ne pas avoir dansé. Quant à Georges, il trouva les femmes bien difficiles à satisfaire.

A leur tour, André et Paul revinrent de la guerre. Après la première joie des retrouvailles, Geneviève se rendit compte que son amoureux l'évitait. Quand elle le rencontrait dans la rue et s'arrêtait pour lui parler, il avait un air gêné qui lui faisait de la peine. Elle ne comprenait pas. Elle lui donna des rendez-vous auxquels il ne vint pas. Un soir, après son travail, la jeune fille le guetta et lui dit avec brutalité :

— Si tu en aimes une autre, dis-le ?

Il secoua la tête, la regardant avec tristesse. Elle poursuivit d'un ton acerbe :

— Peut-être ne suis-je pas assez bien pour toi ?

— Ne dis pas ça…

— Et pourquoi ne le dirai-je pas, puisque tes parents le pensent ?

Comme elle était belle en colère ! Plus rien de la timide jeune fille, si douce, si convenable, pensait André en l'attirant contre lui.

— Je t'aime Geneviève, je n'aimerai jamais que toi.

Elle se dégagea avec violence.

— Des mots, toujours des mots !

— Sois patiente, je leur parlerai…

— Cela fait des années que tu dois leur parler. Si tu n'en as pas le courage, partons.

— Partir ?

— Oui, partir… loin d'ici. Tout ce que je veux, c'est vivre avec toi.

Il la regardait incrédule.

— Partir ? Mais ce n'est pas possible, nous n'avons pas d'argent.

— On travaillera, fit-elle avec hauteur.

Le jeune homme mettait ses mains dans ses poches, les retirait, les remettait, complètement désorienté.

— Je te promets, je leur parlerai, balbutia-t-il.

Geneviève le regarda avec un mépris qui lui fit baisser la tête.

— Mon pauvre André…

Elle se détourna et partit rapidement. Hébété, le jeune homme regardait son amie s'éloigner puis tourner au coin d'une rue. La petite ville lui sembla tout à coup hostile. Derrière chaque volet clos, il sentait un regard. La lumière tremblante des réverbères, celle du café du père Magloire, les murs sombres bordant les rues désertes, le vent froid de l'hiver, tout cela serrait son cœur d'une angoisse que seule celle qui l'abandonnait dans la nuit pouvait faire cesser. Affolé à l'idée de la perdre, il courut à sa suite :

— Geneviève... Geneviève...

Seul l'écho de sa course lui répondit.

Les couturières étaient débordées : le premier grand bal depuis la guerre ! Geneviève, Thérèse et Gogo avaient décidé de se faire faire des robes semblables : blanches avec des damiers roses. Pour le dernier essayage, Blanche et Titine étaient venues donner leur avis. Elles trouvèrent les robes ravissantes.

— Un peu décolletées, peut-être, dit Titine.

— Mais c'est la mode ! s'écria Gogo en émergeant des larges plis.

A son tour, Blanche essaya la sienne, noire, au corsage orné de dentelle et de perles de jais. Ses filles, en jupons et cache-corsets, déclarèrent qu'elle faisait très grande dame et qu'elle serait incontestablement la plus belle.

— Mais pourquoi toujours du noir ? grommela Gogo.

Le bal fut un succès complet et les demoiselles P. y furent très remarquées. Les cavaliers se pressaient, elles ne manquèrent pas une danse. Thérèse dansa plusieurs fois avec un professeur de gymnastique nouveau venu dans la ville. Il l'invita à boire quelque chose ; essoufflée, elle accepta. Il la conduisit dans une petite salle assez peu éclairée où, sur une des deux tables, il y avait une bouteille de champagne et deux verres. Thérèse n'avait bu de champagne qu'une ou deux fois dans sa vie. Comme une gamine, elle battit des mains, s'assit à la table et tendit son verre sans façon. Un peu du pétillant liquide lui coula sur les doigts, qu'elle suça en riant sous l'œil amusé de l'homme. Au deuxième verre, elle se sentit légère et gaie. Elle se leva légèrement titubante.

— Venez, allons danser !

Il l'attrapa par le bras et la força à se rasseoir. Rapprochant sa chaise de la sienne, il lui mit un bras autour des épaules.

— On est bien ici, tranquilles, dit-il en lui tendant un autre verre.

Elle allait le boire quand une voix courroucée la fit sursauter :

— Qu'est-ce que tu fais là ? Va retrouver ta mère !

Thérèse, penaude, laissa son beau danseur et par la suite s'étonna de ne plus être invitée par lui.

Geneviève, belle et grande, passait de bras en bras sous l'œil de plus en plus noir d'André venu en compagnie de sa sœur et de ses parents. Il dansa plusieurs fois avec la fille du maréchal-ferrant, mal fagotée dans une robe d'un rose criard. Chaque fois que Geneviève passait devant lui, elle riait, rejetait la tête en arrière, éblouie, semblait-il, par les propos de ses cavaliers. N'y tenant plus, entre deux danses, il franchit le barrage de quatre ou cinq jeunes gens qui faisaient leur cour à la coquette, bouscula Paul et l'invita.

Elle le regarda avec une petite moue, feuilleta son carnet de bal et dit d'une voix claire :

— Je suis désolée, mon ami, toutes mes danses sont retenues.

Il serra les poings de fureur sous l'œil goguenard des autres garçons.

— Tu dois te tromper, dit-il en l'arrachant de son siège, celle-ci est pour moi.

Paul tenta de s'opposer à cet « enlèvement », mais André le repoussa sans ménagement. L'orchestre attaqua une valse. Très bons danseurs l'un et l'autre, ils tournoyèrent sous les regards envieux des filles et des garçons. Pour calmer la colère de Paul, Thérèse l'entraîna sur la piste et résista, stoïque, au supplice qu'il lui infligeait par son manque de sens du rythme. Pourtant, le cou rougi par l'effort, il s'appliquait. La valse terminée, les pieds endoloris, elle poussa un soupir de soulagement tandis qu'il la raccompagnait, cherchant Geneviève des yeux.

Blanche aussi cherchait sa fille pendant que Monsieur et Madame B. s'inquiétaient de ne pas voir revenir leur fils. Thérèse et Gogo se regardèrent avec inquiétude : elles devaient absolument la retrouver avant que leur père ne s'avise de sa disparition. Elles partirent, l'une vers la salle où l'on servait les rafraîchissements, l'autre vers le petit jardin jouxtant la salle de bal. Là, malgré le froid de cette nuit de février, Geneviève et André se tenaient immobiles l'un en face de l'autre. Gogo s'approcha d'eux et murmura :

— Geneviève, il faut rentrer, papa va te chercher.

La jeune fille tourna vers sa sœur un visage pâle sur lequel glissait une unique larme qui alla se perdre dans le pli de la bouche.

— Je viens.

Elles rentrèrent ensemble, au moment où Léon se dirigeait vers le jardin.

— Geneviève ne se sentait pas bien, je l'ai emmenée prendre l'air, dit Gogo précipitamment.

— C'est vrai, ma chérie, que tu as mauvaise mine, veux-tu que nous rentrions ?

— Non, papa, merci, ça va.

Elle s'assit près de sa mère et refusa toutes les invitations avec un sourire lointain. Blanche regardait sa fille à la dérobée. Qu'avait-elle ? Pourquoi était-elle si gaie et, l'instant d'après, si triste ? Serait-elle amoureuse ? Sa main se porta machinalement à son cœur. Amoureuse ? C'était donc ça. Sa petite fille, son premier bébé, amoureuse ! Tout occupée à ses travaux divers, à ses jeunes enfants, elle n'avait pas vu que son aînée grandissait et devenait à son tour une femme. Comment avait-elle pu être si inattentive, si distraite ? Mais qui aimait-elle ? La réponse lui vint immédiatement : André, bien sûr ! Au même moment, Blanche vit la famille B. au complet se diriger avec raideur vers la sortie. Tout dans la démarche de la mère et du père indiquait une colère rentrée. Derrière eux, leur fils suivait, l'air faussement désinvolte. Ils croisèrent Léon, leur salut sec le surprit tellement qu'il s'arrêta et les regarda partir d'un air songeur.

— Quelle mouche les a piqués ? demanda-t-il à sa femme en l'invitant à danser.

Malgré les objections de Thérèse et de Gogo, il annonça bientôt qu'il était temps de partir. Geneviève s'était déjà levée et se dirigeait vers le vestiaire.

Jusqu'au petit matin, les sanglots de Geneviève troublèrent le silence de la chambre. Quand elle se réveilla après un court sommeil, ses yeux bouffis alarmèrent Thérèse, debout en chemise devant l'armoire à glace, qui faisait comme chaque matin ses exercices et répétait cent fois : « Petite bouche... petite bouche... », dans le but d'avoir ce qui lui semblait le comble de l'élégance : une petite bouche.

— Eh bien, t'en as une tête ! C'est pas avec ces yeux-là que tu vas conquérir ton André.

— Laisse-la tranquille, tu vois bien qu'elle a de la peine, dit Gogo tout en continuant à brosser ses cheveux.

— Elle ne sait pas s'y prendre, elle est trop sérieuse. Avec les garçons, elle ne rit jamais.

— Ce n'est pas vrai, hier elle riait.

— Elle riait peut-être..., mais jaune.

— Oh ! Arrêtez !... Arrêtez !... hurla Geneviève en se bouchant les oreilles.

Thérèse, devant son air bouleversé, s'approcha de sa sœur.

— Pardonne-nous... Mais, tu comprends... ça nous fait tellement de chagrin de te voir comme ça.

— Oh oui, ça nous fait tant de peine..., dit Gogo.

En larmes, elles se jetèrent dans les bras de Geneviève.

— Vous allez être en retard à la messe...

Blanche s'interrompit en découvrant ses filles enlacées et larmoyantes. D'une voix inquiète, elle questionna.

— Que se passe-t-il ?

Les sanglots des trois sœurs redoublèrent. Elles secouèrent la tête, incapables de répondre.

— Mais enfin, qu'avez-vous ? Geneviève, réponds-moi !... Thérèse ? Gogo ?

— Ce n'est rien, parvint à articuler Thérèse.

— C'est de ma faute, dit Gogo, je me suis moquée d'elles.

Pressée, Blanche se contenta de cette explication.

— Dépêchez-vous, les petits sont déjà prêts.

Elles baignèrent leurs yeux rougis et enfilèrent en hâte leurs vêtements du dimanche. Jamais la messe ne leur parut aussi longue que ce dimanche-là.

L'après-midi, après les vêpres, Blanche fit venir Geneviève dans sa chambre. Le feu de cheminée répandait une douce chaleur et donnait à cette pièce, d'apparence plutôt sévère, un air accueillant assez inhabituel. Comme toutes les chambres de la maison, celle-ci n'était pas chauffée, sauf lors d'une maladie ou d'une naissance.

— Assieds-toi, ma chérie.

Geneviève, intimidée, s'assit sur le bord d'un des fauteuils Empire. Blanche s'installa confortablement dans l'autre et regarda sa fille en silence. Celle-ci, devant ce regard triste et bon, faillit se remettre à pleurer.

— Tu aimes André B., n'est-ce pas ?

Les mains de Geneviève se crispèrent sur les accoudoirs.

— N'aie pas peur, réponds-moi.

— Oui, murmura Geneviève dans un souffle.

Blanche hocha la tête en disant :

— Ma pauvre petite !...

Le ton apitoyé fouetta l'amour-propre de la jeune fille, qui redressa la tête et regarda sa mère, avec un air d'interrogation courroucé.

— Ce mariage ne peut se faire, continua Blanche. Monsieur B., ce matin, est venu trouver ton père pour lui demander de t'interdire de revoir son fils.

— Mais ce n'est pas possible, je l'aime... Nous nous aimons, acheva-t-elle d'une voix basse.

— Je sais, mais Monsieur et Madame B. sont intraitables là-dessus : pas de dot, pas de mariage

— C'est trop injuste !

— Ma chérie, nous n'y pouvons rien. Je te demande, ton père et moi, nous te demandons, corrigea-t-elle, de cesser toute relation avec ce jeune homme.

— Je ne peux pas, dit Geneviève, en cachant son visage dans ses mains.

Depuis le début de ce pénible entretien, Blanche s'efforçait de ne pas prendre sa fille dans ses bras. Car elle savait que rien ne pouvait apaiser une telle peine. Elle savait aussi que ce n'était pas là un banal chagrin d'amour, mais un de ceux qui détruisent un cœur et une vie à jamais. Tout en elle se révoltait devant l'âpreté des parents du jeune homme. Elle les connaissait assez pour savoir que rien ne les ferait changer d'avis. Ils avaient travaillé trop dur toute leur vie pour établir leurs enfants et seul l'argent leur semblait une garantie de bonheur. Elle haussa les épaules : n'avaient-ils pas été heureux, Léon et elle, sans argent ? N'élevaient-ils pas convenablement leur nombreuse famille au prix parfois de sacrifices, dont personne n'avait idée. Savait-on, à part sa couturière, que la belle et élégante Madame P. faisait retourner ses robes et les manteaux de son mari ? Que l'achat des chaussures était souvent différé et la lingerie rapiécée ? Aujourd'hui seulement, l'argent lui manquait vraiment. Elle eût aimé couvrir ses filles de dentelles et de bijoux, leur donner la dot la plus importante de la ville et leur choisir un mari parmi les meilleures familles. Mais là, une famille de boutiquiers faisait la fine bouche devant la plus belle de ses filles, et tout ça à cause de l'argent ! Ah, cet André ne méritait pas un tel amour, ce lâche qui n'osait même pas affronter son père et dire à sa mère : « Celle-ci sera ma femme et nulle autre. » Ce fut donc avec contrainte, se déchirant elle-même, que Blanche dit à sa fille en pleurs :

— Il faut te résigner. D'ailleurs, il n'est pas digne de toi.

Geneviève releva la tête brutalement et regarda sa mère avec un air farouche.

— Je le sais qu'il n'est pas digne de moi, que c'est un faible incapable de diriger sa vie, mais je l'aime.

La souffrance la jeta aux pieds de sa mère, la tête enfouie dans ses genoux.

— Je l'aime, maman... je l'aime...

Blanche caressa les doux cheveux, se détestant de ne pouvoir rien faire, lasse soudain de toute cette vie de labeur inutile. Des larmes qu'elle ne pouvait plus retenir coulèrent sur son beau visage fatigué. Elle murmura les mots que les mères disent à leurs jeunes enfants pour les consoler d'un gros chagrin ou d'un bobo :

— Mon petit, mon tout petit, ne pleure pas... je suis là... ma douce, ma chérie, ma toute belle... là... là...

La voix de Blanche tombait comme une eau fraîche sur la peine de la jeune fille ; qui pensait que sa mère avait raison, de prêcher la résignation et de ne pas vouloir dresser le fils contre le père. Si Dieu l'avait voulu, tout eût été simple. Cela ne l'était pas, Dieu ne voulait pas de leur amour.

Toujours enfouie dans les genoux maternels, elle pria et offrit cet amour en sacrifice, se sentant l'égale des saintes martyres. Quand elle se redressa, ses yeux étaient secs. Blanche frémit devant ce visage bouleversé et éprouva une inutile et grande pitié.

— Tu as raison, maman, je ne le verrai plus : seulement une dernière fois pour lui rendre sa parole.

Blanche admira le courage de sa fille tout en s'étonnant de cette subite résignation. Avec son mouchoir, elle essuya les joues marbrées par les pleurs et la regarda longuement avant de l'embrasser.

— C'est bien, dit-elle.

— Maman, je voudrais vous demander une faveur à papa et à toi.

— Parle, que veux-tu ?

— Je voudrais quitter Montmorillon. Oh, quelque temps seulement ! ajouta-t-elle devant le geste surpris de sa mère. Je pourrais aller à Tours, chez la cousine Camille.

Cela fait des années qu'elle m'invite à passer quelques jours chez elle.

— La cousine Camille ? Ce n'est pas une mauvaise idée. Je vais en parler à ton père.

Le surlendemain de ce triste jour, Geneviève, en tenue de voyage, rencontra André et lui fit part de sa décision. Il la supplia de patienter encore.

— Non, André, c'est fini. J'ai déjà été plus patiente qu'il n'est convenable de l'être. Adieu, tu es libre !

Elle lui tendit un paquet de lettres soigneusement enrubanné qu'elle avait conservé jusqu'à ce jour caché dans le matelas du lit de la grande poupée à tête de porcelaine et le quitta.

Devant le magasin, la voiture du libraire barbu attendait. Geneviève y monta en compagnie de Titine, qui s'était proposée comme chaperon pour la durée du voyage. Sur le seuil de la porte, la famille au grand complet, la bonne, les employés retenaient mal leurs larmes. Léon avait le cœur déchiré, c'était la première fois qu'un de ses enfants le quittait, lui qui avait rêvé égoïstement de les garder toujours auprès de lui. Thérèse, Gogo, Néné, Dédette se jetèrent à tour de rôle dans les bras de leur aînée. Même Jean paraissait ému. Blanche fut la dernière à embrasser sa fille, à qui elle remit en cachette une petite bourse brodée ayant appartenu à sa mère et dans laquelle elle avait glissé quelques-unes de ses maigres économies.

— Dépêchons-nous, nous allons rater le train, dit le libraire d'un ton bourru pour cacher son émotion.

Il fouetta son cheval. Geneviève partit, se retournant souvent, sentant qu'elle abandonnait là les jours heureux de son enfance et le simple bonheur dont elle avait rêvé.

Etes-vous chrétien ?

— Oui, je suis chrétien par la grâce de Dieu.

— Que veut dire être chrétien ?

— Etre chrétien veut dire professer la foi et la loi de Jésus-Christ.

— Comment devient-on chrétien ?

— On devient chrétien par le Saint Baptême.

— Quel est le signe du chrétien ?

— Le signe du chrétien est le signe de la Sainte Croix.

— Comment faites-vous le signe de la Croix ?

— Je fais le signe de la Croix en portant la main droite au front et en disant : AU NOM DU PERE ; puis à la poitrine, en disant : ET DU FILS ; ensuite à l'épaule gauche et à l'épaule droite, en disant : ET DU SAINT ESPRIT ; enfin je dis : AINSI SOIT-IL.

— Pourquoi le signe de la Croix est-il le signe du chrétien ?

— Le signe de la Croix est le signe du chrétien parce qu'il sert à distinguer les chrétiens des… des…

— Infidèles, souffla Néné.

Jean la regarda avec un air d'incompréhension.

— In-fi-dè-les, répéta-t-elle en détachant chaque syllabe.

Léon reposa avec lassitude le vieux catéchisme qu'il connaissait par cœur pour l'avoir fait réciter aux trois aînés et maintenant à cet obtus de Jean.

— Cela fait dix fois que tu t'arrêtes au même endroit. Je t'ai pourtant expliqué ce que c'était qu'un infidèle. Ta sœur qui est plus petite que toi a parfaitement compris. Si tu ne sais pas mieux ton catéchisme que ça, tu ne feras pas ta communion.

— Ça m'est bien égal, marmonna le gamin affalé sur le tapis de la table sous l'œil inquiet de Néné qui craignait toujours pour son idole les colères du père.

— Que dis-tu ? demande celui-ci.

— Rien.

— Reprenons plus loin, soupira Léon. Combien y a-t-il de choses nécessaires pour faire une bonne Communion ?

— Il y a trois choses nécessaires pour faire une bonne Communion : premièrement, être en état de grâce ; deuxièmement, être à jeun depuis minuit jusqu'au moment de la Communion ; troisièmement, savoir ce qu'on va recevoir et...

— ... s'approcher, souffla Néné.

— ... et s'approcher de la Sainte Communion avec dévotion.

— Qu'est-ce qu'être en état de grâce ?

— Etre en état de grâce, c'est avoir la conscience pure de tout péché mortel.

— Quel péché commet celui qui communie en sachant qu'il est en état de péché mortel ?

— Celui qui communie en sachant qu'il est en état de péché mortel, commet...

— ... un horrible...

— Tais-toi, Néné, c'est à lui de répondre.

— Un horrible... un horrible... un horrible péché, dit Jean d'un air triomphant.

Léon devint rouge de fureur, se leva brusquement et s'avança sur son fils qui ébaucha un geste de protection. Le gamin ne fut pas frappé, mais hissé par le col de sa blouse d'écolier.

— UN HORRIBLE SACRILEGE entends-tu, crétin ? UN HORRIBLE SACRILEGE ! Répète !

— Un horrible sacrilège.

— Encore.

— Un horrible sacrilège.

— Maintenant tu vas me copier cent fois : « Le signe de la Croix est le signe du chrétien, parce qu'il sert à distinguer les chrétiens des infidèles », et : « Celui qui communie en sachant qu'il est en état de péché mortel commet un horrible sacrilège », dit-il en reposant brutalement son fils sur sa chaise.

— Oh non ! papa.

— Non ? Et pourquoi, je te prie ?

Jean hésita, regardant tour à tour son père et sa mère qui venait d'entrer. Enfin, il se décida.

— J'ai cent lignes à faire demain pour le père... j'veux dire, Monsieur Charretier.

— Ah ! Tu as cent lignes à faire pour le père... Monsieur Charretier. Et, peux-tu me dire pourquoi ?

— Parce que j'ai été puni.

— Je m'en doute, mais pourquoi ?

Jean sortit de son cartable déchiré et raccommodé en maints endroits une feuille de cahier, froissée et tachée, couverte d'une écriture irrégulière et malhabile qu'il tendit à son père. Celui-ci lut à haute voix :

— Je ne ferai plus manger de crottes de biques roulées dans du sucre à mes petits camarades.

Léon eu du mal à retenir un sourire devant l'imagination féconde et malfaisante de son fils. Avec un froncement de sourcils sévère, il lui redonna la feuille.

— Tu as de la chance que je ne sois pas le directeur, car moi, je te les aurais fait manger, tes crottes de biques.

— C'est bien ce qu'il a fait, dit Jean d'un air si pitoyable que Léon partit d'un éclat de rire formidable, tandis que Blanche s'écriait :

— Mais c'est dégoûtant !... Comment a-t-il osé faire cela... je vais aller le trouver et lui dire ma façon de penser sur ses manières éducatives !

— Tu n'en feras rien, l'interrompit son mari. Comme je l'ai dit, à sa place j'aurais agi de même. Cela lui servira peut-être de leçon.

— Et s'il tombe malade !

— Ça m'étonnerait, la mauvaise graine a toujours la peau dure. Je ramène ta punition à vingt lignes. Tu me les donneras demain à la même heure.

Thérèse et Gogo, ravissantes dans leurs nouvelles robes vert pâle à petites fleurs, mais rouges et décoiffées, couraient à travers le jardin pour essayer d'attraper Jean, vêtu d'un élégant costume de marin. En louvoyant à travers les allées, il criait :

— Non, je ne le mettrai pas !

— En voilà assez ! gronda Léon en entrant dans le jardin.

— Non, je l'mettrai pas ! s'obstina-t-il.

— Ah, tu ne le mettras pas, c'est ce qu'on va voir ! Il rattrapa le récalcitrant et, d'une main de fer, le ploya sur ses genoux et lui administra la plus belle fessée qu'un futur communiant ait jamais reçue.

Thérèse put enfin fixer le brassard de soie blanche, objet de la poursuite, au bras de son frère.

— Tiens voilà ton chapelet.

— Mon chapelet ? Voilà ce que j'en fais.

Jean cassa la fine chaîne d'argent ornée de perles de nacre et jeta les morceaux avec rage dans un massif. La gifle qu'il reçut le fit chanceler. Pendant un moment il fixa son père avec haine, puis, haussant les épaules, accepta de Gogo ses gants blancs et son missel.

Quand la famille P. sortit au grand complet — Geneviève était revenue pour la cérémonie — et en grande tenue, Jean P., encadré par son père et sa mère, avait la mine sombre d'un condamné que l'on conduit au supplice

Durant tout l'office, il rumina des pensées de vengeance : recracher l'hostie, pisser au milieu de l'allée, mettre le feu avec son cierge aux voiles des communiantes. Il s'arrêta un moment à cette idée. Il avait vu dans un vieux numéro de *l'Illustration* une scène analogue et cela lui avait beaucoup plu. Il reconnut cependant que ce serait une source certaine de nouveaux ennuis et, des ennuis, il n'avait que ça. Le Bon Dieu aurait pu arranger les choses, quand même. De penser à Dieu le ramena à la cérémonie et à l'importance que lui accordaient ses parents, les prêtres et même le père Charretier, qui était anticlérical. Une question du catéchisme lui revint en mémoire, ainsi que la terrifiante réponse. « Mérite-t-on l'enfer pour un seul péché ? » « Oui, on mérite l'enfer même pour un seul péché mortel. » Casser son chapelet et le jeter était sûrement un péché mortel. Alors, s'il mourait maintenant, il irait en enfer ? Une terreur divine s'abattit sur lui. Du fond de son cœur, l'enfant apeuré pria.

Quand le moment de la communion arriva, il se dirigea vers la sainte table avec un air de ferveur tel que l'archiprêtre le remarqua et remercia Dieu d'avoir enfin touché ce cœur de pierre.

Une autre prière d'actions de grâce monta également vers le Seigneur, celle de Titine, qui pleurait de bonheur devant la communion exemplaire, devait-elle dire plus tard, de ce fils de son cœur. Quant à Blanche, à Léon et à leurs filles, ils étaient soulagés de voir que tout se déroulait bien, sans scandale.

Cet état de grâce dura jusqu'au soir, où l'on dut coucher le gamin, malade d'avoir trop bu dans le verre de chacun et de s'être goinfré de dragées et de pièces-montées.

A la demande de ses parents, Geneviève passa l'été à Montmorillon. Soucieux de lui éviter la tristesse et l'ennui, ils multiplièrent les réunions, les piques-niques, les promenades le long de la Gartempe ou en barque, les petits bals entre amis, les séances de cinéma — qui faisait son apparition dans la ville (Geneviève pleura beaucoup à une représentation du *Maître de forges* — et surtout les soirées musicales qui attiraient chez Monsieur et Madame P. toute une jeunesse mélomane heureuse de se retrouver dans cette accueillante maison. C'est au cours d'une de ces soirées que les trois sœurs décidèrent de former un « orchestre » qu'elles baptisèrent l'Estudiantina. Geneviève et Thérèse jouaient du violon et Gogo de la mandoline. Deux de leurs amies vinrent se joindre à elles : Suzanne jouait de la flûte, et Marguerite de l'accordéon. Très vite leur petit groupe fut populaire et très demandé pour les fêtes de charité, les kermesses de l'Institution Saint-M. ou celles du Séminaire. Le plus gai, c'était les répétitions qui avaient lieu le soir dans le magasin. Voyant de la lumière et entendant la musique, les voisins entraient, donnaient leur avis, et il n'était pas rare que la soirée se terminât par quelques danses. Certains jours, quand le temps le permettait, les répétitions avaient lieu en plein air dans le jardin de la route de Saint-Savin.

Ces soirées au bord de la rivière dans les parfums exaltés des nuits d'été, sous le ciel constellé d'où tombait parfois une étoile filante, étaient d'une douceur qui alanguissait les corps.

Tard dans la nuit, on s'en revenait lentement, en silence, attentif à ne pas déranger la fragile harmonie née de la douceur du soir, du trouble innocent des cœurs et de la musique.

Dédette se réveilla en pleurant. Une nouvelle fois, le loup avait voulu la manger. Elle escalada les hauts bords de son lit à barreaux et, pieds nus sur le parquet froid, éclairée par la faible lueur de la veilleuse, courut dans la chambre des grandes. Elle secoua Thérèse jusqu'à ce que celle-ci ouvre un œil en grognant. A la pâle clarté de la lampe, elle aperçut la tête brune de la petite.

— Que veux-tu ? Pourquoi n'es-tu pas dans ton lit ?

— J'ai peur du loup.

— Le loup ? Quel loup ? Il n'y a pas de loup.

— Si, il y a des loups... Papa a dit que pendant la guerre on en a vu aux abattoirs de la route de Saint-Savin.

— C'était il y a longtemps. Va te coucher.

— Non, j'ai peur, je veux dormir avec toi.

— C'est pas bientôt fini, ces discours ! gémit Gogo en s'asseyant dans le lit.

— Dédette a peur des loups.

— Elle a bien raison. Si elle ne va pas se coucher, ils vont venir la manger.

— Non, non, cria Dédette en s'agrippant aux draps. Thérèse la hissa sur le lit. La fillette se glissa entre ses deux sœurs avec un sourire satisfait.

— Aïe, tes pieds sont glacés !

Bien au chaud, blottie entre les corps de ses aînées, la petite se rendormit.

Quand elle se réveilla, Marion, la nouvelle bonne, achevait de mettre de l'ordre dans la chambre.

— Il est tard, grosse paresseuse, il faut se lever !

Dédette embrassa les joues de la jeune servante avant de s'agenouiller dans son lit pour sa prière du matin.

— Mon bon Jésus, bénissez, papa, maman, mes sœurs et mes frères, la Titine, monsieur l'Archiprêtre. Protégez les pauvres, guérissez les malades. Bonne Vierge Marie, priez pour nous pauvres pécheurs, Sainte-Thérèse de l'Enfant-Jésus qui m'avez guérie, aidez-moi à être sage et obéissante. Amen.

Pour rien au monde, Dédette n'eût manqué ses prières du matin et du soir. La plus jeune des filles de Blanche était naturellement pieuse, aimait se rendre à l'église et faisait volontiers en pénitence le sacrifice du chocolat de son goûter. Sa douceur, sa gentillesse étaient tels que les religieuses la choisissaient souvent pour représenter Jésus enfant à l'occasion des processions ou des spectacles enfantins donnés au profit des bonnes œuvres ou des missions.

La bonne l'aida à se laver et à s'habiller et descendit avec elle dans la cuisine, où elle lui servit un bol de lait tiède avec un morceau de la tarte de la veille. La table était encore jonchée des débris du repas des aînés. Marion la nettoya avec une promptitude née d'une habitude déjà grande.

Dédette aimait beaucoup la jeune fille, qu'elle savait orpheline de père et de mère et que les religieuses de l'orphelinat Saint-Joseph avaient placée chez Monsieur et Madame P. au lendemain de ses quatorze ans. Après une brève hésitation, elle lui tendit sa part de gâteau.

— Tiens, mange-le, je préfère le pain.

Gourmande, Marion engloutit la tarte en trois bouchées.

Assis sur le banc du jardin, Geneviève et Paul se tenaient côte à côte, tête baissée, sans parler. Enfin Paul se décida, la nuque cramoisie.

— Alors ? Que décides-tu ?

Geneviève releva la tête et regarda avec amitié son camarade d'enfance, qui tordait dans ses grandes mains le béret qu'elle détestait tant et dont il n'arrivait pas à se séparer. Elle l'aimait bien, Paul, il était doux, gentil et faisait tout ce qu'elle voulait. Il ferait certainement un bon mari, un bon père. Mais pourquoi était-il si ennuyeux !

— Laisse-moi réfléchir, je te donnerai ma réponse à la fin de l'année.

Il poussa un soupir attristé et dit d'un ton résigné :

— Comme tu voudras. J'attendrai le temps qu'il faudra. Je ne veux pas d'autre femme que toi.

Geneviève, émue malgré tout par cette fidélité, inclina sa tête sur l'épaule du jeune homme.

— Mon bon Paul...

Le lendemain, par un jour ensoleillé de septembre, elle partit pour Saumur, chez une amie de Titine, se perfectionner dans le métier de modiste. Elle logeait dans une pension de famille pour jeunes filles tenue par des religieuses, s'efforçant de chasser de son cœur jusqu'au souvenir d'André.

Sans doute y réussit-elle, puisqu'à Noël elle permit à Paul de faire sa demande.

L'année 1920 fut fertile en événements.

En avril, Geneviève épousa Paul. Sa pâleur était telle au milieu de la blancheur de son voile que ses clairs yeux bleus, cernés de mauve, paraissaient immenses. Ses sœurs, vêtues de fluides robes de satin rose, lui servaient de demoiselles d'honneur. Devant elle, qui s'appuyait au bras de son père, marchaient, se tenant par la main, Dédette et le petit Dédé. Léon, si ému que ses mains tremblaient, l'aida à s'agenouiller à côté de Paul. Il regagna sa place auprès de Blanche inexplicablement bouleversée.

Quand Geneviève prononça le oui définitif, Thérèse et Gogo ne purent retenir leurs larmes. Celles de Blanche coulaient lentement le long de son beau visage fatigué. Tandis que les orgues éclataient, l'enfant qu'elle portait s'agita longuement dans son ventre.

Tout au fond de l'église, dissimulé par un pilier, un jeune homme étouffa un sanglot avant de se précipiter, sans se soucier d'être vu, vers la sortie. André quitta l'église Saint-Martial en courant.

Après un court voyage de noces, Geneviève s'installa chez ses beaux-parents dans un gros bourg proche de Montmorillon.

L'enfant de Blanche, une petite fille, naquit en septembre. On l'appela Marie-Anne. C'était un beau bébé tout rond, à la peau très blanche, aux courts cheveux noirs. Ses yeux bridés lui donnaient l'air chinois. Il ne ressemblait à aucun de ses frères et sœurs. Personne ne comprit pourquoi Madame C., la sage-femme, pleurait en déposant le nouveau-né dans les bras de sa mère. Aux aînés qui la pressaient de questions tandis qu'elle se rhabillait en hâte, elle dit en guise de réponse :

— Il eût mieux valu qu'elle ne vît jamais le jour.

Longtemps après cette naissance, Blanche disait que c'était la peur qu'elle avait éprouvée lorsqu'un médecin de Poitiers avait retiré sans ménagement les amygdales de Dédé (le petit garçon, couvert de sang, était resté longtemps hébété de souffrance, blotti contre sa mère) qui était la cause du mongolisme de sa dernière-née, refusant d'admettre que cette tare puisse avoir une origine naturelle. La famille affronta ce malheur avec dignité et amour. Cette petite sœur différente, très vite rebaptisée Mamy, fut acceptée et choyée de tous. Léon, le plus affecté, aima cette enfant avec fureur et dépensa des trésors de patience pour lui apprendre à parler. Il se montrait très fier des moindres progrès de sa fille, convaincu, malgré l'avis unanime des médecins, que son mal n'était pas irréversible. Une autre naissance qu'on n'espérait plus eut lieu en novembre.

Après plus de vingt ans de mariage, Emilia donna le jour à de ravissantes jumelles, Jacqueline et Françoise. On craignit que le bonheur rendît fou le bon René.

La canonisation de Jeanne-d'Arc donna lieu à de nombreuses festivités religieuses. Pour la récompenser de sa sagesse, mais surtout parce qu'elle avait la coupe de cheveux correspondant au rôle, Dédette fut chargée de représenter la Pucelle enfant. La petite fille, vêtue en bergère et portant un agneau dans ses bras, fut trouvée merveilleuse par Titine et toutes les bigotes de la paroisse.

Jean était excédé par toutes ces messes, ces processions, ces spectacles en l'honneur de la nouvelle sainte. D'accord, elle avait sauvé la France, quoique cela lui parût impossible venant d'une fille, mais ce n'était pas une raison pour oublier une autre gloire française, contemporaine celle-là : Georges Carpentier, qui venait de battre en Amérique le champion du monde des mi-lourds. Georges Carpentier, héros des temps modernes, mais aussi héros de la guerre, ne s'était-il pas engagé volontaire dans l'aviation ? N'avait-il pas été cité deux fois ? N'avait-il pas eu la croix de guerre et la médaille militaire ? Il se consolait de l'indifférence montmorillonaise en se disant que les saints et les héros étaient rarement reconnus de leur vivant. Dans le meilleur des cas, on les ignorait ; dans le pire, on les brûlait.

Avec la bande de copains habituels, Jean errait à travers la ville, l'âme en peine, assommé par l'horrible nouvelle : son héros, son idole et celle de millions de Français, venait de se faire battre par K.O. au quatrième round... Georges Carpentier, le gentleman, était battu par cette brute de Jack Dempsey à Jersey City. Ah ! il s'en souviendrait du 2 juillet 1921 !

La veille encore, il lisait dans *la Revue hebdomadaire*, à laquelle était abonné le père V., un long article intitulé « La gloire de Georges Carpentier » et signé François Mauriac. Bien qu'un peu trop littéraire à son goût, cet article l'avait frappé. « *Si, selon le mot fameux, nous ne sommes pas en France assez fiers de notre Malebranche, il faut convenir que nous le sommes assez de notre Carpentier. Assez, d'ailleurs, ne signifie pas trop. De toutes les valeurs humaines, celle d'un champion peut seule être goûtée universellement : il n'existe pas cinquante Anglais ni dix Américains pour comprendre le plaisir que nous prenons à* Phèdre ; *mais l'éloquence du poing est accessible à tout homme venant en ce monde. Surtout, le* “ *noble art* ”, *comme on dit, dispense à ses fidèles un précieux bien : la sécurité dans l'admiration; car le knock-out porte avec lui son évidence et, si Georges triomphe de Dempsey, nous serons sûrs de détenir le meilleur cogneur du monde habité.* »

Maintenant, plus rien ne serait pareil. Alors, pour oublier leur peine, les garçons raflèrent chez leurs parents du vin, de la bière, de l'eau-de-vie, et se retrouvèrent dans le jardin de la route de Saint-Savin. Là, dans la petite loge construite par Léon, ils prirent leur première cuite. Ce n'est que tard le lendemain matin qu'ils regagnèrent leurs foyers. Ils étaient si sales, si déchirés, le visage et les mains écorchés, puant la vinasse, que les parents, médusés, les plongèrent tout habillés dans les bacs à linge.

Les mères grondèrent, mais les pères se montrèrent indulgents.

A son tour, Geneviève fut mère. Quelque temps plus tard, elle vint en visite chez ses parents avec son bébé. Un soir où elle rentrait plus tard que d'habitude — elle était allée voir une amie —, un homme surgit devant elle à la hauteur du kiosque à musique de la place Saint-Martial et lui barra la route. Plus surprise qu'apeurée, elle s'arrêta.

— Que me voulez-vous ?

— Geneviève...

Au son de cette voix, son cœur s'immobilisa, tandis qu'une grande faiblesse l'envahissait. Peut-être serait-elle tombée si la main de l'homme ne l'avait soutenue. Les battements de son cœur reprirent, désordonnés. Elle se laissa conduire jusqu'à un banc de pierre sur lequel il l'aida à s'asseoir avec de grandes précautions. Malgré le froid de décembre, elle avait très chaud, une fine sueur l'envahissait jusqu'à la racine des cheveux, une sensation d'étouffement oppressait sa poitrine. Avec une maladresse fébrile, elle retira ses gants et appuya ses mains nues sur le banc. Le contact froid de la pierre l'aida à recouvrer son calme.

— Je t'en prie, ne pleure pas.

Quoi ? elle pleurait. Comment pouvait-on pleurer sans s'en rendre compte ? Cela la fit sourire.

— Mais non, je ne pleure pas, dit-elle en prenant le mouchoir qu'il lui tendait.

— Je t'aime, partons ensemble, je ne peux pas vivre sans toi.

— André, tu es fou...

Debout devant elle, il avait posé ses mains sur ses épaules, et l'empêchait de se lever.

— Non, je ne suis pas fou. Je pense à toi sans cesse, à ton rire, à ton corps...

— Tais-toi... tais-toi...

— ... à ton corps, qu'un autre...

— Tu n'as pas le droit ! s'écria-t-elle.

— Mais je t'aime... je t'aime ! balbutia-t-il en tombant à genoux, la tête enfouie dans la jupe de la jeune femme.

Geneviève, caressant les cheveux de celui qu'elle n'avait pu oublier, se laissait envahir par le bonheur d'être aimée. Pour l'heure, plus rien ne comptait que ce sentiment de joie arrachée à une vie déjà décevante et que seule la naissance de son fils avait éclairée. Elle sentait à travers le tissu de sa robe le souffle chaud de l'homme. Un frisson inconnu la parcourut. Elle releva la tête lourde et contempla, à la lueur incertaine d'un lointain réverbère, le visage aimé couvert de larmes. Doucement ses lèvres baisèrent les paupières rougies. Tout le visage, tout le corps d'André étaient à l'écoute de cette caresse.

Le vent souffla dans les branches dénudées des arbres de la place. La carillon de l'église déchira le silence provincial. Une à une les heures sonnèrent. Le septième coup arracha Geneviève à son amoureuse contemplation.

— Je dois partir, murmura-t-elle, les lèvres sur les siennes.

— Non, pas encore... je veux te revoir... partons... tu m'aimes, je le sais.

Repoussant les mains qui la retenaient, elle se leva, tapota sa jupe d'un geste machinal et remit ses gants en le regardant avec amour — mais avec une telle tristesse, qu'il comprit qu'elle allait dire quelque chose d'irrémédiable. Son attente, qui ne dura que quelques secondes, fut si douloureuse, que bien des années après il se souvenait dans ses moindres détails de la scène et des paroles prononcées.

— Oui, André, je t'aime et je sais, maintenant, que je n'aimerai personne d'autre...

Le visage du jeune homme s'éclaira et l'étau de sa souffrance se desserra.

— ... mais je suis mariée, j'ai un enfant, et Paul m'aime.

— Mais tu ne l'aimes pas...

— Il est bon, et pour rien au monde je ne voudrais lui faire de peine.

— Et moi, est-ce que tu penses à la peine que tu me fais ?

Elle sourit malgré elle : c'était le ton d'un enfant gâté.

— Je n'en suis pas responsable, c'est toi qui as choisi.

— Je n'ai rien choisi...

— Tais-toi, je t'en prie, ne recommençons pas cette discussion. Soyons amis.

— Jamais je ne serai ton ami.

— J'en suis triste, André ; alors, adieu !

Comme elle avait froid tout à coup ! Elle remonta, frissonnante, le col de son manteau.

— Tu ne peux pas t'en aller comme ça... je t'aime..

Geneviève descendit en courant les marches de la place, dévala la Grand-rue et s'engouffra dans la boutique de modiste de ses sœurs.

Thérèse et Gogo étaient seules. Au bruit de la sonnette, elles levèrent la tête de leur ouvrage. Leur sourire de bienvenue disparut quand elles remarquèrent le visage bouleversé de leur aînée.

— Qu'y a-t-il ? s'écrièrent-elles d'une seule voix.

– J'ai revu André.

Le lendemain, sans pouvoir donner d'explication à ses parents, surpris et attristés de la brièveté de son séjour, Geneviève repartit chez son mari avec son petit garçon.

Elle ne revit André que quelques années plus tard. Il s'était marié avec Marguerite, la jeune fille à la dot. Quand leurs mains se touchèrent, ils surent qu'ils s'aimaient toujours et que pour eux le bonheur ne pouvait avoir que le visage de l'autre. Geneviève enfouit cet amour au fond d'elle-même et présenta à tous un visage serein, un regard empli d'une bonté si totale qu'on ne pouvait la voir sans l'aimer.

Les dames du haut, les dames du bas... de la peaupille, en avez-vous ? Nettoyez vos greniers, voilà le chiffonnier !

Le père Rat tirait sa voiture à bras à moitié remplie de chiffons, d'objets non identifiables, d'outils cassés, d'un cadre de vélo. Sur les côtés de la carriole pendaient des peaux de lapin. Le moindre cahot faisait bouger les yeux de verre d'une poupée sans bras, ficelée à l'avant.

— Dépêche-toi, mais dépêche-toi donc, grosse bête ! dit Jean en poussant devant lui Néné qui portait cinq ou six peaux de lapin.

— Non, vas-y, toi, j'ai peur.

— T'as peur ? Oh ! la sacré gourde !... Et de quoi t'as peur ?

— J'ai peur du père Rat.

— T'as peur qu'il te mange, peut-être ? ironisa Jean. Faut dire que, dodue comme tu es, un ogre n'y résisterait pas.

— Arrête, tais-toi ! sanglota la fillette.

— Idiote, t'as pas honte à ton âge ? Ah, elle est belle la future communiante ! Il va bien rigoler l'archiprêtre quand je lui dirai que la grosse Néné croit aux ogres, aux fées et aux revenants.

— Tu lui diras pas. Si tu m'embêtes, tu n'auras pas mes économies ni les sous de ma communion, et comme ça tu ne pourras pas commander l'appareil photo qu'on a vu dans le catalogue des Galeries Lafayette.

— Ça va, froussarde, donne-les-moi, tes peaux de lapin !

Néné ne se le fit pas répéter et mit dans les bras de son frère les peaux séchées bourrées de paille.

Quand on voyait le père Rat pour la première fois, on comprenait la peur qu'il inspirait aux enfants — peur alimentée par les parents, qui, pour avoir la paix, menaçaient leurs rejetons de les vendre au père Rat. Le visage cabossé, mangé par une barbe disparate et roussâtre, un énorme nez violet boursouflé par l'alcool, des yeux chassieux sans cesse en mouvement, des hardes informes et puantes, enfin, un bicorne aux plumes mitées, en équilibre sur une longue tignasse mêlée de paille, de feuilles et de plumes : tout cela composait un ogre très vraisemblable pour les enfants de Blanche, nourris de contes de fées. Malgré cette apparence redoutable, le père Rat était un brave homme à qui on n'avait à reprocher que son goût immodéré pour la boisson. Même saoul, il restait calme et inoffensif.

— Salut Jeannot, qu'est-ce que t'as à vendre aujourd'hui ? Des peaux ? C'est pas la bonne période pour vendre.

— Allez, père Rat, faites un effort, c'est pour m'acheter l'appareil photo dont je vous ai parlé.

— J'sais bien, mais...

— Allez, soyez brave ! Tiens, j'vais vous faire une proposition : la première photo que j'frai, ce sera la vôtre.

— C'est ben vrai, mon gars ? Tu t'moques pas d'un pauvre homme ?

— J'vous l'jure, dit Jean en levant la main droite et en crachant.

— Alors j'achète. Mais... c'est ben parce que c'est toi. Tiens, voilà dix francs. C'est bien payé.

— Merci bien, père Rat, merci !

Le bonhomme accrocha les peaux et repartit en criant .

— Les dames du haut, les dames du bas...

Jean dit à sa sœur :

— Tu vois bien qu'il n'est pas si méchant, en montrant les pièces de monnaie.

— C'est dommage qu'on n'ait pas assez d'argent pour commander l'appareil avant ma communion. Tu aurais pu faire des photos de moi.

— Ça va pas ? dit-il avec mépris en la regardant de haut en bas. Gâcher des plaques pour toi !

— Oh, tu es trop méchant ! s'exclama la petite, qui s'éloigna en sanglotant.

Elle se réfugia dans la cuisine, où l'atmosphère tranquille — et surtout, le morceau de chocolat que lui donna Blanche — calmèrent son chagrin. Elle sécha ses yeux avec un coin du torchon et s'installa près de Dédette, qui jouait à la marchande.

— Pourquoi pleures-tu ?

— C'est Jean... je le déteste, je le hais.

Dédette ne dit rien, mais sourit en pensant que les haines de Néné envers Jean ne duraient jamais bien longtemps. Elle reprit son jeu.

— Bonjour, madame, qu'est-ce que je vous sers aujourd'hui ?

— Aujourd'hui ? Je prendrais bien un kilo de pommes de terre, une livre de sucre, un litre de lait et deux kilos de bonbons, répliqua Néné, oubliant son chagrin.

Avec sérieux, Dédette pesa sur sa petite balance les plus petites pommes de terre trouvées dans la réserve familiale, le sucre (petits cailloux) et les bonbons (graines de citrouille). A l'aide d'un entonnoir de dînette de poupée elle versa le lait-eau dans une bouteille.

— Voilà, madame. Vous n'avez besoin de rien d'autre ? Des poireaux ? Des pommes ? De la viande ?

— Non, merci madame. Ce sera tout pour aujourd'hui.

Equitablement, elles furent la marchande à tour de rôle. Cela les occupa jusqu'à l'heure du déjeuner.

Peu après la communion solennelle de Néné, Thérèse se maria à son tour. L'époux de la toujours turbulente jeune fille était assez joli garçon et aimait le football presque autant que les gueuletons bien arrosés. Grâce à Léon, le jeune couple obtint la gérance d'un bazar à Bellac. Très vite, Thérèse fut enceinte. Elle mit au monde un bébé qui mourut quelques heures après sa naissance.

A la fin du mois d'octobre, on inaugura, entre le Pont-Neuf et la sous-préfecture, un monument en hommage aux morts de la guerre. Une grande statue de bronze représentant une femme casquée, aux bras levés, portant d'une main une épée et de l'autre une couronne de laurier, domina la Gartempe.

En attendant de passer à table, Léon lisait *l'Exelsior,* sur lequel s'étalait un gros titre : « Landru est mort sans avoir rien révélé de son secret. »

— C'est bien fait, s'écria Gogo en faisant sauter deux mailles à son tricot.

— On ne doit pas dire ça quand il s'agit de la mort de quelqu'un, dit Blanche en levant les yeux de son ouvrage.

— Sans doute, maman, mais dans ce cas il s'agit d'un monstre qui a assassiné tant de femmes qu'on n'en connaît pas le nombre.

— Bah ! une femme de plus ou de moins, il n'a pas dû faire la différence. C'était un poète, ironisa Jean.

— Un poète ! Tu es fou ! s'exclama Gogo.

— Parfaitement, un poète. Ne récitait-il pas du Musset à la belle Fernande Segret. De plus, il était fou d'opéras. Tout pour te séduire, toi qui aimes la poésie et la musique. N'avait-il pas une barbe fleurie et le regard d'un faune ?

— Arrête, tu n'es pas drôle.

— Les enfants, voulez-vous vous taire, vous dérangez votre père.

— Mais non, ma bonne, laisse… C'est affreux… ces milliers de morts en Grèce… Ce Mustapha Kemal est un monstre. Ah ! une bonne nouvelle : la création d'un nouvel

Etat d'Irlande. Après trois ans de lutte sauvage, ce n'est pas trop tôt.

— Papa, puis-je prendre *le Petit Parisien ?* demanda Gogo.

— Bien sûr, ma fille.

— Donne-le-moi, dit Jean en arrachant le journal des mains de sa sœur.

— Vas-tu me le rendre, sale gosse !

— Je me demande lequel des deux est le plus gosse. Est-ce que je joue encore à la poupée, moi ? Et je n'ai pas vingt ans, dit Jean en courant autour de la table pour échapper à Gogo.

— Jean, arrête de taquiner ta sœur, donne-lui ce journal !

— Mais papa, c'est juste pour lui montrer quelque chose.

— Bon, alors, dépêche-toi !

Sous l'œil furieux de Gogo, Jean s'appuya contre la cheminée et lut à voix haute en dernière page du journal : « *La Garçonne de Victor Margueritte. Lisez ce livre qui marquera de son empreinte la période littéraire actuelle. L'auteur n'a reculé devant aucune hardiesse de scène et d'expression quand il a cru que cela pouvait concourir à ses fins. Quand vous aurez lu ce roman passionnant, captivant,* La Garçonne *(Flammarion éditeur, un volume, 7 francs), qui, en bien des endroits, vous scandalisera peut-être, vous vous apercevrez que, de tant de bassesse, se dégage une pure et exaltante beauté.* »

— Je me demande, comment la bassesse peut engendrer une pure et exaltante beauté, dit Gogo d'un air sévère.

— Fais pas ton air de sainte Nitouche, je sais bien que ce genre de livre te fait rêver.

— Maman, ce n'est pas vrai, dis-lui de se taire et qu'il me donne mon journal !

— Viens le chercher, vieille fille !

— Maman, maman, il m'a appelé vieille fille. Mais je n'ai que vingt ans, monsieur, pourquoi me marierai-je ?

Pour avoir des maris comme ceux de mes sœurs, et une tribu de mioches à torcher, merci bien ! J'ai assez de ceux d'ici. D'abord, je ne me marierai qu'avec un homme digne de moi.

— Digne de toi... tu me fais rire, ma pauvre fille ! fit Jean en lui jetant le journal.

Gogo l'attrapa. Dans ses yeux brillaient des larmes de colère. Comme elle se sentait à l'étroit dans cette famille où chaque instant devait être occupé utilement, où l'on se moquait de son goût pour les romans d'amour ! Elle connaissait par cœur des passages entiers des ouvrages de Delly et regrettait que des héros si séduisants n'existent que dans les livres. Elle mettait en pratique les paroles d'un prédicateur entendues au cours d'une retraite des Enfants de Marie : « Gardez-vous tout entière pour celui qui sera votre époux. »

Gogo se rassit sur sa petite chaise près du feu et relut la publicité pour le livre de Victor Margueritte. Il faudra que je le commande, pensa-t-elle.

La famille venait de passer à table, quand la sonnette de la porte d'entrée retentit. Peu après la bonne entra.

— C'est monsieur l'Archiprêtre qui veut voir mademoiselle Gogo.

Gogo quitta la table et rejoignit le saint homme au salon.

— Bonjour, Monsieur l'Archiprêtre, dit-elle en esquissant une révérence. Que…

— J'ai appris que tu allais à un bal masqué… pendant le carême. Toi, une Enfant de Marie ! bredouilla le vieillard en lui coupant la parole.

Gogo baissa la tête, comme prise en faute. Mais de quoi se mêlait-il, ce vieux…, pensa-t-elle, ne trouvant pas ses mots dans son agacement. Il n'allait pas remettre ça pour un bal de rien du tout. Elle aimait danser, c'est vrai, mais n'était-elle pas toujours exacte aux offices, prête à rendre service à tous, écoutant avec respect les radotages des bigotes ? C'est à cause d'elles, elle en était sûre, qu'elle n'avait pas été élue conseillère, grade important pour une Enfant de Marie. Pourtant, elle en valait bien d'autres. Mais ces autres n'allaient pas au bal ! Cette fois, pas question de renoncer ! Elle avait trop envie de paraître dans son déguisement : une courte robe d'arlequine, en satin rouge et noir, qui découvrait ses jambes gainées de bas rouges qu'elle avait teints elle-même. Et ces chaussures noires vernies à boucle d'argent ! Ah, non alors ! Il n'était pas question de manquer ce bal ! Elle imaginait déjà les exclamations admiratives qui accueilleraient son entrée et celle de la fille de la couturière. Mais pour elle, pas de problèmes, elle n'était pas Enfant de Marie.

— Dis-moi, mon enfant, est-ce vrai ce qu'on m'a raconté ?

Avec une fausse désinvolture, Gogo répondit :

— Oh, j'avais oublié ! C'est un bal très bien, j'y vais avec papa et puis... la danse, c'est un sport.

Le vieux prêtre marchait de long en large dans le salon froid et chichement éclairé.

— Mais oui, mais oui, mais c'est un bal masqué... et le masque, tu le sais bien, c'est le mensonge.

— Quand vous me faites jouer *Polyeucte* et que vous me mettez une grande barbe, je suis bien déguisée.

— Tu as raison, mais c'est pour les bonnes œuvres, tandis qu'un bal masqué...

Gogo le regarda, têtue, bien décidée à ne pas céder.

— Un bal masqué ! Un bal masqué ! répétait le brave homme.

Gogo éclata en sanglots qui attirèrent son père. Bien ennuyé, l'archiprêtre expliqua la raison de ses pleurs.

— Vous comprenez, Monsieur P., ce n'est pas convenable qu'une Enfant de Marie aille à un bal masqué, surtout pendant le carême.

Léon tortillait sa moustache en regardant sa fille, signe chez lui d'une grande perplexité. On se quitta sans avoir rien décidé.

Un peu plus tard, on sonna de nouveau à la porte. C'était encore l'archiprêtre.

— Allez, ne pleure plus, je te donne l'autorisation. Mais ce masque, je te demande de ne pas le mettre.

— Mais ce n'est pas possible, il y a un concours, on est obligé d'être masqué un petit peu, dit Gogo avec un regard câlin en direction du prêtre.

— Un petit peu ? Un petit peu ?

— Oh, une heure, une petite heure ! J'irai tard, le concours est vers minuit. Je ne garderai pas longtemps mon masque, je vous le promets. Vous comprenez, Monsieur l'Archiprêtre, c'est ça l'amusement : être masquée, ne pas être reconnue.

— Bon, d'accord, mais pas plus d'une heure. Oh ce masque, ce masque !

Pour un peu, Gogo l'aurait embrassé.

Le bal fut un grand succès. Son amie Germaine et elle eurent le deuxième et le troisième prix. Le premier prix avait été attribué à la fille du directeur des Postes, costumée en République.

Les deux jeunes filles s'amusèrent follement : leurs cavaliers, déguisés en mousquetaires, étaient bons danseurs et jolis garçons. Elles dansèrent jusqu'à quatre heures du matin.

Ce fut Marie L. qui fut élue conseillère cette année-là. Elle n'allait pas au bal, elle !

Une explosion ébranla tout le quartier et fit se précipiter dans la rue tous les habitants.

— Que se passe-t-il ?

— On dirait que ça vient du jardin de la Titine.

C'était bien, en effet, dans le jardin de la vieille fille que venait de se produire l'explosion. On se précipita. La rocaille centrale, abritant une statue de la Vierge, avait disparu. Près de l'emplacement de ce qui avait été l'ornement du jardin, se tenait, penaud, noirci et déchiré, Jean.

— Ma grotte, ma grotte ! larmoyait Titine en tournant autour de Jean. C'est encore un de tes tours, chenapan ! Cette fois, je vais le dire à ton père.

— Je t'en prie, ma bonne Titine, ne dis rien à papa, il me battrait.

Pauvre petit, pour un rocher de rien du tout, il allait se faire gronder, battre, peut-être !

— Ce n'est rien, dit-elle en repoussant les voisins, rentrez chez vous.

Les curieux se retirèrent en haussant les épaules, au moment où apparaissait, au-dessus du mur mitoyen, la tête du père D., le pâtissier, couverte de toiles d'araignées et de bouts de verre.

— Quel est l'enfant de sa... j'aurais dû m'en douter que c'était toi ! Toutes mes tartes sont perdues, pleines de morceaux de verre.

— J'vais vous aider à les retirer. Mais j'vous en supplie, Monsieur D., ne dites rien à mon père !

Monsieur D., qui était un brave homme et qui aimait Jean plus qu'aucun de ses enfants, acquiesca en bougonnant.

Ils passèrent toute une partie de l'après-midi à débarrasser les gâteaux du verre et du plâtre qui les parsemaient et à balayer le local sinistré. Epuisés, ils s'assirent devant un verre de limonade.

— Peux-tu me dire comment tu as fait ton compte ?

— Il y avait une taupe sous le rocher. Alors, avec de la poudre noire, j'ai fait une bombe.

— Mais tu aurais pu te tuer !

— Je crois qu'elle était un peu trop forte, dit-il, songeur. La prochaine fois, je mettrai moins de poudre.

Le pâtissier leva les bras au ciel en signe d'accablement.

Les années qui passaient renforçaient l'amitié que Monsieur V. portait à Jean. Pas une bêtise qu'il ne cachât, une blague qu'il ne supportât, une fable qu'il n'acceptât et une menterie qu'il ne dissimulât. Il n'était pas le seul à avoir cette attitude envers le garnement. Sans que l'on comprenne pourquoi, ce garçon insupportable, méchant, batailleur, bruyant, insolent, était aimé et protégé. Ce n'est pas que ses défenseurs fussent à l'abri de ses tours, mais Jean avait le don de savoir se faire pardonner. De ce fait, Léon ne connaissait qu'une faible partie des méfaits de son fils.

Jean continuait à rêver d'aviation. Il se voyait déjà, survolant les mers et les montagnes, les villes et les campagnes, battant tous les records, digne successeur des héros de la guerre. Monsieur V. hochait la tête tristement en entendant ce garçon, qu'il aimait, ne vivre que pour l'instant où il s'envolerait dans les airs. Le brave homme n'osait le mettre en garde contre une possible déception : n'avait-il pas perdu l'usage d'un œil ? Pour autant qu'il le sût, un aviateur avait besoin de ses deux yeux.

Un jour que Jean avait parlé avec plus de flamme que de coutume de son futur métier, Monsieur V., pour le distraire de son rêve, lui dit :

— Veux-tu que je te montre comment on se sert d'un sabre ?

— Un sabre ? Vous savez manier le sabre ?

— Quand j'étais à Paris, je fréquentais une salle d'armes du côté des grands boulevards. Mon prévôt d'armes était la meilleure lame de la capitale et même du pays, disait-on. A l'épée, il était imbattable ; au sabre, redoutable. Avec lui, j'ai appris l'art subtil de l'escrime, les positions et les mouvements. Bientôt, le coup de manchette, la fente, la prise de fer, le froissement, le coup fourré, la riposte, l'estocade n'ont plus eu de secret pour moi. Attends-moi ici, tu va voir !

Et Jean vit. Son vieil ami revint, brandissant avec fierté un sabre étincelant. Alors le jardin retentit d'exclamations et de cris, tandis que la pelouse souffrait sous les sautillements de l'escrimeur. Jean avait du mal à retenir son hilarité tant le bonhomme était comique avec cette arme dangereuse presque aussi grande que lui. Quand il s'arrêta, essoufflé, cramoisi et couvert de sueur, il tendit le sabre à son élève.

— Tiens, montre-moi si tu as compris, dit-il en se laissant tomber sur un banc.

Jean prit le coupe-choux en riant et, tenant l'arme à deux mains, parcourut le jardin en criant :

— A l'abordage... A l'abordage !

Alors, médusé, Monsieur V. assista à la plus étonnante

passe d'arme de sa vie, à l'assaut le plus dévastateur qu'il eût jamais vu.

— Et tiens, une botte, tiens, un coup de manchette, tiens, une feinte, tiens, une octave, tiens, seconde, septime, sixte, taille et volte.

A chaque mot, des fleurs et des feuilles tombaient, fauchées par une main ivre de l'odorant carnage.

— Arrête, arrête... criait leur malheureux propriétaire.

Mais les cris, loin de calmer Jean, l'excitèrent. Ce ne fut que sa dernière victime tombée qu'il s'arrêta, contemplant d'un air satisfait le sol jonché de fleurs assassinées.

Hébété, Monsieur V. regardait autour de lui.

— Pourquoi ? balbutia-t-il, les yeux plein de larmes.

Jean le regarda, éclata de rire et, jetant le sabre au pied du jardinier accablé, quitta le lieu du combat et s'enfuit vers la rivière.

Le soir même, Monsieur V. trouvait devant sa porte un panier de roseaux rempli de poissons fraîchement pêchés.

Et, comme toujours, il pardonna.

Quelques jours plus tard, Jean connut sa première aventure amoureuse. C'était une laveuse accorte et bien en chair qui avait la réputation d'aimer « ça ». Pas jaloux le moins du monde, il partagea sa conquête avec ses copains.

Gogo venait de terminer *La Garçonne,* encore frémissante de dégoût, quand elle apprit que Victor Margueritte venait d'être radié de la Légion d'honneur. Bien que choquée par le livre, elle trouva qu'il ne méritait pas une telle insulte et admira la courageuse lettre d'Anatole France aux membres du conseil de la Légion :

« *Ah ! messieurs, vous avez le bonheur de vivre dans des régions sereines où vous n'avez pu voir se former les jalousies et les haines qu'on vous demande de sanctionner. Je vous en prie : abstenez-vous dans une affaire qui passe infiniment votre compétence. Craignez de censurer le talent. Respectons les droits sacrés de la Pensée qui trouvent dans l'avenir des vengeurs implacables.* »

Est-ce l'influence de cette lecture ? Peu de temps après, Gogo se faisait couper les cheveux au grand scandale de Titine, de l'archiprêtre, des bigotes et des enfants de Marie. Blanche et Léon s'abstinrent de tout commentaire ; Néné trouva ça chic, Dédette, pratique, et Dédé n'eut pas d'avis. Contre toute attente, ce fut celui de Jean qui lui fut le plus agréable.

— Ça t'fait une toute petite tête, mais comme ça, t'as l'air libre.

Et c'est vrai que, débarrassée de son chignon, elle se sentait plus libre, la romanesque Gogo.

Libres, les filles de Blanche l'étaient par rapport à leurs camarades.

Léon ne fit aucune objection quand, avec ses meilleurs copains, Jean monta une troupe théâtrale : « La Cigale. » Durant des jours et des jours, les garçons se réunirent chez Monsieur P. pour mettre au point leur premier spectacle dans lequel Néné et Gogo eurent un rôle important. René A. écrivit pour la deuxième partie une « super-revue-locale-opérette en 3 actes » intitulée : *Par vaux et par mont... morillon...*, qui eut un succès considérable. Le troisième acte : *Montmorillon, cité émancipatrice...* fut particulièrement applaudi. La verve ironique des comédiens n'épargna personne, ni le maire, ni les pompiers, ni l'archiprêtre, ni les dames comme il faut. Beau joueur, le public reprenait en chœur, sur des airs à la mode, les refrains de la revue :

C'est nous la ville lumière,
C'est nous les gens très rupins ;
Nous n'avons plus de réverbère,
Pour nous c'est bien trop commun,
Nous ignorons les ténèbres ;
Les nuits pour nous sont des jours ;
Les rues autrefois funèbres

Sont de vrais sentiers d'amour...
ou encore :
C'est la sall' des fêtes
Qui d'ici peu sera faite ;
A tout' les d'vantures
On l'admire en miniature.
Ce s'ra magnifique
Eblouissant et féerique
Ell' met la folie en tête,
Sall' des fêtes.

Les rimes n'étaient pas très riches, mais tous s'amusèrent. Pendant longtemps on en parla. Par la suite, « La Cigale » monta un autre spectacle dans la nouvelle salle des fêtes enfin construite, qui remporta un succès analogue.

La sagesse de Dédette était citée en exemple à toutes ses camarades. Pas une cérémonie, une kermesse, une pièce où elle ne figurât un ange, Jésus ou Marie enfant, ou tout autre sainte connue pour sa bonté. Bien que très pieuse, il lui arrivait, en compagnie de sa meilleure amie, Renée C., d'être prise de fous rires à l'église durant les interminables offices. Scrupuleusement, elle confessait sa distraction. Elle était si bonne et si sage que, malgré son jeune âge — elle n'avait pas encore neuf ans —, elle devint un des apôtres de la Croisade eucharistique à la suite du vote de ses camarades. En tant qu'apôtre, elle était responsable de dix disciples auxquels elle devait donner le bon exemple et suggérer de faire des sacrifices pour la cause des missions, pour le pape, pour les infidèles. Les raisons ne manquaient pas. Le sacrifice le plus courant de ces jeunes enfants était de faire abandon de leur bâton de chocolat ou de toute autre friandise. A cet effet était accrochée, sous le préau, une grande boîte de bois fermée par un loquet avec sur le dessus une large ouverture. On appelait cette boîte, la boîte à sacrifices. Chaque jour, les enfants, soucieux de faire plaisir au bon Jésus, déposaient dans la boîte leur morceau de chocolat souvent entamé par de jeunes dents gourmandes, une moitié de pomme, un bonbon sucé seulement deux ou trois fois, un petit-beurre auquel ne manquait que les quatre coins, une grappe de raisin où il restait encore quelques grains, un fouet de réglisse sans lanières, un joujou cassé mais tendrement aimé, une piécette de monnaie, bref, tout ce que le bon cœur de ces enfants leur suggérait.

Durant de longs mois, Dédette déposa chaque jour son goûter dans la boîte. Un matin, appelée sous le préau par un besoin pressant, elle vit la mère Delille décrocher la boîte, l'ouvrir, et — ce n'était pas possible ! — vider le contenu dans la poubelle des cuisines. Mandée sans doute par une tâche plus urgente, la cuisinière laissa la boîte ouverte sur le banc où se reposaient les souillons. Dédette s'approcha, regarda et recula, le nez pincé de dégoût. A l'intérieur de la boîte, une bouillie infecte, collée aux parois, dégageait une odeur insupportable de pourriture. La petite comprit, les larmes aux yeux, à quel point elle avait été bernée. Sa piété n'en fut pas altérée, mais à partir de ce jour-là elle remit son goûter à une fillette de son choix. Ce fut à une petite orpheline, Marie-Louise F., qu'échut quotidiennement le sacrifice du goûter. Elle conseilla à ses disciples de faire la même chose sans leur préciser pourquoi, gardant pour elle l'horrible découverte, se refusant d'en parler à ses parents et à ses sœurs, tant elle sentait, inconsciemment, que cette tromperie était grave et malhonnête.

Dédette prenait très au sérieux sa mission et son rôle d'apôtre. A la fin de chaque semaine, elle relevait les feuilles sur lesquelles les Croisés avaient inscrit le nombre de fois où ils avaient été à la messe, où ils avaient communié, les autres offices auxquels ils avaient assisté, les sacrifices qu'ils avaient faits ainsi que leurs bonnes actions. La petite fille faisait le compte et le remettait à la religieuse chargée de la croisade. Tous les deux mois, les feuilles étaient envoyées à Poitiers, à l'évêché.

Une fois par an, tous les Croisés du diocèse se rendaient

dans la capitale poitevine pour assister aux cérémonies qui avaient lieu dans la cathédrale. Il y avait là des centaines d'enfants avec la bannière et les insignes de leur école, accompagnés de leurs parents. Chaque représentant d'une école devait aller sur l'estrade, élevée devant l'église épiscopale, où siègait l'évêque, entouré des personnalités religieuses du département, et présenter son compliment au prélat. Puis, en procession, la foule pénétrait dans le lieu saint inondé de lumière, orné de fleurs et de bannières, tandis que sous les voûtes l'orgue rugissait. Devant ce déploiement de pompes liturgiques, chacun se sentait grandi, avait l'impression d'appartenir à quelque chose d'important. Portant fièrement les couleurs de l'Institution Saint-M., la petite Dédette marchait vers l'autel comme on marche au combat. Elle était vraiment soldat du Christ.

A la Pentecôte, Blanche emmena Dédette en pèlerinage à Lisieux remercier sainte Thérèse de l'Enfant-Jésus d'avoir permis à la petite de marcher. Se considérant à l'origine du miracle, Titine les accompagna, portant précieusement un ex-voto de marbre blanc au nom de la miraculée. Dédette fut très fière de voir son nom parmi les milliers d'autres.

Le temps des vacances venu, Dédette et Dédé allèrent, comme chaque année, passer quinze jours à Châteauroux chez l'oncle Louis et la tante Marie. C'était une corvée pour le frère et la sœur, qui ne devaient faire aucun bruit dans cette maison sans enfant. Le matin, ça allait encore ; l'oncle les emmenait dans son potager où ils jouaient aux billes, à la marelle ou à la marchande. Quand le jardinier avait fini d'arracher ses légumes et arrosé ses fleurs, il leur taillait de petits jouets de bois. Mais hélas ! il fallait rentrer. Après le déjeuner, la tante Marie les enfermait dans leur chambre avec interdiction de parler de peur de troubler la sieste de l'oncle. A quatre heures, en grande tenue, dentelles, chaîne d'or, chapeau et ombrelle pour la tante, canotier et canne pour l'oncle, robe raide pour Dédette et costume marin pour Dédé, on allait au jardin public. Les enfants, les mains gantées de coton blanc, portaient une pelle, un seau et un ballon rouge dans son filet. Arrivés au jardin, interdiction leur était faite de courir, de jouer au ballon ou sur le tas de sable de peur de se salir. On faisait plusieurs fois le tour des massifs en saluant des messieurs et des dames qui s'extasiaient sur la sagesse des gamins. Oh, que ces vacances étaient ennuyeuses !

Quand ils revinrent, une grande nouveauté les attendait : l'électricité. Dédette qui avait toujours été effrayée par les formes monstrueuses que faisait naître la lumière tremblotante des lampes à pétrole et des bougies, ne se lassait pas d'allumer et d'éteindre l'ampoule de l'escalier. Dédé accepta avec sa placidité coutumière cet important changement.

C'était un enfant tranquille, toujours souriant, s'amusant avec la moindre babiole, plutôt silencieux. Comme tous les garçons de son âge, il adorait jouer aux billes, surtout au Tour de France. Gagner ou perdre lui était égal, ce qui lui plaisait, c'était le maniement des billes. Il aimait aussi jouer aux quilles sur lesquelles il dessinait des yeux et une bouche. Il appelait ça : jouer à la catin. Mais le grand jeu, c'était le cirque. Avec des caisses de carton ou de bois léger et des boîtes de cirage vides, ses camarades et lui construisaient des voitures dans lesquelles ils mettaient des souris blanches et des cochons d'Inde dressés. Les enfants traînaient ces véhicules à travers la ville, précédés ou suivis par un grand basset, Sap, accompagné du tambour de Bébert et du sifflet de Jacquot.

— Attention ! voilà le cirque, tous à la représentation !

D'autres gamins se joignaient au cortège et bientôt c'était toute une troupe qui se dirigeait vers le kiosque de la place Saint-Martial, lieu de la représentation.

Les jeunes spectateurs prenaient place tout autour de l'édifice, escaladant les grilles pour mieux voir. Quand tout le monde était installé, le spectacle commençait. D'abord venaient les cochons d'Inde blancs de Maurice qui grimpaient à une échelle tenue par leur maître, puis les souris de

Georges qui grimpaient et descendaient à une vitesse folle le long d'un bâton, les cochons roux de Dédé qui tiraient un petit chariot dans lequel avaient pris place trois souris blanches. Le clou du spectacle était un énorme cochon d'Inde roux et blanc qui sautait à travers un cerceau enflammé. Le public, satisfait, applaudissait à tout rompre.

Une voix terrible faisait trembler les murs de la salle à manger :

— Descendras-tu, femme, descendras-tu...

— Encore un moment, Seigneur, je n'ai pas fini ma prière... Anne, ma sœur Anne, ne vois-tu rien venir ?

— Je ne vois que l'herbe qui verdoie et le ciel qui poudroie.

— Descendras-tu, femme, descendras-tu...

— Arrête de crier comme ça, Léon, tu vas faire peur aux enfants, gronda Blanche en posant la chaussette qu'elle raccommodait.

— Oh non, maman on aime bien avoir peur ! dit Dédette qui, assise aux pieds de son père, se blottissait contre lui.

Léon, Dédé sur un genou et la petite Mamy sur l'autre déployait son talent de conteur dans *Barbe-Bleue*.

— Core, papa, core, bredouilla Mamy.

Léon embrassa les cheveux noirs de sa fille avec émotion et se tourna vers sa femme.

— Tu vois bien que cette petite comprend tout. Je continue, ma mignonne.

— Pitié, Seigneur, j'arrive... Anne, ma sœur Anne, ne vois-tu rien venir ?

Gogo leva les yeux de son livre avec une moue agacée. Pas moyen avec tout ce bruit de lire tranquillement *l'Atlantide,* le nouveau roman de Pierre Benoit. Elle regarda sa mère. Blanche avait repris son ravaudage. Une larme coulait sur sa joue pâle. Le cœur de Gogo se serra ; elle eut un élan vers cette femme meurtrie, mais se contint, sentant que sa tendresse serait impuissante à la consoler. Elle contempla à la dérobée la détresse muette de sa mère, et la compara à l'optimisme affiché de son père — qui, la jeune fille en était sûre, cachait une souffrance analogue. Attristée, elle se réfugia dans son livre.

Toute la famille prit le train pour se rendre à T., chez Geneviève, qui venait d'avoir un autre garçon, Jacques. Bien que la petite ville ne fût située qu'à douze kilomètres, il fallait une heure et demie pour faire le voyage à cause de manœuvres compliquées à Journet. Dédette et Dédé aimaient bien les manœuvres. De nature inquiète, Blanche redoutait toujours qu'un de ses enfants ne tombe par la portière et les bourrait de gâteaux secs dans l'espoir de les faire tenir tranquilles. Jean, qui avait daigné venir, commentait la victoire de Suzanne Lenglen à Wimbledon.

— Pour une femme, ce n'est pas trop mal.

Gogo leva les yeux au ciel, excédée.

— Pourquoi tu dis toujours du mal des femmes ? demanda Dédette en décollant son nez de la vitre de la portière.

— Il n'en sait rien lui-même, c'est pour se donner un genre, fit Gogo, dédaigneuse.

— Pour me donner un genre ! ironisa Jean. Tu n'y es pas, pauvre gourde ! Les bonnes femmes, c'est qu'une source d'ennuis, ça ne pense qu'à papoter, qu'à dépenser de l'argent pour des robes et des chapeaux ridicules, qu'à faire des grimaces comme les singes...

— Singe toi-même, tu ne t'es pas regardé, coupa Gogo.

— Arrêtez, je vous en prie, vous fatiguez votre mère, dit Léon.

— Entendre des choses pareilles en 1925, bougonna Gogo.

— Faut pas croire qu'en 1925 les femmes soient moins idiotes qu'avant !

Jean évita de justesse le canotier lancé d'une main furieuse par la jeune fille offensée.

— Pauvre type !

Heureusement, le train entrait en gare. Sur le quai les

attendaient Geneviève, Paul et le petit Jean, avec le bébé dormant dans son landau. Emus, Léon et Blanche se penchèrent sur leur deuxième petit-fils.

— Il te ressemble, dit Blanche à Léon.

— Non, non, répliqua-t-il, c'est à toi qu'il ressemble.

— Je crois qu'il ressemble surtout à son père, dit Geneviève en riant.

En 1926, Blanche fut grand-mère pour la troisième fois. Thérèse donna naissance à une ravissante petite fille, qu'elle appela Ginette. Blanche partit quelques jours à Bellac, où était installé le jeune couple pour l'aider dans ses nouvelles fonctions de mère. Elle confia la maison à Gogo. Il fallait bien une telle responsabilité pour distraire le chagrin de la romantique jeune fille : Rudolf Valentino, le Cheik, venait de mourir. Son chagrin fut encore atténué quand elle vit *la Ruée vers l'Or* avec l'irrésistible Charlot, en compagnie de ses amies Germaine et Mimi. Et puis, il y avait un jeune homme si séduisant, Henry, venu passer quelques jours chez des amis de sa famille, avec lequel elle dansait cette nouvelle danse étonnante, le charleston. Non seulement c'était un bon danseur, mais aussi un causeur charmant. Avec lui, pas un instant d'ennui, rien à voir avec la grossièreté des amis de son frère Jean ; elle pouvait parler littérature, échanger des idées. Cependant, quand il lui proposa de lire Gide, elle refusa, choquée que l'on puisse proposer à une jeune fille la lecture d'un auteur aussi décrié.

Cette année-là, Néné quitta l'école où elle n'apprenait rien et resta à la maison pour aider sa mère. Jean obtint d'aller à Paris dans une école d'aviation. Son rêve allait enfin se réaliser.

La vieille de son départ, il organisa une formidable beuverie à la loge du jardin de la route de Saint-Savin. Tous les copains en furent : René, Maurice, Raoul, Georges et bien d'autres. L'orgie dura toute la nuit. Ils remontèrent la Gartempe en barque en braillant des chansons obscènes.

Le lendemain, monsieur V. alla remplacer les carreaux cassés de la loge comme cela lui était arrivé souvent, ce qui faisait dire à Léon : « C'est curieux, le mastic ne sèche pas ici. »

Une des rares désobéissances de Dédette était de lire la nuit dans son lit à l'aide d'une lampe électrique, la tête enfouie sous les draps. Scrupuleuse, elle s'en confessait. Pour elle, ne pas le dire, eût été un péché. Incapable de la moindre méchanceté, du plus petit mensonge, Dédette était une fillette heureuse, bien dans sa peau, aimant ses parents, ses frères et sœurs, ses amies Liline et Renée et, bien sûr, le Bon Dieu. Pour rien au monde, elle n'eût voulu lui faire de la peine. Elle avait très peur de l'enfer, mais surtout du diable. Jamais, elle ne se serait endormie sans avoir fait sa prière et mis des fleurs à la sainte Vierge pendant le mois de Marie. On avait beaucoup remarqué son recueillement le jour de sa Communion solennelle.

Elle ne disait jamais rien dont elle ne fût parfaitement sûre. Ainsi, si Renée, sa meilleure amie, lui demandait : « Iras-tu au cirque ce soir ? » elle répondait : « Peut-être », alors qu'elle savait tès bien que chaque fois qu'un cirque passait à Montmorillon, ses parents les emmenaient, ses frères et elle. Mais, son père ne l'ayant pas formellement dit, elle n'osait l'affirmer.

Dédette rêvait de savoir monter à bicyclette. Un camarade qui avait un vélo se proposa pour lui apprendre. Cette première expérience se solda par une chute assez rude. Elle recommença, mais elle tombait tout le temps, ne sachant pas s'arrêter. Le garçon eut une idée : il attacha une longue corde à la selle, et, quand elle criait « stop », il tirait sur la corde. Ce stratagème arrêtait la course mais, la plupart du temps, n'empêchait pas Dédette de tomber.

— T'es vraiment pas douée ! disait son compagnon en hochant la tête.

Un jour, les lacets de ses espadrilles blanches se prirent

dans les rayons. La chute fut spectaculaire et les lacets perdus. Léon gronda sa fille plus à cause de la peur qu'il eut en la voyant revenir ensanglantée que de la perte de ses lacets.

— Mademoiselle Néné, arrêtez de bouger, vous allez vous faire piquer !

La couturière mettait à la taille de la jeune fille une robe de bal mauve ayant appartenu à Gogo. Bien sûr, Néné aurait préféré une robe neuve, mais, tout à la joie d'aller à son premier bal, elle trouvait celle-ci très bien. La psyché de la couturière lui renvoyait une silhouette ravissante, quoique un peu ronde pour la mode de l'année 1927. Elle sourit à son image avec complaisance, caressa de sa main potelée la soie de la robe et fit bouger ses cheveux courts et bouclés.

Très élégante dans sa robe de satin beige soulignée de noir, Gogo fit une entrée remarquée au bras de son père. La rieuse Néné, si jolie dans sa robe mauve ceinturée d'argent, ne passa pas non plus inaperçue. Elle ne manqua pas une danse et Laurent C. fut son cavalier attitré. Celui de Gogo était un jeune homme de dix ans son aîné, André C., que toutes les jeunes filles admiraient pour son élégance et surtout pour sa voiture, une des premières de la ville.

Vers une heure du matin, Léon, fatigué, confia ses filles aux deux jeunes gens, qui promirent de veiller sur elles et de ne pas les ramener trop tard.

Ils les raccompagnèrent vers quatre heures, après une promenade à travers la campagne, tandis que s'éteignaient les dernières étoiles.

Néné, à moitié endormie, appuya sa tête sur l'épaule de Laurent. Le garçon se pencha et embrassa doucement les lèvres de sa cavalière. Surprise, troublée, Néné se laissa faire, se demandant ce qui lui arrivait.

Dans sa chambre, elle se précipita devant un miroir pour voir si l'on remarquait la trace de ce premier baiser. Elle caressa du bout du doigt le contour de sa bouche, essayant de retrouver la douceur du contact, et ferma les yeux pour mieux savourer ce merveilleux souvenir. Quand elle les rouvrit, elle regarda avec étonnement et fierté cette « femme » aux yeux brillants, aux pommettes rouges, aux cheveux décoiffés dont la fragile robe s'était déchirée dans l'ardeur de la danse. Elle s'étira en murmurant :

— Hum... que c'est agréable, les bals !

Jean, qu'une mauvaise grippe avait ramené à Montmorillon, ne se remettait pas de la disparition de deux de ses héros, Nungesser et Coli, à bord de *l'Oiseau blanc*. Mais l'annonce, le 21 mai, de l'atterrissage au Bourget de Charles Lindbergh sur son *Spirit of Saint Louis*, après 33 heures de vol, lui rendit optimisme et santé. Ah, que la vie était belle ! Comme eux, lui aussi serait un héros volant. Qu'importe si la mort était au bout ! Tout à ses rêves de gloire, il n'entendit pas la petite Mamy entrer. L'enfant tenait dans sa main un vieil abécédaire ayant appartenu à ses frères et sœurs. Avec un grognement qui ramena Jean sur terre, elle le lui tendit.

Alors, ce garçon brutal, peu enclin aux démonstrations de tendresse, prit cette petite sœur au cerveau débile et l'assit sur ses genoux en lui chantonnant un air. Mamy s'installa confortablement entre les bras de son grand frère et ouvrit le livre en disant :

— Lire, Han.

Bouleversé, le jeune homme regardait tour à tour le livre

et le visage inexpressif aux yeux ronds, dans lesquels il ne voyait aucune lueur d'intelligence.

— Lire, Han, lire, répéta Mamy.

En mettant son doigt sur la première lettre de l'alphabet, entourée d'un arbre, d'un âne, d'un Arabe, d'un abricot, d'un accordéon, d'une autruche, Jean se revit assis auprès de sa mère, sous la lampe, tandis qu'elle lui disait, en lui montrant les dessins :

— Regarde bien, tous ces mots commencent par la lettre A.

A son tour, il tenait le même livre, mais l'enfant qui le regardait ne saurait jamais lire.

— A, A, dit Mamy.

Jean cessa de respirer.

— A, A, répétait l'enfant en mettant son doigt sur la lettre.

Fou d'espoir, il lui montra les lettres suivantes. A chaque fois elle disait A, mais elle reconnut le E, le I, le O et le U.

— Ce n'est pas si mal, pensa Jean ; après tout, elle n'a que six ans. A son âge, Dédé ne connaissait pas ses voyelles.

Pendant une heure, avec une patience étonnante, il essaya de lui apprendre de nouvelles lettres. Sans succès, hélas : elle ne connaissait parfaitement que les voyelles.

Quand Léon entra pour lui demander s'il voulait l'accompagner à la pêche, Jean lui dit avec un visage comme éclairé de l'intérieur :

— Elle sait lire, papa, elle sait lire.

Les yeux du père brillèrent de fierté.

— J'ai toujours dit à ta mère que cette petite était intelligente et qu'avec du temps et de la patience, elle sera comme les autres.

— J'en suis sûr, dit le jeune homme en détournant la tête pour cacher ses larmes.

Mamy réussit à apprendre les lettres de l'alphabet et les chiffres jusqu'à dix, mais son savoir n'alla jamais au-delà.

André C., le cavalier de Gogo, vint demander à Jean de l'aider à se débarrasser des rats qui infestaient les entrepôts de peausseries de la route de Saint-Savin. Le jeune homme prit sa carabine et, suivi de la chienne de Titine, Coquette, se rendit un soir dans les bâtiments envahis.

André C. tenait la lampe électrique. La lueur dérangea des centaines de rats qui commencèrent à bouger. Ce fut le signal. Durant plus d'une heure, la chienne et l'homme massacrèrent les rongeurs. Bientôt, plus rien ne bougea. On alluma la lumière : le spectacle était répugnant. Des dizaines de cadavres répandaient une odeur infecte, masquant presque celle des peaux. On compta quatre-vingt-seize morts. On fêta cette tuerie au café du Commerce autour de nombreuses bouteilles de champagne.

— Mon Dieu, bénissez papa, maman, mes frères et sœurs et surtout ma petite sœur Mamy !

Ses mains croisées, aux jointures blanchies tant elle les tenait serrées, Dédette priait de toute son âme à la grand'messe célébrée dans la chapelle de l'Institution Saint-M.

Comme chaque année, les demoiselles de l'institution faisaient une grande retraite qui durait trois jours. Durant ces trois jours, elles allaient à la messe et recevaient la communion. A la sortie, on leur servait au réfectoire un bol de café au lait accompagné d'une tartine de pain beurré. Ensuite, après une courte récréation, on leur lisait des textes pieux sur lesquels elles devaient méditer. Elles déjeunaient obligatoirement à l'institution, puis retournaient à la chapelle, où un prêtre, quelquefois un père missionnaire, venait leur faire un sermon. Ensuite, les retraitantes allaient en procession à travers les charmilles du jardin — chantant des cantiques — prier devant une statue du Sacré-Cœur. Au retour, après un bref goûter, on leur faisait la lecture de *la Vie des saints* tandis qu'elles mettaient à jour leur carnet de retraite. Chaque jeune fille apportait un soin particulier à la tenue de ce carnet :

images pieuses soigneusement collées, fleurs séchées, maximes édifiantes minutieusement calligraphiées, dessins amoureusement coloriés. Chacune était convaincue que le sien était le plus beau.

A la fin de la retraite, les élèves déposaient sur un plateau d'argent un petit papier plié marqué de leur nom et d'une croix, sur lequel elles avaient inscrit leurs bonnes résolutions. Durant toute la grand'messe, ce plateau et ces petits papiers restaient sur l'autel. L'office terminé, le prêtre les bénissait. Puis, à l'appel de son nom, chaque retraitante s'avançait vers l'autel, s'agenouillait, recevait la bénédiction de l'ecclésiastique, passait devant la Supérieure, qui l'embrassait et lui remettait son papier, faisait une révérence et regagnait sa place.

Dédette sortait de ces trois jours de retraite et de prière bouleversée par l'amour de Dieu.

C'est en faisant son service militaire que Jean apprit qu'il ne serait jamais aviateur : son œil mort lui interdisant de voler. Sa douleur et sa fureur furent telles qu'on craignit qu'il n'attente à ses jours. De solides beuveries et l'amitié de ses camarades et de ses supérieurs l'aidèrent à surmonter cette cruelle déception. Mais quelque chose s'était brisé en lui, accentuant son caractère cynique.

Pour son deuxième bal, Néné avait enfin une robe neuve, blanche avec des fleurs sur l'épaule. Celle de Gogo était du même modèle, mais de couleur bleue. Ce bal ne ressembla pas au premier, elles s'ennuyèrent malgré leurs nombreux cavaliers, regrettant l'absence de Laurent et d'André.

Néné dansa beaucoup avec un jeune homme qu'elle connaissait depuis son enfance, George M., qui voulait faire carrière dans l'armée. Néné le vit ce soir-là avec des yeux différents, séduisant dans son uniforme, gai, hâbleur et bon danseur. Deux ans plus tard, à dix-huit ans, elle l'épousait

Gogo et son amie Germaine lui servirent de demoiselles d'honneur, l'une en tulle rose, l'autre en tulle bleu. Toute la famille fut à nouveau réunie, à l'exception de Thérèse, qui venait d'accoucher d'un petit garçon.

Quelques jours avant la cérémonie, on avait inauguré la grande salle des fêtes. La première représentation obtint un succès considérable.

Au café du Caveau, dans la Grand-rue, René A. et Maurice P. attendaient Jean en écoutant un disque que la patronne venait de mettre sur son phono.

Parlez-moi d'amour,
Redites-moi des choses tendres,
Votre beau discours,
Mon cœur n'est pas las de l'entendre,
Pourvu que toujours
Vous redisiez ces mots suprêmes :
Je vous aime...

— Voilà bien une chanson pour bonne femme, dirait Jean, fit Maurice en terminant son verre.

— Sûr ! acquiesça René.

Les deux amis restèrent un moment silencieux, écoutant Lucienne Boyer.

— Tu crois qu'il faut lui parler de la victoire de Costes et Bellonte ? dit Maurice.

— Je n'en sais rien. La dernière fois, pour Mermoz, ça a été terrible.

— Oh là ! Quelle bagarre, j'ai bien cru qu'il allait nous tuer. Patron, s'il vous plaît, une autre tournée !

— Pauvre vieux, murmura René, que pouvons-nous faire pour lui ?

La porte du café fut poussée avec une telle violence qu'elle claqua contre le mur. Jean entra, les joues rouges, la démarche incertaine. Au pli amer de sa bouche, à ses yeux mauvais, Maurice et René virent qu'il connaissait la nouvelle.

— Salut les copains ! On rigole ? C'est un grand jour pour la France, pas vrai ? Faut arroser ça. Patron, à boire !

Les deux garçons regardaient leur ami, le cœur serré. Pour montrer leur solidarité, ils se saoulèrent avec lui.

Ce fut le lendemain de cette beuverie mémorable que Jean annonça à son père qu'il quittait l'école d'aviation puisqu'il ne pouvait pas être pilote.

— Que vas-tu faire, mon pauvre petit ?

— Le père Charretier m'a trouvé une place à Nantes dans une usine où son neveu est contremaître.

— Dans une usine…

— Là ou ailleurs, pour moi maintenant tous les métiers se valent.

— Alors, pourquoi ne resterais-tu pas ici, à travailler avec moi. Je me fais vieux, tu pourrais prendre la suite.

— Pas question ! Tu me vois dans cette sacrée boutique à vendre de la sacrée camelote à de sacrées bonnes femmes ?

Dédette avait maintenant dix-sept ans. Son visage conservait des rondeurs enfantines. Elle se faisait surtout remarquer par l'éclat de ses grands yeux noirs. Afin d'aider son père au magasin, elle apprenait la comptabilité, le secrétariat et la sténo-dactylo.

Pour son premier bal — mais ça n'avait pas vraiment été un premier bal puisqu'elle n'avait pas eu de robe neuve, seulement la courte robe de tulle rose du mariage de Néné — on avait joué des rumbas pour la première fois à Montmorillon. Dédette avait très vite appris le nouveau pas qu'elle trouva amusant, tout en préférant la valse, le charleston et le fox-trot.

Aussi se préparait-elle, fébrilement, pour son deuxième bal, celui de la société de pêche : le Chaboiseau. Elle avait acheté à la maison R., celle qui avait le plus grand choix de tissus de la ville, un magnifique crêpe georgette blanc. Paul R., le fils de la maison, lui avait dit :

— Je veux l'étrenner, cette robe.

Elle en avait rougi de plaisir.

Il y avait des mois qu'avec ses amies Liline et Renée, elles parlaient de cet événement important : le bal du Chaboiseau. Elles avaient consulté de nombreux journaux de modes, discuté longuement du choix du modèle, vu la couturière, et s'étaient assurées qu'aucune autre ne se faisait faire la même robe. Les trois amies avaient été à Poitiers acheter leurs chaussures. Pour porter avec sa robe blanche, Dédette avait choisi de fins escarpins en lamé argent tandis que Liline et Renée, qui s'étaient fait faire des robes à fleurs identiques, avaient choisi des escarpins en lamé doré.

Quelques jours avant le bal, l'agitation fut à son comble ; les jeunes filles allaient les unes chez les autres, essayant de nouvelles coiffures, de nouveaux pas de danse au son d'un gramophone.

Enfin, le jour tant attendu arriva. Dès l'aube de ce matin d'été, la jeunesse de la ville se retrouva sur la place de la mairie, chapeaux de paille sur la tête, gaule sur l'épaule et panier au côté, impatiente de partir, au son de la fanfare, sur les routes poudreuses menant au lieu du concours de pêche. Avant le départ, chacun se vit attribuer un numéro tiré au sort qui désignait sa place sur le bord de la rivière. Enfin, vers sept heures, on se mit en route en chantant à tue-tête l'hymne du Chaboiseau. Arrivé dans les prés bordant la Gartempe, chacun se mit en quête de son emplacement. Durant trois heures on pêcha dans un silence relatif. Le clairon du père Chabichou annonça la fin du concours. Avec des cris et des rires, des groupes s'installèrent le long des haies sous les trop rares arbustes du champ et tirèrent des paniers le repas du pique-nique. Jeunes et vieux mangeaient de bon appétit, échangeaient pâtés ou saucissons, se passaient les bouteilles dans une bonne humeur croissante. Après ces agapes, les participants les plus âgés éprouvèrent le besoin de faire un petit somme tandis que certains jeunes gens s'égaillaient dans le bois voisin. Sagement, Dédette, Gogo, Liline et Renée restèrent avec les deux frères Paul et Pierre R., Henry, un soupirant de Gogo, et Clément D., un assez beau garçon qui était venu se joindre à eux. Tous parlaient à voix basse pour ne pas déranger les dormeurs. Vers cinq heures de l'après midi, on repartit musique en tête, portant dans le panier le produit de la pêche. Dédette n'avait que trois ablettes et deux gardons, mais c'était mieux que Renée, qui n'avait que deux minuscules poissons. Le soir, avant le bal, on remit les prix. Renée eut le dernier prix : un paquet de papier à cigarette. Enfin le bal commença.

Comme prévu, Dédette étrenna sa robe avec Paul R., qui semblait la trouver très à son goût. Elle dansa aussi plusieurs fois avec le joli garçon du pique-nique, pourtant assez piètre danseur.

Les cavaliers habituels de Gogo, André C. et Laurent C., avaient fait préparer, dans une petite salle à manger de l'hôtel où se tenait le bal, un confortable médianoche, sur lequel tous se jetèrent. Leur faim et leur soif apaisés, ils retournèrent danser.

L'aube se levait quand les jeunes gens, les pieds endoloris, mais heureux de cette longue et agréable journée, rentrèrent chez eux.

Dédette s'endormit en pensant à Clément D., le jeune homme inconnu de l'après-midi.

Toute la matinée, Léon, aidé des deux commis, de Dédette et de Dédé, déchargea un camion de vaisselle qu'on venait de lui livrer. Cela tombait bien, car avec les fêtes, on allait manquer de marchandise. Malgré le froid intense de cette fin d'année, Léon, en sueur, avait retiré sa veste, ne gardant que le vaste cache-nez qu'il ne quittait pas de l'hiver. Le soir, au dîner, il dit à Blanche :

— Ma bonne, je crois que j'ai attrapé du mal. Veux-tu me mettre des ventouses avant d'aller dormir ?

— Bien sûr, mais tu n'es pas raisonnable. J'ai bien vu que tu avais ôté ta veste, toi qui es si fragile.

— Ce ne sera rien, un simple refroidissement.

Malgré les courbatures et la fièvre qu'il sentait monter, Léon se trouvait bien. Il regarda les siens autour de la table familiale : Blanche, toujours si belle, Gogo qui ne se mariait pas (mais c'était mieux ainsi, il n'aimait pas voir ses enfants partir), Dédette, son doux visage brillant sous la lampe, Dédé qui ne voulait plus aller à l'école, et Mamy, sa petite dernière, son éternel bébé. Jamais elle ne le quitterait. Il s'en voulut de cette pensée égoïste, mais la chassa pour ne pas gâcher ce fragile instant de bien-être. Jusqu'à sa mort, il se battrait pour arracher son intelligence aux ténèbres. D'ailleurs, elle avait fait de grands progrès, même les médecins de Poitiers, de Limoges et de Tours le reconnaissaient. Et quand bien même elle ne guérirait pas (jamais il n'avait voulu admettre que l'état de Mamy était irréversible), ne serait-il pas toujours là pour la chérir et la protéger ?

Soudain, la sirène d'alerte brisa sa rêverie. Un seul coup, c'était un incendie. Il se leva au moment même où l'on frappait avec vigueur à la porte d'entrée. La bonne ouvrit et Dédé en profita pour s'échapper.

— Y a le feu au café de l'Europe, dit le marchand de vélos.

Léon sortit dans la rue. La neige commençait à tomber. Au-dessus des toits sombres, on voyait une grande lueur. Les pompiers passèrent en courant, tirant la pompe à incendie.

— C'est un feu de cheminée, cria Dédé, en revenant tout essoufflé.

— Les enfants, mettez la paille qu'on a ôtée des caisses de vaisselle dans la voiture à bras, dit Léon en enfilant son manteau.

— Tu ne vas pas aller là-bas avec la fièvre que tu as ! s'écria Blanche en prenant la main de son mari.

— Mais, ma chérie, ils ont besoin de moi.

— Ils ont toujours besoin de toi. Dès qu'il y a une corvée, on fait appel à toi. Tu es trop bon, cela te tuera.

— Enfin, Blanche, tu ne vas pas m'empêcher d'aider nos voisins.

— Mais tu es malade !

— Ne t'inquiète pas, je me sens déjà mieux.

— Papa, papa, crièrent Dédette et Dédé, on a fini de charger la paille.

— C'est bien, j'arrive !

Après un baiser sur le front de Blanche, Léon se précipita dans la remise et s'attela à la voiture. Quand il arriva sur les lieux de l'incendie, la chaîne était déjà organisée. Les seaux d'eau circulaient pour remplir la pompe à bras.

— Cela ne sert à rien, dit Léon, un feu de cheminée, il faut l'étouffer.

Le capitaine des pompiers, complètement dépassé. acquiesça.

— Aidez-moi à mouiller la paille.

Soulagé d'être débarrassé d'une aussi lourde responsabilité, le capitaine bénévole se montra efficace en appuyant une longue échelle contre le mur du café. Léon monta, un paquet de paille mouillée sous le bras. La pente du toit n'était pas très forte ce qui lui permit, malgré la neige qui tombait doucement, de se hisser sans trop de difficulté jusqu'à la cheminée, dans laquelle il jeta la paille. Derrière lui, d'autres hommes étaient montés et lui passèrent la paille. Bientôt, le feu s'éteignit.

En bas, les gens applaudirent.

Agile, malgré ses soixante-deux ans, Léon descendit. Tous se précipitèrent pour le féliciter. Les propriétaires offrirent une tournée générale. Léon, qui n'allait jamais au café, ne put refuser. Il but un vin chaud qu'il trouva bon. Dehors, la neige se mit à tomber en rafales.

Le docteur Quincy rabaissa le drap sur le torse du malade. Il rangea son stéthoscope dans sa mallette, puis s'avança vers le poêle, qui dégageait une forte chaleur. Ses mains se tendirent machinalement au-dessus de la fonte chaude.

Blanche ne le quittait pas des yeux. Un silence pesant s'établit dans la chambre, troublé seulement par la respiration oppressée de Léon et le ronflement du feu.

Quand le médecin releva la tête, son regard rencontra, dans la glace qui lui faisait face, celui de cette grande femme si mince dans ses vêtements noirs. Lentement, il se retourna, alla vers elle et, la prenant par le coude, l'entraîna loin du lit.

— J'ai fait tout ce que j'ai pu. L'opération l'a soulagé, mais il était déjà trop tard. Prévenez vos enfants. C'est une question de jours, d'heures peut-être.

Les yeux de Blanche s'élargirent dans une expression d'horreur. De ses poings fermés, elle étouffa un cri. Le médecin lui tapota l'épaule avec maladresse et sortit la tête basse.

Stupide de souffrance, Blanche regardait cette porte qui venait de se refermer sur l'impitoyable verdict. Léon toussa, et cette toux fouailla le corps de sa femme. Sa douleur fut si grande qu'elle dut s'appuyer à la cheminée pour ne pas tomber. Le froid du marbre lui rendit un peu de lucidité. Un faible appel la fit se ressaisir. S'efforçant de se composer un masque d'insouciance, elle alla vers le lit.

Pâle, les traits tirés, le visage amaigri, Léon regardait s'avancer cette femme qu'il aimait et qu'il allait bientôt abandonner. Cette pensée lui arracha un gémissement, sur lequel Blanche se méprit.

— Tu souffres, mon ami ?

— Seulement de devoir te quitter, fit-il en prenant la main qui se tendait.

— Tais-toi, ce n'est pas vrai, tu vas guérir.

— Ma pauvre Blanche, tu n'as jamais su mentir. Ne commence pas aujourd'hui. La mort n'est rien.

Une quinte de toux l'interrompit. Il reprit, s'arrêtant chaque fois que l'oppression était trop forte.

— … je sens que je te retrouverai un jour… il faut bien qu'il existe, ce paradis dont parle l'Eglise… Allons, ma bonne, ne pleure pas... Cela me fait mal... J'aurais tellement voulu ne jamais te quitter... J'ai tant aimé être ton époux, grâce à toi ma vie a été belle… Tu m'as donné de beaux enfants… si, si… même la petite Mamy… surtout la petite Mamy…

— Arrête, ne parle pas, cela te fait mal.

— Pas une seule fois tu ne m'as fait de la peine… et puis, tu es si belle… Tiens, cela te fait sourire… Parfaitement, tu es belle… même que j'ai été jaloux parfois des regards que les hommes te jetaient… J'avais si peur de te perdre… je t'aimais tant… je t'aime tant… et je dois te quitter…

Les yeux de Léon se fermèrent. De souffrance ? De fatigue ?

— Pardonne-moi de te laisser seule avec de jeunes enfants à élever.

— Tais-toi, tu ne vas pas mourir !

Léon mourut le 3 janvier 1932.

La veille de sa mort, il fit venir ses enfants un à un, leur recommandant leur mère, et demanda à voir un prêtre. Il reçut les derniers sacrements au milieu de tous. Son ultime pensée fut pour Mamy, l'enfant trop tard venue :

— Obéis bien à ta maman, ma chérie.

— Oui, papa, répondit-elle sans comprendre.

Malgré la neige, toute la ville avait tenu à témoigner son respect et son attachement à cet homme affable et bon, dont le seul défaut était un caractère emporté. Le corbillard disparaissait sous les couronnes et les gerbes de fleurs. Beaucoup de gens pleuraient.

Devant le désarroi de sa mère, Jean proposa d'abandonner son usine et de reprendre le magasin. Blanche n'eut pas à refuser ce sacrifice. Les propriétaires de l'entreprise lui firent savoir qu'ils avaient engagé un nouveau gérant et qu'elle devait quitter rapidement l'appartement qu'elle occupait. Toute à sa douleur, Blanche ne voulut pas s'abaisser à demander un sursis à des personnes si peu reconnaissantes du travail acharné de son époux durant tant d'années. Avec l'aide de ses enfants et d'amis, elle déménagea et s'installa dans un petit deux-pièces de la Grand-rue. Là, elle fit ses comptes : rien, elle n'avait rien. La maladie de Léon, l'enterrement, les vêtements de deuil, le loyer du modeste appartement avaient absorbé les maigres économies de quarante ans de labeur. Il lui fallait trouver un emploi pour subvenir à ses besoins et à ceux de la petite Mamy.

Dédette fut engagée comme dactylo au greffe du tribunal, et Dédé, qui voulait être pâtissier, entra comme apprenti chez monsieur C.

Une châtelaine des environs, prévenue par le maire, proposa à Blanche de l'emmener à Paris comme dame de compagnie. Blanche accepta et partit, laissant Mamy aux soins de Dédette et de Titine.

Dans le compartiment de troisième classe qui l'emmenait vers l'inconnu, Blanche ferma les yeux : les cloches sonnaient, une jeune femme vêtue de blanc s'accrochait au bras de son mari, la foule criait :

— Vive les mariés ! Vive les mariés !

Les deux autres occupants du compartiment regardèrent avec une pitié mêlée d'étonnement cette mince femme en grand deuil qui souriait sous son voile, tandis qu'une larme glissait sur sa joue et qu'elle murmurait avec ferveur :

— Merci, mon Dieu !

Montmorillon, avril 1980
Paris, 1er octobre 1981

Achevé d'imprimer en septembre 1986
sur presse CAMERON
dans les ateliers de la S.E.P.C.
à Saint-Amand-Montrond (Cher)
pour le compte de France Loisirs
123, boulevard de Grenelle, Paris

Numéro d'éditeur : 11897. Numéro d'impression : 1556.
Dépôt légal : septembre 1986